Grundwissen Politik

Reihe herausgegeben von

Lars Holtkamp, Institut für Politikwissenschaft, FernUniversität Hagen, Hagen, Deutschland

Viktoria Kaina, Institut für Politikwissenschaft, FernUniversität Hagen, Hagen, Deutschland

Susanne Lütz, Institut für Politikwissenschaft, FernUniversität Hagen, Hagen, Deutschland

Michael Stoiber, Institut für Politikwissenschaft, FernUniversität Hagen, Hagen, Deutschland

Annette Elisabeth Töller, Institut für Politikwissenschaft, FernUniversität Hagen, Hagen, Deutschland

Susanne Lütz · Anja Menzel
Hrsg.

Internationale Institutionen

Typen, Theorien und Themenfelder

 Springer VS

Hrsg.
Susanne Lütz
FernUniversität in Hagen
Hagen, Deutschland

Anja Menzel
Otto-Friedrich-Universität Bamberg
Bamberg, Deutschland

Universität Johannesburg
Johannesburg, Südafrika

ISSN 2570-4397   ISSN 2629-1037 (electronic)
Grundwissen Politik
ISBN 978-3-658-47269-6   ISBN 978-3-658-47270-2 (eBook)
https://doi.org/10.1007/978-3-658-47270-2

Die Deutsche Nationalbibliothek verzeichnet diese Publikation in der Deutschen Nationalbibliografie; detaillierte bibliografische Daten sind im Internet über https://portal.dnb.de abrufbar.

Planung/Lektorat: Jan Treibel
Springer VS ist ein Imprint der eingetragenen Gesellschaft Springer Fachmedien Wiesbaden GmbH und ist ein Teil von Springer Nature.
Die Anschrift der Gesellschaft ist: Abraham-Lincoln-Str. 46, 65189 Wiesbaden, Germany

Wenn Sie dieses Produkt entsorgen, geben Sie das Papier bitte zum Recycling.

Vorwort

Institutionen spielen eine entscheidende Rolle bei der Förderung von Kooperation und der Bewältigung von Konflikten in der internationalen Politik. Sie schaffen Rahmenbedingungen, die bestimmtes Verhalten entweder begünstigen oder einschränken und tragen dazu bei, Kooperation zu stabilisieren. Insbesondere in Zeiten wachsender Spannungen und kriegerischer Auseinandersetzungen können Institutionen eine wichtige Funktion bei der Bewältigung grenzüberschreitender Herausforderungen übernehmen. Themen wie der Klimawandel, die Sicherstellung politischer und militärischer Stabilität oder die Entwicklung sozialer Standards für globalen Handel und Produktionsprozesse erfordern koordinierte Abstimmungsprozesse zwischen Staaten, zivilgesellschaftlichen Akteuren, Verbänden, Unternehmen und Expert*innen.

In diesem Band beschäftigen wir uns mit verschiedenen Formen institutioneller Arrangements, in denen Staaten teils miteinander, teils mit anderen Akteuren grenzüberschreitende Probleme bearbeiten. Betrachtet werden zwischenstaatliche Verhandlungen, Regime, Regimekomplexe und Formen transnationalen Regierens, bei denen öffentliche und private Akteure bei der Formulierung und Implementierung von Regeln kooperieren. Master-Studierende der Politikwissenschaft sollen mit dem Phänomen internationaler Institutionen konzeptionell, theoretisch und empirisch vertraut gemacht werden. Anhand von Fallbeispielen aus den Politikfeldern Sicherheit, Wirtschaft, Handel, Umwelt und Wohlfahrt erhalten sie Einblick in die Entstehung und Funktionsweise unterschiedlicher Typen internationaler Institutionen. Zudem erlangen sie einen Überblick über unterschiedliche Theorieperspektiven und deren Anwendung auf Fragen der Entstehung, Funktionsweise und auch den Wandel institutioneller Arrangements. Der Fokus auf verschiedene Typen internationaler Institutionen unterscheidet dieses Lehrbuch von unserem Vorgängerband „Internationale Organisationen", der sich auf Varianten einzelner internationaler Organisationen konzentrierte und diese anhand theoriegeleiteter Fallstudien analysierte. (Lütz und Menzel 2022).

Unser Dank gilt den Autorinnen und Autoren dieses Lehrbuchs. Manuel Becker, Thomas Gehring, Andreas Hasenclever, Mathies Kempken, Andrea Liese, Maike Messerschmidt und Hubert Zimmermann sind Expert*innen in ihren Themenfeldern und haben sich in ihrer Forschung und auch der Universitätslehre intensiv mit dem Studium internationaler Institutionen beschäftigt. Bei der Umsetzung dieses Projektes haben uns zudem zahlreiche helfende Hände unterstützt: Natán Azabal Pereira, Jan-Torge Daus, Ole Merkel, Florian Plath und Daniel Zabel haben in unterschiedlichen Stadien des Schreibprozesses Daten recherchiert und aufbereitet, Texte redigiert, editorisch aufbereitet und formatiert. Auch ihnen gilt unser herzlicher Dank.

Hagen, Deutschland   Susanne Lütz
Bamberg, Deutschland   Anja Menzel
Johannesburg, Südafrika
November 2024

Inhaltsverzeichnis

Abbildungsverzeichnis

Tabellenverzeichnis

Einleitung

Anja Menzel und Susanne Lütz

Zusammenfassung

Die Einleitung betont die Bedeutung internationaler Institutionen für die Regelung kollektiven Handelns und zur Lösung globaler Probleme in Bereichen wie Klima, Sicherheit und Handel. Der Fokus liegt auf institutionellen Arrangements wie Verhandlungen, Regimen, Regimekomplexen und transnationalem Regieren statt auf Einzelorganisationen. Die Arrangements werden definiert und in die wissenschaftliche Debatte eingeordnet. Es folgt ein Überblick über die Kapitel des Bandes, welche die Entstehung, Funktionsweise und den Wandel der Institutionen anhand von Fallstudien und aus unterschiedlichen Theorieperspektiven analysieren.

Schlüsselwörter

Institutionen · Regime · Regimekomplexe · Transnationales Regieren · Kooperation

A. Menzel (✉)
Otto-Friedrich-Universität Bamberg, Bamberg, Deutschland

Universität Johannesburg, Johannesburg, Südafrika
E-Mail: anja.menzel@uni-bamberg.de

S. Lütz
FernUniversität in Hagen, Hagen, Deutschland
E-Mail: susanne.luetz@fernuni-hagen.de

S. Lütz, A. Menzel (Hrsg.), *Internationale Institutionen*, Grundwissen Politik,
https://doi.org/10.1007/978-3-658-47270-2_1

Internationale Institutionen regeln individuelles oder kollektives Handeln auf vielfältige Weise. Sie enthalten Vorschriften, erlegen Beschränkungen auf, setzen Anreize und tragen dazu bei, die wechselseitigen Erwartungen ihrer Mitglieder zu stabilisieren. Auch und vielleicht gerade in Zeiten zunehmender zwischenstaatlicher
Rivalitäten und teils kriegerischer Konflikte können internationale Institutionen
einen Beitrag zur Bearbeitung grenzüberschreitender Probleme leisten. Die Beile-
gung gewaltsamer Auseinandersetzungen, der Umgang mit dem Klimawandel, die
Sicherstellung der Energie- und Lebensmittelversorgung und nicht zuletzt die Set-
zung von Standards für den grenzüberschreitenden Handel und Kapitalverkehr beinhalten kollektive Abstimmungsprozesse zwischen Staaten und unterschiedlichsten
Gruppen privater Akteure.

Dieses Lehrbuch konzentriert sich auf institutionelle Arrangements, die bei der
Lösung grenzüberschreitender Probleme eine Rolle spielen, und weniger auf
einzelne Organisationen. Es untersucht, wie Staaten sowohl untereinander als auch
in Zusammenarbeit mit nichtstaatlichen Akteuren durch Verhandlungen, Regime,
Regimekomplexe und transnationale Regierungsformen gemeinsam Regeln formulieren und umsetzen. Internationale Organisationen sind für uns als Teil institutioneller Arrangements relevant, im Mittelpunkt stehen jedoch die Kooperations-
modi dieser Arrangements. Hierbei interessiert uns besonders, wie institutionali-
sierte Arrangements zustande kommen, welche Normen damit gesetzt, verbreitet
oder übernommen werden, ob es zu Normkollisionen zwischen verschiedenen
Arrangements kommt und wie sich die Arrangements im Laufe der Zeit verändern.
Dabei nehmen wir keine spezifische theoretische Perspektive ein, sondern beleuchten institutionelle Arrangements aus einer Vielzahl theoretischer Zugänge. Die
Tatsache, dass wir dem Studium internationaler Institutionen ein ganzes Buch
widmen, zeigt jedoch auch, dass wir im Gegensatz zu sehr kooperationskritischen
(realistischen) Ansätzen grundsätzlich davon ausgehen, dass internationale Institutionen einen gewissen Einfluss auf das Verhalten relevanter Akteure in der internationalen Politik ausüben. Welchen Mechanismen dieser Einfluss unterliegt, wollen wir mithilfe des vorliegenden Buches konzeptionell und empirisch beleuchten.

Unser didaktisches Ziel ist es, Studierende der Politikwissenschaft konzeptionell, theoretisch und empirisch mit internationalen Institutionen vertraut zu machen.
Das Lehrbuch bietet ihnen einen „Handwerkskasten", der ihnen hilft, internationale
Institutionen selbstständig zu analysieren und zu erforschen. Durch Fallstudien in
verschiedenen Politikfeldern wie Sicherheit, Wirtschaft, Handel, Umwelt und Wohlfahrt wird die Entstehung und Funktion internationaler Institutionen anschaulich gemacht. Darüber hinaus gibt das Buch einen Überblick über verschiedene theoretische Perspektiven und deren Anwendung auf die Analyse von Entstehung,
Funktionsweise und Wandel internationaler institutioneller Arrangements.

Dieses Lehrbuch zeichnet sich durch einen einzigartigen thematischen Zuschnitt aus, der sich in mehreren Aspekten von anderen Werken zur internationalen Politik unterscheidet:

- *Fokus auf institutionelle Arrangements statt Einzelorganisationen*: Anders als Lehrbücher, die spezifische internationale Organisationen und ihre Funktionen in einzelnen Politikfeldern beleuchten (z. B. bei Karns et al. 2024; Davies und Woodward 2014; Park 2018; Rittberger et al. 2013, 2019; Lütz und Menzel 2022), behandelt dieses Werk verschiedene Formen institutioneller Arrangements, die sich aus unterschiedlichsten Formen der Kooperation ergeben. Dadurch wird ein breiteres Spektrum an Mechanismen der internationalen Zusammenarbeit abgedeckt.
- *Theoretische Vielfalt*: Das Lehrbuch hebt sich durch die Anwendung verschiedener Theorieansätze ab, die internationale Institutionen u. a. aus liberaler und rationalistischer Perspektive, dem Funktionalismus sowie aus feministischen Theorieperspektiven analysieren. Diese breite theoretische Grundlage unterscheidet das Werk von Lehrbüchern, die eher auf eine Perspektive wie Global Governance fokussieren (vgl. Simonis 2022; Karns et al. 2024; Park 2018; Weiss und Wilkinson 2023).
- *Anwendungsorientierung*: Ein weiteres Alleinstellungsmerkmal dieses Lehrbuchs ist seine Anwendungsorientierung. Studierende werden durch konkrete Fallbeispiele darin geschult, theoriegeleitete Analysen internationaler Institutionen praxisnah anzuwenden. Dadurch bietet das Buch einen handlungsorientierten Zugang, der es von Lehrbüchern unterscheidet, die entweder ausschließlich theoretische Überblicke geben (wie bei Schieder und Spindler 2010) oder einen breiteren, weniger auf Institutionen fokussierten Rahmen bieten und dabei allgemeine Probleme und Gegenstandsbereiche der internationalen Politik diskutieren (Schimmelfennig 2021).
- *Breite an Politikfeldern*: Schließlich bietet die breite Abdeckung unterschiedlicher Politikfelder einen weiteren entscheidenden Vorteil gegenüber anderen Lehrbüchern. Während etwa Simonis (2022) den Schwerpunkt hauptsächlich auf Umwelt- und Klimapolitik legt, behandelt dieses Lehrbuch ein vielfältiges Spektrum an Politikbereichen, darunter Sicherheit, Wirtschaft, Handel, Umwelt und Wohlfahrt.

Durch diese Kombination aus theoretischer Vielfalt und praxisnaher Analyse lernen die Studierenden, wie theoretische Konzepte in realen politischen Kontexten angewendet werden können, was ihnen eine fundierte Basis für eigenständige Untersuchungen internationaler Institutionen vermittelt.

1.1 Definitionen und Typen internationaler Institutionen

Der Begriff der „Institution" wird in den Internationalen Beziehungen vielfältig diskutiert, eine Konsensdefinition existiert nicht. Zudem hängt die genaue Definition des Institutionenbegriffs oftmals von der theoretischen Perspektive ab, die eingenommen wird (Martin und Simmons 2002, S. 328–329). In diesem Lehrbuch verwenden wir einen bewusst breiten und theoretisch neutralen Institutionenbegriff. Angelehnt an Mearsheimer (1994–1995, S. 8) und Duffield (2007, S. 7) verstehen wir unter einer internationalen Institution ein relativ stabiles formelles oder informelles Regelwerk, das vorgibt, in welcher Art und Weise Staaten und andere Akteure der internationalen Politik miteinander interagieren. Entsprechend dieser breiten Definition begreifen wir Institutionen als Oberbegriff für verschiedene Typen institutioneller Arrangements, die von informellen Erwartungshandlungen über ausgehandelte Regelsysteme bis hin zu formellen Mandaten internationaler Organisationen reichen. In den Kapiteln beziehen wir uns dabei speziell auf vier Typen institutioneller Arrangements – zwischenstaatliche Verhandlungen, Regime, Regimekomplexe und transnationales Regieren – die eine Bandbreite internationaler Institutionen repräsentieren und sich durch die Anzahl und Art der beteiligten Akteure sowie den Grad der Formalität ihrer Regeln unterscheiden. Diese Arrangements variieren zudem in ihrem Einfluss auf die Handlungsfreiheit ihrer Mitglieder, sodass unterschiedliche Restriktionen und Möglichkeiten für Akteure im internationalen Kontext entstehen.

Verhandlungen sind eher wenig formalisiert, können bi- oder multilateral strukturiert sein und zielen auf den Austausch von Argumenten und den Ausgleich unterschiedlicher Interessen. *Regime* umfassen in aller Regel eine größere Zahl von Akteuren, sind vergleichsweise stärker formalisiert und schränken dadurch die Handlungsfähigkeit ihrer Mitglieder bis zu einem gewissen Grad ein. *Regimekomplexe* setzen sich aus partiell überlappenden Regimen und Institutionen zusammen, welche eine Vielzahl staatlicher oder privater Akteure umfassen können. Inwieweit sie die Handlungsfähigkeit ihrer Mitglieder einschränken, hängt nicht zuletzt davon ab, ob und in welchem Umfang die in ihnen geltenden Normen und Regeln kollidieren. Formen des *transnationalen Regierens* umfassen fallweise stärker formalisierte Regelungsstrukturen, in denen öffentliche und private Akteure die Verantwortung für die Problembearbeitung teilen.

Zwischenstaatliche Verhandlungen sind ein institutionelles Arrangement zur kooperativen Lösung von Konflikten und Koordinationsproblemen in der internationalen Politik. Staaten mit teilweise unterschiedlichen Interessen und Zielen versuchen dabei in einem Prozess des Austausches von Argumenten, Meinungen und Vorschlägen zu einer Einigung zu kommen (Iklé 1964). Im Vergleich zu anderen Formen institutionalisierter Kooperation, die wir thematisieren, handelt es sich bei zwischenstaatlichen Verhandlungen um vergleichsweise gering formalisierte Arrangements: Sie sollen Kooperationslösungen bereitstellen, ohne die Staaten zu sehr in ihrer Handlungsfreiheit einzuschränken. Ein Beispiel dafür sind die sogenannten „G20", die Gruppe der zwanzig wichtigsten Industrie- und Schwellenländer. Hierbei handelt es sich um einen informellen, aber dennoch institutionalisierten Austausch im Rahmen von jährlichen Gipfeltreffen der Staats- und Regierungschefs. Auch wenn die Gipfelerklärungen unverbindlich sind, bereiten diese oftmals weitreichende Maßnahmen vor und nehmen bedeutenden Einfluss auf die Ausrichtung der internationalen wirtschaftlichen Zusammenarbeit (Larionova et al. 2015).

Internationale Regime sind Institutionen, die durch Verhaltensprinzipien, -normen und -regeln charakterisiert werden, welche Akteuren der internationalen Politik in wiederkehrenden Situationen bestimmte Verhaltensweisen vorgeben, was zu Konvergenz der Akteurserwartungen führen kann (Krasner 1982, S. 186). Im Gegensatz zu zwischenstaatlichen Verhandlungen bieten sie daher einen etwas formelleren Rahmen zur internationalen Kooperation. Weil ihre Mitglieder nur eingeschränkt auf ihre Souveränitätsrechte verzichten, besitzen Regime verglichen mit internationalen Organisationen nur eine begrenzte eigenständige Handlungsfähigkeit als Akteure (Hasenclever et al. 1997, S. 10–11) und beschränken sich vor allem auf Verhaltensvorgaben. Regime sind zudem politikfeldspezifisch, das heißt, sie beziehen sich auf immer auf ein bestimmtes Politikfeld wie den Schutz der Ozonschicht oder die Nichtverbreitung von Atomwaffen. Ein weiteres Beispiel ist das Welthandelsregime.

Seit mehreren Jahrzehnten ist das internationale System durch einen sprunghaften Anstieg der Anzahl internationaler Regime und Organisationen gekennzeichnet. Die zunehmende institutionelle Dichte führt zu einem komplexen Umfeld für internationale Institutionen, die immer häufiger in ihren Regelungsansprüchen und ihren Mitgliedschaften überlappen, um Ressourcen konkurrieren und sich dadurch zunehmend gegenseitig in ihrer Entwicklung und ihren Effekten beeinflussen (Alter und Meunier 2009; Orsini et al. 2013). Der Begriff des *Regimekomplexes* beschreibt daher eine Reihe sich partiell überlappender Institutionen, die in einem nicht-hierarchischen Verhältnis zueinander stehen und die sich dauerhaft wechselseitig beeinflussen (Raustiala und Victor 2004, S. 279). Ein Beispiel ist der Regimekomplex, der die internationale Politik zum Klimawandel bestimmt (Keohane und Victor 2011): Das breit angelegte Rahmenübereinkommen der Vereinten Nationen über Klimaänderungen (UNFCCC) ist die bisher sichtbarste internationale Institution zum Schutz des Klimas. Hinzu kommen Verträge wie das

Kyoto-Protokoll oder das Übereinkommen von Paris, die eine Reduzierung des Ausstoßes von Treibhausgasen und die Begrenzung der menschengemachten globalen Erwärmung vorsehen. Eine immer wichtigere Rolle in der internationalen Klimapolitik spielen zudem auch private Akteure, insbesondere Nichtregierungsorganisationen, die beispielsweise Expertise bereitstellen können. In diesem komplexen Umfeld entstehen Wechselwirkungen zwischen den Institutionen innerhalb des Regimekomplexes.

Im Unterschied zu den bereits eingeführten institutionellen Arrangements bezeichnet der Begriff *transnationales Regieren* eine spezifische Form von Regelungsstrukturen öffentlich-privater Kooperation. Der Fokus liegt hier auf Kooperationen, an denen private Akteure wie Unternehmen und oder zivilgesellschaftliche Nichtregierungsorganisationen als direkte Adressaten der Regulierung oder als eigenständige Regulierer beteiligt sind (Conzelmann 2013, S. 55). Hierbei lassen sich verschiedene Arrangements unterscheiden (Börzel und Risse 2005): Im Falle der Koregulierung sind private Akteure an der Formulierung und Umsetzung internationaler Regeln und Normen beteiligt. Ein Beispiel ist der UN Global Compact, bei dem internationale Organisationen zusammen mit Staaten und einer Vielzahl von privaten Akteuren Standards nachhaltiger und verantwortungsvoller Unternehmensführung entwickeln. Im Falle der privaten Selbstregulierung entwickeln und implementieren private Akteure internationale Regeln und Normen dagegen relativ autonom. Ein Beispiel ist der Marine Stewardship Council (MSC), der von der Lebensmittelindustrie und Umweltverbänden ins Leben gerufen wurde und dessen Zertifizierung nachhaltiger Fischerei die Überfischung der Meere eindämmen soll.

Die in diesem Buch behandelten institutionellen Arrangements sind als Mosaiksteine der sogenannten „liberalen Weltordnung" ein wichtiger Stützpfeiler globalen Regierens. Die liberale Weltordnung lässt sich definieren als die Gesamtheit von institutionalisierten Normen, Regeln und Entscheidungsverfahren, die auf liberalen Prinzipien wie Multilateralismus, Herrschaft des Rechts, Freihandel sowie Demokratie, Menschenrechten und individuellen politischen Freiheiten beruht (Daase 2022, S. 159). Zunächst war das internationale System nach dem Zweiten Weltkrieg durch einen sogenannten „embedded liberalism" (Ruggie 1982) geprägt: die Bretton-Woods-Institutionen (Internationaler Währungsfonds und Weltbank) und das General Agreement on Tariffs and Trade (GATT) spielten eine wichtige Rolle bei der Förderung wirtschaftlich liberaler Werte in der Handels- und Finanzpolitik. Die Eingriffstiefe dieses regelbasierten Multilateralismus war jedoch vergleichsweise gering – die genannten Institutionen waren mit eher schwachen Befugnissen ausgestattet, während Staaten weiterhin großen Einfluss auf die Ausrichtung ihrer nationalen Politiken hatten (Börzel und Zürn 2021, S. 283). Dies änderte sich ab den 1990er-Jahren, als auch mithilfe sicherheitspolitischer Institutionen wie der North Atlantic Treaty Organization (NATO) ein friedliches Ende des Kalten Kriegs gelang, was dem Multilateralismus weiteren Anschub gab. In der Folge trat eine Vielzahl an Staaten multilateralen Arrangements neu bei, und mit einer Ausweitung der Befugnisse von internationalen Institutionen ging zusätzlich eine verstärkte Ausrichtung auf dezidiert politisch liberale Werte wie Demokratie, Menschenrechte und Rule of Law einher (Börzel und Zürn 2021, S. 283). Somit sind die vier Typen institutioneller Arrangements, auf die wir in diesem Lehrbuch fokussieren – zwischenstaatliche Verhandlungen, Regime, Regimekomplexe und transnationales Regieren – als konstitutive Elemente der liberalen Weltordnung zu verstehen, in denen deren liberale Grundwerte institutionalisiert sind.

1.2 Internationale Institutionen im Wandel der wissenschaftlichen Debatte

Als Forschungsgegenstand in den Internationalen Beziehungen rückten internationalen Institutionen nach dem Zweiten Weltkrieg in den Fokus wissenschaftlicher Betrachtung. Der Schwerpunkt dieser frühen Analysen lag auf den Aufgaben und Tätigkeiten formaler Organisationen in der internationalen Politik (Niemeyer 1952; Cox 1969). Vor dem Hintergrund des Kalten Krieges wurden Entscheidungsstrukturen innerhalb formaler Organisationen, insbesondere der Vereinten Nationen, beleuchtet (Hovet 1963; Russett 1966), aber auch Mechanismen regionaler Integration diskutiert (Haas 1961). In den 1970er-Jahren verlagerte sich das Erkenntnisinteresse jedoch weg von den Aufgaben formalisierter Organisationen hin zu internationalen Regimen – Regeln, Normen und Verfahren, die außenpolitisches Verhalten beeinflussen können (Young 1980; Krasner 1982) – und wendete sich der breiteren Erklärung institutionalisierter Kooperation, insbesondere im Bereich der internationalen politischen Ökonomie, zu (Keohane und Nye 1973; Keohane 1984). Zugrunde liegt diesen Beiträgen der funktionalistische Gedanke, dass in einer von Interdependenzen geprägten Welt Kooperation im gemeinsamen Interesse von rational agierenden Staaten sei und diese Kooperation durch Institutionalisierung abgesichert werden könne. Internationale Institutionen nehmen aus dieser rational-institutionalistischen Perspektive eine einflussreiche Rolle in der internationalen Politik ein.

Parallel zum Aufschwung der institutionalistischen Perspektive formierte sich deren Kritik (Strange 1982). Kooperationskritische, dem Realismus zuzuordnende Beiträge postulierten, dass internationale Institutionen einzig die Interessen mächtiger Staaten widerspiegelten und sie damit keinen Einfluss auf staatliches Verhalten nehmen könnten (Waltz 1979; Grieco 1988). Während sich die Debatte zwischen realistischen und institutionalistischen Ansätzen bis in die 1990er-Jahre hinein fortsetzte (Mearsheimer 1994–1995), entstand gleichzeitig ein Literaturstrang, der die rationalen Annahmen beider Ansätze kritisiert: Konstruktivistische Perspektiven betonten die soziale Umwelt internationaler Politik (Wendt 1992) und argumentierten, dass internationale Institutionen durch die in ihnen manifestierten Werte und Normen eigene Autorität besäßen und somit die Interessen und Identitäten von Staaten beeinflussen könnten (Finnemore und Sikkink 1998). Sozialkonstruktivistische Ansätze lenkten den Blick zudem auf die Rolle nichtstaatlicher Akteure in der internationalen Politik, wie Nichtregierungsorganisationen (Brunnengräber 1997) oder Expertennetzwerke (Haas 1992) und schrieben diesen grundlegende Einflussmöglichkeiten zu.

Der Beitrag speziell privater Akteure zur Bearbeitung internationaler Probleme wurde in den 1990er-Jahren zum Fokus der „Governance-Debatte" (Held und McGrew 2002; Benz et al. 2007; Rosenau 2008). Globalisierung, Deregulierung und Liberalisierung rückten neue Probleme wie die Regelung zunehmend entgrenzter Märkte, aber auch ihrer Folgeprobleme wie Umweltverschmutzung, die Einhaltung von Menschenrechten in grenzüberschreitenden Produktionsketten oder auch die Bekämpfung internationaler Kriminalität in den Blickpunkt der Betrachtung. Die Fähigkeit von Nationalstaaten zur Problembearbeitung erschien bereits aufgrund des grenzüberschreitenden Charakters neuer Probleme begrenzt. Die Kooperation mit anderen Staaten und mit privaten Akteuren in horizontalen und politikfeldspezifischen Strukturen erschien als Antwort auf die mangelnde territoriale Reichweite nationalstaatlicher Politik und die wachsende Komplexität der Probleme funktional. Governance-Studien widmeten sich der Entstehung und Funktionsweise transnationalen Regierens und beleuchteten die Effektivität und Legitimität dieser Strukturen.

In jüngerer Zeit differenzierte sich die Literatur, die sich mit Phänomenen internationalen Regierens durch internationale Institutionen befasst, immer weiter aus. Von Interesse für die Forschung sind in einer zunehmend komplexen institutionellen Landschaft beispielsweise interinstitutionelle Beziehungen und deren Effekte (Gehring und Oberthür 2009). Zudem verstehen Forscher*innen internationale Institutionen zunehmend als autonome Bürokratien und erklären deren strukturellen Wandel bzw. institutionelle Pathologien durch Argumente der Pfadabhängigkeit (Conceição-Heldt da et al. 2015; Hanrieder 2015). Zunehmend werden auch Herausforderungen diskutiert, mit denen Regieren durch internationale Institutionen aktuell konfrontiert ist. Der steigende Einfluss von populistischer nationaler Politik auf außenpolitische Entscheidungen sowie ein zunehmender globaler Einfluss von Autokratien werden als Herausforderung der bisher bestehenden liberalen Weltordnung und ihrer Institutionen gedeutet (Lake et al. 2021; Goddard et al. 2024). Der kurze

Überblick über die vielfältigen Perspektiven zeigt: Internationale Institutionen sind ein relevantes und interessantes Untersuchungsobjekt für Studierende der Politikwissenschaft und insbesondere der Internationalen Beziehungen.

1.3 Die Beiträge dieses Buches

Im nachfolgenden Kap. 2 geben Mathies Kempken und Andrea Liese einen Überblick über relevante Theorieperspektiven zum Thema internationale Institutionen. Dabei präsentieren sie zum einen mit dem (Neo-)Realismus einen institutionskritischen Ansatz. Zum anderen stellen sie mit dem rationalistischen, dem soziologischen und dem historischen Institutionalismus drei speziell auf den Untersuchungsgegenstand zugeschnittene theoretische Ansätze vor, die sich besonders für die Analyse internationaler Institutionen eignen. Das Theoriekapitel führt in die Grundannahmen der genannten Perspektiven ein und diskutiert davon ausgehend, welches Verständnis von Institutionen dominiert, warum Institutionen entstehen, wie sie auf Akteure internationaler Politik wirken und unter welchen Bedingungen sich Institutionen aus den jeweiligen Theorieperspektiven wandeln.

Die folgenden vier Kapitel behandeln die eingangs vorgestellten Typen internationaler institutioneller Arrangements im Einzelnen – zwischenstaatliche Verhandlungen, Regime, Regimekomplexe sowie transnationales Regieren. Anhand von Beispielen aus unterschiedlichen Politikfeldern werden jeweils Fragen ihrer Entstehung, Struktur, Funktionsweise und ihres Wandels behandelt. Dabei demonstrieren die Autor*innen, wie der theoretische Handwerkskasten der Internationalen Beziehungen zur Analyse internationaler Institutionen genutzt werden kann. In jedem Kapitel greifen die Autor*innen auf mehrere Theorieansätze zurück und wenden diese auf institutionsbezogene Fragestellungen an. Abschließend werden die Stärken und Schwächen der jeweiligen Theorieperspektiven diskutiert.

In Kap. 3 stellt Hubert Zimmermann zwischenstaatliche Verhandlungen als institutionelles Arrangement zur Lösung von Konflikten und Koordinationsproblemen in der internationalen Politik vor. Aus der Perspektive der rationalistischen Verhandlungstheorie sowie liberal-institutionalistischer Ansätze untersucht er den Verhandlungsprozess im Libyen-Konflikt und die Verhandlungen über eine Aufnahme Chinas in die Welthandelsorganisation.

In Kap. 4 untersuchen Andreas Hasenclever und Maike Messerschmidt Regime im Politikfeld Sicherheit. Mit Hilfe rational-institutionalistischer und kritisch-feministischer Theorieperspektiven werden die Ottawa-Konvention und der Waffenhandelsvertrag als Fallbeispiele für Regime der Rüstungskontrolle analysiert.

Manuel Becker und Thomas Gehring widmen sich in Kap. 5 Regimekomplexen. Ausgehend von einer hauptsächlich neoliberal-institutionalistischen Perspektive diskutieren sie Faktoren für die Entstehung von Regimekomplexen sowie deren Effekte und illustrieren diese jeweils mit empirischen Fallbeispielen aus unterschiedlichen Politikfeldern.

Susanne Lütz und Anja Menzel betrachten Formen und Probleme transnationalen Regierens in Kap. 6. Aus einer rationalistisch-institutionalistischen Perspektive analysieren sie öffentlich-private Kooperationen in den Politikfeldern Finanzen, Wohlfahrt und Umwelt und konzentrieren sich hierbei auf Arrangements der Koregulierung und der privaten Selbstregulierung.

Im Schluss Kap. 7 diskutieren Susanne Lütz und Anja Menzel, welche Erkenntnisse die Anwendung des liberalen und rationalistischen Institutionalismus zur Erklärung von Verhandlungen, Regimen, Regimekomplexen und Formen transnationalen Regierens erbringt. Zudem werden die Stärken und Schwächen dieser Theorieperspektiven sowie die aktuellen globalen Herausforderungen für internationale Institutionen erörtert.

Übungsfragen

1. Wie lassen sich internationale Institutionen definieren?
2. Welchen Stellenwert besaßen internationale Institutionen in der liberalen Weltordnung nach dem Zweiten Weltkrieg?
3. Wie hat sich die wissenschaftliche Debatte zu internationalen Institutionen im Zeitablauf verändert?

Literaturtipps

Börzel, Tanja/Risse, Thomas, 2005: Public-Private Partnerships. Effective and Legitimate Tools of Transnational Governance?, in: Grande, Edgar/Pauly, Louis W. (Hrsg.): Complex Sovereignty: On the Reconstitution of Political Authority in the Twenty-First Century., Toronto: University of Toronto Press, 195–216.

Gehring, Thomas/Oberthür, Sebastian, 2009: The Causal Mechanisms of Interaction between International Institutions, in: European Journal of International Relations 15 (1), 125–156.

Hasenclever, Andreas/Mayer, Peter/Rittberger, Volker, 1997: Theories of International Regimes. Cambridge: Cambridge University Press.

Lütz, Susanne/Menzel, Anja (Hrsg.), 2022: Internationale Organisationen. Konzepte, Theorien und Fallbeispiele. Wiesbaden: Springer VS.

Odell, John S./Tingley, Dustin, 2013: Negotiating Agreements in International Relations, in: Mansbridge, Jane/Martin, Cathie J. (Hrsg.): Negotiating Agreement in Politics. Washington DC: American Political Science Association, 144–182.
Simonis, Georg, 2022: Global Governance. Entstehung-Institutionen-Analyse. Wiesbaden: Springer VS.

Literatur

Alter, Karen J./Meunier, Sophie, 2009: The Politics of International Regime Complexity, in: Perspectives on Politics 7 (1), 13–24.
Benz, Arthur/Lütz, Susanne/Schimank, Uwe/Simonis, Georg (Hrsg.), 2007: Handbuch Governance. Theoretische Grundlagen und Anwendungsfelder. Wiesbaden: VS-Verlag für Sozialwissenschaften.
Börzel, Tanja/Risse, Thomas, 2005: Public-Private Partnerships. Effective and Legitimate Tools of Transnational Governance?, in: Grande, Edgar/Pauly, Louis W. (Hrsg.): Complex Sovereignty: On the Reconstitution of Political Authority in the Twenty-First Century., Toronto: University of Toronto Press, 195–216.
Börzel, Tanja A./Zürn, Michael, 2021: Contestations of the Liberal International Order: From Liberal Multilateralism to Postnational Liberalism, in: International Organization 75 (2), 282–305.
Brunnengräber, Achim, 1997: Advokaten, Helden und Experten – NGOs in den Medien, in: Klein, Ansgar/Legrand, Jupp/Leif, Thomas (Hrsg.): Mediation – Konfliktregelung durch Bürgerbeteiligung. Wiesbaden: VS Verlag für Sozialwissenschaften, 13–26.
Conceição-Heldt da, Eugénia/Koch, Martin/Liese, Andrea (Hrsg.), 2015: Internationale Organisationen: Autonomie, Politisierung, interorganisationale Beziehungen und Wandel. Baden-Baden: Nomos.
Conzelmann, Thomas, 2013: Was ist transnationales Regieren und welche Fragen stellen sich?, in: Breitmeier, Helmut/Conzelmann, Thomas/Wolf, Klaus Dieter (Hrsg.): Transnationales Regieren. Studienbrief der FernUniversität in Hagen. Fakultät für Kultur- und Sozialwissenschaften. Lehrgebiet für Internationale Politik, 51–73.
Cox, Robert W. (Hrsg.), 1969: International Organization: World Politics. London: Macmillan.
Daase, Christopher, 2022: Aufstieg und Fall der liberalen Weltordnung, in: Grotz, Florian (Hrsg.), Neue Welt – andere Politik? Politikwissenschaftliche Vermessungsversuche. Baden-Baden: Nomos Verlagsgesellschaft, 159–177.
Davies, Michael/Woodward, Richard, 2014: International Organizations. A Companion. Cheltenham: Edward Elgar.
Duffield, John, 2007: What are International Institutions?, in: International Studies Review 9 (1), 1–22.

Finnemore, Martha/Sikkink, Kathryn, 1998: International Norm Dynamics and Political Change, in: International Organization 52 (4), 887–917.

Gehring, Thomas/Oberthür, Sebastian, 2009: The Causal Mechanisms of Interaction between International Institutions, in: European Journal of International Relations 15 (1), 125–156.

Goddard, Stacy. E./Krebs, Ronald R./Kreuder-Sonnen, Christian/Rittberger, Berthold, 2024: Contestation in a World of Liberal Orders, in: Global Studies Quarterly 4 (2), ksae026.

Grieco, Joseph M., 1988: Anarchy and the Limits of Cooperation: A Realist Critique of the Newest Liberal Institutionalism, in: International Organization 42 (3), 458–507.

Haas, Ernst B., 1961: International Integration: The European and the Universal Process, in: International Organization 15 (3), 366–392.

Haas, Peter M., 1992: Introduction: Epistemic Communities and International Policy Coordination, in: International Organization 46 (1), 1–35.

Hanrieder, Tine, 2015: International Organization in Time: Fragmentation and Reform. Oxford: Oxford University Press.

Hasenclever, Andreas/Mayer, Peter/Rittberger, Volker, 1997: Theories of International Regimes. Cambridge: Cambridge University Press.

Held, David/McGrew, Anthony (Hrsg.), 2002: Governing Globalization. Power, Authority and Global Governance. Cambridge: Polity Press.

Hovet, Thomas, 1963: United Nations Diplomacy, in: Journal of International Affairs 17 (1), 29–41.

Iklé, Charles F., 1964: How Nations Negotiate. New York, NY: Harper & Row.

Karns, Margaret P./Johnson, Tana/ Mingst, Karen A., 2024: International Organizations: The Politics and Processes of Global Governance.4. Auflage. Boulder, Co: Lynne Rienner Pub.

Keohane, Robert O., 1984: After Hegemony: Cooperation and Discord in the World Political Economy. Princeton, NJ: Princeton University Press.

Keohane, Robert O./Nye, Joseph S., 1973: Power and Interdependence, in: Survival 15 (4), 158–165.

Keohane, Robert O./Victor, David G., 2011: The Regime Complex for Climate Change, in: Perspectives on Politics 9 (1), 7–23.

Krasner, Stephen D., 1982: Structural Causes and Regime Consequences: Regimes as Intervening variables, in: International Organization 36 (2), 185–205.

Lake, David. A./Martin, Lisa. L./Risse, Thomas, 2021: Challenges to the Liberal Order: Reflections on International Organization, in: International Organization 75 (2), 225–257.

Larionova, Marina V./Rakhmangulov, Mark/Shelepov, Andrey, 2015: Assessing G7/8 and G20 Effectiveness in Global Governance, in: Larionova, Marina/Kirton, John J. (Hrsg.): The G8–G20 Relationship in Global Governance. Farnham: Ashgate, 77–108.

Lütz, Susanne/Menzel, Anja (Hrsg.), 2022: Internationale Organisationen. Konzepte, Theorien und Fallbeispiele. Wiesbaden: Springer VS.

Martin, Lisa L./Simmons, Beth, 2002: International Organizations and Institutions, in: Carlsnaes, Walter/Risse/Thomas/Simmons, Beth (Hrsg.): Handbook of International Relations. Thousand Oaks, CA: Sage, 326–351.

Mearsheimer, John J., 1994–1995: The False Promise of International Institutions, in: International Security 19 (3), 5–49.

Niemeyer, Gerhart, 1952: The Balance-Sheet of the League Experiment, in: International Organization 6 (4), 537–558.

Orsini, Amandine/Morin, Jean-Frédéric/Young, Oran, 2013: Regime Complexes: A Buzz, a Boom, or a Boost for Global Governance?, in: Global Governance: A Review of Multilateralism and International Organizations 19 (1), 27–39.

Park, Susan, 2018: International Organizations and Global Problems. Theories and Explanations. Cambridge: Cambridge University Press.

Raustiala, Kal/Victor, David G., 2004: The Regime Complex for Plant Genetic Resources, in: International Organization 58 (2), 277–309.

Rittberger, Volker/Zangl, Bernhard/Kruck, Andreas, 2013: Internationale Organisationen. 4. Auflage. Wiesbaden: Springer VS.

Rittberger, Volker/Zangl, Bernhard/Kruck, Andreas/Dijstra, Hylke, 2019: International Organization. 3. Auflage. London: Macmillan/Red Globe Press.

Rosenau, James N., 2008: Governance without Government: Order and Change in World Politics. Cambridge: Cambridge University Press.

Ruggie, John G., 1982: International Regimes, Transactions, and Change: Embedded Liberalism in the Postwar Economic Order, in: International Organization 36 (2), 379–415.

Russett, Bruce M., 1966: Discovering Voting Groups in the United Nations, in: American Political Science Review 60 (2), 327–339.

Schieder, Siegfried/Spindler, Manuela (Hrsg.), 2010: Theorien der Internationalen Beziehungen. 3., überarbeitete und aktualisierte Auflage. Opladen/Farmington Hills: Barbara Budrich.

Schimmelfennig, Frank, 2021: Internationale Politik. 6., überarbeitete und aktualisierte Auflage. Paderborn: Ferdinand Schöningh.

Simonis, Georg, 2022: Global Governance. Entstehung-Institutionen-Analyse. Wiesbaden: Springer VS.

Strange, Susan, 1982: Cave! Hic Dragones: A Critique of Regime Analysis, in: International Organization 36 (2), 479–496.

Waltz, Kenneth, 1979: Theory of International Politics. New York City, NY: McGraw-Hill Education.

Weiss, Thomas G./Wilkinson, Rordan (Hrsg.), 2023: International Organization and Global Governance. 3. Auflage: London: Routledge.

Wendt, Alexander E., 1992: Anarchy is what States Make of it: The Social Construction of Power Politics, in: International Organization 46 (2), 391–425.

Young, Oran R., 1980: International Regimes: Problems of Concept Formation, in: World Politics 32 (3), 331–356.

Anja Menzel ist Akademische Rätin am Lehrstuhl für Internationale Beziehungen der Otto-Friedrich-Universität Bamberg und Senior Research Fellow am SARCHi Chair: African Diplomacy and Foreign Policy der Universität Johannesburg, Südafrika. Seit 2025 ist sie Fellow der Bayerischen Wissenschaftsallianz für Friedens-, Konflikt- und Sicherheitsforschung (FoKS). Von 2019 bis 2023 war Anja Menzel als wissenschaftliche Mitarbeiterin am Lehrgebiet Internationale Politik der FernUniversität in Hagen tätig. Sie studierte Politikwissenschaft, Verwaltungswissenschaft und Erwachsenenbildung an der Otto-Friedrich-Universität Bamberg, bevor sie 2019 an der Universität Greifswald mit einer Arbeit über zwischenstaatliche Kooperation zur Bekämpfung maritimer Piraterie promovierte. Zu Anja Menzels Forschungsinteressen zählen Regimekomplexität, die politische Regulierung von Ozeanen, nachhaltige Meerespolitik sowie Entwicklungsfinanzierung.

Susanne Lütz ist seit Oktober 2017 Leiterin des Lehrgebietes für Internationale Politik am Institut für Politikwissenschaft an der FernUniversität in Hagen. Von 2008 und 2017 war sie Professorin für Internationale Politische Ökonomie am Otto-Suhr-Institut der Freien Universität Berlin. Von 2003 bis 2008 leitete sie das Lehrgebiet für Politische Regulierung und Steuerung an der FernUniversität in Hagen. Als wissenschaftliche Mitarbeiterin war sie am Max-Planck-Institut für Gesellschaftsforschung in Köln beschäftigt und forschte am Minda de Gunzburg Center for European Studies der Harvard University, als Robert Bosch Fellow am American Institute for Contemporary European Studies der Johns Hopkins University in Washington, D.C. und als Erasmus-Mundus Exchange Fellow am National Centre for Research in Europe (NCRE) an der University of Canterbury, Christchurch, Neuseeland. Susanne Lütz studierte Sozialwissenschaft, Geschichte und Volkswirtschaft an der Universität Duisburg-Essen und promovierte im Rahmen des an der Universität zu Köln angesiedelten Graduiertenkollegs der Volkswagenstiftung „Soziale Netzwerke". 2001 habilitierte sie im Fach Politikwissenschaft an der FernUniversität in Hagen. Zu ihren Forschungsschwerpunkten zählen internationale Organisationen, insbesondere im Bereich Wirtschaft und Finanzen, die europäische Wirtschafts- und Finanzintegration, transnationale Finanzbeziehungen und speziell Finanzmarktmarktregulierung.

Theorieperspektiven

2

Mathies Kempken und Andrea Liese

Zusammenfassung

Das Kapitel führt in Theorien internationaler Institutionen ein, mit Fokus auf dem rationalistischen, soziologischen und historischen Neoinstitutionalismus. Es vergleicht diese Ansätze mit Realismus und Neorealismus, beleuchtet Definitionen, Funktionen und die Wirkung von Institutionen sowie deren Wandel. Institutionen werden als formelle oder informelle Strukturen verstanden, die Verhalten prägen und Identitäten formen. Der Beitrag schließt ab mit einer Gegenüberstellung der Unterschiede und Gemeinsamkeiten der präsentierten Ansätze sowie ihrer Stärken und Schwächen.

Schlüsselwörter

Rationalistischer Institutionalismus · Soziologischer Institutionalismus · Historischer Institutionalismus · Rationales Design · Theorien internationaler Institutionen · Neoinstitutionalismus · Theorien der Internationalen Beziehungen

M. Kempken (✉)
Berlin, Deutschland

A. Liese
Universität Potsdam, Potsdam, Deutschland
E-Mail: aliese@uni-potsdam.de

© Der/die Autor(en), exklusiv lizenziert an Springer Fachmedien Wiesbaden GmbH, ein Teil von Springer Nature 2025
S. Lütz, A. Menzel (Hrsg.), *Internationale Institutionen*, Grundwissen Politik,
https://doi.org/10.1007/978-3-658-47270-2_2

2.1   Einleitung: Theorien internationaler Institutionen

Ziel dieses Kapitels ist es, einige der gängigsten Theorien zur Analyse internationaler Institutionen vorzustellen und anhand empirischer Beispiele zu illustrieren.
Der Fokus liegt dabei auf verschiedenen Varianten des Neoinstitutionalismus, die
aus den Politik- und Sozialwissenschaften kommend Eingang in die Analyse der
internationalen Beziehungen gefunden haben. Dies sind rationalistischer Institutionalismus, soziologischer Institutionalismus und historischer Institutionalismus.
Sie nehmen in unterschiedlichem Maß Anleihen aus den Wirtschaftswissenschaften und der Soziologie und gehen dabei von unterschiedlichen Handlungslogiken aus. Vor allem der soziologische Institutionalismus weist enge Bezüge zu
organisationstheoretischen Annahmen auf, während der rationalistische Institutionalismus sich auf Erkenntnisse der Spieltheorie und der Ökonomie stützt. Die drei
neoinstitutionalistischen Theorievarianten eint die Annahme, dass Institutionen relevant sind („institutions matter"). Mit dieser Annahme grenzen sie sich von anderen Theorieschulen der Internationalen Beziehungen (IB) – vor allem vom
Liberalismus, Realismus und Neorealismus – ab.

   Dieses Kapitel diskutiert die Gemeinsamkeiten und Unterschiede des rationalistischen, soziologischen und historischen Institutionalismus und stellt diesen Annahmen des Realismus und Neorealismus als dezidierten IB-Theorien gegenüber.

   Die Gegenüberstellung orientiert sich an folgenden Leitfragen:

* Wie werden Institutionen definiert und welches Verständnis von Institutionen
  dominiert in den Analysen der jeweiligen Theorie?
* Warum und wie entstehen Institutionen?
* Wie wirken Institutionen auf die Akteure der internationalen Politik?
* Unter welchen Bedingungen und wie wandeln sich Institutionen, bzw. wann
  und wie bleiben sie stabil?

Vorab sei darauf hingewiesen, dass die gleich vorzustellenden Theorien keinen
deckungsgleichen Institutionenbegriff nutzen. Manche Definitionen verstehen
internationale Institutionen als explizite Vereinbarungen, die aus internationalen
Verhandlungen resultieren (Koremenos et al. 2001, S. 762). Andere sehen in ihnen
die Gepflogenheiten und Gewohnheiten zur Erreichung gemeinsamer Ziele (Bull
1977, S. 71) oder aber die Reproduktion bestehender und ungleicher Machtverhältnisse, Wissensstrukturen und Rollenbilder (u. a. Cox 1981). Somit verwundert es
kaum, wenn der Begriff „Institution" auch in der empirischen Literatur zur Kennzeichnung unterschiedlicher Strukturen oder gar Akteure verwendet wird. Manche
verwenden den Begriff synonym für internationale Organisationen, etwa wenn sie

von globalen Finanzinstitutionen sprechen und den Internationalen Währungs-fonds und die Weltbank meinen. Andere verstehen Institutionen als Regime, also als Regelwerke in verschiedenen Bereichen der internationalen Beziehungen (Krasner 1982, S. 186, siehe auch Kap. 4 in diesem Band). Beispiele wären das internationale Regime zum Schutz des Klimas, die Regime zum Schutz einzelner Menschenrechte oder das Welthandelsregime. Es ist aber auch möglich, ein kon-stitutives Prinzip der internationalen Ordnung, die Souveränität, als Institution zu fassen.

In diesem Beitrag wird der Begriff der Institution als Oberbegriff für ver-schiedene Typen von Institutionen verstanden (siehe dazu auch Duffield 2007). Somit umfasst der Begriff im Folgenden ein breites Spektrum von informellen Er-wartungshandlungen über aus Verhandlungen hervorgegangenen Regelsystemen bis hin zu formellen Prozeduren und Mandaten internationaler Organisationen.

Zudem lassen sich unterschiedliche Funktionen von Institutionen typologisie-ren. Einigkeit besteht darin, dass Institutionen ökonomisches, politisches und ge-sellschaftliches Handeln strukturieren. Diese Strukturierung lässt sich sowohl als Verhalten ermöglichend als auch als Verhalten einschränkend auffassen. So defi-niert Keohane (1989, S. 3) internationale Institutionen als „persistent and connec-ted sets of rules (formal and informal) that prescribe behavioral roles, constrain ac-tivity, and shape expectations". Neben die Funktion der Strukturierung von Hand-lungen tritt aber auch eine identitätsstiftende Funktion: Institutionen bestimmen die Identität und Zentralität von Akteuren und damit ihre Rollen. Für ein breites Verständnis von Institutionen – also den hier verwendeten Oberbegriff – hat sich daher die Unterscheidung von konstitutiven, regulativen und prozeduralen Funk-tionen eingebürgert (vgl. etwa Duffield 2007).

Die theoretische Befassung mit der Frage nach der Rolle von Institutionen in den internationalen Beziehungen hat eine lange Tradition. Dabei wandelten sich die Antworten auf diese Frage im historischen Verlauf. Dies hat auch etwas mit den sich wandelnden internationalen Beziehungen zu tun. So steht die Zeit nach 1945 für einen Anstieg der Anzahl internationaler Institutionen, etwa multilateraler Verträge und internationaler Organisationen. Mit dem Ende des Kalten Krieges beginnt eine Stärkung bestehender Institutionen. Auch die globalen Machtver-schiebungen spiegeln sich in theoretischen Debatten wider. Ein Beispiel ist die De-batte zwischen (Neo-)Realismus und rationalistischem Institutionalismus über die Rolle von (US-amerikanischer) Hegemonie bei der Entstehung und dem Erhalt von Institutionen, die in der bis heute kontrovers diskutierten Frage nach den Aus-wirkungen des hegemonialen Niedergangs der USA Widerhall findet. In jüngerer Zeit gewinnen zudem Annahmen zur Infragestellung von Institutionen ebenso wie Theorien der institutionellen Fragmentierung an Bedeutung.

Die folgenden Abschnitte stellen die Kernannahmen der drei Institutionalismen dar. Zudem gehen wir auf wesentliche Weiterentwicklungen ein. Zu betonen ist, dass alle Theorieschulen bis heute die empirisch-analytische Forschung über Institutionen in den IB beeinflussen. Wenngleich der Realismus nicht zu den institutionalistischen Theorieschulen gehört, wird er im Folgenden als Beispiel einer dezidierten IB-Theorie kurz vorgestellt. Zwar bestreitet der Realismus die eigenständige Wirkung internationaler Institutionen, jedoch trifft er sowohl Annahmen zur Entstehung als auch zur fehlenden Robustheit von internationalen Institutionen. So geht der Realismus davon aus, dass globale Machtverschiebungen die institutionelle Ordnung grundlegend verändern. Zum anderen hat sich der Rationalistische Institutionalismus in den 1970er- und 1980er-Jahren als Gegenspieler zum Realismus etabliert. Der soziologische Institutionalismus entwickelte sich zwar zeitgleich (Stanford School um John Meyer), jedoch dauerte es, bis er für die Analyse internationaler Beziehungen entdeckt wurde. Ähnliches gilt für den historischen Institutionalismus. Nicht unerwähnt lassen möchten wir, dass es auch etliche Beiträge kritischer Theorien der IB gibt, die sich mit internationalen Institutionen befassen. Hierzu zählen feministische Theorien (Montoya 2016) ebenso wie postkoloniale, postmarxistische und poststrukturelle Ansätze (für einführende Überblicksartikel siehe Daddow 2009; Dunne et al. 2016 oder die entsprechenden Kap. 6 und 9 im deutschsprachigen Lehrbuch von Jetschke 2017). Zudem finden verwaltungswissenschaftliche, organisationssoziologische und systemtheoretische Perspektiven Anwendung, vor allem im Hinblick auf internationale Organisationen, als einem zentralen Typ internationaler Institutionen (siehe einleitend da Conceição-Heldt et al. 2015, ausführlich und mit Anwendung Bauer et al. 2017; Koch 2017).

2.2   Realistische IB-Theorien

Realistische Theorien der Internationalen Beziehungen zeichnen ein eher düsteres Bild der Weltpolitik und sind gegenüber internationalen Institutionen eher pessimistisch eingestellt. So fasst John J. Mearsheimer, einer der bekanntesten Vertreter dieser theoretischen Strömung, die Perspektive des Realismus zu internationalen Institutionen wie folgt zusammen:

> „Realists maintain that institutions are basically a reflection of the distribution of power in the world. They are based on the self-interested calculations of the great powers, and they have no independent effect on state behavior. Realists therefore believe that institutions are not an important cause of peace. They matter only on the margins." (Mearsheimer 1994, S. 7)

Folglich könne man nicht davon ausgehen, dass internationale Institutionen den zwischenstaatlichen Frieden sichern können. Im Gegenteil, mit internationalen Institutionen sei vielmehr ein „leeres Versprechen" („false promise") verbunden (Mearsheimer 1994). Dieser Pessimismus gegenüber internationalen Institutionen resultiert aus den theoretischen Grundannahmen realistischer Theorien über das internationale System. So gilt als der Ausgangspunkt des politischen Realismus wie des Neorealismus die Annahme, dass das internationale System durch Anarchie geprägt ist (Morgenthau 1948; Waltz 1979). Damit ist gemeint, dass die Beschaffenheit des internationalen politischen Systems dadurch gekennzeichnet ist, dass es keine hierarchische Herrschaftsordnung gibt. Es gibt im internationalen System zum Beispiel (noch) keinen Weltstaat. Ebenso fehlt eine supranationale Organisation, die über ein globales Gewaltmonopol verfügt und somit in der Lage wäre, Regeln gegenüber Staaten hierarchisch durchzusetzen. Aus diesem Grund vergleichen sowohl Vertreter des politischen Realismus (Morgenthau 1948) als auch des Neorealismus (Waltz 1979) das internationale politische System mit dem Naturzustand, wie ihn Hobbes beschrieben hat (zu den Unterschieden beider Theorien, auch im Hinblick auf die Ursachen der Anarchie, siehe Masala 2006). Wo ein Gewaltmonopol fehlt, herrsche ein Krieg aller gegen alle. Auch das internationale System sei durch einen ständigen Überlebenskampf geprägt. Anders als Hobbes verorten Vertreter*innen des politischen Realismus und des Neorealismus diesen jedoch nicht zwischen einzelnen Individuen und Banden, sondern zwischen den Staaten des internationalen Systems. Denn jeder Staat agiere in permanenter Unsicherheit, da er dauerhaft dem Risiko ausgesetzt sei, dass er im nächsten Moment von einem anderen Staat attackiert werden könnte. Krieg ist für den politischen Realismus und den Neorealismus ein Phänomen, das zum internationalen politischen System dazugehört und jederzeit ausbrechen könnte. Denn realistische Theorien nehmen die offensiv militärischen Fähigkeiten von Staaten in den Blick, die es ihnen ermöglichen, sich gegenseitig zu verletzen und möglicherweise zu zerstören. Aus dieser stetigen Unsicherheit, der sich Staaten im internationalen System ausgesetzt sehen, ergibt sich das Sicherheitsstreben als primäres Motiv von Staaten: Staaten strebten in erster Linie danach zu überleben. Staaten, die sich dem Streben zu überleben entziehen, „(...) will fail to prosper, will lay themselves open to dangers, will suffer" (Waltz 1979, S. 118). Somit sind Staaten darauf angewiesen, nach Sicherheit zu streben und ihre Konkurrenten zu beobachten, wenn sie denn überleben wollen. Das Streben nach Überleben lässt sich für Staaten im internationalen System vor allem mit einer Machtmaximierung erreichen. Das heißt, umso mächtiger ein Staat im internationalen politischen System ist, desto höher ist die Chance auf sein Überleben. Da das Machtstreben anderer Staaten nur durch ein eigenes Machtstreben ausgeglichen werden kann, kommt es im internationalen poli-

tischen System zum Wettlauf um Macht und dadurch zu steigenden Sicherheits-
bedrohungen. John Herz hat hierfür den Begriff des Sicherheitsdilemmas geprägt,
den er wie folgt definiert:

> „A structural notion in which the self – help attempts of states to look after their se-
> curity needs tend, regardless of intention, to lead to rising insecurity for others as each
> interprets its own measures as defensive and measures of others as potentially threa-
> tening." (Herz 1950, S. 157)

Indem Staaten beispielsweise durch Aufrüstung ihre Sicherheit erhöhen wollen,
verunsichern sie gleichzeitig andere Staaten, da diese die Aufrüstung als Bedrohung wahrnehmen. Dementsprechend reagieren die Staaten, die sich bedroht füh-
len, ihrerseits mit Aufrüstung, was wiederum den Staat verunsichert, der als Erstes
aufrüstete. Daher reagiert auch dieser Staat mit einer erneuten Aufrüstung. Dieses
Szenario kann sich dementsprechend durch wechselseitige Reaktionen intensivieren und wird häufig anhand des Wettrüstens im Kalten Krieg illustriert.

Die Gründung von Institutionen und die zwischenstaatliche Kooperation sind
gemäß den Annahmen realistischer Theorie nur schwer zu erreichen. Es bestehen
einige Kooperationshindernisse. Weil Staaten laut dem Realismus immer befürchten müssen, von anderen Staaten attackiert zu werden und in der Anarchie auch
nicht von einer übergeordneten Instanz geschützt werden, können sie sich nicht
vertrauen (Mearsheimer 1994, S. 12). Das durch tiefe Unsicherheit generierte
Misstrauen macht Kooperation nahezu unmöglich (Waltz 1979, S. 106). Denn welche Garantien gibt es, dass sich Staaten, die in einem Selbsthilfesystem („self-help
system" (Waltz 1979)) agieren und sich folglich selbst am nächsten stehen, an Vereinbarungen oder Verträge halten?

Was die Etablierung und Einhaltung von Institutionen weiter erschwert ist, dass
Staaten laut dem Realismus nicht per se an absoluten Gewinnen interessiert seien
(Waltz 1979, S. 106; Mearsheimer 1994, S. 12). Vertreter*innen des rationalistischen Institutionalismus betonen die absoluten Gewinne von Kooperation und führen diese als Erklärung für das Zustandekommen von Kooperation an. Das Denken
in absoluten Gewinnen ist dadurch gekennzeichnet, dass Staaten sich bei zwischenstaatlichen Kooperationen nur auf die Maximierung der eigenen Vorteile konzentrieren und sich kaum darum sorgen, wie viel Nutzen andere Staaten aus der Kooperation ziehen. Das heißt, dass sich jeder Staat nur insoweit um den Kooperationspartner kümmert, als es dem Erreichen seiner maximalen Gewinne dient
(Mearsheimer 1994). Dagegen ist das Denken in relativen Gewinnen dadurch gekennzeichnet, dass jeder Staat bei der Etablierung von internationalen Institutionen
nicht nur seine eigenen Kooperationsgewinne bedenkt, sondern auch berücksichtigt, wie viele Vorteile andere Staaten aus der Etablierung der Institution ziehen. Da Staaten in einer realistischen Welt um das Kräfteverhältnis besorgt sind,

denken Staaten bei der Etablierung von internationalen Institutionen in erster Linie an relative Gewinne und nicht an absolute Gewinne (Grieco 1988). Da sich die Gewinne der Kooperationspartner in Macht übersetzen, können zu hohe Gewinne der anderen das Machtgleichgewicht ändern und die relative eigene Position schwächen (Mearsheimer 1994, S. 12).

Der Realismus erachtet Staaten als wichtigste Akteure des internationalen Systems. Als rationale Akteure seien diese darauf bedacht, ihre Machtinteressen durchzusetzen. Folglich werden internationale Institutionen lediglich als Instrumente der mächtigsten Staaten konzipiert (Strange 1982; Krasner 1985). Diese Ansicht des Realismus zu internationalen Institutionen findet sich pointiert in einer Äußerung von Morgenthau zur Rolle und Funktionsweise des internationalen Rechts in der Weltpolitik. So argumentiert er (1948, S. 214):

„Governments … are always anxious to shake off the restraining influence that international law might have upon their foreign policies, to use international law instead for the promotion of their national interests (…)."

Folglich ist auch die Entstehung von internationalen Institutionen auf die mächtigsten Staaten des internationalen Systems zurückzuführen. Diese gründen internationale Institutionen, um ihre Macht zu sichern oder um sie gar auszuweiten (Mearsheimer 1994, S. 13). Diese Annahme gilt für internationale Verträge und Vereinbarungen ebenso wie für internationale Organisationen. Aus einer realistischen Perspektive werden sie stets als Instrumente der mächtigsten Staaten im internationalen System betrachtet. Vor allem im Falle der Bretton Woods-Organisationen nimmt eine große Anzahl von Vertreter*innen des Realismus an, dass diese beiden Organisationen als verlängerter Arm der mächtigen Staaten fungieren und diesen ermöglichen, ihre geopolitischen Interessen in der Welt zu verfolgen und ihre Macht zu sichern (Thacker 1999; Peet 2003; Babb 2009). Thacker (1999) kommt im Falle des Internationalen Währungsfonds (IWF) zu dem Entschluss, dass seine Entscheidungen primär auf die politischen Interessen der USA zurückzuführen seien. Vor allem die Entscheidungen des IWFs, an welche Nationalstaaten Gelder ausgezahlt werden und an welche nicht, werden stark vom Interesse der USA mitgeprägt. So benutze die USA den IWF als ein politisches Instrument, um entweder nahestehende Verbündete zu belohnen oder um Staaten zu bestrafen, die gegenüber den USA eher kritisch eingestellt sind. Wade (2002) dagegen argumentiert am Beispiel der Weltbank, dass die USA ihre hegemoniale Stellung innerhalb der Weltbank nutzen, um marktliberale Ideen in der Welt zu verbreiten. Peet (2003) argumentiert, dass sowohl Weltbank und IWF zwar ursprünglich gegründet wurden, um die internationalen Wirtschaftsbeziehungen zu regeln, jedoch beide aufgrund der dominierenden Rolle der USA dazu dienen, eine internationale Wirtschaftspolitik durchzusetzen, welche im Interesse der USA liegt.

Aufgrund der oben geschilderten Hürden braucht es zur Etablierung von internationalen Institutionen einen Staat mit einer hegemonialen Stellung – den sogenannten Hegemon. Dieser muss in der Lage und willens sein, zur Sicherung seiner Interessen und der Interessen der Staatengemeinschaft die Kosten der Regimeentstehung und -aufrechterhaltung zu tragen (siehe unten). Dazu bestimmt er das Design oder das Mandat der internationalen Organisation nach seinen Interessen und sichert sich formale Einfluss- und Kontrollmöglichkeiten, etwa über besondere Stimmanteile. Nicht nur das institutionelle Design oder das Mandat der internationalen Organisation sind von den Interessen der mächtigsten Nationalstaaten geprägt, sondern auch Prozesse des organisationalen Wandels sind aus einer realistischen Perspektive auf die Interessen oder Forderungen der mächtigsten Nationalstaaten zurückzuführen. So gehen Vertreter*innen realistischer Theorien davon aus, dass jeglicher Wandel des Mandats oder des Designs von internationalen Organisationen auf die Forderungen der mächtigsten Nationalstaaten zurückzuführen sind (Mearsheimer 1994; Gruber 2000; Glennon 2003). Zu einem Wandel von internationalen Institutionen kann es kommen, wenn sich die Interessen der mächtigsten Staaten verändern. Diese Veränderung kann u. a. auf geopolitische Veränderungen oder aber auch auf externe Schocks und Krisen zurückgeführt werden. Beide können zum Beispiel dazu führen, dass die Ziele, die mit Hilfe einer internationalen Institution oder ggfs. einer internationalen Organisation erreicht werden sollten, obsolet werden. Beispielsweise führte das Ende des Kalten Kriegs dazu, dass die USA zur alleinigen Supermacht aufstieg und somit auch die Motive der USA zur Unterstützung der internationalen Entwicklungszusammenarbeit sich gewandelt haben.

Auch die realistisch geprägte Theorie der hegemonialen Stabilität befasst sich mit der Stabilität und dem Wandel internationaler Institutionen (Kindleberger 1973; Krasner 1976). Die Theorie der hegemonialen Stabilität betont, dass die Etablierung und der Fortbestand von internationalen Institutionen davon abhängig sind, dass es im internationalen System eine hegemoniale Macht gibt, welche durch ihre machtvolle Position im internationalen System in der Lage ist, ihre Präferenzen durchzusetzen und somit für Ordnung im internationalen System zu sorgen. Zum Beispiel argumentiert Kindleberger (1973), dass der wirtschaftliche Abschwung der 1920er-Jahre sich nur deshalb zu einer globalen Wirtschaftskrise entwickelt habe, weil Großbritannien nicht mehr in der Lage und die USA noch nicht willens waren, die Stabilität des internationalen Wirtschaftssystems zu gewährleisten. Kommt es im internationalen System zu einem Wechsel der Hegemonialstellung, verändern sich auch internationale Institutionen, oder es kommt zur Gründung neuer Institutionen. Denn auch die neue hegemoniale Macht nutzt Institutionen, um ihre Präferenzen durchzusetzen, verfolgt aber mit hoher Wahrscheinlichkeit andere Interessen als der vorherige Hegemon (Xu 2017).

Zusammenfassend bleibt festzuhalten, dass der Realismus mit seinem skeptischen Blick auf internationale Institutionen vor allem gut erklären kann, warum Staaten sich aus internationalen Vereinbarungen zurückziehen oder diese erst gar nicht eingehen. Die Blickweise auf internationale Institutionen als Instrument der mächtigsten Staaten des weltpolitischen Systems bietet zudem eine Erklärungsmöglichkeit, um das Handeln und die Wirkungsweise von internationalen Organisationen wie der Weltbank oder dem Internationalen Währungsfonds zu verstehen. Eine der Schwächen des Realismus in Bezug auf die Analyse internationaler Institutionen ergibt sich daraus, dass der Realismus – im Gegensatz zu den verschiedenen Varianten des Institutionalismus – keine Theorie ist, welche die Analyse internationaler Institutionen explizit zum Gegenstand hat. Daraus folgt, dass sich der Realismus vergleichsweise wenig mit dem Wirken und den Mechanismen von internationalen Institutionen auseinandergesetzt hat.

2.3 Rationalistischer Institutionalismus

Der rationalistische Institutionalismus teilt die pessimistische Sicht des Realismus auf internationale Institutionen nicht. Vielmehr begreift der rationalistische Institutionalismus internationale Institutionen als Hilfsmittel, wenn Staaten durch Kooperation gemeinsame Ziele verwirklichen wollen. Dementsprechend entwickelte sich der rationalistische Institutionalismus in den 1980er-Jahren in der Debatte der Internationalen Beziehungen zum großen Gegenspieler des Realismus. So zeigte der rationalistische Institutionalismus, dass Institutionen trotz der Schwächung der hegemonialen Stellung der USA in den 1980er-Jahren weiterhin für Ordnung und Stabilität sorgten und sich als vergleichsweise robust erwiesen (Keohane 1984; Snidal 1985).

Obwohl der rationalistische Institutionalismus als wesentlicher Gegenpol realistischer Theorien in den IB gilt, teilt er mit diesen einige wesentliche Grundannahmen. Die erste zentrale Gemeinsamkeit zwischen beiden Theorien ist die Annahme der Anarchie. Beide Theorien gehen davon aus, dass das internationale System durch Anarchie – also das Fehlen einer zentralen Ordnungsinstanz – geprägt ist. Während der Realismus daraus folgert, dass Staaten zur Selbsthilfe verdammt sind, schreibt der rationalistische Institutionalismus internationalen Institutionen eine eigenständige Ordnungsfunktion zu. Institutionen gelten entsprechend als dauerhafte Regeln und Praktiken, die Verhaltensrollen vorgeben, Handlungen einschränken und Erwartungen formen (Keohane 1989, S. 3). Indem sie Regeln für die zwischenstaatliche Interaktion aufstellen, schaffen sie mittelfristig Erwartungsverlässlichkeit. Zudem reduzieren sie Kooperationshindernisse.

Eine zweite Gemeinsamkeit ist die Prämisse, dass Staaten die zentralen Akteure im internationalen System sind. Zudem werden Staaten als rationale Akteure konzipiert, deren Ziel es ist, ihren individuellen Nutzen zu maximieren. Vor dem Hintergrund dieser Grundannahmen versucht der rationalistische Institutionalismus zu erklären, warum Staaten als rationale Akteure trotz vielfacher Kooperationshindernisse mit anderen Staaten kooperieren und Institutionen schaffen, die eine eigenständige Wirkung entfalten. Das Argument des rationalistischen Institutionalismus lautet, dass die Interdependenzen zwischen Staaten im internationalen System immer ausgeprägter werden und Staaten in der Folge ein gemeinsames Interesse an zwischenstaatlicher Kooperation entwickeln (Keohane 1984). Die Motivation für die zwischenstaatliche Kooperation durch internationale Institutionen ist funktional: Staaten erachten diese als vorteilhaft, weil sie der Verwirklichung ihrer Interessen dienen. Institutionen erleichtern Kooperation, indem sie die größten Kooperationshürden abschwächen: hohe Transaktionskosten und den Anreiz zum Trittbrettfahren oder zum Betrug. In der Regimeanalyse bezeichnen Transaktionskosten die Kosten, die bei der Aushandlung von Regeln und der Kontrolle und Durchsetzung ihrer Einhaltung entstehen. Da Institutionen einen dauerhaften Verhandlungsrahmen bereitstellen und die Kosten der Informationsbereitstellung und Überwachung durch Zentralisierung minimieren, werden die Transaktionskosten für den einzelnen Staat gesenkt. Der Anreiz zum Trittbrettfahren besteht darin, dass Staaten vom Gewinn kollektiven Handelns profitieren (bspw. saubere Umwelt), selbst wenn sie durch ihr eigenes Handeln nicht dazu beitragen. Dieses Phänomen ist auch als Tragik des Allgemeinguts oder als „Allmendenproblematik" (Hardin 1968) bekannt:

> „Whenever one person cannot be excluded from the benefits that others provide, each person is motivated not to contribute to the joint effort, but to free-ride on the efforts of others. If all participants choose to free-ride, the collective benefit will not be produced." (Ostrom 1990, S. 6)

Internationale Institutionen können, etwa wenn sie mit Überwachungskompetenzen ausgestattet sind oder Regeln zur Umverteilung kollektiver Überwachungskosten aufstellen, das Trittbrettfahren erschweren bzw. verteuern. Da sie über die Reputation regelbrüchiger wie verlässlicher Staaten (mit)bestimmen, können sie es regelbrüchigen Staaten erschweren, in der Zukunft Kooperationspartner zu finden. Dies wiegt umso schwerer, je mehr Regime einzelne Bereiche miteinander verknüpfen. Des Weiteren decken Institutionen reguntreues Verhalten auf und ermöglichen dadurch Bestrafungen durch die anderen Mitglieder. Indem sie Kosten-Nutzen-Kalkulationen verändern, steuern oder lenken Institutionen staatliches Handeln, auch wenn sie gemäß den Annahmen des rationalistischen Institutionalismus nicht die Interessen der Staaten verändern (siehe dazu den soziologischen Institutionalismus).

Das sogenannte Gefangenendilemma ist ein bekanntes Modell, das herangezogen wird, um eine zentrale Hürde für zwischenstaatliche Kooperation zu verdeutlichen (Keohane 1984, S. 67–84; Zürn 1992). Häufig wird es genutzt, um die Problematik des Rüstungswettlaufs zwischen den USA und der UdSSR während des Kalten Kriegs zu erläutern. An diesem spieltheoretischen Modell lässt sich zudem verdeutlichen, welchen Beitrag Institutionen leisten, um Kooperation unter den Bedingungen der Anarchie zu ermöglichen. Im Modell müssen zwei Akteure entscheiden, ob sie miteinander kooperieren oder nicht: Zwei verdächtige Bankräuber werden geschnappt und getrennt von der Polizei befragt. Leugnen beide (Kooperation), so erwartet sie nur eine geringe Strafe, da die Polizei ihnen den Raub nicht nachweisen kann. Gestehen beide, so erwartet sie eine mittlere Strafe. Verhält sich einer kooperativ und schweigt bzw. leugnet, wird aber vom anderen „verpfiffen", so erwartet den Ersten eine hohe Strafe wegen des Raubes und des Leugnens, der Zweite erhält eine Strafmaßreduktion, weil er der Polizei bei der Aufdeckung geholfen hat. Somit ist der Anreiz zur Nichtkooperation (niedrigeres Strafmaß) für jeden individuell höher als der Anreiz für die Kooperation. Da sich zudem keiner sicher sein kann, dass der andere in der getrennten Befragung nicht mit der Polizei zusammenarbeiten wird und einen „verpfeift" (was das individuell schlechteste Ergebnis mit sich führen würde), wählen beide ein individuell rationales Verhalten, das ihnen aber das gemeinschaftliche beste Ergebnis (kollektives Optimum) verwehrt. Sie gestehen beide und erhalten die mittlere Strafe.

Die Regimetheorie hat nun ausgearbeitet, dass sich die fehlende Erwartungssicherheit durch Absprachen, Spielwiederholungen (mit offenem Ende) und reziprokes Verhalten kompensieren lässt. Das kollektive Optimum ist möglich: Vereinbaren die Gefangenen von vornherein, miteinander zu kooperieren, so wird Kooperation (Leugnen) in der Wiederholungssituation belohnt. Bricht einer aus der Kooperation aus, so muss er im Gegenzug damit rechnen, im Wiederholungsfall selbst das Opfer der fehlenden Kooperation seines Partners zu werden. Der sogenannte Schatten der Zukunft ermöglicht auf diese Weise langfristige Kooperation.

Somit verlagern Staaten Ressourcen auf Institutionen, wenn sie sie als nützlich ansehen und den Staaten die Möglichkeit geben, ihre nationalen Interessen zu sichern. In der Literatur wurden verschiedene Funktionen und Vorteile zwischenstaatlicher Kooperation durch internationale Institutionen ausführlicher erörtert:

• *Reduktion von Transaktionskosten*: Keohane zieht das ökonomische Konzept des Marktversagens heran, um zu zeigen, dass die Zusammenarbeit von Staaten rein nach Bedarf, also quasi die „Marktlösung", nicht zu effizienten Ergebnissen führt. Die Existenz von Transaktionskosten, wie Informations- und Organisationskosten, führe dazu, dass die Akteure nicht das Ergebnis erreichen, das sie unter Bedingungen des vollkommenen Marktes erreichen sollten. Sie bleiben also unter ihren Möglichkeiten. Internationale Regime, die Informations- und Organisationskosten reduzieren, können daher bei der Überwindung von (teilweisem) Marktversagen helfen (Keohane 1982, S. 334–338).

- *Effizienzgewinne:* Ein Hauptvorteil der Etablierung von internationalen Institutionen ist deren Effizienz. Vor allem internationale Organisationen verfügen häufig über Spezialwissen oder andere kognitive und administrative Ressourcen, um bestimmte Aufgaben routinemäßig auszuführen. Zum Beispiel delegieren Staaten die Planung und Durchführung von Friedenssicherungsmissionen an die Vereinten Nationen, weil dies effizienter ist als eine individuelle Planung in allen Verteidigungsministerien (Dijkstra 2012).
- *Monitoring und Streitschlichtung:* Internationale Institutionen können nicht nur neue Normen und Regeln in der Weltpolitik etablieren, sondern sie überwachen auch deren Einhaltung und sprechen zum Teil sogar Sanktionen bei etwaigen Regelverletzungen aus. Dadurch lindern sie das Trittbrettfahrerproblem.
- *Management unvollständiger Verträge:* Hohe Transaktionskosten verhindern in der Regel, dass Staaten umfassende Verträge entwickeln (Williamson 1975). Solche „unvollständigen Verträge" (Hart 1988) müssen dann im Laufe der Zeit neu ausgehandelt werden. Die Übertragung an internationale Organisationen und internationale Gerichte ermächtigt letztere, fehlende, aber notwendige Angaben zu ergänzen und Streitigkeiten zwischen den Mitgliedstaaten zu entscheiden.

Mittlerweile wird das internationale System von einer stetig wachsenden Anzahl internationaler Institutionen bevölkert. Allein im Bereich des internationalen Umweltschutzes gibt es mehr als zweihundert Regime (Oberthür und Gehring 2004, S. 247). Im Jahre 2013 wurden 2406 multilaterale Verträge und 266 internationale Organisationen gezählt (Faude 2015, S. 12). Das internationale System ist somit durch eine hohe „institutionelle Dichte" (Zürn 1998, S. 84). geprägt. Vertreter*innen der Regimekomplex-Perspektive haben infolgedessen darauf aufmerksam gemacht, dass diese hohe Dichte an internationalen Institutionen zum einen zu einer funktionalen Überlappung der Institutionen führt, d. h., dass mehrere internationale Institutionen das gleiche Problem adressieren und auch die gleichen staatlichen Mitglieder haben (Hofmann 2011). Der Ansatz der Regimekomplexe (siehe auch Kap. 5) untersucht hier, wie internationale Institutionen sich wechselseitig hinsichtlich ihrer Entwicklung und Wirksamkeit beeinflussen können (Gehring und Oberthür 2008). So wird betont, dass die hohe Dichte an internationalen Institutionen zu einem Wettbewerbsdruck zwischen Institutionen führt und eine Ausdifferenzierung bzw. eine Arbeitsteilung zwischen internationalen Institutionen die Folge ist (Faude 2015). Zum anderen ermöglicht diese hohe Dichte an internationalen Institutionen den Akteuren der Weltpolitik einen strategischen

Umgang mit den Institutionen (Busch 2007; Helfer 2009; Morse und Keohane 2014). Beispielsweise ermöglicht eine institutionelle Überlappung den Staaten Vorteile durch das Ausnutzen nebeneinander bestehender Zuständigkeiten („forum-shopping"). Ursprünglich bezeichnet „forum-shopping", die Wahl des für den Kläger günstigsten Gerichts im Falle der möglichen Austragung eines rechtlichen Konfliktes vor verschiedenen Gerichten (Helfer 1999; Busch 2007). Für Staaten ergibt sich etwa die Möglichkeit, den internationalen Streitschlichtungsmechanismus auszuwählen, der dem Staat die größten Aussichten auf Erfolg bietet. Ein weiterer strategischer Umgang mit internationalen Institutionen bietet das „forum-shifting". Helfer (2004, S. 14) definiert forum-shifting als „an attempt to alter the status quo ante by moving treaty negotiations, lawmaking initiatives, or standard setting activities from one international venue to another." Das Ziel dieser Verschiebungen zwischen den verschiedenen internationalen Institutionen ist es, die Wahrscheinlichkeit zu erhöhen, die eigenen Interessen durchzusetzen.

Vertreter*innen des rationalistischen Institutionalismus zeigen nicht nur, dass zwischenstaatliche Kooperationen durch internationale Institutionen trotz eines anarchisch strukturierten weltpolitischen Systems zu Stande kommen. Sie beobachten auch, dass das internationale System durch eine Vielzahl von Institutionen geprägt ist und diese Institutionen sich in ihrer Struktur aber auf radikale Weise unterscheiden (Abbott und Snidal 1998; Koremenos et al. 2001). So gibt es auf der einen Seite globale Institutionen, die nahezu allen Staaten offenstehen und auf der anderen Seite regionale Institutionen, die nur bestimmte Staaten repräsentieren. Darüber hinaus gibt es Institutionen, in denen die Entscheidungsbefugnisse gleich verteilt sind und jeder Staat eine gleiche Stimme hat und wiederum andere mit gewichteten Stimmen und Supermajoritäten. Die Vertreter*innen des rationalistischen Institutionalismus argumentieren nun, dass Staaten rationale Akteure sind und das Mandat, die Mitgliedschaft und die Entscheidungskompetenzen in internationalen Institutionen so festlegen, dass die internationalen Institutionen dazu beitragen, dass Staaten ihre Ziele erreichen. Internationale Institutionen dienen somit den Zielen der Staaten, und das rationale Design einer internationalen Institution ist darauf ausgerichtet, dass diese Ziele möglichst effektiv erreicht werden. Koremenos et al. (2001) konzentrieren sich auf fünf Schlüsseldimensionen des institutionellen Designs, in denen Institutionen variieren können: Mitgliedschaft, die Reichweite der Politikfelder, der Grad an Zentralisierung, die Entscheidungsabläufe und die Flexibilität der Arrangements. Diese Merkmale werden mit verschiedenen Koordinationsproblemen, wie zum Beispiel Verteilungsproblemen oder der Ungewissheit darüber, wie andere Akteure handeln könnten, in Bezug gesetzt. Dies erlaubt es, zu prüfen, inwieweit der Umfang der Mitgliedschaft mit dem Ausmaß des Verteilungsproblems zusammenhängt.

Eine andere Möglichkeit, institutionelle Merkmale zu erfassen, bietet das Konzept der Verrechtlichung (engl. legalization, Abbott et al. 2000). Es bezieht sich auf eine bestimmte Reihe von Merkmalen, die Institutionen besitzen können. Diese Merkmale werden in drei Dimensionen unterteilt: Verpflichtung, Präzision und Delegation (Abbott et al. 2000, S. 401). Die Dimension Verpflichtung erfasst den Grad der Verbindlichkeit einer Regel. Unter der Dimension Präzision wird der Grad der Eindeutigkeit in der Definition des erforderlichen Verhaltens verstanden, während die Dimension der Delegation erfasst, ob Dritten die Befugnis eingeräumt wird, die Regeln umzusetzen oder zu interpretieren und ob Dritte Streitigkeiten schlichten können. Die Forschung beobachtet den Trend einer zunehmenden Verrechtlichung in vielen Themenbereichen der internationalen Beziehungen. Internationale Regime haben sich entlang der drei Dimensionen erweitert. Ob dieser Trend sich derzeit fortsetzt oder im Rahmen einer Krise des Multilateralismus umkehrt, ist noch unklar.

Auch die Prinzipal-Agent-Theorie als eine besondere Spielart des rationalistischen Institutionalismus geht davon aus, dass Staaten rationale Akteure sind, die bestimmte Kompetenzen an Agenten (zum Beispiel internationale Organisationen) delegieren, damit diese Koordinierungsprobleme für die Prinzipale lösen. Im Gegensatz zu anderen theoretischen Strömungen des rationalistischen Institutionalismus hat die Prinzipal-Agent-Theorie aber auch darauf aufmerksam gemacht, dass internationale Organisationen nicht nur als Instrumente oder als Verhandlungsarenen für Staaten dienen, sondern dass internationale Organisationen eine gewisse Teilautonomie aufbauen können und den Interessen der Staaten zuwider handeln können (Hawkins et al. 2006; Conceição-Heldt da 2010, 2013). In der Prinzipal-Agent-Beziehung übernehmen die Mitgliedsstaaten einer internationalen Organisation die Rolle des Prinzipals und die internationale Organisation bzw. deren Bürokratie die Rolle des Agenten. Wenn eine internationale Organisation unabhängig agiert, wird dies normalerweise als problematisch angesehen. In der Literatur wird hierfür der Begriff „agency slack" verwendet. Dieser beschreibt ein autonomes Verhalten des Agenten, welches nicht im Einklang mit den Interessen des Prinzipals steht (Hawkins et al. 2006, S. 8). Dieser agency slack gilt als problematisch, da er die anfängliche Kosten-Nutzen-Rechnung des Prinzipals maßgeblich verändern kann. Kiewiet und McCubbins (1991) zeigen auf, dass der Prinzipal bei der Delegation von Autorität grundsätzlich mit drei speziellen Schwierigkeiten konfrontiert ist: Erstens kann der Agent Informationen verstecken, die ihm schaden und dem Prinzipal helfen. Zweitens kann der Agent hinter dem Rücken des Prinzipals Handlungen durchführen, die der Prinzipal bei Kenntnisnahme sanktionieren würde. Drittens befindet sich der Prinzipal im Madison's Dilemma, d. h., dass das Bedürfnis des Prinzipals, Autorität zu delegieren, dazu führen kann, dass der Agent Macht erhält und diese gegen den Prinzipal einsetzen kann. Dadurch, dass die Interessen des Prinzipals und die des Agenten niemals deckungsgleich sind, besteht immer die Möglichkeit eines „agency slippage". Für die Prinzipal-Agent-Theorie steht nun im Vordergrund, wie die Staaten die Kontrolle über internationale Organisationen zurückgewinnen können (Hawkins und Jacoby 2006). Conceição-Heldt da (2013) zeigt am Beispiel der EU-Kommission und der US-amerikanischen Handelsvertretung in der Doha-Runde, dass der Spielraum für agency slack durch die Genauigkeit des Delegationsmandats verkleinert wird. Im genannten Fall erteilten die Prinzipale der EU-Kommission als Agenten ein auf Ermessensspielraum basierendes Verhandlungsmandat, d. h. sie spezifizierten nicht, wie weit mögliche Konzessionen gehen sollten. Dagegen wurde das Delegationsmandat der US-amerikanischen Handelsvertretung genau festgelegt, sodass es hier nicht zum agency slack kam.

Wie weiter oben ausgeführt wurde, hängt die Bildung von internationalen Institutionen davon ab, ob Staaten gemeinsame Interessen haben, die sie durch die Etablierung internationaler Institutionen erreichen können. Der Ansatz des sogenannten Two-Level Game macht nun darauf aufmerksam, dass es bei der Etablierung internationaler Institutionen verschiedene Ebenen der Verhandlung gibt (Putnam 1988; Zangl 1999). So finden Verhandlungen, die im Zentrum des Interesses dieses Ansatzes stehen, stets auf zwei Ebenen statt: international und national. Auf der internationalen Ebene verhandeln Staaten miteinander über die Ziele, Inhalte, den Verpflichtungsgrad und mögliche Durchsetzungsinstrumente eines Vertrages oder einer Übereinkunft. Beispiele aus der jüngeren Vergangenheit sind die 25. Weltklimakonferenz (United Nations Framework Convention on Climate Change, 25th Conference of the Parties, kurz COP 25), die vom 2. bis 13. Dezember 2019 in Madrid stattfand oder die Berliner Libyen-Konferenz vom Januar 2020. Hier verhandeln Staaten untereinander, wie sie frühere Abkommen (Kyoto-Protokoll und Abkommen von Paris) umsetzen oder wie sie eine Waffenruhe in Libyen sichern wollen. Gleichzeitig, wie der Zwei-Ebenen-Ansatz betont, finden in den Staaten, die an internationalen Verhandlungen teilnehmen, auf nationaler Ebene Aushandlungsprozesse statt, die bestimmen, welche Position die Staatenvertreter auf internationaler Ebene einnehmen sollen und zu welchen Kompromissen sie bereit sein können.

„Statesmen are typically trying to do two things at once; that is, they seek to manipulate domestic and international politics simultaneously. Diplomatic strategies and tactics are constrained both by what other states will accept and by what domestic constituencies will ratify. Diplomacy is a process of strategic interaction in which actors simultaneously try to take account of and, if possible, influence the expected reactions of other actors, both at home and abroad." (Moravcsik 1993, S. 15)

Der Umstand, dass die Verhandlungen auf zwei verschiedenen Ebenen geführt werden, erschwert die Bildung internationaler Institutionen, weil es zu einer

Überlappung der internationalen und nationalen Präferenzen kommen muss. In der Regel gibt es nicht nur ein einziges mögliches Kooperationsergebnis, von dem alle beteiligten Staaten profitieren würden, sondern eine Menge von allseits akzeptablen und damit möglichen Verhandlungsergebnissen. Diese von allen Staaten akzeptierten Verhandlungsergebnisse werden auch „win-sets" genannt. Das bedeutet, dass zwischenstaatliche Kooperation nur möglich ist, wenn sich die win-sets der Akteure überlappen. Je größer dabei das win-set ist, umso größer ist die Chance erfolgreicher Verhandlungen. Win-sets beziehen sich auf die Reihe von Vereinbarungen, die auf nationaler Ebene ratifiziert werden können. Nach Putnam (1988) wird die Größe des win-sets von Faktoren wie Präferenzen und Koalitionen, staatliche politische Institutionen und von den Strategien des Verhandlungsführers auf internationaler Ebene beeinflusst.

Eine der Stärken des rationalen Institutionalismus ist sicherlich, dass dieser gerade im Vergleich zum Realismus ein genaueres Bild über die Mechanismen und Wirkungsweisen von internationalen Institutionen bietet. So gelingt es dem rationalen Institutionalismus, die regulativen Effekte von internationalen Institutionen (z. B. durch das Setzen von Anreizen oder Sanktionen) auf das politische Handeln von Akteuren aufzuzeigen. Eine Schwäche des Ansatzes ist darin zu sehen, dass dieser die Dysfunktionalitäten von internationalen Institutionen nicht erklären kann (siehe dazu historischer und soziologischer Institutionalismus), d. h. er bietet keine Erklärung dafür, warum Institutionen fortbestehen, wenn sie für die Akteure des weltpolitischen Systems keinen funktionalen Nutzen (mehr) erbringen. Auf diese Frage bietet aber der soziologische Institutionalismus eine Antwort, welcher im nächsten Abschnitt vorgestellt wird.

2.4   Soziologischer Institutionalismus

Auch der soziologische Institutionalismus geht dem Einfluss und der Wirkung von Institutionen auf die internationale und nationale Politik nach. Im Unterschied zu den beiden anderen Spielarten des Institutionalismus betont der soziologische Institutionalismus die soziale Konstruktion von Institutionen. Ein zentraler Bezugspunkt ist die konstruktivistische Wissenssoziologie von Berger und Luckmann (1967). Diese geht davon aus, dass die soziale Wirklichkeit und alle gesellschaftlichen Regeln und Konventionen sozial konstruiert und durch unsere alltäglichen Erfahrungen geprägt sind. Im Vordergrund steht demnach auch nicht die Frage, wie formale Regelwerke entstehen, sondern wie informale gesellschaftliche Erwartungen entstehen und warum sie als unhinterfragte Prämissen gesellschaftlichen Lebens gelten. So kommen (Powell und DiMaggio 1991, S. 15) zu folgendem Entschluss, dass nicht Werte und Normen, sondern nicht-hinterfragte Skripte (engl. „scripts") der Stoff sei, aus dem Institutionen gemacht sind.

Der soziologische Institutionalismus wurde Ende der 1970er-Jahre von der sogenannten Stanford School entworfen (Meyer und Rowan 1977; DiMaggio und Powell 1983). Als zentraler Aufsatz des soziologischen Institutionalismus gilt „Institutionalized Organizations. Formal Structure as Myth and Ceremony" von John W. Meyer und Brian Rowan aus dem Jahr 1977. In diesem organisationssoziologischen Aufsatz betonen die beiden Autoren vor allem die kulturelle Einbettung von Organisationen in eine von Institutionen geprägte gesellschaftliche Umwelt. So argumentieren beide, dass Organisationen sich in der modernen Gesellschaft dadurch auszeichnen, dass sie in einem hoch institutionalisierten Kontext eingebunden sind. Diese Institutionen beinhalten Erwartungen und Vorstellungen darüber, wie moderne Organisationen bzw. Organisationsstrukturen auszusehen haben. Organisationen werden in der Folge dazu angehalten, diejenigen Strukturen miteinzubeziehen, die sich in der Gesellschaft als feste Institutionen etabliert haben und als moderne Lösungen für Organisationen gelten (Meyer und Rowan 1977, S. 340). Diese institutionalisierten Erwartungshaltungen werden auch als Rationalitätsmythen bezeichnet, da ihre tatsächliche Effizienz nicht zwangsläufig nachgewiesen ist und sie häufig nur rituell adaptiert werden. Falls Organisationen diese Rationalitätsmythen aber nicht beachten, werden sie seitens ihrer Anspruchsgruppe als illegitim betrachtet und verlieren deren Unterstützung. Der Erfolg und das Überleben von Organisationen hängen folglich nicht nur von der effizienten Erreichung ihrer Zwecke ab, sondern auch davon, dass Organisationen den Erwartungen ihrer Umwelt entsprechen. Im Gegensatz zu akteurszentrierten und rationalistischen Ansätzen in der Organisationsforschung versteht der soziologische Institutionalismus die Einführung neuer Strukturen in Organisationen also nicht als das Ergebnis rationaler Entscheidungsprozesse mit dem Ziel der Kosten-Nutzen-Maximierung und Lösung kollektiver Probleme, sondern vornehmlich als Anpassung an die Erwartungshaltung aus der Umwelt dieser Organisation.

Bevor wir zentrale Annahmen des Ansatzes vorstellen, sei darauf hingewiesen, dass der Begriff des soziologischen Institutionalismus in den IB uneinheitlich verwendet wird. Vor allem in englischsprachigen Publikationen wird er als Synonym für konstruktivistische IB-Perspektiven genutzt. In seinem Überblick über den Stand der Forschung argumentiert Risse (2003), dass soziologischer Institutionalismus und Sozialkonstruktivismus „erst spät zueinander gefunden haben", sich aber „im Hinblick auf ihre Grundannahmen" ähneln.

Wir gehen im Folgenden auch auf den Ansatz der Epistemischen Gemeinschaften (s. u.) ein. Dieser kann zum diversen Feld konstruktivistischer Perspektiven gezählt werden, weil er die Rolle von Ideen und Wissen beim Zustandekommen von Interessen betont (Hasenclever et al. 1997, S. 5, 136). Mit dem soziologischen Institutionalismus der Stanford School hat dieser jedoch wenig gemeinsam.

Die Grundannahmen des soziologischen Institutionalismus zur Analyse von Organisationen, haben seit Mitte der 1990er-Jahre beachtliche Resonanz in den Internationalen Beziehungen erfahren. Insbesondere Martha Finnemore (1996b) hat sich in ihrem Artikel „Norms, culture and world politics: insights from sociology's institutionalism" intensiv mit den Arbeiten der Stanford School auseinandergesetzt und versucht, die Erkenntnisse der Stanford School auch für die Analyse weltpolitischer Prozesse fruchtbar zu machen. In ihrer Monografie „National interest in international society" zeigt Finnemore (1996a), dass auch das Verhalten von Staaten nicht nur aus einer funktionalen Logik heraus erklärt werden kann. Staaten sind ebenfalls in eine Umwelt eingebettet und werden von den kulturellen Erwartungen der Umwelt geprägt. So geht Finnemore (1996a) der Frage nach, warum Staaten auf der ganzen Welt Wissenschaftsbürokratien eingerichtet haben, obwohl manche dieser Staaten gar kein entwickeltes Wissenschaftssystem haben und der Nutzen dieser Wissenschaftsbürokratien auf den ersten Blick fraglich erscheint. Die Antwort, die Finnemore gibt, greift den Grundgedanken des soziologischen Institutionalismus auf. Wie andere Organisationsformen sind auch Staaten in eine kulturelle Umwelt von Institutionen eingebettet, welche Erwartungen bereithält, wie ein moderner Staat auszusehen hat. So heißt es bei Meyer et al. (1997): „(…) nation states are modelled on an external culture (…)." Übertragen auf ihren Fall lautet dies: In den 1950er- und 1960er-Jahren habe sich durch die aktive Rolle der UNESCO eine globale Norm etabliert, welche besagt, dass die Koordinierung der Wissenschaft durch Wissensbürokratien eine unabdingbare Staatsaufgabe ist, die ein moderner Staat zu erfüllen hat. Diese globalen Institutionen, die das Verhalten von Staaten, Organisationen und Individuen prägen, bezeichnet der soziologische Institutionalismus auch als *Weltkultur* (Meyer et al. 1997). Staaten, Organisationen und Individuen müssen diesen Institutionen bzw. Verhaltensstandardisierungen der Weltkultur folgen, um in der Weltöffentlichkeit weiterhin als legitime Akteure angesehen zu werden. Vor allem internationale Organisationen, Nichtregierungsorganisationen und epistemische Gemeinschaften gelten als Träger dieser Institutionen. Sie setzen sich für die Verbreitung und Einhaltung dieser ein (McNeely 1995; Finnemore 1996a, b; Boli und Thomas 1999). So zeigen Boli und Thomas (1999), dass die Entstehung einer Weltkultur insbesondere mit dem quantitativen Wachstum von internationalen (Nicht-)Regierungsorganisationen seit dem Jahr 1945 zusammenhängt. Dessen ungeachtet gelten internationale Organisationen, Nichtregierungsorganisationen und epistemische Gemeinschaften in empirischen Analysen nicht nur als Träger, sondern auch als Adressaten der Weltkultur.

Wie wirken diese globalen Institutionen (Normen) auf die Akteure der internationalen Politik? Vertreter*innen des soziologischen Institutionalismus beobachten eine *Isomorphie* in der Staatenwelt, zwischen internationalen Organisationen und weiteren Akteuren der Weltpolitik. Der Begriff der Isomorphie bezeichnet die Angleichung von Akteuren hinsichtlich ihrer formalen Strukturen (Meyer und Rowan 1977; DiMaggio und Powell 1983). So beobachteten Vertreter*innen des soziologischen Institutionalismus, dass nahezu alle Staaten auf der Welt über bürokratische Verwaltungen, über offizielle Gerichte, über eine geschriebene Verfassung oder eben über Wissenschaftsbürokratien verfügen (Finnemore 1996a, b; Meyer et al. 1997; Stichweh 2000). Auch die Forschung zu Menschenrechten zeigt, dass eine globale Ausbreitung von Menschenrechten zu beobachten ist und seit den 1990er-Jahren immer mehr Staaten, auch solche, in denen es zahlreiche Menschenrechtsverletzungen gibt, dazu bereit waren, sich rituell zu Menschenrechten zu bekennen, also Menschenrechtsverträge zu unterzeichnen bzw. zu ratifizieren (Hafner-Burton und Tsutsui 2005). Folglich sei die universelle Akzeptanz der Menschenrechte Bestandteil der sogenannten Weltkultur (Jetschke 2006, S. 33). Ein Beispiel für eine strukturelle Angleichung zwischen internationalen Organisationen ist dahingehend zu beobachten, dass internationale Organisationen sich in Hinblick auf NGOs und andere nichtstaatliche Akteure öffnen und mehr Partizipation ermöglichen. Der soziologische Institutionalismus würde nun erwarten, dass sich eine neue globale Institution der Global Governance etabliert hat, die ihre Wurzeln u. a. im Völkerrecht und der normativen Demokratietheorie hat (vgl. Liese 2009, S. 201–204; Tallberg 2010). Damit bietet der soziologische Institutionalismus eine nicht-funktionale Erklärung etwa zu rationalistischen Erklärungen des Ressourcentauschs (Steffek 2008) an. DiMaggio und Powell (1983) führen die Diffusion bestimmter gesellschaftlicher Institutionen und die daraus folgende Isomorphie auf drei unterschiedliche Mechanismen zurück. Erstens, Isomorphie zwischen Staaten oder Organisationen kann auf den Mechanismus der Imitation zurückgeführt werden. Das heißt, dass sich Staaten und Organisationen bei ihren Entscheidungen an vermeintlich erfolgreichen Akteuren in ihrem Feld orientieren und diese kopieren. Zweitens, Isomorphie kann auf Zwang zurückgeführt werden. Beispielsweise können internationale Organisationen, wie die Weltbank oder der Internationale Währungsfonds, von ihren Mitgliedsstaaten gezwungen werden, bestimmte gesellschaftliche Institutionen zu adaptieren. Die dritte Quelle für Isomorphie beruht auf Sozialisation. Dieser Mechanismus ist auf Professionalisierungsprozesse und die einheitliche Ausbildung von Berufsgruppen zurückzuführen. Beispielsweise zeigt Chwieroth (2015), wie die Gestaltung der IWF-Konditionalität mit den normativen Orientierungen des IWF-Personals und seiner gemeinsamen Berufsausbildung zusammenhängt.

Nun hat aber gerade auch der soziologische Institutionalismus darauf aufmerksam gemacht, dass die formalen Strukturen einer Organisation oder eben eines Staates nicht mit den tatsächlichen Abläufen übereinstimmen müssen. Dieses Auseinanderklaffen zwischen Formalstruktur und Aktivitätsstruktur wird als *Entkopplung* (Meyer und Rowan 1977; Meyer et al. 1997, S. 154) oder auch als *organisierte Heuchelei* (Brunsson 1989) bezeichnet. Verschiedene Studien zu internationalen Organisationen und Staaten haben darauf aufmerksam gemacht, dass sich auch die öffentlichen Statements und die formalen Strukturen dieser beiden Akteuren häufig von der gelebten Praxis unterscheiden (Krasner 2001; Lipson 2007; Weaver 2008). So zeigen die oben zitierten Forschungen zu Menschenrechten, dass zwar auf der einen Seite eine globale Ausbreitung der Menschenrechte auf der Welt zu beobachten ist, jedoch auf der anderen Seite auch die Anzahl an Menschenrechtsverletzungen angestiegen ist. Das heißt, dass sich immer mehr Staaten offiziell zu den Menschenrechten bekennen, aber auf der „Hinterbühne der Weltpolitik" diese Menschenrechte wiederum verletzen. Aus diesem Grund sprechen die Forschungsarbeiten zu Menschenrechten von einer „radikalen Entkopplung" (Hafner-Burton und Tsutsui 2005; Jetschke 2006; Liese 2006). Weaver (2008) zeigt am Beispiel der Weltbank, dass diese zwar in regelmäßigen Abständen ihre Rhetorik und ihre offiziellen Strukturen ändert, um den institutionellen Erwartungen der Umwelt gerecht zu werden, aber sich an der tatsächlichen Praxis der Weltbank – der Kreditvergabe – kaum etwas verändert hat.

Der soziologische Institutionalismus sieht in diesem Prozess der Entkopplung jedoch nicht zwangsläufig eine Pathologie. Es kann für Staaten und Organisationen durchaus „gesund" sein, auf verschiedene gesellschaftliche Institutionen Rücksicht zu nehmen. Wenn es aber nicht möglich ist, auf miteinander inkompatible Anforderungen gleichzeitig Rücksicht zu nehmen, so ist auch eine Entkopplung „rational". Dementsprechend bauen Staaten und Organisationen nach außen hin Fassaden auf, die der Umwelt symbolisieren sollen, dass auch auf solche Institutionen Rücksicht genommen wird, die in der Handlung der Organisation (Hinterbühne) gar keine Rolle spielen. Holzer (2006) argumentiert, dass Entkopplungsprozesse in Staaten des globalen Südens häufig darauf zurückzuführen sind, dass globale Beobachter, wie internationale Organisationen oder internationale Nichtregierungsorganisationen, von Staaten im globalen Süden die Eigenschaften moderner Staatlichkeit fordern, obwohl diese Staaten häufig noch nicht über die gesellschaftlichen Voraussetzungen verfügen, um diese Strukturen effektiv zu implementieren. Die Folge ist, dass zwar offiziell moderne Mehrparteiensysteme, bürokratische Verwaltungen usw. etabliert werden, die tatsächliche Praxis dann aber noch häufig von klientelistischen Netzwerkstrukturen dominiert wird. Lipson (2007) greift die Kritik an der UN auf, dass die Umsetzung der Peacekeeping-

Missionen der UN häufig nicht im Einklang mit den eigenen Idealen und Ansprüchen der UN stehen würden. Diese Heuchelei sei laut Lipson aber nicht nur negativ zu bewerten, sondern habe auch positive Effekte für die UN. Denn die organisierte Heuchelei ermögliche es der UN, mit widersprüchlichen Erwartungen aus ihrem Umfeld umzugehen, welche die UN ansonsten handlungsunfähig machen würden. Zudem könnten die Organisationskultur und gesellschaftliche Erwartungen in Widerspruch stehen. Dies befördere die oben beschriebene Entkopplung. So sieht Weaver (2008) den Grund für die „Heuchelei" der Weltbank darin, dass deren Organisationskultur nur schwer mit den gesellschaftlichen Erwartungen der Umwelt vereinbar ist, aber die Weltbank aufgrund äußeren Drucks die gesellschaftlichen Erwartungen trotzdem aufgreift. Durch den Widerspruch zwischen den gesellschaftlichen Erwartungen der Umwelt und der eigenen Organisationskultur befinde sich die Weltbank in einer Falle, der *Hypocrisy Trap*.

Das Verständnis von Institutionen als dauerhafte gesellschaftliche Erwartungen und Skripte hat dazu geführt, dass Institutionen im soziologischen Institutionalismus lange als statisch und robust galten. Diese Definition hatte wiederum zur Folge, dass sich der soziologische Institutionalismus lange Zeit nicht mit der Entstehung und dem Wandel von Institutionen befasst hat. Bezüglich des Wandels und der Entstehung von Institutionen hat insbesondere das „Paradox des eingebetteten Akteurs" (Seo und Creed 2002) im soziologischen Institutionalismus erhebliche Aufmerksamkeit auf sich gezogen. Mit diesem Paradox ist die Frage verbunden, wie Akteure motiviert und befähigt werden, die vorausgesetzten Strukturen und Normen, die sie definieren sollen, zu transformieren. Diese Diskussion wurde vor allem von DiMaggio (1988) mit seiner Diskussion zum „institutional entrepreneurship" angestoßen. Das Kernanliegen der Literatur über institutional entrepreneurship sind die Bedingungen und Mechanismen, die es den Akteuren ermöglichen, ihr institutionelles Umfeld aktiv von innen heraus zu gestalten. Diese Ideen zum institutional entrepreneurship spiegeln sich in den IB teilweise auch in den Forschungsarbeiten zu „norm entrepreneurship" (Finnemore und Sikkink 1998) wider. Normunternehmer sind Einzelpersonen, kleine Gruppen oder Organisationen aus der Politik, der Zivilgesellschaft oder der Wirtschaftswelt, die sich für ihre Ideen einsetzen, sie global präsentieren und schließlich andere motivieren, sie zu übernehmen.

Eine dem soziologisch-institutionalistischen Konzept des Normunternehmers ähnliche Perspektive bietet das Konzept der epistemischen Gemeinschaften. In der Literatur werden epistemische Gemeinschaften definiert als ein Netzwerk von Fachleuten mit anerkannter Sachkenntnis und Kompetenz in einem bestimmten Bereich und einem maßgeblichen Anspruch auf politikrelevantes Wissen in diesem Themenbereich (Haas 1992, S. 3). Epistemische Gemeinschaften können aus Fachleuten verschiedener Disziplinen bestehen, aber haben alle folgenden Punkte gemeinsam: Erstens, eine gemeinsame Reihe von normativen und prinzipiellen Überzeugungen, die eine wertebasierte Begründung für das soziale Handeln der Gemeinschaftsmitglieder liefern. Zweitens, gemeinsame kausale Überzeugungen, die als Grundlage für die Aufklärung der vielfältigen Zusammenhänge zwischen möglichen politischen Maßnahmen und gewünschten Ergebnissen dienen. Drittens, gemeinsame Begriffe von Gültigkeit (d. h. Kriterien zum Abwägen und Validieren von Wissen). Und viertens, ein gemeinsames Policy-Anliegen (d. h. eine Reihe gemeinsamer Praktiken, die mit einer Reihe von Problemen verbunden sind, auf die sich ihre Kompetenz bezieht).

Diese epistemischen Gemeinschaften können vor allem zur Schaffung und Erhaltung von internationalen Institutionen beitragen, denn die hohe Komplexität und starke Abhängigkeit der Staaten von den politischen Entscheidungen des jeweils anderen führt zu einer hohen Unsicherheit. Beispiele dafür sind zum einen Unsicherheiten hinsichtlich der Reaktion auf komplexe Probleme (z. B. Verlust der Ozonschicht) und zum anderen Unsicherheiten in Bezug auf die Abwehr von Katastrophen (z. B. nukleare Zerstörung). Diese Unsicherheiten führen wiederum zu einem erhöhten Informationsbedarf im internationalen politischen System (über soziale oder physische Prozesse, Wechselbeziehung mit anderen Prozessen, wahrscheinliche Folgen von Handlungen). Epistemische Gemeinschaften sind nun ein möglicher Anbieter von Informationen und Ratschlägen, um mit diesen Unsicherheiten umgehen zu können. Denn epistemische Gemeinschaften artikulieren die Ursache-Wirkungs-Beziehungen komplexer Probleme, sie rahmen die Themen für die gemeinsame Debatte, sie schlagen spezifische Policy-Richtlinien vor, und sie identifizieren mögliche Verhandlungspunkte.

Ein Beispiel für die Rolle von Wissen bei der Koordinierung von globalen Unsicherheiten und Problemen ist der Schutz des stratosphärischen Ozons (siehe z. B. Haas 1992; Breitmeier 1996). So war die internationale (wissenschaftliche) Gemeinschaft lange unsicher über die Kausalzusammenhänge zwischen menschlichen Handlungen und dem Abbau der Ozonschicht und den möglichen Folgen des (Nicht-) Handelns. Fluorchlorkohlenwasserstoffe und der Abbau der Ozonschicht wurden in den 1970er-Jahren erforscht. Ab Ende der 1980er-Jahre gab es größere, aber nicht vollständige Gewissheit über das Thema. In den achtziger Jahren hatte sich eine transnationale epistemische Gemeinschaft ausgebildet, welche stark in der US-Administration vertreten war. Sie bestand aus Mitarbeitern des Umweltprogramms der Vereinten Nationen, der US-Umweltschutzbehörde und Atmosphärenwissenschaftlern aus der internationalen wissenschaftlichen Gemeinschaft (z. B. von NASA und NOAA, Universitäten und Labors). Im Jahre 1985 führten diese Entwicklungen zum Wiener Übereinkommen zum Schutz der Ozonschicht. Neue wissenschaftliche

Erkenntnisse, wie die Entdeckung des Ozonlochs, führten jedoch dazu, dass die epistemische Gemeinschaft sich für neue Verhandlungen einsetzte und ein verbindliches Fluorchlorkohlenwasserstoff-Reduktionsregime forderte. Die epistemische Gemeinschaft war in der Lage, einen großen Einfluss auf das US-Positionspapier und auch auf Regierungen weltweit auszuüben. Infolgedessen wurden die Verhandlungen in Genf im April 1987 wiederaufgenommen.

Die große Stärke des soziologischen Institutionalismus liegt darin, dass dieser eine nicht-funktionale Erklärung dafür liefert, warum sich bestimmte gesellschaftliche Institutionen zwischen Staaten, Organisationen und Individuen verbreiten. Nicht selten wird dem soziologischen Institutionalismus jedoch vorgeworfen, dass er zwar die Verbreitung und auch die Stabilität von Institutionen erklären kann, aber Probleme hat, den Wandel von Institutionen zu erklären. So kritisiert Schmidt (2010), dass der soziologische Institutionalismus die Institutionen lediglich als Einschränkung für soziales Handeln betrachte (ähnliches formuliert sie auch für die anderen Neoinstitutionalismen).

2.5   Historischer Institutionalismus

Auch der historische Institutionalismus bietet Antworten auf die Fragen, wie Institutionen Handlungen beeinflussen und welche Wirkung Institutionen in der internationalen und nationalen Politik entfalten. In der vergleichenden Politikwissenschaft tritt er als ebenbürtige dritte Tradition des Neoinstitutionalismus auf (vgl. Hall und Taylor 1996). In den Internationalen Beziehungen zählt er jedoch anders als der rationalistische und der soziologische Institutionalismus häufig nicht als eigener Ansatz. Hier wurden seine Annahmen und Konzepte lange vernachlässigt (Rixen und Viola 2016, S. 4, 6). Dank einiger Überblicke und empirischer Anwendungen (Hanrieder 2014, 2015a; Fioretos et al. 2016; Rixen et al. 2016; Fioretos 2017) etablierte er sich zunehmend in der Analyse der Entwicklung internationaler Organisationen. Die Anwendung auf Organisationen spiegelt das Verständnis des historischen Institutionalismus von Institutionen als formellen Regelwerke und das starke Interesse an ihren regulativen und prozeduralen Funktionen wider. Normen werden hingegen kaum als Institution betrachtet. Mit dem soziologischen Institutionalismus teilt er ein Interesse an (stabilen) Institutionen, deren Prozesse oder Ergebnisse ineffektiv oder suboptimal sind. Diese erklärt er aber nicht mit Entkopplung (s. o.), sondern mit Pfadabhängigkeit (s. u.). Da der historische Institutionalismus utilitaristische Handlungsmotivation nicht ausschließt, kann er aber auch als Brücke zum rationalistischen Institutionalismus angesehen werden (Hall und Taylor 1996, S. 8). Er unterscheidet sich von beiden aber dadurch, dass er die temporale Dimension von politischen Entwicklungen hervorhebt. So schreibt Fioretos:

> „The most distinguishing mark of historical institutionalism is the primacy it accords to temporality – the notion that the timing and sequencing of events shape political processes. In more specific terms, historical institutionalism suggests that timing and sequence contribute to unpredictability (outcomes may vary greatly), inflexibility (the more time passes, the more difficult it is to reverse course), nonergocidity (chance events may have lasting effects), and inefficiencies (forgone alternatives may have been more efficient)." (Fioretos 2011, S. 371)

Er ist *historisch*, weil er sich sowohl für die Ursprünge einer Institution interessiert als auch für ihre Entwicklung über Zeit. Daraus ergibt sich eine eigenständige Konzeption der stabilisierenden Rolle und Funktion von internationalen Institutionen; zudem werden andere Mechanismen der Wirkung und des Wandels von Institutionen betont. So führt der historische Institutionalismus die Annahme selbstverstärkender Effekte von Institutionen ein, und er erläutert endogene Triebkräfte des Wandels. Somit beleuchtet der historische Institutionalismus Aspekte, welche andere Theorien eher vernachlässigen, etwa die Historizität von Institutionen, die Pfadabhängigkeit von Entscheidungen, die institutionelle Langlebigkeit und die Muster graduellen Wandels.

Über den Status des historischen Institutionalismus besteht angesichts seiner verschiedenen Forschungszweige wenig Einigkeit. Hall und Taylor (1996) sehen ihn als eigenständige neoinstitutionalistische Theorieschule, während Zürn (2016) eher der Brückenmetapher (s. o.) folgt, im besten Fall handele es sich um eine unvollständige Theorie. Hanrieder (2015b) sieht im historischen Institutionalismus eine etablierte Forschungstradition aus der vergleichenden Politikwissenschaft, die langsam in den IB Fuß fasst.

Was sind nun die Effekte formaler (und informeller) Regeln in internationalen Organisationen? Ein zentraler Effekt internationaler Institutionen ist ihre Stabilität. Über Zeit verfestigen sich institutionelle Elemente. Vertreter*innen des historischen Institutionalismus beobachten, dass Regeln und institutionelle Strukturen fortbestehen, auch wenn sie suboptimale oder ineffiziente Ergebnisse produzieren oder nicht zur Lösung globaler Probleme beitragen. Anders als der rationalistische Institutionalismus geht der historische Institutionalismus nicht vom rationalen Design internationaler Regime und Organisationen aus, sondern vielmehr von einer historischen Übereinkunft, die durchaus eine Reaktion auf zufällige oder unvorhergesehene Ereignisse sein kann (s. u.). Die historische Gebundenheit besagt, dass Institutionen das Ergebnis wirtschaftlicher und politischer Konflikte sind. Das heißt auch, dass das institutionelle Design die Interessen der (mächtigen) Staaten zur Zeit ihrer Gründung spiegelt. Somit weist der historische Institutionalismus darauf hin, dass Institutionen Machtpositionen verfestigen und Machtressourcen freisetzen. Die durch Institutionen generierten Effekte der Selbstverstärkung ermöglichen es, zu erklären, warum sich funktional ähnliche Institutionen in ihrem Design unterscheiden. Prominentes Beispiel sind die unterschiedlichen Typen der Wohlfahrtstaaten oder, im Bereich der IB, das Beispiel der eigentümlichen Regionalisierung der Weltgesundheitsorganisation (WHO). Ebenso lässt sich erklären, warum Institutionen hohem Reformdruck trotzen. Ein Beispiel ist der Sicherheitsrat (s. u.).

Pfadabhängigkeit ist ein Kernkonzept des historischen Institutionalismus (einen verständlichen Überblick bietet Werle 2007). Es fußt auf der Erkenntnis, dass Ereignisse und Entscheidungen historisch eingebettet sind. Vergangene Entscheidungen – und seien sie historischen Zufällen geschuldet – beeinflussen spätere Entscheidungen, die dem eingeschlagenen Pfad folgen. Denn sie führen durch Institutionalisierung und positive Selbstverstärkung zum Ausschluss anderer Optionen in der Zukunft. Gegenwärtige Entwicklungen sind damit stets das Ergebnis der handlungsstrukturierenden Wirkung von Institutionen früheren Ursprungs.

Zurückgeführt wird das Konzept meist auf die Wirtschaftswissenschaftler William Brian Arthur und Paul Allan David. Arthur (1994) zeigte, dass sich von mehreren Alternativen nicht notwendigerweise die effizientere durchsetzt. Dies führt er auf „increasing returns" zurück, also darauf, dass die Vorteile der Nutzung einer Technologie oder eines Produkts mit der Zeit zunehmen. Dadurch verteuern sich aber die Kosten eines Ausstiegs oder Wechsels und zwar auch dann, wenn dieser grundsätzlich plausibel erscheint. Dies sei u. a. dann der Fall, wenn sich anfängliche (hohe) Startkosten über Zeit durch hohe Stückzahlen amortisieren oder sich anfängliche Koordinationskosten durch das Treffen gleichartiger Entscheidungen durch unterschiedliche Akteure auszahlen. Auf diese Weise werden Institutionen selbstverstärkend. Sie verstärken sich aus sich heraus, also aufgrund von Faktoren, die der Institution innewohnen bzw. endogen sind. In der Politik finden sich sogar noch bessere Bedingungen für veränderungsresistente Institutionen, da Effizienzerwägungen eine geringere Rolle spielen und weniger Wettbewerbsdruck besteht (Pierson 2000). Die Logik der Pfadabhängigkeit ist übertragbar: Auch hier passen sich Erwartungen an, auch hier gehen hohe Kosten der Institutionenbildung voraus. Hinzu kommt, dass Institutionen Akteure mit Macht ausstatten, die diese nutzen, um Reformen zu verhindern.

David (1985) illustriert das Konzept am Beispiel der Tastaturbelegung für lateinische Buchstaben auf der Schreibmaschine, die in der oberen Buchstabenreihe von links aus gelesen mit QWERTY (im deutschen Sprachraum QWERTZ) beginnt. Häufig vorkommende Buchstaben sollten nicht zu eng beieinanderliegen, damit die Tasten bei hoher Tippgeschwindigkeit nicht blockieren. Ursprünglich für Schreibmaschinen entwickelt, avancierte die Anordnung zum Standard und behielt diesen Status bei der Umstellung auf Computertastaturen bei, obwohl es schreib-ergonomischere Alternativen gegeben hätte (bzw. dies behauptet wurde). David er-klärt die Pfadabhängigkeit dieser hardware mit der Entwicklung von software und den Lerneffekten, die sich aus der Nutzung der Schreibmaschinen ergaben: Unter anderem sorgten Schulungen im Schnellschreiben dafür, dass die Tastenanordnung standardisiert wurde.

Ein Paradebeispiel für eine pfadabhängige Institution der internationalen Poli-tik ist der Sicherheitsrat der Vereinten Nationen. Er trotzt der Kritik an seiner un-zeitgemäßen Zusammensetzung und damit nicht legitimen Repräsentations-struktur: die Anzahl der Sitze, die Vertretung der Regionen und das Vetorecht für die ständigen Mitglieder bestehen seit Gründung bis heute fort. Es lässt sich an die-sem Beispiel eingängig aufzeigen, dass frühe Entscheidungen zu einer Verriegelung (engl. *lock-in*) führten. Hosli und Dörfler (2019, S. 38–39, 44) argumentieren, dass der Sicherheitsrat bewusst als widerständige und damit Stabilität sichernde Insti-tution gegründet wurde. Diese sollte nicht nur staatliche Souveränität bewahren, sondern auch die besondere Verantwortung der (damaligen) Großmächte für den internationalen Frieden und die internationale Sicherheit. Entsprechend hohe An-forderungen stellt die Charta für Veränderungen hinsichtlich der Größe, Zu-sammensetzung und Mehrheitsregeln im Sicherheitsrat auf: Jede Änderung müsste von jedem der fünf ständigen Mitlieder ratifiziert werden, zudem besteht eine hohe Hürde darin, dass zwei Drittel der Mitgliedstaaten in der Generalversammlung zu-stimmen und anschließend die Änderung ratifizieren müssen. Den Sicherheitsrat betreffend, wurde diese Hürde bislang nur überwunden, um die Zahl der nichtständigen Mitglieder von sechs auf zehn zu erhöhen. Wie Hosli und Dörfler zeigen, führte der starke Anstieg in der Zahl der Mitglieder der Vereinten Nationen dazu, dass die Wahrscheinlichkeit, diese Hürde zu nehmen, über Zeit deutlich ge-sunken ist.

Der historische Institutionalismus lässt sich, wie bereits deutlich wurde, beson-ders gut nutzen, um die Langlebigkeit und das Beharrungsvermögen von Institutio-nen zu erklären. Wandel ist damit aber nicht ausgeschlossen. Wandel wird als Er-gebnis exogener oder endogener Prozesse gefasst, die im Folgenden beschrie-ben werden.

Der historische Institutionalismus bezeichnet den Moment, der bestehende In-stitutionen verändert und/oder zur Etablierung neuer Institutionen führt, als kriti-schen Zeitpunkt (engl. *critical juncture*). Abrupte, tiefgreifende Veränderungen sind somit zu gewissen Zeitpunkten möglich. Sie sind Folge exogener Schocks, also nicht innerhalb der Institution angelegter Entscheidungen oder Ereignisse, die bestehende institutionelle Arrangements aufbrechen und neue Pfade ermöglichen. Beispiele sind Kriege oder wirtschaftliche und soziale Krisen. Auch die historischen Gründungsmomente internationaler Organisationen, nach 1918 und nach 1945, zählen als kritische Zeitpunkte.

Eine zweite Form des Wandels ist gradueller Wandel. Dieser ist eher endogen, also aus der Institution verursacht. Streeck und Thelen (2005) beschreiben fünf solcher Muster:

Gradueller Wandel

- Umbau (conversion): Die Form der Institution bleibt stabil, es wandeln sich ihre Zwecke. Beispiel: Wandel der NATO vom kollektiven Verteidigungsbündnis zu einem System kollektiver Sicherheit.
- Erschöpfung (exhaustion): Entscheidungen oder Regeln der Institution lösen selbstuntergrabende Effekte aus. Im Extremfall Verfall der Institution.
- Ablösung (displacement): Etablierte Institutionen oder institutionelle Elemente werden durch vormals untergeordnete ersetzt.
- Schichtung (layering): Aufgrund scheiternder oder unzureichender Reformen wird einer bestehenden Institution eine neue hinzugefügt.
- Abwandern (drift): Eine Institution behält ihre Form, angesichts eines veränderten Umfelds verliert sie aber ihren regulativen Effekt.

Quelle: Streeck und Thelen 2005, S. 19–27

Ein Beispiel für eine Anwendung des historischen Institutionalismus auf internationale Institutionen sind die Analysen von Tine Hanrieder zur Weltgesundheitsorganisation (WHO). Deren eigentümlich starke Regionalisierung – es bestehen sechs quasi-autonome Regionalorganisationen – gilt als Ursache für die geringe Effektivität vor Ort, mangelnde Rechenschaftslegung gegenüber Prinzipalen und das Scheitern wichtiger Initiativen, etwa bei der Malariabekämpfung (Hanrieder 2015b, S. 216–217). Dennoch widerstand sie bislang jeder Kritik und zahlreichen Reforminitiativen einflussreicher Mitgliedstaaten und Generaldirektoren. Das institutionelle Design der WHO, so Hanrieder, ist das Ergebnis einer historischen Übereinkunft, das sich durch Pfadabhängigkeit bis heute fortsetzt: „the WHO's ongoing regionalization is a path-dependent outcome of the historical bargain struck during its founding moment (1946–1948)" (Hanrieder 2015b, S. 217).

1946 standen sich zwei Vorschläge gegenüber: eine autonome, zentralisierte Organisation versus eine Organisation mit starken Regionalbüros. Der zweite Vorschlag
wurde vor allem von lateinamerikanischen Mitgliedern des bereits 1902 gegründeten *Pan-American Sanitary Bureau* (PASB) unterstützt. Der letztlich ausgehandelte Kompromiss sah eine Übergangsphase für die Integration des PASB in
die WHO vor. In den Folgejahren gelang es jedoch den Staaten, die von der
Regionalstruktur profitierten, das föderale Design aufrechtzuhalten, u. a. kopierten
andere Regionalbüros die Rolle des PASB (Hanrieder 2015b, S. 226). Die er-
rungenen Vetopositionen wurden genutzt, um spätere Reformvorschläge abzuwehren und den eingeschlagenen Pfad fortzuschreiben.

Der historische Institutionalismus bietet eine eigene Sicht auf institutionelle
Langlebigkeit und Widerstandsfähigkeit. So kann er die Selbstverstärkung oder
Fortschreibung von Institutionen erklären. Stark ist er in Fällen, bei denen andere
Theorieschulen längst Wandel oder Zerfall erwarten würden, etwa die Realist*in-
nen bei Machtverschiebungen im internationalen System oder die rationalistischen
Institutionalist*innen bei Ineffizienz. Ein Vorteil des historischen Institutionalis-
mus ist, dass er auch endogen verursachte Formen und Muster des graduellen
institutionellen Wandels identifiziert. Allerdings muss er Anleihen bei anderen
Theorieschulen nehmen, um der Gefahr des Konservatismus oder Determinis-
mus zu entgehen und etwa Lernfähigkeit und strategische Handlungsfähigkeit von
Akteuren zu berücksichtigen.

2.6   Schlussfolgerungen

Wie die Gegenüberstellung gezeigt hat, weisen die vorgestellten vier Perspektiven
auf internationale Institutionen eine Reihe an Gemeinsamkeiten und Unterschieden
auf. Jede Perspektive hat zudem Stärken und Schwächen. Diese sind nicht zuletzt
das Resultat von unterschiedlichen Annahmen über die Ontologie der Institution
und die Ontologie der internationalen Beziehungen. Wenn wir die eingangs ge-
stellten Fragen betrachten, so zeigt sich, dass bereits bei der Definition von Institutionen unterschiedliche Schwerpunkte gesetzt werden. Vertreter*innen realistischer Theorien sehen in Institutionen ein Instrument zur Durchsetzung der Interessen der mächtigen Staaten, während Vertreter*innen des rationalistischen
Institutionalismus eine Kooperationsstruktur oder ein Verhandlungsforum zur Lösung von Kooperationsproblemen erkennen. Der soziologische Institutionalismus
nimmt Institutionen als Träger weltkultureller Normen wahr, die Erwartungshaltungen (einschließlich eines Rationalitätsmythos) spiegeln. Der historische Institutionalismus sieht in Institutionen eine historische Übereinkunft, die Regeln

und Vetorechte festhält und verriegelt. Entsprechend werden die Funktionen von Institutionen eingeschätzt. Realistische Theorien und rationalistischer Institutionalismus betonen die regulative Funktion, der soziologische Institutionalismus eher die konstitutive Funktion von Institutionen. Der historische Institutionalismus erfasst die prozedurale und die regulative Funktion. Zur Analyse internationaler Organisationen eignen sich alle vier Perspektiven. Dass Institutionen auch die Form von Normen annehmen können, wird hingegen vor allem vom soziologischen Institutionalismus betont.

Auch die Frage nach der Entstehung beantworten die vier Perspektiven höchst unterschiedlich. Während realistische und rationalistisch-institutionalistische Theorien von bewussten Entscheidungen der Staaten ausgehen und Regime und Organisationen als Resultat von Verhandlungen fassen, beleuchten der historische und vor allem der soziologische Institutionalismus diese Frage weitaus weniger. Der soziologische Institutionalismus erklärt das Entstehen neuer Institutionen und das organisationale Design über Prozesse der Diffusion, etwa die Nachahmung etablierter Institutionen. Woher aber die etablierten Institutionen und ihr Design stammen, wird nicht genauer betrachtet. Der historische Institutionalismus wiederum kann erklären, warum sich Institutionen und Organisationen durchsetzen, zieht aber die Historisierung der Entstehung ihrer Erklärung vor.

Die Antworten auf die Frage nach der Wirkung fallen sehr unterschiedlich aus. Dies liegt nicht nur daran, dass – vor allem der Realismus – Institutionen keine eigenständige Wirkung zugestehen will, sondern auch daran, dass die Theorien unterschiedliche Aspekte der Wirkung in den Blick nehmen. Realistische und rationalistisch-institutionalistische Beiträge konzentrieren sich auf direkte und intendierte Effekte, vornehmlich die Regulation staatlichen Handelns über Kosten-Nutzen-Manipulation. Soziologisch-institutionalistische Beiträge betonen identitätsstiftende und interessensgenerierende Wirkungen von Institutionen. Sie nehmen, ebenso wie der historische Institutionalismus, zudem nicht-intendierte Effekte in den Blick.

Für eine kritische Sicht auf Institutionen eignet sich der rationalistische Institutionalismus im Vergleich am wenigsten. Zwar gibt er u. a. mit seinen Annahmen zum institutionellen Design wertvolle Hinweise zur Bewertung einzelner Institutionen, doch betrachtet er Institutionen grundsätzlich als hilfreich und funktional. Demgegenüber haben realistische Theorien ausführlich vor dem leeren Versprechen von Institutionen gewarnt: Institutionen fehle die angenommene Robustheit und Problemlösungsfähigkeit. Der soziologische Institutionalismus hat wiederum betont, dass Institutionen hochgradig dysfunktional sein können: um den unterschiedlichen Erwartungshaltungen gerecht zu werden, neigten Organisationen zu Entkopplung von Worten und Taten bzw. zu organisierter Heuchelei. Auch der historische Institutionalismus gibt einen kritischen Blick auf Institutionen frei, wenn er ihre Ineffizienz erklärt: die selbstverstärkende Wirkung von Institutionen verhindere Innovation und sichere auch unter geänderten Anforderungen Beharrungsvermögen.

Das Grundverständnis von Institutionen als handlungsstrukturierend, stabil und robust verführt dazu, institutionellen Wandel hauptsächlich als das Ergebnis externer Ereignisse zu erklären. Der historische Institutionalismus verweist auf externe Schocks, der rationalistische Institutionalismus auf Präferenzwandel bei Staaten (oder anderen Akteuren), der soziologische Institutionalismus auf veränderte Erwartungen im institutionellen Umfeld. Auch der Realismus geht von externen Veränderungen aus: Veränderungen in der globalen Machtverteilung führen zu institutionellem Wandel. Wie gezeigt, finden sich bei allen Theorieschulen aber auch Versuche, die Erklärung der Ursprünge oder Verschiebungen von Macht, interessensbasierten Präferenzen, kulturellen Rahmenbedingungen oder historischen Pfaden zu endogenisieren.

Übungsfragen

1. Wie interpretieren realistische Ansätze in den Internationalen Beziehungen internationale Institutionen?
2. Welche Funktionen besitzen internationale Institutionen aus Sicht des rationalistischen Institutionalismus?
3. Erklären Sie den Wandel von Institutionen mit einer Theorieperspektive Ihrer Wahl!

Literatur

Abbott, Kenneth W./Keohane, Robert O./Moravscik, Andre/Slaughter, Anne-Marie/Snidal, Duncan, 2000: The Concept of Legalization, in: International Organization 54 (3), 401–419.
Abbott, Kenneth W./Snidal, Duncan, 1998: Why States Act through Formal International Organizations, in: Journal of Conflict Resolution 42 (1), 3–32.
Arthur, W. Brian, 1994: Increasing Returns and Path Dependence in the Economy. Ann Arbor, MI: University of Michigan Press.
Babb, Sarah, 2009: Behind the development banks: Washington politics, world poverty and the wealth of nations. Chicago, IL: University of Chicago Press.
Bauer, Michael W./Ege, Jörn /Wagner, Nora, 2017: Konzeptualisierung und Vergleich der Autonomie internationaler Verwaltungen, in: der moderne Staat (dms), 191–210.
Berger, Peter L./Luckmann, Thomas, 1967: The social construction of reality. A treatise in the sociology of knowledge. Garden City, NY: Doubleday.

Boli, John/Thomas, George M., 1999: Constructing world culture: international nongovernmental organizations since 1875. Stanford, CA: Stanford University Press.

Breitmeier, Helmut, 1996: Wie entstehen globale Umweltregime? Der Konfliktaustrag zum Schutz der Ozonschicht und des globalen Klimas. Opladen: VS-Verlag für Sozialwissenschaften

Brunsson, Nils, 1989: The Organization of Hypocrisy. Talk, Decisions and Actions in Organizations. Chichester: John Wiley & Sons.

Bull, Hedley, 1977: The Anarchical Society: A Study of Order in World Politics. London: Macmillan.

Busch, Marc L., 2007: Overlapping Institutions, Forum Shopping, and Dispute Settlement in International Trade, in: International Organization 61 (4), 735–761.

Chwieroth, Jeffrey M., 2015: Professional ties that bind: how normative orientations shape IMF conditionality, in: Review of International Political Economy 22 (4), 757–787.

Conceição-Heldt da, Eugénia, 2010: Who controls whom? Dynamics of power delegation and agency losses in EU trade politics, in: Journal of Common Market Studies 48 (4), 1107–1126.

Conceição-Heldt da, Eugénia, 2013: Do Agents „Run Amok"? A Comparison of Agency Slack in the EU and US Trade Policy in the Doha Round, in: Journal of Comparative Policy Analysis 15 (1), 21–36.

Conceição-Heldt da, Eugénia/Koch, Martin/Liese, Andrea (Hrsg.), 2015: Internationale Organisationen als Forschungsgegenstand. Oder „Über Blinde und die Gestalt des Elefanten", in: Dies. (Hrsg), Internationale Organisationen: Autonomie, Politisierung, interorganisationale Beziehungen und Wandel. Baden-Baden: Nomos, 4–27.

Cox, Robert W., 1981: Social Forces, States and World Orders: Beyond International Relations Theory, in: Millennium: Journal of International Studies 10 (2), 126–155.

Daddow, Oliver, 2009: International relations theory. London: Sage.

David, Paul A.,1985: Clio and the Economics of QWERTY, in: The American Economic Review 75 (2), 332–337.

Dijkstra, Hylke, 2012: Efficiency versus Sovereignty: Delegation to the UN Secretariat in Peacekeeping, in: Cooperation and Conflict 19 (5), 581–596.

DiMaggio, Paul J., 1988: Interest and Agency in institutional Theory. Institutional Patterns and Organizations, in: Zucker, Lynne G. (Hrsg.): Culture and environment. Cambridge: Ballinger, 3–22.

DiMaggio, Paul J./Powell, Walter W., 1983: The Iron Cage Revisited: Institutional Isomorphism and Collective Rationality in Organizational Fields, in: American Sociological Review 48 (2), 147–160.

Duffield, Mark, 2007: What Are International Institutions?, in: International Studies Review 9 (1), 1–22.

Dunne, Timothy/Kurki, Milja/Smith, Steve, 2016: International Relations Theories. Discipline and Diversity. Oxford: Oxford University Press.

Faude, Benjamin, 2015: Von Konkurrenz zu Arbeitsteilung. Komplexität und Dynamik im Zusammenspiel internationaler Institutionen. Frankfurt a.M.: Campus.

Finnemore, Martha, 1996a: National Interests in International Society. Ithaca, NY: Cornell University Press.

Finnemore, Martha, 1996b: Norms, Culture, and World Politics. Insights from Sociology's Institutionalism, in: International Organization 50 (2), 325–347.

Finnemore, Martha/Sikkink, Kathryn, 1998: International Norm Dynamics and Political Change, in: International Organization 52 (4), 887–917.

Fioretos, Orfeo, 2011: Historical Institutionalism in International Relations, in: International Organization 65 (2), 367–399.

Fioretos, Orfeo (Hrsg.), 2017: International Politics and Institutions in Time. Oxford: Oxford University Press.

Fioretos, Orfeo/Falleti, Tulia G./Sheingate, Adam (Hrsg.), 2016: The Oxford Handbook of Historical Institutionalism. Oxford: Oxford University Press.

Gehring, Thomas/Oberthür, Sebastian, 2008: Interplay: exploring institutional interaction, in: Young, Oran R./King, Leslie A./Schröder, Heike (Hrsg.): Institutions and environmental change: principal findings, applications, and research frontiers. Cambridge, MA: MIT Press, 187–223.

Glennon, Michael J., 2003: Why the Security Council Failed, in: Foreign Affairs 82 (3), 16–35.

Grieco, Joseph M., 1988: Anarchy and the Limits of Cooperation: A Realist Critique of the Newest Liberal Institutionalism, in: International Organization 42 (3), 485–507.

Gruber, Lloyd, 2000: Ruling the world: power politics and the rise of supranational institutions. Princeton, NJ: Princeton University Press.

Haas, Peter M., 1992: Banning Chlorofluorocarbons – Epistemic Community Efforts to Protect Stratospheric Ozone, in: International Organization 46 (1), 187–224.

Hafner-Burton, Emilie M./Tsutsui, Kiyoteru, 2005: Human Rights in a Globalizing World: The Paradox of Empty Promises, in: American Journal of Sociology 110 (5), 1373–1411.

Hall, Peter/Taylor, Rosemary C.R., 1996: Political Science and the Three New Institutionalisms, in: Political Studies 44 (5), 936–957.

Hanrieder, Tine, 2014: Gradual Change in International Organisations: Agency Theory and Historical Institutionalism, in: Politics 34 (4), 324–333.

Hanrieder, Tine, 2015a: International Organization in Time. Fragmentation and Reform. Cambridge, MA.: Cambridge University Press.

Hanrieder, Tine, 2015b: The path-dependent design of international organizations: Federalism in the World Health Organization, in: European Journal of International Relations 21 (1), 215–239.

Hardin, Garrett, 1968: The Tragedy of the Commons, in: Science 162 (3859), 1243–1248.

Hart, Oliver D., 1988: Incomplete Contracts and the Theory of the Firm, in: The Journal of Law, Economics, and Organization 4 (1), 119–139.

Hasenclever, Andreas/Mayer, Peter/Rittberger, Volker, 1997: Theories of International Regimes. Cambridge, MA: Cambridge University Press.

Hawkins, Darren G./Jacoby, Wade, 2006: How Agents Matter, in: Hawkins, Darren G./Lake, David A./Nielson, Daniel L./Tierney, Michael J. (Hrsg.) Delegation And Agency in International Organizations. Cambridge, MA: Cambridge University Press, 199–228.

Hawkins, Darren G./Lake, David A./Nielson, Daniel L./Tierney, Michael J. (Hrsg.), 2006: Delegation and Agency in International Organizations. Cambridge, MA: Cambridge University Press.

Helfer, Laurence R., 1999: Forum Shopping for Human Rights, in: University of Pennsylvania Law Review 148 (2), 285–400.

Helfer, Laurence R., 2004: Regime Shifting: The TRIPS Agreement and New Dynamics of International Intellectual Property Lawmaking, in: Yale Journal of International Law 29, 1–83.

Helfer, Laurence R., 2009: Regime Shifting in the International Intellectual Property System, in: Perspectives on Politics 7 (1), 39–44.

Herz, John H., 1950: Idealist Internationalism and the Security Dilemma, in: World Politics 2 (2), 157–180.

Hofmann, Stephanie C., 2011: Why institutional overlap matters: CSDP in the European security architecture. In: Journal of Common Market Studies 49 (1), 101–120.

Holzer, Boris, 2006: Spielräume der Weltgesellschaft. Formale Strukturen und Zonen der Informalität, in: Schwinn, Thomas (Hrsg.): Die Vielfalt und Einheit der Moderne. Wiesbaden: VS Verlag, 261–281.

Hosli, Madeleine O./Dörfler, Thomas, 2019: Why is change so slow? Assessing prospects for United Nations Security Council reform, in: Journal of Economic Policy Reform 22 (1), 35–50.

Jetschke, Anja, 2006: Weltkultur versus Partikularismus: Die Universalität der Menschenrechte im Lichte der Ratifikation von Menschenrechtsverträgen, in: Die Friedens-Warte 81 (1), 25–49.

Jetschke, Anja, 2017: Internationale Beziehungen. Eine Einführung. Tübingen: Narr Francke Attempto Verlag.

Keohane, Robert O., 1982: The demand for international regimes, in: International Organization 36 (2), 325–355.

Keohane, Robert O., 1984: After Hegemony. Cooperation and Discord in the World Political Economy. Princeton, NJ: Princeton University Press.

Keohane, Robert O., 1989: Neoliberal Institutionalism: A Perspective on World Politics. International Institutions and State Power: Essays in International Relations Theory. Boulder, CO: Westview, 1–20.

Kiewiet, D. Roderick/McCubbins, Mathew D. 1991: The Logic of Delegation. Chicago, Il: University of Chicago Press.

Kindleberger, Charles P., 1973: The World in Depression: 1929–1939. Berkeley, CA: California University Press.

Koch, Martin 2017: Internationale Organisationen in der Weltgesellschaft, Frankfurt am Main 2017.

Koremenos, Barbara/Lipson, Charles/Snidal, Duncan, 2001: The Rational Design of International Institutions, in: International Organization 55 (4), 761–799.

Krasner, Stephen D., 1976: State Power and the Structure of International Trade, in: World Politics 28 (3), 317–343.

Krasner, Stephen D., 1982: Structural Causes and Regime Consequences: Regimes as Intervening Variables, in: International Organization 36 (2), 185–205.

Krasner, Stephen D., 1985: Structural Conflict: The Third World against Global Liberalism. Berkeley, CA: University of California Press.

Krasner, Stephen D., 2001: Rethinking the Sovereign State Model, in: Review of International Studies 27 (5), 17–42.

Liese, Andrea, 2006: Staaten am Pranger. Zur Wirkung internationaler Regime auf nationale Menschenrechtspolitik. Wiesbaden: VS-Verlag.

Liese, Andrea, 2009: Die unterschiedlich starke Öffnung internationaler Organisationen gegenüber nichtstaatlichen Akteuren: Erklärungen der Institutionen- und Organisationstheorie, in: Dingwerth, Klaus/Nölke, Andreas/Kerwer, Dieter (Hrsg.): Die Organisierte Welt: Internationale Beziehungen und Organisationsforschung. Baden-Baden: Nomos, 189–210.

Lipson, Michael, 2007: Peacekeeping: Organized Hypocrisy?, in: European Journal of International Relations 13 (1), 5–34.

Masala, Carlo, 2006: Neorealismus und Internationale Politik im 21. Jahrhundert, in: Zeitschrift für Politikwissenschaft 16(1), 87–111.

McNeely, Connie L., 1995: Constructing the Nation-State: International Organization and Prescriptive Action. Westport, CT: Greenwood Press.

Mearsheimer, John J., 1994: The False Promise of International Institutions, in: International Security 19 (3), 5–49.

Meyer, John W./Boli, John/Thomas, George M./Ramirez, Francisco O., 1997: World Society and the Nation-State. In: American Journal of Sociology 103 (1), 144–181.

Meyer, John W./Rowan, Brian, 1977: Institutionalized Organizations: Formal Structure as Myth and Ceremony. In: American Journal of Sociology 83 (2), 340–363.

Montoya, Celeste, 2016: Institutions, in: Disch, Lisa/Hawkesworth, Mary (Hrsg.): The Oxford Handbook of Feminist Theory. Oxford: Oxford University Press, 367–384.

Moravcsik, Andrew, 1993: Integrating International and Domestic Theories of International Bargaining, in: Evans, Peter B./Jacobsen, Harold K./Putnam, Robert D. (Hrsg.): Double-Edged Diplomacy: International Bargaining and Domestic Policies. Berkeley, CA: University of California Press: 3–45.

Morgenthau, Hans J., 1948: International Government: The United Nations, in: Morgenthau, Hans J. (Hrsg.): Politics among nations: The struggle for Power and Peace. New York, McGraw-Hill: 319–330.

Morse, Julia C./Keohane, Robert O., 2014: Contested Multilateralism, in: Review of International Organizations 9 (4), 385–412.

Oberthür, Sebastian/Gehring, Thomas, 2004: Reforming International Environmental Governance: An Institutionalist Critique of the Proposal for a World Environment Organisation, in: International Environmental Agreements 4 (4), 359–381.

Ostrom, Elinor, 1990: Governing the Commons. The Evolution of Institutions for Collective Action. Cambridge, MA: Cambridge University Press.

Peet, Richard, 2003: Unholy Trinity. The IMF, World Bank and WTO. London: Zed Books.

Pierson, Paul, 2000: Increasing Returns, Path Dependence, and the Study of Politics, in: The American Political Science Review 94 (2), 251–267.

Powell, Walter W./DiMaggio, Paul J. (Hrsg.), 1991: The New Institutionalism in Organizational Analysis. Chicago, IL: University of Chicago Press.

Putnam, Robert D., 1988: Diplomacy and Domestic Politics: The Logic of Two-Level Games, in: International Organization 42 (3), 427–460.

Risse, Thomas, 2003: Konstruktivismus, Rationalismus und Theorien Internationaler Beziehungen – warum empirisch nichts so heiß gegessen wird, wie es theoretisch gekocht wurde, in: Hellmann, Gunther/ Wolf, Klaus-Dieter/Zürn, Michael (Hrsg.): Die neuen Internationalen Beziehungen. Forschungsstand und Perspektiven in Deutschland. Baden-Baden: Nomos, 99–132.

Rixen, Thomas/Viola, Lora Anne, 2016: Historical Institutionalism and International Relations. Towards Explaining Change and Stability in International Institutions, in: Rixen, Thomas/Viola, Lora/Zürn Michael (Hrsg.): Historical Institutionalism and International Relations. Explaining Institutional Development in World Politics. Oxford: Oxford University Press, 3–34.

Rixen, Thomas/Viola, Lora/Zürn, Michael (Hrsg.), 2016: Historical Institutionalism and International Relations. Explaining Institutional Development in World Politics. Oxford: Oxford University Press.

Schmidt, Vivien A., 2010: Taking Ideas and Discourse Seriously: Explaining Change Through Discursive Institutionalism as the Fourth ‚New Institutionalism', in: European Political Science Review 2 (1), 1–25.

Seo, Myeong-Gu/Creed, W. E. Douglas, 2002: Institutional Contradictions, Praxis, and Institutional Change: A Dialectical Perspective, in: Academy of Management Review 27 (2), 222–247.

Snidal, Duncan, 1985: The Limits of Hegemonic Stability Theory, in: International Organization 39 (4), 579–614.

Steffek, Jens, 2008: Explaining cooperation between IGOs and NGOs – push factors, pull factors, and the policy cycle. Annual Meeting of the International Studies Association (ISA), San Francisco.

Stichweh, Rudolf, 2000: Die Weltgesellschaft. Soziologische Analysen. Frankfurt a. M.: Suhrkamp.

Strange, Susan, 1982: Cave! Hic Dragones. A Critique of Regime Analysis, in: International Organization 36 (2), 479–496.

Streeck, Wolfgang/Thelen, Kathleen, 2005: Institutional Change in Advanced Political Economics, in: Streeck, Wolfgang/Thelen, Kathleen (Hrsg.): Beyond Continuity. Institutional Change in Advanced Political Economics. Oxford: Oxford University Press, 1–39.

Tallberg, Jonas, 2010: Transnational Access to International Institutions: Three Approaches, in: Jönsson, Christer/Tallberg, Jonas (Hrsg.): Transnational Actors in Global Governance: Patterns, Explanations and Implications. Basingstoke: Palgrave Macmillan, 45–66.

Thacker, Strom, 1999: The High Politics of IMF lending, in: World Politics 52 (1), 38–75.

Wade, Robert H,. 2002: U.S. Hegemony and the World Bank. The Fight over People and Ideas, in: Review of International Political Economy 9 (2), 215–243.

Waltz, Kenneth N., 1979: Theory of International Politics. New York, NY: McGraw-Hill.

Weaver, Catherine, 2008: Hypocrisy Trap: the World Bank and the Poverty of Reform. Princeton, NJ: Princeton University Press.

Werle, Raymund, 2007: Pfadabhängigkeit, in: Benz, Arthur/Lütz, Susanne/Schimank, Uwe/Simonis, Georg (Hrsg.): Handbuch Governance. Theoretische Grundlagen und empirische Anwendungsfelder. Wiesbaden: VS Verlag, 119–131.

Williamson, Oliver E., 1975: Markets and Hierarchies: Analysis and Antitrust Implications. New York, NY: The Free Press.

Xu, Jiajun, 2017: Beyond US Hegemony in International Development. The Contest for Influence at the World Bank. Cambridge, MA: Cambridge University Press.

Zangl, Bernhard, 1999: Interessen auf zwei Ebenen. Internationale Regime in der Agrarhandels-, Währungs- und Walfangpolitik. Baden-Baden: Nomos.

Zürn, Michael, 1992: Interessen und Institutionen in der internationalen Politik: Grundlegung und Anwendung des situationsstrukturellen Ansatzes. Opladen: Leske+Budrich.

Zürn, Michael, 1998: Regieren jenseits des Nationalstaates. Globalisierung und Denationalisierung als Chance. Frankfurt a. M.: Suhrkamp.

Zürn, Michael, 2016: Historical Institutionalism and International Relations – Strange Bedfellows?, in: Rixen, Thomas/Viola, Lora/Zürn Michael (Hrsg.): Historical Institutionalism and International Relations. Explaining Institutional Development in World Politics. Oxford: Oxford University Press, 199–228.

Mathies Kempken war bis Oktober 2020 Akademischer Mitarbeiter an der Professur für Internationale Beziehungen an der Universität Potsdam. Seine Dissertation befasst sich mit der Verbreitung von Managementkonzepten zwischen internationalen Organisationen. Er studierte Politikwissenschaft im Bachelor und Soziologie im Master an der Universität Bielefeld. Zu seinen weiteren Forschungsinteressen gehören internationale Organisationen, insbesondere die Rolle von Expertenautorität in internationalen Bürokratien und Theorien der Weltgesellschaft.

Andrea Liese ist Professorin für Internationale Beziehungen an der Universität Potsdam. Sie studierte Politikwissenschaft, Rechtswissenschaften, Soziologie und Germanistik an der Goethe-Universität Frankfurt am Main und schloss ihr Studium als Diplom-Politologin ab. Promoviert wurde sie 2001 an der Universität Bremen mit einer Arbeit über die Wirkung des internationalen Menschenrechtsregimes. Danach war sie Wissenschaftliche Assistentin am Otto-Suhr-Institut der Freien Universität Berlin und Juniorprofessorin für Internationale Politik an der Humboldt-Universität zu Berlin. 2006 erhielt sie ein John F. Kennedy-Gedächtnis-Stipendium für einen zehnmonatigen Forschungsaufenthalt am Center for European Studies der Harvard University. Sie ist Autorin zahlreicher Aufsätze zur Rolle von internationalen Organisationen und ihren Bürokratien, zu nichtstaatlichen Akteuren, Institutionen und Normen in den internationalen Beziehungen. Ihre aktuelle Forschung befasst sich mit der Autorität, Expertise und Neutralität internationaler Organisationen und mit Normkollisionen in der internationalen Politik.

Zwischenstaatliche Verhandlungen 3

Hubert Zimmermann

Zusammenfassung

Der Beitrag analysiert zwischenstaatliche Verhandlungen als zentrales Instrument zur Lösung internationaler Konflikte aus den Perspektiven des rationalistischen und liberalen Institutionalismus. Anhand zweier Fallstudien – der WTO-Beitrittsverhandlungen Chinas (Wirtschaft) und den Libyen-Friedensgesprächen (Sicherheit) – werden Verhandlungsprozesse, Positionen der Akteure und Erfolgsfaktoren beleuchtet. Während Verhandlungen im Fallbeispiel Wirtschaft institutionell eingebettet waren, war dieses im Bereich Sicherheit nicht der Fall. Abschließend werden Gemeinsamkeiten, Unterschiede und die Erklärungskraft der Theorien diskutiert.

Schlüsselwörter

Verhandlungen · WTO · Libyen · Handel · Sicherheit

3.1 Einleitung

Zwischenstaatliche Verhandlungen sind ein institutionelles Arrangement zur Lösung von Konflikten und Koordinationsproblemen in der internationalen Politik. Täglich finden in einer Unzahl unterschiedlicher Kontexte grenzübergreifende

H. Zimmermann (✉)
Philipps-Universität, Marburg, Deutschland
E-Mail: zimmer2d@staff.uni-marburg.de

Verhandlungen zwischen Regierungen, internationalen Institutionen und privaten Organisationen statt, in denen eine enorme Bandbreite an Themen, von Krieg
und Frieden bis hin zu obskuren technischen Standardsetzungen, behandelt wird.
Verhandlungen gehören somit zu den am weitesten verbreiteten politischen Institutionen im internationalen System. Grundsätzlich geht es ihnen darum, grenzüberschreitende Meinungsverschiedenheiten und Konflikte durch kooperative
Lösungen zu bearbeiten, und zwar mit dem Ziel, mindestens bei einer der beteiligten Parteien eine Verhaltensänderung herbeizuführen. Staaten mit unterschiedlichen Interessen und Zielen versuchen dabei, in einem Prozess des Austausches von Argumenten, Meinungen und Vorschlägen zu einer Einigung zu
kommen (Iklé 1964).

Dieser Prozess ist im internationalen System besonders komplex, denn Verhandlungen finden hier in einem anarchischen System ohne eine hierarchisch legitimierte Sanktionsinstanz statt. Vertragsbrüche können oft nur schwer bestraft werden, und häufig ist es auch gar nicht so einfach, diese zu entdecken. In hierarchischen Systemen wie Staaten oder Firmen gibt es zudem meist klare Regeln, die die
Verhandlungen der Akteure strukturieren, sowie eine rechtliche Grundlage mit entsprechenden Instanzen, beispielsweise die staatliche Justiz und Polizeibehörden,
die die Einhaltung von Gesetzen überwachen und Regelverstöße ahnden. Im internationalen System gibt es diese Instanzen nur in einer Form, die die Akteure erheblich weniger bindet. In gewisser Weise versuchen Staaten durch Verhandlungen
funktionale Äquivalente herzustellen, d. h. Institutionen, die die genannten Funktionen ausüben, ohne aber gleichzeitig den Staaten zu viel von ihrer Handlungsfreiheit zu nehmen.

Die Voraussetzungen für Erfolg oder Misserfolg von internationalen Verhandlungen, die Dynamik der Interaktionen, und die Erklärung der von den verhandelnden Parteien vertretenen Positionen sowie deren Wandel, sind Gegenstand
einer umfangreichen theoretischen Literatur, die sich mit diesen Fragen beschäftigt. Viele Studien, vor allem mit Hintergrund in psychologischen Disziplinen und in den *Business Studies* sind anwendungsbezogen und entwickeln Rat-
schläge für erfolgreiches Verhandeln (der Klassiker ist Fisher et al. 2011).
Theoretisch-konzeptionelle Werke verwenden vorwiegend Erklärungsmodelle der
Wirtschaftswissenschaften und der Disziplin der Internationalen Beziehungen.
Besonders prominent sind rationalistische, insbesondere spieltheoretische Analysen von Verhandlungen sowie Untersuchungen in der Tradition des liberalen Institutionalismus in der Disziplin Internationale Beziehungen, die die Charakteristika internationaler Verhandlungen aus den polit-ökonomischen Strukturen der
Verhandlungsparteien erklären (Starkey et al. 2016; Odell 2010). Des Weiteren

existieren auch viele konstruktivistische Ansätze, die mit kulturellen Unterschieden, Ideen und Identitäten operieren, um Verhandlungen im internationalen Raum
zu analysieren.

In diesem Kapitel werden wir uns auf die rationalistische Verhandlungstheorie
sowie liberal-institutionalistische Erklärungen konzentrieren, um exemplarisch
zwei Fallstudien aus der internationalen Politik zu analysieren. Diese beiden
Fallstudien repräsentieren die Gegenstandsbereiche der Sicherheit und der Wirtschaft. Internationale Sicherheit ist weiterhin ein, wenn nicht der Kernbereich der
internationalen Politik, und Verhandlungen um Fragen von Krieg und Frieden,
Auf- und Abrüstung, die Beendigung von Bürgerkriegen etc. bleiben von höchster
Relevanz. Für die internationale Wirtschaftspolitik sind Verhandlungen Tagesge-
schäft und ihr Verständnis ist von fundamentaler Wichtigkeit. Natürlich können
Konzepte und Erklärungsansätze, die in diesen Fallstudien verwendet werden,
auch auf andere Gegenstandsbereiche der internationalen Beziehungen, wie zum
Beispiel umweltpolitische Verhandlungen, Menschenrechtsfragen, technologische
Kooperation etc. angewandt werden.

Verhandlungen im Bereich der globalen Wirtschaftspolitik finden mehrheitlich
in einem relativ formalen institutionellen Rahmen statt. Die Welthandelsorganisation (WTO) ist ein Beispiel dafür. Ursprünglich unter dem Namen General Agreement on Tariffs and Trade (GATT), war sie ein reines Verhandlungsforum mit dem
Ziel des Abbaus von Handelsbeschränkungen. Sie stellte somit eine Plattform für
regelmäßige Gespräche dar, die es den beteiligten Staaten erlaubte, auf Basis
einer geteilten Überzeugung, nämlich der wohlstandsmehrenden Wirkung von
Freihandel, Verhandlungen zu führen, ohne ständig von Neuem über grundsätzliche Fragen wie Problemdefinition, Mitgliedschaft oder Verhandlungsformat diskutieren zu müssen. Was fehlte, war jedoch eine effektive Sanktionsinstanz. Dies
zu beheben, war das Ziel der Gründung der WTO im Jahre 1995. Eine internationale Organisation mit ständigem Sitz in Genf, mit einem festen Regelwerk,
und einer Schiedsgerichtsbarkeit war somit geschaffen, welche der Bezugspunkt
für die vielen zwischenstaatlichen Verhandlungen auf dem Gebiet des Welthandels werden sollte. Spätestens mit dem nach jahrelangen Gesprächen im Jahr
2001 erfolgten Beitritt der Volksrepublik China zur WTO konnte die Organisation
auch eine wirklich globale Repräsentativität für sich beanspruchen. Die Verhandlungen über den chinesischen Beitritt waren somit von fundamentaler Bedeutung für den Welthandel. Sie sollen hier als Fallstudie für den Gegenstandsbereich Wirtschaft gewählt werden. Der Fokus richtet sich auf das Verhandlungsverhalten der EU und der USA, die als größte Welthandelsmächte die zentrale
Rolle in dem zu betrachtenden Prozess spielten. Der Vergleich der Verhandlungen

dieser beiden Mächte erlaubt es, einige zentrale Konzepte der liberal-institutionalistischen Literatur zu internationalen Verhandlungen vorzustellen und anzuwenden. Im Fokus stehen folgende Fragen:

- Welche Positionen vertraten die USA und die EU in den jeweiligen Verhandlungen, und wie lassen sich diese erklären? Welche Gemeinsamkeiten und
  Unterschiede gab es?
- Wie effizient waren die USA und die EU dabei, ihre jeweiligen Positionen
  durchzusetzen?
- Wie können diese Fragen mit Hilfe von Konzepten der liberal-institutionalistischen Literatur zu internationalen Verhandlungsprozessen beantwortet werden?

Im Gegensatz zum sehr stark verregelten Bereich des Welthandels finden in Fragen der internationalen Sicherheit, in denen Staaten eifersüchtig über ihre
Souveränität wachen, sehr viele Verhandlungen ad-hoc und ohne festgelegte institutionelle Struktur statt. Zwar bieten die Vereinten Nationen und viele Regionalorganisationen einen gewissen rechtlichen und politischen Rahmen für die Behandlung von Streitfragen. Dennoch ist bei den Verhandlungen um Themen der
internationalen Sicherheit oft schon die Problemdefinition, die Wahl des Ver-
handlungsformats und die Frage der Teilnehmerschaft heftig umstritten, sodass es
häufig gar nicht erst zum Beginn der Gespräche kommt. Unterbrechungen der Gespräche und der Bruch von Zusagen sind häufig. Beispiele sind die Verhandlungen
um ein Nuklearabkommen mit dem Iran von 2003–2015, die Gespräche um einen
Waffenstillstand in der Ostukraine 2014–2015 (Minsk I und II) oder die Bemühungen um einen Waffenstillstand in Libyen seit 2014. In diesen, seit dem Sturz des
früheren Diktators Muammar al-Gaddafi andauernden, Konflikt wurden neben
einer unübersichtlichen Gemengelage von Bürgerkriegsparteien auch nach und
nach eine immer größere Anzahl externer Akteure, wie die Türkei, Russland und
arabische Staaten, verwickelt. Die bisherigen Vermittlungsversuche kranken an der
mangelnden Kooperationsbereitschaft interner und externer Akteure. Die Gespräche um die Beendigung des libyschen Bürgerkriegs sind somit ein Beispiel für
den Gegenstandsbereich Sicherheit, aber auch für eine Situation, in der internationale Verhandlungen trotz jahrelanger Bemühungen scheitern. Die Fallstudie soll hier dazu dienen, zentrale Konzepte der rationalistischen Verhandlungstheorie anzuwenden und auf ihre Erklärungskraft zu überprüfen.

- Folgende Fragen stehen im Mittelpunkt: Was sind die Gründe für die scheinbare
  Unlösbarkeit verworrener Bürgerkriege wie in Libyen, und unter welchen Bedingungen könnte eine Verhandlungslösung gelingen?

- Wie ist zu erklären, dass der Stellvertreterkrieg trotz allgemeiner Bekenntnisse des Wunsches nach einer friedlichen, idealerweise inner-libyschen Lösung nicht in zwischenstaatlichen Verhandlungen gelöst werden konnte?
- Welchen Beitrag können Konzepte aus der rationalistischen Verhandlungstheorie sowie aus neorealistischen Theorien der Disziplin „Internationale Beziehungen" dabei leisten, das Scheitern aller bisherigen Verhandlungsbemühungen im libyschen Bürgerkrieg zu erklären?

Zusammenfassend werden nach Darstellung der beiden Fallstudien Gemeinsamkeiten und Unterschiede in den Verhandlungen herausgearbeitet, und die Frage diskutiert, ob die in der jeweiligen Fallstudie verwendete theoretische Perspektive auch Erklärungskraft für den zweiten Fall besitzt.

3.2 Theorien und Analyseperspektiven internationaler Verhandlungen

3.2.1 Phasen internationaler Verhandlungen

Für eine Analyse komplexer zwischenstaatlicher Verhandlungen ist es zunächst einmal ausgesprochen nützlich, den Verhandlungsprozess in mehrere Phasen mit unterschiedlichen Merkmalen aufzuteilen. Bei zwischenstaatlichen Verhandlungen werden generell drei Phasen unterschieden, in denen jeweils eine eigene Dynamik vorherrscht (Pfetsch 2006, S. 20–26). Dies sind:

- Agendaphase
- Verhandlungsphase
- Ratifikationsphase

In der *Agendaphase* einigen sich die Akteure auf die zu besprechende Problematik und die jeweiligen Themen. Soll es zum Beispiel bei Verhandlungen um die Beendigung eines internen Konflikts durch einen Waffenstillstand gehen oder sollen auch die Herrschaftsstrukturen für die Zeit nach dem Konflikt schon festgelegt werden? Hier zeigt sich schon ein wesentlicher Unterschied zwischen Verhandlungen, die in ein festes Regelwerk eingebunden sind, wie beispielsweise Verhandlungen, in denen die WTO den Rahmen vorgibt, und solchen, die von Grund auf neu initiiert und geplant werden müssen. Im ersten Fall sind die Themen, die Agenda und die Teilnehmer weitgehend vorherbestimmt. Im zweiten Fall müssen diese oft sehr konfliktbehafteten Fragen erst vereinbart werden. Viele Verhandlungen scheitern deshalb schon in dieser Phase. Zur Agendaphase gehört auch die Aggregation der unterschiedlichen Interessen im Inneren. Dies bedeutet, dass die jeweiligen Verhandlungsführer*innen (in der Terminologie der Verhandlungstheorie: Agenten) ein sogenanntes Mandat von diesen Auftraggebern (auch Prinzipale genannt) erhalten müssen, falls sie nicht, was unüblich ist, identisch mit ihren Auftraggebern sind. Das Mandat bestimmt, welches die zu vertretenden Positionen sind, wo die roten Linien gezogen werden, und auf welche Punkte die jeweiligen Verhandlungsteilnehmer*innen besonderen Wert legen.

In der eigentlichen *Verhandlungsphase* werden nun die intern festgesetzten Interessen auf internationaler Ebene in Interaktion mit den jeweiligen Verhandlungspartnern vertreten. Natürlich erfolgt während dieser Phase auch immer wieder eine Rückbindung zu den Prinzipalen, um das Mandat anzupassen, d. h. neue Konzessionen oder Forderungen abzusprechen und die entsprechende Taktik zu ändern. Die einzelnen Phasen sind also durchaus nicht zeitlich klar voneinander zu trennen, sondern gehen ineinander über.

Schließlich folgt, wenn eine Einigung zwischen den internationalen Unterhändlern erfolgt ist, die *Ratifikationsphase*, in der die Ergebnisse den Prinzipalen präsentiert werden und von diesen entweder akzeptiert oder abgelehnt werden. Dies kann in nicht-demokratischen Regimen die Zustimmung durch die jeweiligen Machthaber*innen bedeuten; in demokratischen Systemen hingegen müssen meist Parlamente, teilweise auch Gerichte und die Bevölkerung, zustimmen, im Extremfall durch ein Referendum. Die Ratifikationserfordernisse sind den Verhandelnden meist schon im Voraus klar, sodass sie entsprechende Hürden antizipieren, sowohl bei der Festsetzung des Mandats als auch in den eigentlichen Verhandlungen.

3.2.2 Rationalistische Analyse internationaler Verhandlungen

Sogenannte rationalistische Ansätze zur Erklärung von Verhandlungen operieren auf der Basis der Annahme, dass rationale Akteure ihre Verhandlungsstrategien, Risiken und ihre Machtressourcen objektiv kalkulieren und dann nach dem größtmöglichen Nutzen entscheiden. Auf dieser Grundannahme basiert eine vor allem in den USA entwickelte und lebendige Forschungstradition, die unter der Bezeichnung „Negotiation Theory" und mit dem *Negotiation Journal* als zentrales Publikationsorgan, eine Vielzahl von Konzepten zur Modellierung und Erklärung von Verhandlungen zwischen rational agierenden Akteuren entwickelt hat (Odell und Tingley 2013). Dabei geht es insbesondere darum, das Dilemma zwischen dem Wunsch der Akteure, einen möglichst großen Gewinn zu erzielen und den Aussichten für einen erfolgreichen Abschluss von Verhandlungen zu analysieren. Zu rationalistischen Ansätzen, mit denen internationale Verhandlungen erklärt werden können, gehören auch klassische Theorien der internationalen Politik, in denen rational agierende Akteure versuchen, ihre Interessen in einer unsicheren Umwelt möglichst weitgehend durchzusetzen, beispielsweise der Realismus.

Das Sicherheitsdilemma ist ein Kernkonzept der neorealistischen Theorie der Internationalen Beziehungen, welches wir schon in Abschn. 2.2 kennengelernt haben. Es geht im Wesentlichen davon aus, dass sich in einer Situation der Anarchie (verstanden als Abwesenheit einer legitimen Ordnungsinstanz) die unterschiedlichen Akteure innerhalb eines Systems in einer Situation großer Unsicherheit in Bezug auf die Intentionen anderer Akteure befinden. Dies führt dazu, dass Maßnahmen ergriffen werden, um die eigene Sicherheit zu erhöhen, zum Beispiel Aufrüstung oder offensive Einflusssphärenpolitik (Herz 1950; Jervis 1976). Da dies aber nach außen wieder bedrohlich wirkt, werden die anderen Akteure nachziehen, und so werden erneut Unsicherheitsvorstellungen entstehen. Das an individuell rationalen Erwägungen ausgerichtete Handeln führt gerade im Bereich der zwischenstaatlichen Sicherheit zu Ergebnissen, die als Ganzes betrachtet fundamental irrational erscheinen. Das bekannteste Beispiel ist atomare Aufrüstung im Kalten Krieg, die zu Arsenalen führte, bei deren Einsatz ein Bruchteil genügt hätte, um alles Leben auf der Erde auszulöschen.

Das Sicherheitsdilemma ist sehr überzeugend zur Analyse von Rüstungswettläufen und anderen kompetitiven Eskalationen eingesetzt worden. Ursprünglich wurde es nur für zwischenstaatliche Konflikte verwendet. Seit dem Ende des Kalten Kriegs stieg jedoch die Zahl der Analysen an, in denen auch innerstaatliche Auseinandersetzungen, wie Bürgerkriege oder ethnische Konflikte, damit erklärt wurden (Roe 1999). So hat der amerikanische Politikwissenschaftler Barry Posen die bewaffneten Auseinandersetzungen im früheren Jugoslawien mit dem Zusammenbruch einer legitimen, zentralisierten Herrschaft über die verschiedenen ethnischen Gruppierungen und einem daraus resultierenden Sicherheitsdilemma zwischen diesen Gruppen erklärt (Posen 1993). Darauf aufbauend argumentierte Kaufman (1996), dass ein Sicherheitsdilemma auch von manipulativen Führungspersönlichkeiten produziert werden kann, indem sie andere ethnische oder religiöse Gruppen systematisch als Bedrohung definieren. In dieser Situation würden sich bedroht fühlende Gruppen zu präventiven Aktionen greifen, um ihre Situation zu verbessern, bevor ihre Gegner agieren. Für Friedensverhandlungen bedeutet dies, dass ohne eine effiziente zentrale Machtinstanz, die entweder extern ist oder aber sich intern durchgesetzt hat, kaum ein stabiles Ergebnis möglich ist. Ebenso skeptisch beurteilt werden müsste die Möglichkeit, dass sich externe Akteure auf eine einvernehmliche Lösung einigen, falls ihrer Beteiligung im Bürgerkrieg machtpolitische Interessen zugrunde liegen. Ein einseitiger Beschluss zur Nichteinmischung könnte ja bedeuten, dass ihre Konkurrenten das entstehende Machtvakuum ausnutzen und so ihre eigene Position im System verbessern.

Die Erklärung derartiger, oft schwer lösbarer Situationen, die von gegenseitigem Misstrauen und mangelnder Kommunikation gekennzeichnet sind, basiert in der rationalistischen Verhandlungstheorie überwiegend auf spieltheoretischen Modellen, die es erlauben, das Verhalten und die Interessenkalkulation der Akteure zu entschlüsseln. Dazu gehört insbesondere das aus dem Kapitel von Kempken und Liese schon bekannte *Gefangenendilemma*. Es zeigt, wie individuelle Rationalität zu kollektiver Irrationalität führt. Mit dem Gefangenendilemma kann die Ausbeutung natürlicher Ressourcen erklärt werden, aber auch Versuche, in bewaffneten Konflikten noch vor einer Waffenruhe eine günstige Position für potenzielle Friedensgespräche zu erlangen. Das Ausbleiben von Verhandlungen im Krieg zwischen der Ukraine und Russland ist ein Beispiel. Auch wenn schon Verhandlungen auf dem Weg gebracht sind, ist für rational kalkulierende Akteure unter Bedingungen fundamentalen Misstrauens in einer anarchischen Situation der Abbruch von Verhandlungen oder aber die Nichteinhaltung der Vereinbarungen eine immerwährende Versuchung.

Eine ähnliche Situation mit für beide Seiten möglicherweise desaströsem Ausgang modelliert das sogenannte *Chicken Dilemma (deutsch: Feiglingsspiel)*. Es stellt eine Situation dar, in der sich zwei Spieler*innen auf Kollisionskurs befinden, beispielsweise in zwei Sportwagen. Es gewinnt derjenige, der länger die Nerven behält und nicht ausweicht. Es ist offensichtlich, dass, falls keine*r ausweicht, beide massiv verlieren. Wer zu früh ausweicht, muss allerdings mit dem Reputationsschaden und der Niederlage leben. Es lassen sich viele internationale Konfliktsituationen denken, die dem Chicken Dilemma entsprechen. Ein klassisches Beispiel ist die Kubakrise, in der der amerikanische Präsident John F. Kennedy der Sowjetunion mit einem Angriff drohte, falls deren Schiffe eine bestimmte Linie in Richtung Kuba überschritten und dazu beitrugen, die dort installierten Raketenabschussbasen auszubauen. Die Krise wurde nur durch ein geheim gehaltenes Arrangement entschärft, wonach die USA nach sowjetischem Einlenken Mittelstreckenraketen aus der Türkei abzogen und so zumindest den internen Reputationsverlust der sowjetischen Führung begrenzten. Aber auch die Eskalation innerstaatlicher Konflikte kann mit diesem Modell simuliert werden.

Die Optionen lassen sich numerisch in folgender Matrix darstellen, wobei die erste Ziffer jeweils der „Gewinn" von Fahrer A ist (vgl. Tab. 3.1).

Tab. 3.1 Chicken Dilemma

Fahrer A	Fahrer B			
	Ausweichen		Weiterfahren	
Ausweichen	A: 4	B: 4	A:2	B:10
Weiterfahren	A: 10	B: 2	A: 0	B: 0

Quelle: Eigene Darstellung

Das Chicken Dilemma ist noch schwerer zu lösen als das Gefangenendilemma, da der insgesamt größte Gewinn nur zu erzielen ist, wenn ein Akteur nachgibt. Durch wiederholte Interaktionen ändert sich an dieser Lage nichts, wohingegen im Gefangenendilemma bei Wiederholung (Iteration) der geschädigte Akteur die Option hat, nicht zu kooperieren, und damit sein Gegenüber zu bestrafen (Jankowski 1990). Auf Dauer macht es daher Sinn, die Kooperationsgewinne zu realisieren. Das Sicherheitsdilemma entspricht im Extremfall einem Chicken-Spiel: wer nachgibt, verliert. Um diese Dynamik zu durchbrechen, muss es zumindest die Form eines wiederholten (iterativen) Gefangenendilemmas annehmen, welches erlaubt, Kooperation bei Wiederholungen der Spielsituation zu belohnen.

Die rationalistische Verhandlungstheorie bietet einige Mechanismen für das Ende eines Konflikts in den oben skizzierten Dilemmasituationen an, von denen wir hier eine begrenzte Auswahl kennenlernen und auf die Fallstudie anwenden werden. Grundsätzlich sind komplexe Konflikte aus rationalistischer Sicht erst lösbar, wenn alle Seiten keinen Nutzen mehr in einer weiteren militärischen Eskalation sehen, d. h. ein Konflikt reif für eine Lösung ist (Zartman 2000). Bewaffnete Konflikte innerhalb von Staaten gelangen so häufig nur nach einem langen unentschiedenen Ringen und bei fehlender Unterstützung von außen sowie entsprechendem Druck auf die Konfliktparteien in dieses Stadium (Zartman 1989).

Dann lässt sich eine Ausweitung des möglichen Spielraums für ein Einvernehmen erreichen, der sogenannten *Zone of Possible Agreement* (ZOPA). Diese Zone entspricht dem überlappenden Verhandlungsspielraum von Unterhändlern in einer Verhandlung (in der Sprache des Zwei-Ebenen-Spiels *win-set* genannt; siehe Abschn. 3.2.3). Dazu müssen die Alternativen für eine kooperative Haltung unattraktiv genug werden, um eine Beendigung des Konflikts als rationales Vorgehen erscheinen zu lassen. Je attraktiver die beste Alternative zu einem Abkommen (*Best Alternative to Negotiated Agreement, BATNA),* desto schwerer wird der Abschluss einer Vereinbarung. Dieses im Klassiker von Fisher et al. (2011) entwickelte Konzept bezeichnet die beste Option für eine Partei, falls es nicht zu einem Abschluss von Verhandlungen kommt. Je besser die BATNA, desto geringer der Druck, zu einer Einigung zu gelangen und desto geringer die Konzessionsbereitschaft.

Die ZOPA kann durch sogenannte *side payments* vergrößert werden. Dies sind Kompensationszahlungen in einem nicht direkt zur Verhandlungsmaterie gehörenden Bereich, um eine oder mehrere Parteien zum Abschluss zu bewegen. In illegaler Form sind sie schlicht Bestechung. Es gibt aber auch Gebiete, auf denen side payments ein sehr probates Mittel sind, zum Beispiel beim Klimaschutz, bei dem weniger entwickelte Staaten für den Verzicht auf klimaschädigende Aktivitäten von den Industriestaaten Kompensation erwarten dürfen.

Auch wenn die ZOPA genügend groß sind, und die BATNA nicht mehr als attraktiv erscheint, bleibt immer noch die Frage der *credible commitments* (glaubwürdigen Verpflichtungen). Werden die Beteiligten an einem Abkommen sich auch auf Dauer an dieses halten? Dies ist insbesondere in unübersichtlichen Bürgerkriegssituationen akut, in dem viele Akteure mitmischen, die von der kriegerischen Situation an sich profitieren und deshalb kaum ein Interesse an einer gegenseitigen Verhandlungslösung haben, sogenannte „spoiler" (Stedman 1997). Deshalb müssen die Kosten des Vertragsbruchs ex-post erhöht werden (durch glaubwürdige Sanktionen) oder eine effektive externe Überwachung installiert werden.

Bei allen diesen Maßnahmen, der Erweiterung der ZOPA, der Verschlechterung der BATNA, der Bereitstellung von side payments und der Sicherung glaubwürdiger Verpflichtungen ist somit die Rolle von Akteuren entscheidend, die nicht direkt am Konflikt beteiligt sind. Diese können als Vermittler tätig werden und den Konfliktparteien so einen Weg aus der verfahrenen Situation weisen. Vermittlung (Mediation) kann laut Bercovitch et al. definiert werden als

> „process of conflict management where disputants seek the assistance of, or accept an offer of help from, an individual, group, state or organization to settle their conflict or resolve their differences without resorting to physical force or invoking the authority of the law". (Bercovitch et al. 1991, S. 8)

Mediatoren können Kommunikationswege bereitstellen und bei der Agendasetzung sowie Themenfindung von Verhandlungen helfen. Durch side payments können sie die Kosten-Nutzen Kalkulationen der Bürgerkriegsparteien ändern. Allerdings müssen diese Akteure auch glaubwürdig Einfluss ausüben können; d. h. aus einer Machtposition agieren, die Eindruck auf die Konfliktparteien macht („Mediators with a Muscle", Touval 1982). Um das Sicherheitsdilemma zu überwinden, müssen sie ausreichende Sicherheitsgarantien anbieten und entsprechende Anreize bzw. Sanktionen glaubwürdig in Aussicht stellen können (Walter 2002). Dazu gehören neben einer Machtverteilung zwischen den Bürgerkriegsparteien Mechanismen wie demilitarisierte Zonen, die Demobilisierung von Truppen, Kommissionen zur Streitschlichtung und gegebenenfalls Friedenssicherungstruppen (Fortna 2004).

In der ersten Fallstudie zu Libyen finden wir eine klassische Dilemmasituation, in der es sowohl spoiler als auch mediators gibt. Wir werden den diplomatischen Verhandlungsprozess um eine Waffenruhe in Libyen im Lichte der oben genannten Konzepte untersuchen und die rationalen Kalkulationen einzelner Akteure auf der Basis der vorhandenen Sekundärliteratur analysieren. Dies erlaubt eine Einschätzung, weshalb gerade in diesem Konflikt die Aussichten auf eine baldige friedliche Lösung sehr gering sind.

3.2.3 Liberal-institutionalistische Analyse internationaler ökonomischer Verhandlungen

Rationalistische Verhandlungsanalysen gehen von den individuellen Wahlhandlungen von Akteuren aus. Liberal-institutionalistische Ansätze argumentieren dagegen, dass diese Wahlhandlungen entscheidend von der institutionellen Struktur geprägt werden, in der diese Handlungen in den jeweiligen Phasen der Verhandlungen eingebettet sind. Sie nehmen an, dass durch formale und informelle Regeln und Normen das Verhalten der Akteure geprägt wird, und dass die Identifikation dieser Regelsysteme es erlaubt, Aussagen über dieses Verhalten zu treffen, die über den Einzelfall hinausgehen. In der Fallstudie zum WTO-Beitritt Chinas werden wir mit einer derartigen Analyse versuchen, das Verhandlungsverhalten der EU und der USA zu erklären und miteinander zu vergleichen.

Wir haben im Beitrag von Kempken/Liese schon die Grundzüge des Ansatzes der Zwei-Ebenen-Spiele kennengelernt. In dieser vom amerikanischen Politikwissenschaftler Robert Putnam (1988) geprägten Metapher werden internationale Beziehungen als simultanes Spiel auf zwei Ebenen, einer internationalen systemischen Ebene und einer innenpolitischen, subsystemischen Ebene konzeptualisiert. Diese erlaubt es, die internen Entscheidungsstrukturen (subsystemische Ebene) von internationalen Akteuren mit ihrem Verhandlungsverhalten im internationalen System (systemische Ebene) zu verknüpfen. So werden intern in einem Entscheidungsprozess, der meist eine Vielzahl von Akteuren miteinbezieht, staatliche Interessen formuliert, die dann von der Regierung in Verhandlungen auf internationaler Ebene vertreten werden. Die dort getroffenen Vereinbarungen müssen dann wieder zu Hause ratifiziert werden. Die Identifikation der Interessen der beteiligten Parteien erlaubt es sowohl intern als auch international, sogenannte win-sets zu bestimmen. Dies ist die Menge derjenigen Politikergebnisse, auf die sich alle Parteien einigen können. Je umstrittener die Problematik, desto kleiner das win-set. Wenn die win-sets der internationalen Vereinbarung und der internen Entscheidungsfindung keine Schnittmenge aufweisen, kommt es entweder zu Neuverhandlungen oder die Verhandlungen scheitern.

Eine derartige Analyse erlaubt nicht nur die Identifikation der für die Präferenzbildung ausschlaggebenden Akteure, sondern darüber hinaus auch Aussagen zu deren Einfluss sowie zur Durchsetzungsfähigkeit des verhandelnden Staates. So kann ein in sich gespaltener Staat unter Umständen ein recht schlagkräftiger Akteur nach außen sein. Die Drohung mit ungewollter Nicht-Ratifikation, d. h. dass die von der Regierung erzielte Vereinbarung innenpolitisch nicht durchsetzbar ist, ist dann nämlich glaubwürdig. In seinem höchst einflussreichen Werk „The Strategy of Conflict" (1960) bezeichnete der amerikanische Ökonom und Nobelpreisträger

Thomas C. Schelling dies als Paradox der Schwäche. Intern gespaltene Staaten, in denen eine starke politische und gesellschaftliche Opposition zu einem geplanten Abkommen existiert, können dann nämlich darauf verweisen, dass sie ein mögliches Entgegenkommen innenpolitisch nicht durchsetzen können („involuntary defection") und deshalb nur einen sehr begrenzten Verhandlungsspielraum haben.

Auf der anderen Seite können aber wichtige Ziele nicht durchsetzbar sein, weil innenpolitische Blockaden durch sogenannte Vetospieler eine konsistente Gesamtstrategie unmöglich machen. Als politische Vetospieler werden Akteure bezeichnet, die einen politischen Prozess effektiv blockieren können. So sind zum Beispiel bei Gesetzgebungsprozessen in Deutschland, bei denen sowohl Bundestag als auch Bundesrat zustimmen müssen, beide Institutionen Vetospieler. Je größer die Zahl der Vetospieler, desto schwieriger und weniger wahrscheinlich ist tendenziell das Zustandekommen einer Entscheidung (Tsebelis 2002). Dies gilt insbesondere dann, wenn ihre Positionen weit auseinanderliegen. Die Vetospielertheorie erlaubt Vorhersagen über die Wahrscheinlichkeit von Entscheidungen und den politischen Prozess. Sie lässt sich sehr gut mit dem Zwei-Ebenen-Spiel verknüpfen und auf zwischenstaatliche Verhandlungen anwenden.

Die institutionellen Konstellationen auf systemischer und subsystemischer Ebene sind also aus Sicht des liberalen Institutionalismus entscheidende Determinanten des Verhandlungsverhaltens internationaler Akteure. Unterhändler*innen müssen diese Konstellationen immer mitbedenken. Sie können aber auch versuchen, diese aktiv zu beeinflussen, in dem sie zum Beispiel die öffentliche Meinung zu beeinflussen suchen (je nach Verhandlungsziel) oder neue Wege in den Verhandlungen suchen. In diesem Fall ergibt sich oft ein Spannungsverhältnis zwischen den Verhandlungsführern und den „Auftraggebern", die diesen das Mandat erteilt haben. Dieses Verhältnis wird durch die Prinzipal-Agent-Theorie analysiert, die die Problematik untersucht, wenn eine Partei (Prinzipal) bestimmte Aufgaben an eine andere Partei (Agent) delegiert. Unterhändler bei internationalen Verhandlungen sind typische Agenten, die im Auftrag von Regierungen bzw. Parlamenten handeln. Die EU-Kommission beispielsweise führt Handelsgespräche im Auftrag der Mitgliedstaaten, vertreten durch den Rat. UNO-Sondergesandte verhandeln im Auftrag des Sicherheitsrats. Probleme entstehen, wenn die Interessen von Prinzipal und Agent sich nicht decken oder wenn der Agent eine eigene Zielsetzung verfolgt (sog. „agency slack") (da Conceição-Heldt 2013). Bei vielen Verhandlungen erwerben die spezifisch mit der Führung der Verhandlung beauftragten Agenten häufig einen Informationsvorsprung sowie ein intrinsisches Interesse an einem Abschluss der Verhandlungen. Je größer die Autonomie des Agenten, desto geringer wird das Potenzial von Auftraggebern, ob dies nun Regierungen, Parlamente oder innenpolitische Interessengruppen sind, die Verhandlungsstrategie zu beeinflussen. Aus diesem Grunde entwerfen Prinzipale eine Vielzahl von Mechanismen, um die Kontrolle zu behalten, wie zum Beispiel sehr präzise und eng überwachte Mandate, umfassende Berichtspflichten, Kontrollinstanzen, die bei den jeweiligen Phasen der Verhandlungen vor Ort sind und hohe Ratifikationshürden (Hawkins et al. 2006).

In der Fallstudie 2 werden wir einige dieser Mechanismen und ihre Auswirkungen in der Praxis kennenlernen sowie die weiteren in diesem Abschnitt vorgestellten Konzepte anwenden, um das Verhandlungsverhalten der EU und der USA systematisch miteinander zu vergleichen.

3.3 Fallstudie 1: Sicherheit

3.3.1 Die Verhandlungen über einen Waffenstillstand in Libyen

Am 20. Oktober 2011 wurde der frühere libysche Diktator Muammar al-Gaddafi von aufständischen Kämpfern aus einem Abwasserrohr in der Nähe seiner Heimatstadt Sirte gezogen und kurz darauf ermordet. Damit schien ein acht Monate andauernder Bürgerkrieg zu enden, der im Februar mit Volksaufständen in der Hafenstadt Bengasi begonnen hatte (vgl. Tab. 3.2 zur Chronologie des Bürgerkrieges in Libyen). Die brutale Niederschlagung der Proteste durch den Diktator hatte zu einer militärischen Intervention durch die NATO geführt. In der Folge war der Widerstand der offiziellen libyschen Armee schnell zusammengebrochen. Allerdings zerschlugen sich die Hoffnungen auf die Entstehung eines geeinten, friedlichen Staates schnell. Im Chaos des Untergangs des Gaddafi-Regimes hatten sich unzählige bewaffnete, oft islamistische Gruppen gebildet. Zwar stimmten in den ersten demokratischen Wahlen des Landes im Juli 2012 die wahlberechtigten Libyer*innen für eine säkulare Regierung. Aber immer wieder aufflammende bewaffnete Konflikte zwischen unterschiedlichen Gruppierungen, sowie die zunehmende Einmischung externer Akteure, ließen alle Bemühungen um eine Stabilisierung scheitern. Aufgrund seines Ölreichtums und seiner strategischen Lage sind viele Staaten an Einfluss in dem Bürgerkriegsland interessiert. Es entwickelte sich ein Stellvertreterkonflikt, in dem viele, wenig kompromissbereite Akteure eine Verhandlungslösung erschweren.

2014 etablierten sich zwei rivalisierende Regierungen, eine nationale Einheitsregierung in Tripolis, der bisherigen Hauptstadt, sowie eine Gegenregierung in der im östlichen Libyen gelegenen Stadt Tobruk. Jede Seite kontrollierte ihre eigene Armee, zusätzlich zu den vielen weiteren bewaffneten unabhängigen Gruppen im

Tab. 3.2 Chronologie des Bürgerkriegs in Libyen

Datum	Ereignis
Februar 2011	Aufstände gegen den Diktator Muammar al-Gaddafi
März 2011	NATO-Luftangriffe gegen die libysche Armee
Oktober 2011	Al-Gaddafi wird unter ungeklärten Umständen ermordet
November 2011	Ein nationaler Übergangsrat wird eingesetzt, der nach und nach von allen wichtigen internationalen Akteuren als legitime Regierung anerkannt wird
Juli 2012	Erste Parlamentswahlen in Libyen und Bildung eines Allgemeinen Nationalkongress
Februar 2014	Milizenführer Khalifa Haftar erklärt den Widerstand gegen den Nationalkongress, nachdem dieser sein Mandat verlängert und beginnt mit Attacken gegen die Einheitsregierung
Oktober 2014	ISIS wird aktiv in Libyen
März 2015	General Haftar wird Oberbefehlshaber der Streitkräfte der Regierung in Tobruk; Die UN initiiert Friedensgespräche in Marokko, die im Beschluss für eine Einheitsregierung (GNA) resultieren
März 2016	Die USA und mehrere europäische Staaten erkennen die Nationale Einheitsregierung in Tripoli unter Premier Fayez al-Sarraj an
Mai 2018	Mitglieder der Fraktionen in Libyen treffen sich zu Friedensgesprächen in Paris
April 2019	General Haftar beginnt eine Offensive auf Tripoli
Januar 2020	Internationale Libyen-Konferenz in Berlin
Oktober 2020	Erneute Bekanntgabe einer Waffenruhe nach einer durch die Türkei unterstützten erfolgreichen Offensive der Regierungstruppen
Juni 2021	Erneute Libyenkonferenz in Berlin: Verpflichtung zum Abzug nicht-libyscher Kämpfer aus dem Land

Quelle: Eigene Darstellung

Land. Die westliche Regierung, der sogenannte „Allgemeine Nationale Kongress", wurde zunächst von islamistischen Kräften dominiert, während im Osten der Milizenführer General Haftar seine Macht ausbaute. Beide Seiten wurden in vermehrtem Maße von auswärtigen Kräften finanziell und militärisch unterstützt. Haftar war ursprünglich Gaddafis militärischer Stabschef gewesen und ging nach dem Bruch mit seinem Herrn für zwei Jahrzehnte ins Exil in die USA. Nach seiner Rückkehr organisierte er eine Miliz und kämpfte gegen islamistische Fraktionen in Bengasi, in der Folge auch gegen die sich in Libyen schnell ausbreitende Extremistengruppe Islamischer Staat (ISIS). Der Ausbruch des Bürgerkriegs zwischen Haftar und der Zentralregierung in Tripolis beendete endgültig den fragilen Transformationsprozess in Libyen.

Beide Seiten waren zunächst damit beschäftigt, gegen die Präsenz von ISIS vorzugehen. Ende 2016 gelang es, die Islamisten aus dem Großteil der von ihnen besetzten Gebiete zu verdrängen. Gespräche zwischen der GNA und Haftar hingegen blieben ergebnislos. Zwar trafen sich die Konfliktparteien und internationale Vermittler wiederholt zu Waffenstillstandsgesprächen und sprachen ihre Unterstützung für einen UNO-Friedensplan aus. Statt einer funktionierenden Waffenpause begann jedoch die östliche Allianz unter Haftar Anfang 2019 mit einer Offensive gegen die internationale anerkannte Regierung. Waffenlieferungen zahlreicher externer Mächte befeuerten den Konflikt. Spätestens seit Anfang 2019 gleicht der Bürgerkrieg in dem nordafrikanischen Land einem sogenannten Stellvertreterkonflikt, was eine friedliche Verhandlungslösung ungemein erschwert. Zu diesem Zeitpunkt begann die Türkei der libyschen Regierung Waffen zu liefern, um sie vor dem drohenden Zusammenbruch zu bewahren. Die von General Haftar geführten Truppen hingegen wurden schon seit dem Jahr 2014 „konsequent und massiv" (Kaim und Schulz 2020, S. 2) von den Vereinigten Arabischen Emiraten (UAE) und Ägypten unterstützt. Weitere Hilfe erhält Haftar von Jordanien und Russland. Auch Frankreich ist tendenziell auf seiner Seite. Die von den UN und der EU anerkannte Regierung in Tripolis und die ihr zugehörigen Milizen werden neben der Türkei auch von Katar militärisch und von Italien finanziell unterstützt.

Stellvertreterkriege (englisch: *Proxy Wars*)
Stellvertreterkriege sind bewaffnete Auseinandersetzungen, in denen größere Mächte ihre Konflikte in einem Drittland militärisch austragen und so vermeiden, dass sie in eine direkte militärische Auseinandersetzung mit dem jeweiligen Gegner verwickelt werden. Meist engagieren sie sich dabei in schon bestehenden Bürgerkriegen mit dem Ziel, ihre eigene Einflusssphäre auszuweiten. Die Unterstützung für eine oder mehrere der kriegführenden Parteien kann dabei sowohl militärische Formen (Waffenlieferungen, Aufklärung, Bewaffnung und/oder Entsendung von Söldnern) annehmen als auch in finanzieller oder propagandistischer Rückendeckung bestehen. Üblicherweise verlängern diese Aktivitäten innerstaatliche, bewaffnete Konflikte. Stellvertreterkriege gibt es seit Beginn der Geschichte. Beispiele sind der Spanische Bürgerkrieg (1936–1939), der Koreakrieg (1950–1953) oder in jüngerer Zeit der Syrienkrieg.
Quelle: Eigene Darstellung

Die Situation in Libyen glich zeitweise der katastrophalen Lage in Syrien. Auch eine von der deutschen Regierung gesponserte Konferenz aller Beteiligten in Berlin im Frühjahr 2020 führte nicht zu einer dauerhaften Waffenruhe, da die Waffenlieferungen fast ungehindert weiterliefen. Erst Ende 2020, nach einer erfolgreichen Offensive der Regierungstruppen, kam es zu einem fragilen Waffenstillstand. Auf einer erneuten Konferenz in Berlin vereinbarten die in Libyen engagierten Mächte den Abzug fremder Söldner und das Ende der Waffenlieferungen. Zurzeit herrscht in Tripolis eine Interimsregierung, und es sind Präsidentschaftswahlen geplant, die jedoch schon mehrfach verschoben wurden. Die Lage ist weiterhin sehr fragil.

3.3.2 Diplomatischer Verhandlungsprozess im Libyen-Konflikt

Im Februar 2011 verabschiedeten die Vereinten Nationen (UNO) mit der Resolution 1970 ein Waffenembargo für Libyen (UNSC 2011). Nachfolgende Resolutionen bekräftigten diese Entscheidung. Die Resolution sah bei Verletzung des Embargos die Verhängung von Sanktionen vor. Zur Überwachung wurde ein spezielles Komitee eingerichtet, dessen Vorsitz im Jahr 2020 Deutschland innehatte. Die UNO-Mitgliedstaaten wurden ermächtigt, die Einhaltung des Embargos auf dem Seeweg zu überwachen (Kaim und Schulz 2020, S. 3). Die fortgesetzten Kampfhandlungen und der ungebrochene Zustrom an Waffen zeigten allerdings deutlich, dass das Embargo nicht eingehalten wurde.

Mit Resolution 2009 vom September 2011 wurde zudem ein Sondergesandter für Libyen ernannt, der im Rahmen der *UN Support Mission in Libya* (UNSMIL) den Aufbau rechtsstaatlicher Strukturen und die Organisation von Wahlen überwachen sollte. Damit übernahm die UNO die Rolle als wichtigster Mediator. Da sie dies in Zusammenarbeit mit der von der UNO anerkannten Regierung in Libyen durchführte, war die UN-Mission aber lange so eng mit der GNA assoziiert, dass sie nicht mehr als unparteiischer Vermittler zwischen den beiden Seiten erschien. Haftar weigerte sich zeitweise, den jeweiligen UN-Sondergesandten überhaupt zu treffen. Erst nachdem der libanesische UN-Berater Ghassan Salamé im Juli 2017 zum Sondergesandten ernannt worden war, distanzierte sich die UNSMIL wieder von der GNA und konnte so wieder glaubwürdig eine unabhängige Vermittlerrolle einnehmen. Deutlich wurde aber, dass die UN den kriegführenden Parteien kaum side payments anbieten und auch keine glaubwürdigen Sanktionen androhen konnte.

Die ersten umfassenderen Bemühungen der UNO um eigentliche Waffenstillstandsverhandlungen fanden im Laufe des Jahres 2015 als Reaktion auf die Ausbreitung von ISIS statt. Unterstützt sowohl von den westlichen Staaten und als auch dem UNO-Sicherheitsrat, gelang es den UNO-Unterhändlern im Dezember 2015, im marokkanischen Skhirat, ein Abkommen zu erzielen, dem jedoch nicht alle Gruppierungen auf beiden Seiten der Bürgerkriegsparteien zustimmten. Das Abkommen sah eine Regierung der Nationalen Einheit (GNA) mit einem einjährigen Mandat vor, dessen Dauer um ein weiteres Jahr verlängert werden konnte. Diese Regierung übernahm die Amtsgeschäfte in der Hauptstadt. Sie erwies sich aber schnell als völlig dysfunktional, und die ostlibysche Regierung in Tobruk weigerte sich, Anweisungen entgegenzunehmen (Asseburg et al. 2018, S. 15). Nach Ablauf der zwei Jahre erklärte General Haftar das Skhirat-Abkommen für nichtig.

Am 29. Juli 2019 schlug Salamé dem Sicherheitsrat der Vereinten Nationen (UNSC) einen neuen Drei-Punkte-Friedensplan vor, da eine militärische Lösung des Konflikts nicht vorstellbar sei. Der Friedensplan beinhaltete folgende drei Schritte:

- Ein Waffenstillstand zwischen der Einheitsregierung unter Premier al-Sarraj und der Libyan National Army (LNA).
- Eine internationale Konferenz mit den Ländern, die am Konflikt beteiligt waren, um so die Kampfhandlungen zu stoppen, das existierende Waffenembargo gemeinsam durchzusetzen und die strikte Einhaltung von Völkerrecht und Menschenrechten zu fördern.
- Ein Treffen führender und einflussreicher libyscher Persönlichkeiten im Anschluss an die internationale Konferenz. Diese sollten sich auf umfassende Elemente für das weitere Vorgehen einigen. Der im Drei-Punkte-Friedensplan vorgeschlagene Waffenstillstand begann Mitte August 2019. Nach einer kurzen Pause flackerten die Kämpfe allerdings wieder auf und kulminierten in Haftars Offensive auf Tripolis.

Nachdem am 2. Januar 2020 das türkische Parlament die militärische Unterstützung der GNA-Regierung in Tripolis autorisiert hatte und die Gefahr einer Eskalation stieg, trafen sich im selben Monat der russische Präsident Putin und der türkische Staatschef Erdogan in Istanbul und riefen beide Seiten zum Waffenstillstand auf. Bei nachfolgenden Gesprächen in Moskau wurde dieser von al-Sarraj unterzeichnet. Haftar und seine Verbündeten verließen Moskau jedoch ohne Unterzeichnung (Coskun und Escritt 2020). Daraufhin bat Putin Ägypten und die UAE, Haftar aufzufordern, die militärischen Operationen einzustellen und die Bemühungen um eine politische Lösung zu unterstützen (Alharathy 2020). Der Waffenstillstand sollte am Morgen des 12. Januar 2020 in Kraft treten. Wenige Stunden nach dessen Beginn warfen sich beide Konfliktparteien erneut den Bruch der Vereinbarung vor, und auch dieser Vermittlungsversuch scheiterte (Deutsche Welle 2020). Die Hoff-

nungen richteten sich nun auf die geplanten Gespräche in Berlin, wo alle Konfliktparteien zusammenkommen sollten. Die Konferenz in Berlin wurde in einer Reihe von Vorbereitungstreffen umfassend geplant. Im Vorlauf der Konferenz traf sich Salamé persönlich auch mit einer
Vielzahl der Akteure (auch Haftar und al-Sarraj), um sie von der Teilnahme an der
Konferenz zu überzeugen. Beim dritten Vorbereitungstreffen am 21. Oktober 2019
arbeiteten die teilnehmenden Staaten einen Entwurf für eine Erklärung aus, der
u. a. einen Waffenstillstand, ein Waffenembargo und eine Rückkehr zum politischen Prozess unter libyscher Führung beinhaltete. Beim fünften Treffen zur Vorbereitung der Konferenz am 10. Dezember 2019 wurden die zwei zentralen Dokumente (Entwurf der Erklärung und Operational Annex), die bei der Konferenz
unterzeichnet werden sollten, größtenteils fertig gestellt.

Unter Umsetzung des zweiten Punktes des Friedensplans von Salamé fand am
19. Januar 2020 die erste internationale Libyen-Konferenz unter der Beteiligung
aller externen Konfliktakteure in Berlin statt. Zur Konferenz reisten Delegationen
der fünf Ständigen Mitglieder des UN-Sicherheitsrates an sowie der türkische Präsident Erdogan und der ägyptische Präsident El-Sisi an. Vor Ort waren zudem Vertreter der Vereinten Nationen, der Afrikanischen Union, der EU und der Liga der
Arabischen Staaten. Haftar und Al-Sarraj waren anwesend. Es kam jedoch zu keinem persönlichen Treffen der beiden Kontrahenten (Atilgan und Engelkes 2020,
S. 2). Ziel der Konferenz sollte eine Vereinbarung über ein allgemeines Waffenembargo und eine Erklärung der Nichteinmischung in die libyschen Angelegenheiten
durch auswärtige Mächte sein.

Die Konferenzteilnehmer einigten sich in einer einstimmig beschlossenen
Abschlusserklärung darauf,

- erstens: das seit 2011 bestehende internationale Waffenembargo zu respektieren
  und keine militärische Unterstützung mehr bereitzustellen;
- zweitens: die seit kurzem bestehende Feuerpause zu einem Waffenstillstand
  auszuweiten;
- drittens: zu einem politischen Prozess unter Führung der UNO zurückzukehren
  (Atilgan und Engelkes 2020, S. 2).

Die Gespräche zwischen der UN-gestützten Regierung und der Haftar-Fraktion
wurden anschließend in Genf wiederaufgenommen, blieben allerdings ohne Ergebnis. Noch gravierender war, dass das vereinbarte Waffenembargo schon kurz
nach dem Ende der Konferenz wieder von mehreren Beteiligten gebrochen wurde.
Auch der Waffenstillstand hat sich als sehr brüchig erwiesen. Bei seiner Rede vor
dem UN-Sicherheitsrat Ende Januar 2020 berichtete Salamé, dass UNSMIL seit

Anfang des Jahres 110 Verletzungen des Waffenstillstands dokumentiert habe. Außerdem habe sich die Einmischung von außen verstärkt (Assad 2020). Am 2. März 2020 reichte der UN-Sondergesandte frustriert seinen Rücktritt ein. Weshalb scheiterten sowohl diese Initiative als auch die früheren geschilderten Vermittlungsversuche unterschiedlicher Mediatoren? Eine Analyse der Strategien und Handlungsoptionen der beteiligten Akteure zeigt, dass potenzielle externe Mediatoren zu wenig Glaubwürdigkeit besitzen und zudem die BATNA der Konfliktparteien attraktiv genug ist, sodass weder das innerlibysche noch das externe Sicherheitsdilemma gelöst werden können.

3.3.3 Die Strategien der beteiligten Akteure

Die Vereinten Nationen sind spätestens seit dem Ende des Kalten Kriegs und der damit einhergehenden Auflösung der Blockade durch die Supermächte die erste Instanz für Vermittlungsbemühungen in komplexen Bürgerkriegssituationen. Sie haben als Vermittler aber nur dann gute Aussichten auf Erfolg, wenn die Ständigen Mitglieder des Sicherheitsrats im Einklang hinter den Vermittlungsbemühungen stehen und diese Position notfalls auch mit entsprechendem Druck und Sanktionen stärken (Asseburg et al. 2018, S. 8). In einem frühen Stadium des Konflikts hatte die UNO zwar meist die Unterstützung des Sicherheitsrats sowie der westlichen Staaten. Dennoch war ihre Druckposition gegenüber den Konfliktparteien begrenzt, da ein militärisches Eingreifen nie eine realistische Option war und es den größeren Mächten nicht gelang, bzw. sie nicht willig waren, die unterschiedlichen regionalen Kräfte, die sich im Bürgerkrieg engagierten, zur Zurückhaltung zu bewegen. Nachdem sich der Bürgerkrieg zu einem Stellvertreterkrieg entwickelt hatte, war zudem die Uneinigkeit im Sicherheitsrat so stark, dass keine entsprechende durchsetzungsfähige Antwort mehr möglich war (Kaim und Schulz 2020, S. 3). Zudem gab es keine Führungsmacht, welche die Verantwortung für die Herstellung von Einigkeit unter den Sicherheitsratsmitgliedern übernehmen könnte. Unter Trump hielten sich die USA insgesamt aus internationalen Konflikten zurück. Zudem wollten sie ihre Verbündeten Saudi-Arabien und die Vereinigten Arabischen Emirate (VAE) nicht vor den Kopf stoßen (Kaim und Schulz 2020, S. 4). Zunächst unterstützten sie die Zentralregierung in ihren Attacken gegen ISIS; in jüngster Zeit schienen sie eher Haftar zu unterstützen (Megerisi 2019, S. 13). Die unstete Diplomatie Trumps machte es unmöglich, eine gemeinsame westliche Position zur Unterstützung der UNO zu finden. So fehlt es der UNO sowohl an der notwendigen Einigkeit als auch an Vertrauen in ihre Unabhängigkeit und schließlich Durchsetzungskraft – essenzielle Faktoren für eine effektive Vermittlerrolle.

Auch die EU wäre ein offensichtlicher Kandidat für eine Vermittlerrolle, zumal sie selbst schon diese Rolle für sich reklamiert hat. Sie hat ein unmittelbares Interesse daran, dass der Konflikt in dem nordafrikanischen Land nicht ähnlich eskaliert wie in Syrien. Die Stabilisierung Libyens würde bedeuten, dass weniger Flüchtlinge über das Mittelmeer nach Italien und somit in die EU gelangen (Megerisi 2019). Zudem hat, wie der plötzliche Aufstieg von ISIS zeigte, die Instabilität im Land ein hohes Potenzial, zur Brutstätte für terroristische Gruppen zu werden, die eine unmittelbare Gefahr für Europa darstellen. Die EU ist auch daran interessiert, dass Nachbarstaaten wie Tunesien, Mali oder der Tschad nicht weiter durch den Zustrom von bewaffneten Gruppen und Waffenschmuggel aus Libyen destabilisiert werden. Schließlich ist das Land auch als Energielieferant vor Bedeutung. Als im unmittelbaren regionalen Umfeld gelegene Krise ist Libyen so zu einem wichtigen Gradmesser für die Handlungsfähigkeit der EU als internationaler Akteur geworden.

Allerdings konnte die EU eine Vermittlerrolle bis jetzt nicht in Ansätzen erfolgreich ausüben. Ähnlich wie im UN-Sicherheitsrat existieren unterschiedliche bzw. entgegengesetzte Interessen innerhalb der EU. Frankreich unterstützt offiziell den Kurs der UNO, hatte aber durch seine Aktionen immer wieder die tatsächliche Unterstützung General Haftars kundgetan. Dies erklärt sich vor allem durch das Vorgehen Haftars gegen islamistische Gruppen insbesondere vor dem Hintergrund wiederholter terroristischer Anschläge in Frankreich. Italien hat als ehemalige Kolonialmacht in Libyen traditionell enge Bindungen. Die italienische Ölfirma ENI betreibt ein Joint-Venture mit der „Nationalen Libyschen Ölgesellschaft" mit Sitz in Tripolis und will Total (unter Gaddafi die dominierende Ölfirma in Libyen) als die französische Konkurrenz verdrängen (Rüb 2020). Zudem kooperiert Italien mit der GNA, um die Migration über das Mittelmeer, die insbesondere dieses Land unter Druck setzt, einzudämmen. Deutschland bezieht eine ähnliche Position und privilegiert die Rolle der UNO als Vermittlerin.

Die EU hat nach der Konferenz in Berlin angekündigt, das Waffenembargo gegebenenfalls mit einer maritimen Militärmission zu überwachen. Im Februar 2020 kündigten die Außenminister eine derartige Mission an, die allerdings, um nicht zu einer Seenotrettungsmission zu werden, relativ weit weg von der libyschen Küste operiert. Sowohl im Hinblick auf den politischen Willen als auch auf die vorhandenen Kapazitäten ist eine effektive Lösung damit nach wie vor weit entfernt (Kaim und Schulz 2020). Die EU kann nicht glaubwürdig durch Sanktionen oder gar militärische Zwangsmaßnahmen die Interessenkalkulationen der Konfliktparteien entscheidend beeinflussen. Dies gilt insbesondere auch für die Sponsoren der Bürgerkriegsfraktionen in dem nordafrikanischen Land.

Russland versucht in neuester Zeit, ähnlich wie in Syrien, seinen geopolitischen Einfluss in der Region auszubauen. So operieren russische Söldner im Bürgerkrieg, zusätzlich zu finanzieller Hilfe für Haftar. Gleichzeitig präsentiert sich Russland als möglicher Mediator. Im Gegensatz zu UNO und EU hat Russland glaubwürdige militärische Druckmittel, aber seine einseitige Parteinahme macht es wenig vertrauenswürdig für die Nationalregierung in Tripolis. Ziele des russischen Eingreifens sind offenbar die Ausweitung des regionalen Einflusses wie auch der Zugriff auf die wirtschaftlichen Ressourcen Libyens. Gleichzeitig befindet sich Russland in einem komplexen Rivalitätsverhältnis mit der Türkei, wie auch schon in Syrien, wobei beide Seiten sich bemühen, eine völlige Eskalation zu vermeiden (Ramani 2020).

Die VAE, Saudi-Arabien und Ägypten wollen die Etablierung demokratischer oder islamisch geprägter Regierungen im Gefolge des Arabischen Frühlings verhindern. Sie unterstützen deshalb starke Führerpersönlichkeiten, die dies verhindern. Insbesondere die VAE haben Haftar deshalb militärisch massiv unterstützt. Ägypten versucht aufgrund seines internen Machtkampfs zwischen der Militärregierung und der Muslim-Bruderschaft, das Aufkommen ähnlicher Gruppierungen in seiner Nachbarschaft zu verhindern. Diese entschiedene Unterstützung erleichtert es der Fraktion um Haftar, sich auf einen Vermittlungsversuch der UNO gar nicht erst ernsthaft einzulassen (Asseburg et al. 2018, S. 19).

Für die Türkei, deren Unterstützung mit Waffenlieferungen die Regierung in Tripolis vor dem Kollaps bewahrt hatte, ging es darum, ihren regionalen Einfluss auszubauen und Verbindungen mit muslimischen Gruppierungen zu stärken. Zudem schloss sie mit der GNA-Regierung ein maritimes Abkommen, welches einen Gas-Deal im östlichen Mittelmeer blockieren sollte, von dem die Türkei ausgeschlossen war (Gazzini 2020). Das Emirat Katar engagiert sich auf Seiten der Zentralregierung mit Finanzhilfen, um so ein Gegengewicht gegen seine regionalen Rivalen auf der Arabischen Halbinsel zu bilden. Je stärker die Türkei und Katar jedoch in ihrer Unterstützung für ihre Verbündeten agieren, desto mehr unterstützen die anderen Mächte Haftar (Megerisi 2019, S. 16). So entwickelte sich nicht nur innerhalb Libyens ein Sicherheitsdilemma zwischen den Bürgerkriegsparteien; auch die Unterstützer scheinen nach der Logik dieses Konzepts zu handeln, da jede Erhöhung des Engagements durch eine der beiden Seiten unmittelbar reziproke Gegenmaßnahmen hervorruft, wie Meldungen im Mai 2020 über die Verlegung russischer Kampfjets nach Libyen zeigen (Deutsche Welle 2020). Erst die erfolgreiche Offensive der Regierungstruppen Ende 2020 schuf die Bedingungen für ein vorläufiges Einfrieren der Kämpfe.

3.3.4 Weshalb scheiterten die Versuche, eine Waffenruhe in Libyen zu erreichen?

Es ist sehr offensichtlich, dass die Bedingungen für effektive Verhandlungen im Libyen-Konflikt lange nicht vorhanden waren. In der langen und komplexen Phase der Agendasetzung konnten sich die Akteure nur auf einen allgemeinen Rahmen für eine Konfliktregulierung einigen, der unterschiedliche Interpretationen zuließ. Die von Misstrauen geprägten eigentlichen Verhandlungen führten zu einer Vereinbarung mit ungenügenden Anreizen und Sanktionen zur Bindung der Akteure an das Abkommen, sodass es zu keinen credible commitments kam.

Dies lässt sich dadurch erklären, dass es den Verhandlungsbeteiligten nicht gelang, die Chicken Dilemma-Situation in ein iteratives Gefangenendilemma zu verwandeln. Die rivalisierenden Fraktionen in Libyen erheben für sich den Anspruch, die legitime Regierung zu verkörpern und haben genügend Ressourcen, um weiterzukämpfen. Eine Aufgabe dieses Anspruchs würde alles negieren, wofür sie gekämpft haben. Solange beide Seiten noch auf umfangreiche Unterstützerkoalitionen zählen können, dürfen sie damit rechnen, dass eine völlige Niederlage durch den größeren Einsatz ihrer Verbündeten abgewendet werden kann. Ihre BATNA wirkt somit relativ attraktiv. Eine Verhandlungslösung aus ungünstiger militärischer Position käme dagegen dem Eingeständnis einer Niederlage gleich. Die ZOPA ist bei derart exklusiven Ansprüchen entsprechend klein, und die Interessenlage der beiden Bürgerkriegsparteien lässt sich nur schwer durch vertrauensbildende Maßnahmen dauerhaft annähern.

Zudem handelt es sich um einen fragmentierten Konflikt, in dem eine große Zahl von unterschiedlichen Gewaltakteuren neben den konkurrierenden Hauptfraktionen ihre eigenen Ziele verfolgen und immer wieder neue Konstellationen herbeiführen, sodass eine rationale Kalkulation der Optionen mit hohen Unwägbarkeiten behaftet und verständigungsorientiertes Verhandeln riskant ist (Lacher 2020). Die hohe Anzahl von spoilern lässt stabile Vereinbarungen nur schwer zu. Durch die unklaren Kräfteverhältnisse in Libyen, die als Folge der vielfältigen ausländischen Interventionen noch unübersichtlicher werden, ist ein Zustand der Erschöpfung, welcher den Konflikt reif für eine Lösung machen würde, zurzeit kaum im Bereich des Möglichen. Die lokalen Akteure agieren in einem Zustand der Anarchie, der dem klassischen Sicherheitsdilemma entspricht und nur sehr schwer auflösbar ist.

Aber auch die externen Akteure haben aufgrund der gegensätzlichen Interessen und des nicht institutionalisierten Verhandlungskontexts eine dem Chicken Dilemma ähnliche Situation geschaffen. Dies gilt insbesondere für diejenigen Akteure, die sich militärisch auf Seiten einer der Bürgerkriegsparteien engagieren. Ein Sieg der anderen Seite würde vermutlich dazu führen, dass sie ihren Einfluss in Libyen auf längere Zeit verlieren. Aufgrund der Vielzahl externer Akteure sind auch die Schnittmengen potenzieller Verständigungen (ZOPA) zwischen diesen Mächten sehr gering, solange sie nicht erhebliche Nachteile von einer weiteren Unterstützung ihrer jeweiligen inner-libyschen Klientel erwarten müssen.

Externe Akteure, wie die UNO oder die EU, haben zwar wiederholt Kommunikationskanäle etabliert und versucht, die Akteure zu einer Vereinbarung zu bringen. Es mangelt ihnen aber als Vermittler an glaubwürdigen Sanktionsinstrumenten und attraktiven Anreizen (side payments), um die Bürgerkriegsparteien und ihre Sponsoren dauerhaft zum Wohlverhalten zu zwingen. Insbesondere die Option einer militärischen Intervention scheint zurzeit ausgeschlossen. Dies liegt insbesondere auch daran, dass der Stellvertreterkrieg in Libyen eine hohe Eskalationsgefahr aufweist, falls eine auswärtige Macht sich militärisch direkt engagiert.

Eine rationalistische Betrachtung der Verhandlungen um eine Waffenruhe und ein Waffenembargo in Libyen erklärt also recht überzeugend, weshalb die Fortschritte in den Verhandlungen und die Umsetzung der wenigen Vereinbarungen sich so schwierig gestalteten und weshalb bislang allenfalls ein fragiles Patt existiert. Der bisherige Verhandlungsverlauf bietet ein gutes Beispiel für gescheiterte Verhandlungen, bei denen es den Beteiligten nicht gelingt, eine fundamentale Dilemmasituation so zu transformieren, dass sich ein stabiles Verhandlungsergebnis im Interesse aller Parteien ergibt.

3.4   Fallstudie 2: Wirtschaft

3.4.1   Die Verhandlungen über die Aufnahme Chinas in die Welthandelsorganisation[1]

Am 11. Dezember 2001, überschattet von den Folgen der Terrorattacken vom 11. September in den USA, ereignete sich ein für die globale Wirtschaft des 21. Jahrhunderts fundamentaler Schritt: die Volksrepublik China wurde offizielles Mitglied der Welthandelsorganisation (WTO). Diese Mitgliedschaft signalisierte den Kulminationspunkt eines wirtschaftspolitischen Strategiewechsels, der in der Volksrepublik 1978 von Machthaber Deng Xiaoping begonnen worden war. Ziel dieses Strategiewechsels war das Erzielen eines exportgetriebenen, schnellen Wachstums durch das Ende der wirtschaftlichen Abschottung und durch die gesteuerte Integration in die Weltwirtschaft. Ein fundamentaler Schritt auf diesem Weg war die Aufnahme in das globale Welthandelsregime. Die WTO war 1995 aus dem sogenannten GATT (General Agreement of Tariffs and Trade)

---

[1] Diese Fallstudie ist eng an mein Buch „Drachenzähmung. Die EU und die USA in den Verhandlungen um die Integration Chinas in den Welthandel (Nomos 2007)" angelehnt.

hervorgegangen, einem Verhandlungsforum, in dem sich die Mitgliedstaaten in regelmäßigen Abständen zu Gesprächen über den Abbau von Handelshemmnissen mit dem letztendlichen Ziel des internationalen Freihandels trafen. Mit Gründung der WTO wurden diese Funktionen in eine ständige internationale Organisation mit Sitz in Genf überführt, deren Aufgabe es ist, die Wirtschaftspolitiken der Mitgliedstaaten zu koordinieren sowie Streitigkeiten zu schlichten. Dafür wurde ein geregeltes Streitschlichtungsverfahren eingeführt, durch das Handelskonflikte auf multilateralem Weg ausgeräumt werden sollten.

Die WTO hatte ursprünglich 124 Mitgliedstaaten. Wichtige Staaten, wie China oder Russland, sahen sich nach deren Gründung mit der Problematik konfrontiert, dass eine internationale Organisation Regeln und Standards für einen Großteil des Welthandels festsetzte, ohne dass die Nichtmitglieder Mitspracherechte hatten. Dies war ein erheblicher Anreiz, der Organisation beizutreten. Zudem war die Aufnahme in so eine bedeutende Institution für die Volksrepublik China auch ein wichtiger Schritt, um den politischen Reputationsverlust infolge der Niederschlagung der Studentenproteste auf dem Platz des Himmlischen Friedens in Peking im Jahr 1990 vergessen zu machen und zu zeigen, dass das Land wieder ein respektiertes Mitglied der Weltgemeinschaft war. Darüber hinaus lag es in chinesischem Interesse, die nächste Runde der WTO-Verhandlungen, die sogenannte Doha-Runde, als Mitglied mitzugestalten.

Grundprinzipien und Funktionen der WTO
Abbau von Handelshemmnissen: Grundphilosophie der WTO ist der Abbau von allen Arten von Handelsbeschränkungen, ob es sich nun um Zölle, mengenmäßige Beschränkungen, handelsverzerrende Subventionen oder diskriminierende Regeln handelt.

Meistbegünstigungsprinzip (Most-Favoured-Nation Principle): Dieses Prinzip der Meistbegünstigung verpflichtet die Vertragspartner der WTO alle wirtschaftlichen Vorteile, die einem Mitgliedsland gewährt werden, auch allen anderen Vertragspartnern zuzugestehen.

Ausnahmen gibt es zum Beispiel für Freihandelszonen und Zollunionen (wie die EU) oder in Form der Sonderbehandlung von Entwicklungsländern.

Inländerbehandlung: Nach diesem Prinzip müssen inländische und ausländische Wirtschaftssubjekte grundsätzlich gleichbehandelt werden.

Schiedsgerichtsbarkeit: Falls es zwischen den Mitgliedstaaten zu Auseinandersetzungen über die Auslegung eines Handelsabkommens im Rahmen der WTO kommt, können diese den Streitschlichtungsmechanismus (Dispute Settlement Body) der Organisation anrufen. Ein von der WTO eingesetztes unabhängiges Panel beurteilt dann den Streitfall. Ein Berufungsgremium (Appellate Body) bestätigt, ergänzt oder lehnt dieses Urteil ab. In ersterem Fall kann das geschädigte Land dann Sanktionen gegenüber dem vertragsverletzenden Land verhängen.

Quelle: eigene Darstellung

Tab. 3.3 Schlüsseldaten zum WTO-Beitritt Chinas

Datum	Ereignis
1978	Beginn der Öffnung der chinesischen Wirtschaft unter Deng Xiaoping
Juli 1986	Antrag Chinas auf Aufnahme in das GATT
Juni 1989	Niederschlagung der Studentenproteste auf dem Platz des Himmlischen Friedens und internationale Sanktionen gegen China
Januar 1995	Gründung der WTO
November 1999	Abschluss der amerikanisch-chinesischen Verhandlungen
Mai 2000	Die EU schließt ihre bilateralen Verhandlungen mit China ab
Dezember 2001	China tritt der WTO bei
Dezember 2009	China wird zur weltweit größten Exportnation

Quelle: Eigene Darstellung

Staaten wie die Volksrepublik China, die neu aufgenommen werden wollen, müssen zunächst mit allen WTO-Mitgliedstaaten, die dies wünschen, bilaterale Verhandlungen über die Konditionen des Beitritts führen. Erst nachdem diese Verhandlungen abgeschlossen sind, werden die dort in bilateralen Protokollen erzielten Vereinbarungen in einem umfassenden Dokument zusammengefasst, welches die für alle Parteien nunmehr verbindlichen Rechte und Pflichten im Rahmen der Mitgliedschaft festlegt. Im Sinne der Meistbegünstigungsklausel sind die Zugeständnisse, die das neue Mitgliedsland jedem Verhandlungspartner gewährt hat, jetzt für alle Mitglieder gültig (Tab. 3.3).

Aufgrund ihres enormen Wirtschaftspotenzials sind bei allen WTO-Beitrittsverhandlungen die USA und die Europäische Union die wichtigsten bilateralen Verhandlungspartner für die Kandidatenländer. Die Ergebnisse, die in den Verhandlungen mit diesen beiden Akteuren erzielt werden, sind richtungsweisend für alle WTO-Staaten. In diesem Sinne waren diese bilateralen Verhandlungen nicht nur für die zukünftigen Handelsbeziehungen Chinas mit den USA und der EU von fundamentaler Bedeutung, sondern für die Zukunft des Welthandels insgesamt. Auch im Hinblick auf die politischen Beziehungen Chinas mit dem Westen spielte diese Frage eine zentrale Rolle. Aus diesem Grund war es auch nicht völlig über- raschend, dass die Verhandlungen sich sehr lange hinzogen. 1986 hatte die Volks- republik den Antrag auf Aufnahme, damals noch in das GATT, gestellt. Die USA schloss ihre Verhandlungen mit China im November 1999 ab, die EU folgte erst im Mai 2000.

Sowohl die USA als auch die EU suchten in den Verhandlungen *defensive und offensive Interessen* durchzusetzen. Als offensive Interessen werden jene Interes- sen bezeichnet, bei denen Staaten versuchen, eine aktive Marktöffnung für wirtschaftliche Branchen zu erreichen, die international kompetitiv sind. Dazu zäh- len beispielsweise viele Dienstleistungsanbieter in Europa oder amerikanische Software-Konzerne. Defensive Interessen zielen auf den Schutz einheimischer Produzenten vor internationaler Konkurrenz ab, beispielsweise die europäische Landwirtschaft oder die amerikanische Textilindustrie. Bei offensiven Interessen ist eine kohärente, intern nicht umstrittene Verhandlungsposition eher vorteilhaft, während bei defensiven Interessen das uns schon bekannte Paradox der Schwäche oft nützlich ist, um Forderungen der anderen Seite abzuwehren (Zimmermann 2019). Die amerikanischen und die europäischen Verhandlungsteams hatten hier oft schwierige Balanceakte zu vollführen.

Sowohl in der EU als auch in den USA findet sich bei internationalen Handels- gesprächen eine Struktur des Zwei-Ebenen-Spiels. In den USA verhandelt die Exe- kutive, d. h. der Präsident, vertreten durch den oder die Handelsbeauftragte (United States Trade Representative, USTR). Kontrolliert werden diese Verhandlungen durch die beiden Häuser des Kongresses sowie natürlich durch die darüber hinaus an den Verhandlungen interessierten Gruppen aus Industrie, Zivilgesellschaft und Medien. In der EU führt die Kommission Außenhandelsgespräche, vertreten durch die Person, die das Portfolio für Außenhandel innehat, sowie die Generaldirektion Handel (DG Trade). Überwacht wird sie durch die Mitgliedstaaten, aber auch das Europäische Parlament (EP) sowie die oben genannten Interessengruppen. Es handelt sich also bei beiden um eine Prinzipal-Agent Beziehung (De Bièvre und Dür 2005).

Wie der chinesisch-amerikanische Handelskonflikt seit 2016, aber auch viele an- dere kleinere wirtschaftliche Scharmützel zwischen westlichen Staaten und China zeigen, hat der WTO-Beitritt Chinas keinesfalls alle Streitpunkte ausgeräumt. Der WTO-Beitritt Chinas war somit ein epochaler, aber in seiner spezifischen Ausgestaltung höchst umstrittener Schritt für den globalen Handel. Umso wichtiger ist es, nachzuvollziehen, wie es zu den dabei erzielten Vereinbarungen kam.

> **Grundbegriffe der internationalen Handelspolitik**
> *Zölle:* Abgaben auf importierte Produkte.
> *Nichttarifäre Handelshemmnisse (NTH):* alle nicht auf reinen Abgaben ba-
> sierenden Maßnahmen, durch die Staaten Importe erschweren oder ver-
> teuern, wie zum Beispiel mengenmäßige Beschränkungen (Quoten).
> *Infant-Industry Protection:* Schutz aufstrebender, noch nicht wettbewerbs-
> fähiger nationaler Industrien durch Zölle und NTH.
> *Dumping:* der Verkauf von Produkten auf internationalen Märkten unter
> dem Preis in ihren Heimatmärkten, um so Marktanteile zu gewinnen, lo-
> kale Produzenten zu verdrängen und die Preise in Zukunft zu bestimmen.
> *Antidumping-Maßnahmen:* Verhängung von Zöllen und anderen restriktiven
> Maßnahmen, gegen Länder, denen Dumping vorgeworfen wird.
>
> Quelle: Zimmermann und Elsinger (2019), S. 132

3.4.2 Europäische Außenhandelspolitik und die Verhandlungen um Chinas WTO-Beitritt

Die Europäische Union zählt auch nach dem Austritt des Vereinigten Königreichs neben den USA und China zu den weltweit größten Handelsmächten. Sie ist der wichtigste Handelspartner für ungefähr 80 Länder und hat circa 100 Handelsabkommen mit Drittstaaten abgeschlossen, mehr als jedes andere Land. Der gemeinsame Binnenmarkt, in dem Zölle und Handelsbarrieren weitgehend abgebaut sind, erfordert eine einheitliche Vertretung der Handelspolitik nach außen, da separate Deals von Mitgliedstaaten mit Drittländern die Integrität des Binnenmarkts beschädigen würden. Deshalb ist die Außenhandelspolitik eines der am stärksten vergemeinschafteten Politikfelder der EU. Schon seit der Gründung des Gemeinsamen Markts führt die Kommission im Auftrag der Mitgliedstaaten internationale Handelsgespräche (Lütz et al. 2021).

Die Gestaltung der europäischen Außenhandelspolitik ist in Artikel 207 des Vertrags über die Arbeitsweise der EU (AEU, Vertrag von Lissabon) festgelegt. Danach vertritt die Kommission die EU nach außen, auf der Basis eines Mandats, welches vom Ministerrat verabschiedet wird. Im Ministerrat sind alle Mitgliedstaaten mit den einschlägigen Minister*innen vertreten. Dieses Mandat erstellt die Kommission in Konsultation mit interessierten Gruppen, d. h. vor allem Vertretungen der Industrie, aber auch der Zivilgesellschaft. Einmal verabschiedet, bildet es die Grundlage für die Verhandlungen der Kommission. Sie wird dabei überwacht von einem speziellen Komitee, dem Trade Policy Committee, sowie dem Europäischen Parlament, vertreten durch den Ausschuss für Internationalen Handel (INTA). Die Kommission muss vor diesen Ausschüssen regelmäßig Rechenschaft ablegen. Nach Abschluss der Verhandlungen müssen der Ministerrat und das Parlament dem Ergebnis mit qualifizierter Mehrheit zustimmen (Ratifikation). Diese doppelte Zustimmungspflicht ist jedoch erst seit dem Vertrag von Lissabon (in Kraft seit 2012) Teil der europäischen Verträge. Über das Mitentscheidungsrecht im Hinblick auf den Abschluss von Abkommen wurde die Rolle des Parlaments entscheidend gestärkt (Leblond und Viju-Miljusevic 2019). Dadurch ist die Gestaltung der Europäischen Handelspolitik erheblich politisiert worden (De Bièvre et al. 2020). Dies bedeutet, dass eine Thematik wie die Außenhandelspolitik, die bisher eher auf technokratische Weise entschieden wurde, jetzt von erheblich mehr gesellschaftlichen Akteuren deutlich kontroverser und mit sehr viel mehr Öffentlichkeit diskutiert wird (Zürn 2019). Die intensiven Debatten um das gescheiterte transatlantische Freihandelsabkommen TTIP oder das Freihandelsabkommen mit Kanada (CETA) sind deutliche Beispiele.

Für unser zentrales Interesse, den Vergleich der Verhandlungsstrategien der EU und der USA, ist diese Reform von größter Bedeutung. Denn vor dem Vertrag von Lissabon hatte das EP nur eher geringe Mitspracherechte und vor allem kein Mitbestimmungsrecht. Die institutionelle Gestaltung der EU-Handelspolitik (damals nach Art. 133 des EU-Vertrags) sah aus wie auf Abb. 3.1.

Wir sehen, dass eine enge Überwachung der Kommission (Agent) durch den Prinzipal, den Ministerrat und die ihm zuarbeitenden Ausschüsse[2] bestand. Der zum jetzigen Zeitpunkt mitentscheidende zweite Prinzipal, das EP, war hingegen kein Vetospieler und wurde nur konsultiert. Es war somit sehr viel weniger in der Lage, die Verhandlungen zu beeinflussen als in der Gegenwart. Die dominante Rolle der Mitgliedstaaten bei der Gestaltung der Außenhandelspolitik und die Tatsache, dass es immer wieder zu Situationen kam, in denen einige Mitgliedstaaten, vor allem Frankreich, mit massivem Druck erreichten, ihre Positionen in multilateralen Verhandlungsrunden durchzusetzen, führte viele Beobachter dazu, die EU-Handelspolitik als von den großen Mitgliedstaaten gesteuert zu sehen. Diese führe zu Uneinigkeit und dazu, dass andere Akteure, wie die USA, ihre Positionen in der internationalen Handelspolitik sehr viel besser durchsetzen könnten. Andere

---

[2] Das Art. 133 Komitee ist das jetzige Trade Policy Committee und COREPER das Gremium der bei der EU akkreditierten Botschafter*innen der Mitgliedstaaten.

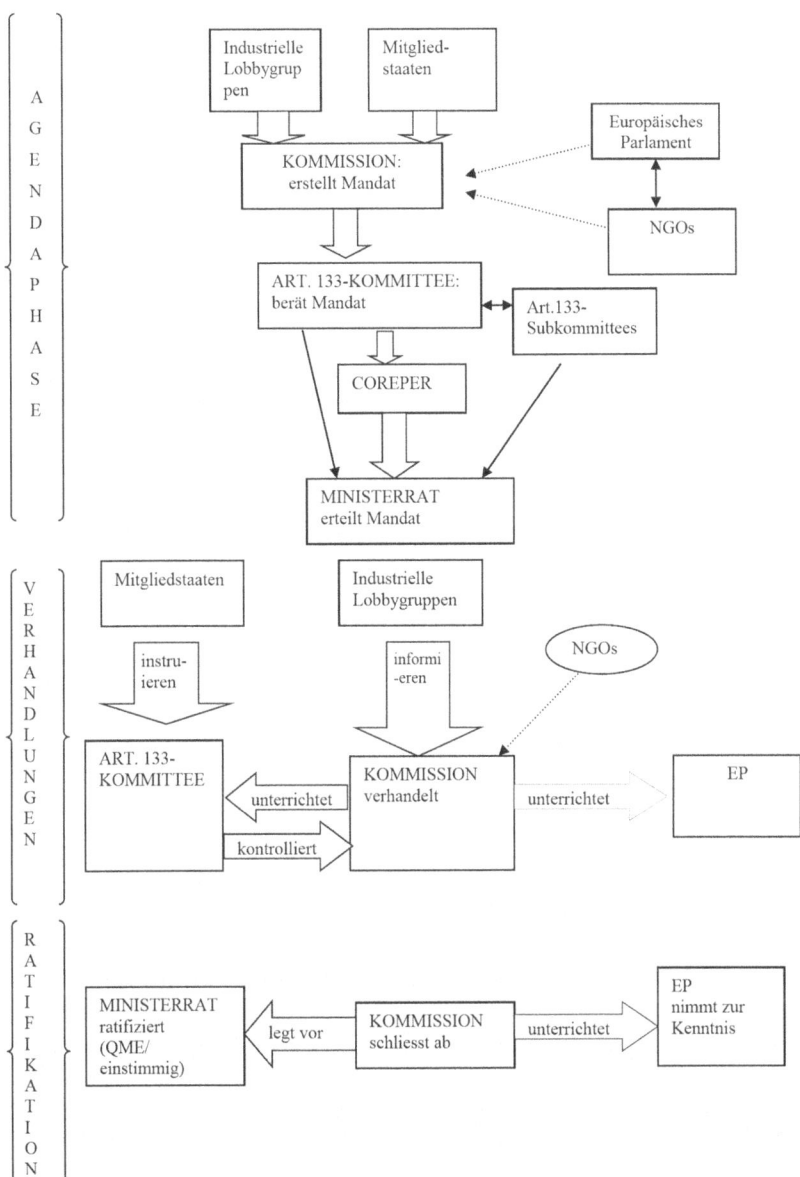

Abb. 3.1 Entscheidungsfindung der EU bei internationalen Handelsgesprächen bis zum Vertrag von Lissabon. (Quelle: Eigene Darstellung leicht vereinfacht aus Zimmermann (2007, S. 164))

Kritiker*innen warfen der EU eine einseitige Bevorzugung mächtiger Wirtschaftsinteressen vor – eine Kritik, die auch heute durchaus nicht verstummt ist. Wir
wenden uns nun dem Ablauf der Verhandlungen der EU mit China zu und analysieren diese dann im Lichte der erarbeiteten Gesichtspunkte.

Die wirtschaftlichen Beziehungen zwischen China und der Europäischen Union
waren bis in die 1970er-Jahre sehr limitiert. Einige Staaten wie Großbritannien
(aufgrund seiner damaligen Kronkolonie Hongkong) hatten engere Kontakte zu
China, andere Mitgliedstaaten überhaupt nicht. 1978 schlossen die damaligen
Europäischen Gemeinschaften (EG) und China ein erstes restriktives Handelsabkommen, und die Europäer bemühten sich, eine einigermaßen einheitliche Haltung
gegenüber China zu entwickeln. Dabei war insbesondere die Abwehr chinesischer
Billigimporte, die mit Herstellern vor allem in südlichen Mitgliedstaaten konkur-
rierten, ein wichtiger Gesichtspunkt, bei dem von europäischer Seite häufig
Antidumping-Maßnahmen gegen China verhängt wurden (Zimmermann 2004).
1985 vereinbarten die EG und China ein Kooperationsabkommen, in dem China
der Meistbegünstigungsstatus für fünf Jahre zugestanden wurde (mit automatischer
Verlängerung, falls der Ministerrat keinen Einspruch erhob – was er auch bis zum
WTO-Beitritt Chinas nicht tat). Die konfliktreichen Debatten in den USA um die
Gewährung dieses Status, die wir in den Abschnitten über die USA behandeln werden, entfielen somit in Europa, was schon darauf hindeutet, dass das Prinzipal-
Agent-Verhältnis zwischen Kommission und Rat sehr viel harmonischer war als
dasjenige in den USA zwischen der Exekutive und dem Kongress, wie wir bei der
Analyse der US-Verhandlungen sehen werden. Auffällig war auch, dass bei defensiven Interessen, zum Beispiel der Abwehr von Billigimporten, die Kommission
recht bereitwillig auf die Forderungen der Industrie einging.

Die Menschenrechtslage in China wurde sowohl in der westlichen Welt durch
die Niederschlagung der Studentenproteste auf dem Platz des Himmlischen Friedens in Peking im Juni 1989 nachhaltig in die öffentliche Debatte katapultiert. Die
kritische öffentliche Meinung in vielen Mitgliedstaaten schlug sich insbesondere
in einem verstärkten Aktivismus des EP nieder, welches immer wieder Sanktionen gegen China verlangte. Von Seiten der Mitgliedstaaten jedoch gab es vor
allem ein Interesse an der schnellen Normalisierung der Beziehungen mit Peking
(Möller 2002). Durch die Auslagerung der offiziellen Menschenrechtskritik an
China in einen sogenannten Menschenrechtsdialog, der sich durch weitgehende
Ineffektivität auszeichnete, gelang es der Kommission und den Mitgliedstaaten
schnell, das störende Thema von den wirtschaftlichen Verhandlungen weitgehend
fernzuhalten. Da das Europäische Parlament und die in dieser Frage aktiven NGOs
kaum einen effektiven Zugang zur Entscheidungsfindung und keine Vetomacht

hatten, blieb die Menschenrechtsfrage ein nur unwesentlich störendes Element in den Verhandlungen um die WTO-Aufnahme (Zimmermann 2008). Stattdessen versuchten die Mitgliedstaaten und die Kommission, sich durch eine geeinte Strategie gegenüber dem immer mehr absehbaren Aufstieg Chinas günstig zu positionieren, insbesondere auch mit Blick auf die wirtschaftliche Konkurrenz aus den USA und Japan. Dieses übergeordnete Interesse war auch ein wichtiges Element in den eigentlichen Verhandlungen der EU mit China. Die institutionelle Konfiguration des Prinzipal-Agent-Verhältnisses in der EU ermöglichte es, dieses Interesse relativ konsistent umzusetzen.

Dabei gelang es der Kommission, sich einen relativ großen Spielraum zu beschaffen. Auch diejenigen Staaten, die mit Rücksicht auf ihre mit chinesischen Importen konkurrierenden Sektoren nach stärkerem Protektionismus verlangten, konnten die Agenda kaum beeinflussen, ganz zu schweigen von nichtkommerziellen Interessen. Die Forderung Chinas, als Entwicklungsland behandelt zu werden, wies die EU allerdings zurück und verlangte ihrerseits einen gleichberechtigten Zugang zum chinesischen Markt und den effektiven Schutz intellektueller Eigentumsrechte. Auch die europäische Industrie forderte massiv eine schärfere Gangart der europäischen Unterhändler. Die gemeinsame Position führte in den Jahren 1997/1998 zu einer neuen Konzessionsbereitschaft von Seiten Chinas. Im November 1999 schlossen die USA ihre Vereinbarung mit China ab, die viele der europäischen Interessen schon abdeckte. Jedoch wollten die EU-Unterhändler noch weitergehende Konzessionen, insbesondere im Bereich Dienstleistungen (Banken, Versicherungen, Telekommunikation) sowie niedrigere Zölle in den Bereichen Automobil- und Agrarexporte. China weigerte sich zunächst, auf die zusätzlichen EU-Forderungen einzugehen, sah sich dabei aber einer geeinten Front aus Kommission, Mitgliedstaaten und europäischer Industrie gegenüber (Zimmermann 2007). Letztlich gelang es der Kommission, noch einige zusätzliche Zugeständnisse zu erreichen, aber diese hielten sich in Grenzen. Die Ratifikation der Vereinbarungen, die im Mai 2000 endlich abgeschlossen wurden, verlief dennoch weitgehend problemlos.

Deutlich wurde in den Verhandlungen, wie wir sehen werden, dass die EU mit sehr viel größerer interner Einigkeit agierten als die USA, obwohl es sich bei ihr um einen heterogeneren Staatenverband handelt. Dies lag vor allem daran, dass nichtkommerzielle Interessen keine effektiven Zugänge zur Beeinflussung der Gespräche fanden. Die weitgehende Interessenkongruenz zwischen Prinzipal und Agent, d. h. Ministerrat und Kommission, erschwerte eine erfolgreiche Intervention durch Akteure, die nicht mit der Verhandlungsführung einverstanden waren. Aber auch der Informationsvorsprung der Kommission gegenüber dem Prinzipal, die Unabhängigkeit von politischen Gesichtspunkten im Hinblick auf eine mögliche Wahl und die finanzielle Unabhängigkeit von Interessengruppen geben der Kommission eine relativ hohe Autonomie. Bei manchen Aspekten war diese Einigkeit auch nachteilig, insbesondere bei der Vertretung offensiver Interessen, zum Beispiel in der Endphase der Gespräche. Hier zeigt sich der oben genannte Schelling-Effekt relativ deutlich, wonach die Existenz eines oder mehrerer interner Vetospieler die Möglichkeit erhöht, nach außen Druck auszuüben.

Die Verhandlungen der EU mit China zeigen einige Merkmale, die sich mit einer institutionalistischen Analyse gut erklären lassen. Das enge Wechselspiel von Kommission und Ministerrat ist dabei die zentrale Konstante. Aufgrund der eingespielten und engmaschigen Zusammenarbeit und der relativ nahe beieinanderliegenden Ziele dieser beiden Akteure (Positionierung der EU im asiatischen Raum; Durchsetzung kommerzieller Ziele) war es für von außen kommende Interessen schwer, ihre Anliegen erfolgreich vorzubringen, falls diese nicht mit der Gesamtstrategie der EU in Einklang standen. Die für eine Prinzipal-Agent-Beziehung typischen Phänomene traten auch hier ein: der Agent (die Kommission) erreichte im Verlauf der komplexen Verhandlungen einen erheblichen Informationsvorsprung und konnte sich so eine gewisse Autonomie (agency slack) sichern. Zudem hatten einzelne Mitgliedstaaten nur begrenzt Möglichkeiten, von der Gesamtstrategie abweichende Interessen zu vertreten, da sie in dem Fall eine Abstimmungsniederlage im Rat befürchten mussten.

Mit dem Europäischen Parlament wäre ein möglicher Ansprechpartner für Anliegen vorhanden gewesen, die von der Kommission und vom Rat nicht ausreichend berücksichtigt wurden. Da das EP aber kein Vetospieler war und eine Ratifikation der Verhandlungen nicht blockieren konnte, war sein Einfluss begrenzt. Dadurch konnte die EU allerdings auch nicht allzu effektiv mit dem Paradox der Schwäche operieren, denn allenfalls eine Koalition mehrerer Mitgliedstaaten wäre eine ausreichende Drohkulisse gewesen, um gegenüber China mit ungewollter Nicht-Ratifikation (involuntary defection) zu drohen. Allerdings waren alle Mitgliedstaaten grundsätzlich für eine Einigung mit China.

Ein deutlicher Beleg für die Auswirkungen dieser institutionellen Faktoren ist, dass sich die Dynamik der Entscheidungsfindung durch die Neuerungen des Lissabon-Vertrags deutlich geändert hat. Das EP hat sich zu einem gleichberechtigten Akteur gewandelt und bestimmt jetzt internationale Verhandlungen in allen Phasen entscheidend mit. Damit sind auch nichtkommerzielle Themen, wie Menschenrechtsfragen oder Beschäftigungsstandards, ein sehr viel wichtigerer Bestandteil der EU-Außenhandelspolitik, als sie dies zu Zeiten der Verhandlungen um den chinesischen WTO-Beitritt waren (für neuere Überblicke über die EU-Außenhandelspolitik vgl. Gstöhl und De Bièvre 2017; Lütz et al. 2021).

3.4.3 Amerikanische Außenhandelspolitik und die Verhandlungen um die Aufnahme Chinas in die WTO

In diesem Unterkapitel soll zunächst geklärt werden, wie die Vereinigten Staaten ihre internationale Handelspolitik durchführen, d. h. welche institutionellen Charakteristika ihr Verhalten im Zwei-Ebenen-Spiel internationaler Handelsgespräche bestimmen. Danach werden wir uns den aktuellen Verlauf der bilateralen Verhandlungen mit China über die Aufnahme in die WTO ansehen. Anschließend werden wir das Verhalten der USA und den Erfolg ihrer Verhandlungsstrategie auf der Basis der erarbeiteten institutionellen Charakteristika erklären.

Die amerikanische Außenhandelspolitik ist, wie die amerikanische Politik überhaupt, von dem in der Verfassung angelegten Dualismus zwischen dem Präsidenten und dem Kongress geprägt. Zwischen diesen beiden Institutionen gibt es ein ständiges Ringen um Kompetenzen und Einfluss. Im Laufe der Zeit ist die verfassungsmäßige Kompetenz des Kongresses für Handelspolitik zunehmend auf die Exekutive übergegangen, wobei extensive Kontrollrechte der Abgeordneten jedoch weiterhin garantiert sind – ein klassisches Prinzipal-Agent-Verhältnis. Die amerikanische Außenhandelspolitik, so beschrieb es ein amerikanischer Beobachter, sei

„the resultant of a sometimes subtle or tacit, sometimes forceful and conflictual, always interactive process between two branches or institutions, the Executive and Congress". (Pastor 1980, S. 53)

Die Unabhängigkeit der beiden Gewalten voneinander führt auch zu typischen Effekten des amerikanischen politischen Systems wie die geringe Parteidisziplin und ein Verhalten der Abgeordneten, das sehr stark auf die Interessen des jeweiligen Wahlkreises ausgerichtet ist. Dementsprechend haben Lobbyist*innen aus diesen Wahlkreisen oder mit hohem Potenzial zur Gewährleistung von Wahlkampffinanzierung sehr gute Zugangsmöglichkeiten zu Abgeordneten. Diese Binnenorientierung der amerikanischen Abgeordneten führt auch zu relativ hoher Skepsis gegenüber internationalen Institutionen, wie der WTO, und zu internationalen Vereinbarungen generell.

Diejenige Instanz, die im Auftrag des Präsidenten die tatsächlichen Handelsgespräche mit dem internationalen Gegenüber führt, ist in den USA die oder der Handelsbeauftragte (United States Trade Representative, USTR). USTR haben den Kongress umfassend und in allen Phasen der Verhandlungen über deren Fortgang zu informieren. So ist schon vor Aufnahme eventueller Verhandlungen die Zustimmung der Volksvertreter notwendig. Zudem hat der Kongress das Recht, Vertreter*innen in die Verhandlungsdelegationen zu entsenden. Industrievertreter sind in allen Phasen der Gespräche eng eingebunden und haben damit sehr viel geringere Zugangshürden als die Industrie in der EU.

Angesichts der Vielzahl unterschiedlicher Interessen und der effektiven Möglichkeiten des Kongresses, diese zur Geltung zu bringen, gestaltet sich die Ratifikation erzielter Abkommen sehr schwierig. In den 1970er-Jahren wurde die sogenannte Fast-Track-Prozedur (*fast track authority*) eingeführt, wonach ein Abkommen vom Kongress nur als Ganzes verabschiedet oder abgelehnt werden kann. Dies limitiert die Gefahr von Zusatzforderungen, welche das auf internationaler Ebene vereinbarte Ergebnis wieder zu Fall bringen können. Die Fast Track Authority wird allerdings nur zeitlich begrenzt vom Kongress autorisiert. Ihre Verlängerung ist häufig umstritten und verzögert sich dementsprechend, manchmal um Jahre. Letztlich besitzt der Kongress also in allen drei Phasen eines Verhandlungsprozesses Vetomöglichkeiten (O'Halloran 1994, vgl. Abb. 3.2). Die Handlungsfreiheit des oder der USTR ist damit eng begrenzt. Dies schränkt die Flexibilität in der amerikanischen Verhandlungsführung ein, erlaubt aber auch sehr glaubwürdig die Drohung mit involuntary defection.

Aufgrund der für Verhandlungen zentralen institutionellen Achse von Exekutive und Legislative wird auch die Parteienkonkurrenz in den USA zu einem bedeutenden institutionellen Faktor, denn davon hängt wesentlich ab, ob und in welchem Ausmaß der Kongress zum Vetospieler wird. Im Zeitraum der China-WTO-Verhandlungen waren die Demokraten dem Prinzip des Freihandels gegenüber sehr skeptisch eingestellt und darauf bedacht, Anliegen wie Menschenrechte und soziale Rechte in Handelsabkommen aufzunehmen. Die Republikaner waren damals noch die Partei des Big Business, wenn sich auch erste protektionistische Strömungen schon andeuteten, die dann bei der Wahl Donald Trumps zum Durchbruch gelangen sollten (Johnson 2018). Die relativ knappen Mehrheitsverhältnisse führen dazu, dass amerikanische Unterhändler oft um die Stimmen einzelner Abgeordneter kämpfen müssen. Dies führt häufig zu einer übersteigerten Bedeutung bestimmter Partikularinteressen, während allgemeinere Zielsetzungen, die nicht von bestimmten Abgeordneten gepusht werden, häufig wenig Beachtung finden (Zimmermann 2007, S. 108–109). Insofern ist das Verhandlungsergebnis häufig nicht optimal im Sinne einer amerikanischen Gesamtstrategie. Im Folgenden werden wir diese aus einer institutionellen Analyse abgeleiteten Annahmen für die Verhandlungen mit China überprüfen.

Nach dem Amtsantritt der Regierung von Donald Trump schienen die Handelsbeziehungen zwischen den USA und China immer wieder zu eskalieren. Allerdings waren sie auch früher schon kaum jemals ohne Friktionen gewesen. Während des Kalten Kriegs war der Warenaustausch nur minimal, und beide Seiten hielten aufgrund der ideologischen Gegnerschaft scharfe Restriktionen gegenüber

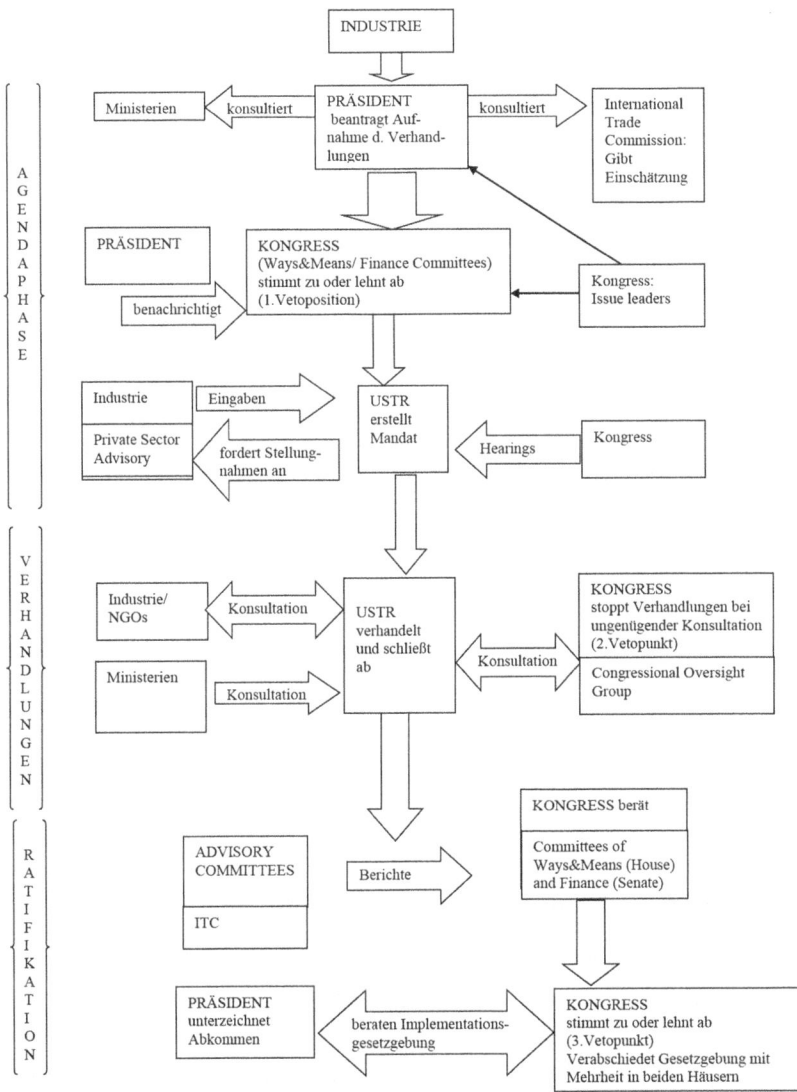

Abb. 3.2 Institutionelle Mechanismen amerikanischer Verhandlungen in der Außenhandelspolitik. (Quelle: Eigene Darstellung, verkürzt aus Zimmermann (2007, S. 106–107))

Importen und Exporten der jeweiligen anderen Seite aufrecht. Erst 1972 im Zuge
der Regierung von Präsident Nixon öffneten sich die USA ein wenig. China konnte
nun jeweils für ein Jahr den Meistbegünstigungsstatus erwerben, falls der Kongress zustimmte. Dies hing vor allem von der Menschenrechtssituation ab. Bis
1989 war die Zustimmung des Kongresses daher auch relativ problemlos. Das
gegenseitige Handelsvolumen verzeichnete einen langsamen, aber stetigen Anstieg
(Lampton 2001). Der chinesische Antrag auf Aufnahme in das GATT wurde von
den USA vorbehaltlos begrüßt. Bald gab es aber erste Friktionen in den ein Jahr
später beginnenden Verhandlungen. Die Volksrepublik wollte als Entwicklungsland behandelt werden und damit Vorzugskonditionen für den Zugang zum amerikanischen Markt eingeräumt bekommen. Insbesondere die amerikanischen Land-
wirte wehrten sich gegen dieses Zugeständnis (Panitchpakdi und Clifford 2002,
S. 78). Im Juni 1989 kam es dann in China zur blutigen Niederschlagung von
Demonstrationen gegen die Regierung. Damit wurde das Thema der Menschenrechtssituation in China zu einem zentralen Faktor, denn mit dem Kongress gab es
einen ausschlaggebenden institutionellen Akteur, der diese Thematik immer wieder forcierte. Die USA verhängten Sanktionen und die Aufnahmegespräche wurden ausgesetzt. Der Fokus im Kongress richtete sich jetzt auf die jährliche Verlängerung des Meistbegünstigungsstatus für China (Zimmermann 2004). Die Regierung von George H. W. Bush, gedrängt von wirtschaftlichen Interessenverbänden,
sprach sich für die Verlängerung aus mit dem Argument, dass zunehmender Handel
auch eine innenpolitische Liberalisierung mit sich bringen würde (Suettinger
2003). Sie versuchte, Kongressabgeordnete mit spezifischen Interessen im Bereich
der geistigen Eigentumsrechte, Landwirtschaft oder des Textilhandels auf ihre
Seite zu bringen. Dies genügte, um sich gegen die starke Gruppe derjenigen Abgeordneten in Senat und Repräsentantenhaus durchzusetzen, die sowohl eine
Menschenrechtsagenda als auch den Schutz spezifischer Sektoren im produzieren-
den Gewerbe in den USA priorisierten.

Der Wahlsieg des demokratischen Kandidaten Bill Clinton im November 1992
hatte allerdings das Potenzial, diese Situation zu ändern. Clinton hatte sich im
Wahlkampf für eine stärkere Beachtung von Menschenrechten ausgesprochen.
Eine direkte Verknüpfung von Handelspolitik mit Wohlverhalten in Sachen
Menschenrechten war in der Regierung zwar stark umstritten. Dennoch erließ
Clinton im Mai 1993 die Executive Order 12.850, nach der China in Fragen wie
Meinungsfreiheit, Unterdrückung in Tibet oder religiöse Freiheit Fortschritte vor-
weisen musste, um weiterhin den Meistbegünstigungsstatus zu erhalten (Clinton
1993). Amerikanische Unternehmen, durchaus auch mit aktiver Unterstützung
der chinesischen Regierung, protestierten energisch gegen diese Verknüpfung
(Ho-fung 2020). Als Folge dieses Drucks und der Erkenntnis, dass europäische und

japanische Firmen auf dem chinesischen Markt schnell expandierten, wandelten sich die Kräfteverhältnisse innerhalb der Exekutive. Das Außenministerium, welches für eine harte Linie gegenüber China eintrat, verlor an Einfluss gegenüber den mit wirtschaftlichen Fragen befassten Ministerien. Im Mai 1994 beendete die Clinton-Regierung die Verknüpfung von Menschenrechten und wirtschaftlichem Engagement (Lampton 2001, S. 136–139). Zu stark war der Druck der Industrie, und zudem gab es in der Regierung selbst große Zweifel, ob eine konfrontative Politik gegenüber China auf Dauer sinnvoll wäre, auch wenn der Präsident damit einen Konflikt mit der eigenen Partei riskierte. Zugleich kündigte Clinton an, dass die Verhandlungen über Chinas Aufnahme in die WTO wieder verstärkt vorangetrieben würden und dass die Regierung wieder beim Kongress einen Antrag auf Verlängerung der Meistbegünstigung für China stellen würde.

Schnell wurde deutlich, dass die Clinton-Regierung für diesen Kurs durchaus keine sichere Mehrheit im Kongress haben würde. Stattdessen brachten Abgeordnete der demokratischen Partei einen Gesetzentwurf ein, der Sanktionen gegen staatliche chinesische Betriebe vorsah. Der Antrag wurde knapp abgeschmettert. Dies bedeutete das Ende der direkten Verknüpfung von Menschenrechten und Handel in der offiziellen Regierungspolitik. Allerdings war ganz deutlich geworden, dass im amerikanischen Kongress nichtkommerzielle Aspekte eine wichtige Rolle spielten. Dies galt nicht nur für Menschenrechtsaktivist*innen, sondern auch für konservative Vertreter*innen eines harten Kurses gegenüber einem kommunistischen Land oder religiös inspirierte Gegner der chinesischen Unterdrückung religiöser Minderheiten. Die oft sehr knappen Mehrheitsverhältnisse und die begrenzte Parteidisziplin versahen jede Abstimmung über China mit einem hohen Grad an Unsicherheit. Darauf musste die Regierung bis zum Ende der WTO-Verhandlungen Rücksicht nehmen.

Dazu kamen sektorale Interessen, die über den Kongress oder durch direkten Druck auf die Regierung versuchten, die Verhandlungen zu beeinflussen. Amerikanische Gewerkschaftsvertreter warnten vor einer Schwemme chinesischer Billigimporte – nicht zu Unrecht, wie sich bald zeigen sollte. Wenig wettbewerbsfähige Industrien, wie die Textilindustrie, verlangten umfangreiche Schutzmaßnahmen und Sonderregeln, die es erlaubten, auch nach WTO-Beitritt Chinas den amerikanischen Markt zu schützen. Die traditionell gut vernetzte Agrarindustrie hingegen drängte darauf, den abgeschotteten chinesischen Markt möglichst weitgehend zu öffnen. Die Forderung Chinas, den Status als Entwicklungsland zugestanden zu bekommen, der es der chinesischen Regierung erlaubt hätte, trotz WTO-Beitritt weiterhin bestimmte Industriezweige zu schützen, lehnten der Großteil der amerikanischen Wirtschaft und auch die US-Regierung strikt ab. Auf keinen Fall wollten die amerikanischen Kongressabgeordneten sich das Druckmittel der jährlichen

Verlängerung der Meistbegünstigung aus der Hand nehmen lassen und verlangten einen entsprechenden Mechanismus auch nach WTO-Beitritt beizubehalten (Zimmermann 2007, S. 123). Zugleich forderte der Kongress, umfassend in jeder Phase der Verhandlungen informiert zu werden.

Die amerikanischen Handelsbeauftragten setzten diese Forderungen in den Verhandlungen unmittelbar um. So verkündete die Handelsbeauftragte Charlene Barshefsky im März 1997, dass es keine Zustimmung der USA zu einem Abkommen geben werde, falls Getreide aus dem Mittleren Westen und Zitrusfrüchte aus Florida nicht von den chinesischen Restriktionen ausgenommen würden.[3] Es ist kein Zufall, dass diese Staaten bei den amerikanischen Präsidentschaftswahlen häufig die entscheidenden Swing States sind. Beim jährlichen Tauziehen um die Verlängerung des Meistbegünstigungsstatus zeigten sich die prekären Mehrheitsverhältnisse im Kongress immer wieder von neuem. Nur massiver Druck der amerikanischen Industrie verhinderte ein Umschwenken vieler republikanischer Abgeordneter in dieser Frage gegen die ungeliebte Clinton-Regierung. Der Verhandlungsspielraum der amerikanischen Unterhändler blieb weiterhin sehr begrenzt. Mit diesem sehr engen win-set auf subsystemischer Ebene konnten die USA natürlich auch glaubwürdig auf internationaler Ebene mit Nichtratifikation drohen (Paradox der Schwäche).

Die Konsequenz der harten amerikanischen Haltung war, dass die Verhandlungen nur in minimalen Schritten vorangingen, da auch China auf seinen Positionen beharrte. Erst die wirtschaftliche Asienkrise von 1997/1998 führte dazu, dass China kompromissbereiter wurde. Landwirtschaftliche Restriktionen sollten fallengelassen werden, die Möglichkeit für Mehrheitsinvestitionen ausländischer Unternehmen in Telekommunikationsunternehmen gewährleistet werden, amerikanische Banken und Versicherungsunternehmen sollten besseren Zugang erhalten, etc. Während die amerikanische Großindustrie in dieser Situation eine Chance sah, die Verhandlungen unter Dach und Fach zu bringen, warnten die Vertreter defensiver Interessen, wie die Textilindustrie, Gewerkschaften und Menschenrechtsgruppen, vor einem verfrühten Abschluss. Präsident Clinton, unter Druck wegen der Lewinsky-Affäre und im Bewusstsein, dass sein Vizepräsident Al Gore die Stimmen von Arbeitnehmer*innen im bevorstehenden Wahlkampf benötigen würde, war das Risiko zu hoch:

„when President Clinton needed 34 votes in the U.S. Senate to survive a possible removal vote in early 1999, he did not risk antagonizing Democratic party liberals in the Senate by pushing ahead with generous terms of entry into the WTO for Beijing". (Lampton 2001, S. 282)

---

[3] Inside US Trade (21.3.1997, S. 11).

Die amerikanische Wirtschaft protestierte heftig gegen diese Verzögerung, und China zog einige der angebotenen Konzessionen zurück. Im Gefolge der versehentlichen Bombardierung der chinesischen Botschaft in Belgrad durch NATO-Flugzeuge im April 1999 bemühte sich Clinton, die Beziehungen wieder zu verbessern und drängte auf einen schnellen Abschluss.

Am 15.11.1999 schließlich wurde eine Vereinbarung erreicht, bei der die USA im Vergleich zu dem früheren Angebot einige Abstriche akzeptieren mussten. Immerhin konnten sie ihre landwirtschaftlichen Forderungen durchsetzen sowie das Recht, China für weitere 15 Jahre als Nicht-Marktwirtschaft zu behandeln und damit Antidumping-Maßnahmen zu ermöglichen. Insgesamt zeigte sich, dass die Notwendigkeit, Unterstützerkoalitionen im Kongress zu schmieden, das amerikanische Verhalten stark bestimmte. Es gab daher kein umfassendes, kohärentes Vorgehen, sondern eine sehr stark von ad-hoc Koalitionen und aktuellen Entwicklungen geprägte Verhandlungsstrategie.

Als sogenanntes *executive agreement* musste die Vereinbarung vom Kongress nicht ratifiziert werden. Allerdings war für den Beitritt Chinas nach WTO-Regeln die dauerhafte Gewährung des Meistbegünstigungsstatus notwendig. China bestand auch darauf, da es sonst der WTO nicht beitreten würde. Für den permanenten Status war eine Zustimmung beider Häuser des Kongresses notwendig. Die Regierung Clinton mobilisierte die Industrie sowie das außenpolitische Establishment, um bei den Abgeordneten für ein zustimmendes Votum zu werben. Unternehmensverbände starteten eine massive Lobbying-Kampagne. Unverhohlen drohten sie mit dem Entzug von Wahlkampfspenden für diejenigen Abgeordneten, die gegen die Meistbegünstigung stimmten (Zimmermann 2007, S. 132). Dagegen kämpften Unternehmen, die von chinesischen Importen bedroht waren sowie Gewerkschaften und Menschenrechtsorganisationen. Viele Abgeordnete befanden sich in einer Zwickmühle und verlangten von der Exekutive Kompensationsmaßnahmen für jene Teile ihrer Klientel, die gegebenenfalls von einem chinesischen WTO-Beitritt Nachteile zu erwarten hatten. So gab es in der Gesetzgebung für die Gewährung der permanenten Meistbegünstigung Zusatzklauseln zu Arbeitnehmerrechten, die Einrichtung einer Menschenrechtskommission sowie eine Vielzahl von Einzelmaßnahmen, die auf spezifische Abgeordnete abzielten. Im Mai bzw. September 2000 stimmten Repräsentantenhaus bzw. Senat dem Gesetzesvorschlag zu, wobei insbesondere viele demokratische Abgeordnete weiterhin dagegen waren.

Die Darstellung der chinesisch-amerikanischen Verhandlungen hat gezeigt, dass viele der Merkmale amerikanischen Verhandlungsverhaltens, die eine Zwei-Ebenen-Analyse erwarten ließ, auch tatsächlich auftraten. So hat die Vetomacht des Kongresses in allen drei Phasen der Verhandlungen dazu geführt, dass amerikanische Unterhändler einen relativ begrenzten Verhandlungsspielraum hatten und

oft sehr stark von politischen Konjunkturen abhängig waren. Eine konsistente Verhandlungsführung war damit schwierig, ebenso die Durchsetzung einer in sich
stimmigen, an übergeordneten Zielen orientierten Verhandlungsstrategie. Allerdings konnte sie mit der Drohkulisse einer Ablehnung von Seiten der Kongressabgeordneten sehr effektiv bei bestimmten Themen das eigene win-set verkleinern,
und so China unter Druck setzen. Daraus erklären sich einige spezifische Bestimmungen, die insbesondere den Vetospieler Kongress zufrieden stellen sollten.
Die sehr enge Überwachung des Prinzipals war ein durchgehendes Charakteristikum der Verhandlungen.

3.4.4   Vergleich der Verhandlungsführung der EU und der USA

Die Verhandlungen der EU mit China standen in einer engen Wechselbeziehung zu
den parallelen Verhandlungen der USA. Für die amerikanische wie auch für die
europäische Verhandlungsposition war es wichtig zu berücksichtigen, wie weit-
reichend die jeweilige Einigung mit China war. Ein beträchtlicher Teil der Forderungen der EU und der USA war deckungsgleich und musste daher nur von einer
Seite erfolgreich ausgehandelt werden. Beide Parteien waren auch ungefähr
vergleichbar in Bezug auf ihr wirtschaftliches Potenzial, auf ihre grundlegende
(Freihandels-)Philosophie und die Präsenz lautstarker protektionistischer Gruppierungen. Auf beiden Seiten gab es ein ausgeprägtes Prinzipal-Agent-Verhältnis bei
der Gestaltung von Verhandlungen in der internationalen Handelspolitik. Dennoch
gab es deutliche Unterschiede im Verhandlungsverhalten, die systematisch in institutionellen Charakteristika der jeweiligen Entscheidungsfindung angelegt waren.

Insgesamt zeigte sich bei den USA ein sehr viel stärkerer Einfluss von Partikularinteressen, der vor allem eine Folge der institutionell verankerten Rolle des Kongresses ist. Überraschend mag hier sein, dass Menschenrechte in der amerikanischen Verhandlungsführung eine stärkere Rolle spielten als bei der EU, trotz deren
eigener Selbstzuschreibung als normative Macht (Zimmermann 2008). Dies hing
aber auch wesentlich mit dem Fehlen des Europäischen Parlaments im Entscheidungsprozess zusammen. Ebenfalls überraschend war die stärkere geostrategische
Ausrichtung der EU, die der weitgehenden Übereinstimmung zwischen Kommission und Mitgliedstaaten in diesem Bereich und der jeweiligen institutionell garan-
tierten Abschirmung gegen Kritik geschuldet war. Der nicht unerhebliche Nachteil
dabei ist aber, dass eine sehr exekutiv-lastige Handelspolitik demokratisch als nicht
genügend legitimiert erscheint.

Die zunehmende Kritik an der EU-Handelspolitik nach der Jahrtausendwende
belegt dies. Seitdem lässt sich in der EU jedoch durch eine stärkere Rolle des

Europäischen Parlaments und teilweise auch der nationalen Parlamente eine Politisierung der Handelspolitik feststellen, die zwar die Aufgabe der Kommission, eine geeinte Haltung nach außen zu vertreten, erschwert, aber ihre demokratische Legitimität dafür entsprechend erhöht hat (De Bièvre et al. 2020).

Insgesamt zeigten sich in den WTO-Verhandlungen ganz deutlich die Stärken und Schwächen der jeweiligen Verhandlungsstrategie, die, wie dargestellt, wesentlich von der jeweiligen institutionellen Struktur geprägt war. Beide Seiten konnten ihr zentrales Ziel, die Einbindung Chinas in das Regelwerk der globalen Handelspolitik, erreichen. Die Zunahme des chinesischen Außenhandels war entsprechend (vgl. Tab. 3.4).

Allerdings wirkte sich dieser Aufstieg in den USA und der EU nicht nur positiv aus. Neuere Forschungen haben gezeigt, dass die Gewinne und Verluste, die aus dem Vormarsch Chinas resultierten, sehr ungleich verteilt waren. So gewannen in den USA Regionen mit starkem Dienstleistungssektor Jobs dazu, während in Gegenden, in denen die traditionelle verarbeitende Industrie stark konzentriert war, starke Arbeitsplatzverluste zu beklagen waren (Bloom et al. 2019). Es ist kein Zufall, dass gerade in diesen Bundesstaaten die Wähler*innen der anti-globalistischen Botschaft Donald Trumps gegenüber besonders aufgeschlossen waren. Auch in Europa haben viele, insbesondere südeuropäische Staaten, schwer unter der chinesischen Konkurrenz gelitten. Durch die Einführung des Euro sind Abwertungen, um die Wettbewerbsfähigkeit wiederherzustellen, nicht mehr möglich (Nölke 2016).

Tab. 3.4 Chinas Anteil am Welthandel. (1990–2016)

Jahr	Anteil (in %)	Jahr	Anteil (in %)
1990	2,0	2003	6,0
1991	2,2	2004	6,7
1992	2,5	2005	7,5
1993	2,7	2006	8,2
1994	3,1	2007	8,9
1995	3,1	2008	9,1
1996	2,9	2009	9,8
1997	3,4	2010	10,7
1998	3,5	2011	10,7
1999	3,5	2012	11,4
2000	4,0	2013	12,0
2001	4,4	2014	12,6
2002	5,2	2015	14,1
		2016	13,4

Quelle: Congressional Research Service (2019)

3.5   Schlussfolgerungen

In diesem Kapitel haben wir, vermittelt über jeweils ein Fallbeispiel aus den Gegen-
standsbereichen Sicherheit und Wirtschaft, grundsätzliche Charakteristika internationaler Verhandlungen als institutionelles Arrangement zur Lösung von Koordinationsproblemen in der internationalen Politik kennengelernt. Mit Hilfe von
Konzepten aus der rationalistischen Verhandlungstheorie (Sicherheit) und der
liberal-institutionalistischen Verhandlungstheorie (Wirtschaft) wurden zentrale
Dynamiken zur Beendigung des Bürgerkriegs in Libyen und zum WTO-Beitritt
Chinas aufgezeigt. Deutlich wurde die Diskrepanz der Erfolgsaussichten zwischen
den in kaum vorhandene Strukturen eingebetteten Gesprächen zum Thema Libyen
und den sehr stark verregelten Verhandlungen über den WTO-Beitritt Chinas.
Deren Ablauf war von vornherein durch die vorgegebenen Prozeduren der WTO
wesentlich vorbestimmt, und auch das Verhandlungsverhalten der USA und der
EU war durch die jeweiligen Strukturen der Entscheidungsfindung im Außenhandel wesentlich geprägt, wie wir gesehen haben. Aufgrund dessen traten mögliche
Dilemmasituationen nur in entschärfter Form auf, und die Interaktionen waren
regelmäßig. Der Umstand, dass die bei den bilateralen Gesprächen im Prozess
eines WTO-Beitritts erzielten Protokolle auf WTO-Ebene zu einem Gesamt-
protokoll zusammengefügt werden, limitiert auch die Versuche, rein unilaterale
Konzessionen von China anzustreben.

Diese konfliktdämmende Einbettung in institutionelle Pfade fehlt im Fall der
Libyen-Verhandlungen fast komplett. Zwar versucht die UNO, einen Rahmen für
Gespräche zu bieten, hat aber nicht genug Glaubwürdigkeit und Mittel, um die
konfliktfördernden Interessenkalkulationen der Konfliktparteien zu ändern.

Diese lassen sich mit spieltheoretischen Dilemmasituationen und Konzepten
der rationalistischen Verhandlungstheorie gut erklären. Hingegen wäre eine Anwendung des Zwei-Ebenen-Spiels, der Prinzipal-Agent-Theorie oder des Veto-
spieleransatzes auf diese Fallstudie kaum möglich, da schon der empirische Nach-
vollzug der internen Entscheidungsstrukturen bei vielen der beteiligten Akteure
kaum möglich ist. Der methodologische Individualismus, auf dem die rationalistische Verhandlungstheorie beruht und die damit einhergehende Annahme eines ein-
heitlichen Akteurs kann bei der Erklärung von Konfliktkonstellationen, wie der
hier analysierten Fallstudie, ein geeignetes Mittel sein, um die Permanenz oder
Lösungswege eines Konflikts zu erklären. Wie sich die Präferenzen der jeweiligen
Akteure jedoch bilden, lässt sich sehr viel besser mit einer liberal-institutionalistischen Perspektive zeigen. Die Akteure reagieren hier auf institutionelle Anreize,
und ihre zusammengefassten Positionen bilden so win-sets, deren Konstellation
Hinweise auf die Erfolgschancen und die Ergebnisse der Verhandlungen gibt.

Was beide der in diesem Kapitel vorgestellten Ansätze zur Erklärung von Verhandlungen ignorieren, sind die kognitiven Dimensionen der Prozesse, die ins Spiel kommen, wenn die Annahme rationaler Entscheidungen mit oder ohne institutionelle Pfadabhängigkeiten aufgegeben wird. Dann richtet sich der Blick auf Ideen und Identitäten, die das Verhandlungsverhalten der Akteure bestimmen und beispielsweise aus der politischen Kultur und Geschichte der Handelnden herrühren (Müller 2004). So könnte zum Beispiel das Verhalten der Türkei in Libyen als Konsequenz einer neo-ottomanischen Politik der herrschenden Eliten in der Türkei gesehen werden, die Konstruktionen einer glorreichen türkischen Vergangenheit im Mittelmeerraum als handlungsleitende Vorstellungen verwenden (Wastnidge 2019). Auch religiöse Überzeugungen oder bestimmte Geschlechterkonstruktionen, wie Männlichkeitsideale, würden bei der Erklärung der Verhandlungen eine größere Rolle einnehmen. Die Verhandlungsführung der EU und der USA könnte als Ausdruck eines neoliberalen Freihandelsparadigmas interpretiert werden, welches bestimmte wirtschaftliche Interessen systematisch privilegiert. Mit ihrem spezifischen Fokus auf die ideellen Wurzeln scheinbar rationaler Interessen können konstruktivistische Ansätze häufig überzeugende alternative Erklärungen zu rationalistischen Theorien anbieten.

Übungsfragen

1. Welche Lösungen bestehen aus Sicht rationalistischer Verhandlungstheorien für die Bearbeitung komplexer Konflikte?
2. Wie erklärt der liberale Institutionalismus Spielräume der Verhandlungsführer in internationalen Verhandlungen zu Freihandelsabkommen?
3. Wie kann sich das „Paradox der Schwäche" auf internationale Verhandlungen auswirken?

Literatur

Alharathy, Safa, 2020: Putin Calls on Egypt, UAE to Push Haftar Towards Political Solution. The Libya Observer, 12.01.2020. URL: https://www.libyaobserver.ly/inbrief/putin-calls-egypt-uae-push-haftar-towards-political-solution. Zuletzt abgerufen am: 24.03.2020.

Assad, Abdulkader, 2020: UN Envoy to Libya Briefs Security Council on Violations of Ceasefire. The Libya Observer, 30.01.2020. URL: https://www.libyaobserver.ly/news/un-envoy-libya-briefs-security-council-violations-ceasefire. Zuletzt abgerufen am: 25.03.2020.

Atilgan, Canan/Engelkes, Simon, 2020: Libyen-Konferenz: Ein Erfolg der deutschen Diplomatie. Länderbericht: Regionalprogramm Politischer Dialog Südliches Mittelmeer. Tunis: Konrad-Adenauer-Stiftung.

Asseburg, Muriel/Lacher, Wolfram/Transfeld, Mareike, 2018: Mission Impossible? UN Mediation in Libya, Syria and Yemen. SWP Research Paper 2018/RP 08.

Bercovitch, Jacob/Anagnoson, J. Theodore/Wille, Donelle L., 1991: Some Conceptual Issues and Empirical Trends in the Study of Successful Mediation in International Relations, in: Journal of Peace Research 28 (1), 7–17.

Bloom, Nichiolas/Handely, Kyle/Kurman, Andre/Luck, Phillip, 2019: The Impact of Chinese Trade on U.S. Employment: The Good, The Bad, and The Debatable, NBER Working Paper, July. URL: https://nbloom.people.stanford.edu/sites/g/files/sbiybj4746/f/bhkl_posted_draft.pdf. Zuletzt abgerufen am: 02.12.2020.

Clinton, William J., 1993: Statement on China Most Favored Nation Status for China. 28 May 1993. URL: https://china.usc.edu/statement-president-clinton-most-favored-nation-status-china-1993. Zuletzt abgerufen am: 02.12.2020.

Conceição-Heldt, Eugénia da, 2013: Do Agents "Run Amok"? A Comparison of Agency Slack in the EU and US Trade Policy in the Doha Round, in: Journal of Comparative Policy Analysis: Research and Practice 15 (1), 21–36.

Congressional Research Service, 2019: China's Economic Rise: History, Trends, Challenges, and Implications for the United States. URL: https://fas.org/sgp/crs/row/RL33534.pdf. Zuletzt abgerufen am 07.07.2022.

Coskun, Orhan/Escritt, Thomas, 2020: Too Early to Say Libya Ceasefire has Collapsed: Turkish Defence Minister. Reuters, 15.02.2020. URL: https://www.reuters.com/article/us-libya-security-turkey/too-early-to-say-libya-ceasefire-has-collapsed-turkish-defense-minister-idUSKBN1ZE13Z. Zuletzt abgerufen am: 24.03.2020.

De Bièvre, Dirk/Costa, Oriol/Garcia-Duran, Patricia/Eliasson, Leif J., 2020: Politicization of EU Trade Policy across Time and Space, in: Politics & Governance 8 (1), 239–242.

De Bièvre, Dirk/Dür, Andreas, 2005: Constituency interests and delegation in European and American trade policy, in: Comparative Political Studies 38 (10), 1271–1296.

Deutsche Welle, 2020: Russlands getarnter Stellvertreterkrieg in Libyen, 28.05.2020. URL: https://www.dw.com/de/russlands-getarnter-stellvertreterkrieg-in-libyen/a-53592047. Zuletzt abgerufen am: 02.12.2020.

Fisher, Roger/Ury, William/Patton, Bruce, 2011: Getting to Yes: Negotiating Agreements Without Giving In. 3. Auflage. New York, NY: Penguin.

Fortna, Virginia P., 2004: Peace Time: Cease-Fire Agreements and the Durability of Peace Princeton, NJ: Princeton University Press.

Gstöhl, Sieglinde/de Bièvre, Dirk, 2017: The Trade Policy of the European Union. London: Red Globe Press.

Gazzini, Claudia, 2020: What Prospects for a Ceasefire in Libya, 18.01.2020. URL: https://www.crisisgroup.org/middle-east-north-africa/north-africa/libya/what-prospects-ceasefire-libya. Zuletzt abgerufen am: 02.12.2020.

Hawkins, Darren G./Lake, David A./Nielson, Daniel L./Tierney, Michael J. (Hrsg.), 2006: Delegation and agency in international organizations. New York, NY: Cambridge University Press.

Herz, John H., 1950: Idealist Internationalism and the Security Dilemma, in: World Politics 2 (2), 171–201.

Ho-fung Hung, 2020: The periphery in the making of globalization: the China Lobby and the Reversal of Clinton's China Trade Policy, 1993–1994, in: Review of International Political cal Economy 28 (4), 1004–1027.

Iklé, Charles F., 1964: How Nations Negotiate. New York, NY: Harper & Row.

Jankowski, Richard, 1990: Punishment in Iterated Chicken and Prisoner's Dilemma Games, in: Rationality and Society 2 (4), 449–470.

Jervis, Robert,1976: Perception and Misperception in International Politics. Princeton, NJ: Princeton University Press.

Johnson, C. Donald, 2018: The Wealth of a Nation. A History of Trade Politics in the United States. Oxford: Oxford University Press.

Kaim, Markus/Schulz, René, 2020: Die EU wird das VN-Waffenembargo in Libyen nicht durchsetzen können. SWP-Aktuell (10). Berlin: Stiftung Wissenschaft und Politik.

Kaufman, Stuart J., 1996: An International Theory of Inter-Ethnic War, in: Review of International Studies 22 (2), 149–172.

Lacher, Wolfram, 2020: Libya's Fragmentation. Structure and Process in Violent Conflict. London: I.B. Tauris.

Lampton, David M., 2001: Same Bed, Different Dreams: Managing U.S.-China Relations, 1989–2000. Berkeley, CA: University of California Press.

Leblond, Patrick/Viju-Miljusevic, Crina, 2019: EU trade policy in the twenty-first century: change, continuity and challenges, in: Journal of European Public Policy 26 (12), 1836–1846.

Lütz, Susanne/Leeg, Tobias/Otto, Daniel/Woyames-Dreher, Vincent, 2021: Trade, in: Lütz, Susanne/Leeg, Tobias/Otto, Daniel/Woyames-Dreher, Vincent, The European Union as a Global Actor. Trade, Finance and Climate Policy. Springer Texts in Political Science and International Relations. Wiesbaden: Springer VS, 23–89.

Megerisi, Tarek, 2019: Libya's Global Civil War, ECFR Policy Paper. URL: https://www.ecfr.eu/page/-/libyas_global_civil_war1.pdf. Zuletzt abgerufen am: 02.12.2020.

Möller, Kay, 2002: Diplomatic Relations and Mutual Strategic Perceptions: China and the EU, in: China Quarterly 169, 10–32.

Müller, Harald, 2004: Arguing, Bargaining and All That: Communicative Action, Rationalist Theory and the Logic of Appropriateness in International Relations, in: European Journal of International Relations 10 (3), 395–435.

Nölke, Andreas, 2016: Economic Causes of the Eurozone Crisis: The Analytical Contribution of Comparative Capitalism. in: Socio-Economic Review 14 (1), 141–161.

O'Halloran, Sharyn, 1994: Politics, Process, and American Trade Policy. Ann Arbor, MI: Michigan University Press.

Odell, John S., 2010: Three islands of knowledge about negotiation in international organizations, in: Journal of European Public Policy 17 (5), 619–632.

Odell, John S./Tingley, Dustin, 2013: Negotiating Agreements in International Relations, in: Mansbridge, Jane/Martin, Cathie J. (Hrsg.): Negotiating Agreement in Politics. Washington DC: American Political Science Association, 144–182.

Panitchpakdi, Supachai/Clifford, Mark L., 2002: China and the WTO. Changing China, Changing World Trade. Singapur: John Wiley & Sons.

Pastor, Robert A., 1980: Congress and the Politics of US Foreign Economic Policy, 1929–1976. Berkeley, CA: University of California Press.

Pfetsch, Frank R., 2006: Verhandeln in Konflikten. Grundlagen-Theorie-Praxis. Wiesbaden: Springer VS.

Posen, Barry R., 1993: The Security Dilemma and Ethnic Conflict, in: Michael E. Brown (Hrsg.): Ethnic Conflict and International Security. Princeton, NJ: Princeton University Press.

Putnam, R. D., 1988: Diplomacy and Domestic Politics: The Logic of Two-Level Games. International Organization, 42(3), 427–460.

Ramani, Samuel, 2020: Commentary: Russia's Strategy in Libya, 07.04.2020. URL: https:// rusi.org/commentary/russias-strategy-libya. Zuletzt abgerufen am: 02.12.2020.

Roe, Paul, 1999: The Intrastate Security Dilemma: Ethnic Conflict as a 'Tragedy'?, in: Journal of Peace Research 36 (2), 183–202.

Rüb, Matthias, 2020: Gründlich blamiert. Italien und der Libyen-Konflikt. FAZ, 09.01.2020. URL: https://www.faz.net/aktuell/politik/ausland/libyen-konflikt-wie-sich-italien-als-vermittler-blamiert-hat-16572807.html. Zuletzt abgerufen am: 02.12.2020.

Schelling, Thomas C., 1960: The Strategy of Conflict. Cambridge, MA: Harvard University Press.

Starkey, Brigid/Boyer, Mark A./Wilkenfeld, Jonathan, 2016: International Negotiation in a Complex World. 4. Auflage. Lanham: Rowman & Littlefield.

Stedman, Stephen J., 1997: Spoiler Problems in Peace Processes, in: International Security 22 (2), 5–53.

Suettinger, Robert L., 2003: Beyond Tiananmen: The Politics of US-China Relations 1989–2000. Washington, D.C.: Brookings Institution Press.

Touval, Saadia, 1982: The Peace Brokers: Mediators in the Arab–Israeli Conflict 1948–1979. Princeton, NJ: Princeton University Press.

Tsebelis, George, 2002: Veto Players: How Political Institutions Work. Princeton, NJ: Princeton University Press.

UNSC, 2011: Resolution 1970 (2011) vom 26. Februar 2011. URL: https://www.un.org/depts/german/sr/sr_10-11/sr1970.pdf. Zuletzt abgerufen am: 20.03.2020.

Walter, Barbara F., 2002: Committing to Peace: The Successful Settlement of Civil Wars. Princeton, NJ: Princeton University Press.

Wastnidge, Edward, 2019: Imperial Grandeur and Selective Memory: Re-assessing Neo-Ottomanism in Turkish Foreign and Domestic Politics, in: Middle East Critique 28 (1), 7–28.

Zartman, I. William, 1989: Ripe for Resolution: Conflict and Intervention in Africa. New York, NY: Oxford University Press.

Zartman, I. William, 2000: Ripeness: The hurting stalemate and beyond. in: Stern, Paul C./Druckman, Daniel (Hrsg.): International Conflict Resolution After the Cold War. Washington, D.C.: National Academy Press, 225–250.

Zimmermann, Hubert, 2004: Governance by Negotiation: The EU, the United States and China's Integration into the World Trade System, in: Schirm, Stefan (Hrsg.): New Rules for Global Markets. Public and Private Governance in the World Economy. London: Palgrave, 67–86.

Zimmermann, Hubert, 2007: Drachenzähmung. Die EU und die USA im Prozess der Integration Chinas in das Welthandelssystem. Baden-Baden: Nomos.

Zimmermann, Hubert, 2008: How the EU Negotiates Trade and Democracy: The Cases of China's Accession to the WTO and the Doha Round, in: European Foreign Affairs Review 13 (2), 255–80.

Zimmermann, Hubert, 2019: Brexit and the External Trade Policy of the EU, in: European Review of International Studies 6 (1), 27–46.

Zimmermann, Hubert/Elsinger, Milena, 2019: Grundlagen der Internationalen Beziehungen. Eine Einführung. Stuttgart: Kohlhammer.

Zürn, Michael, 2019: Politicization compared: at national, European, and global levels, in: Journal of European Public Policy 26 (7), 977–995

Hubert Zimmermann ist Professor für Internationale Politik am Institut für Politikwissenschaft der Philipps-Universität Marburg. Er promovierte am Europäischen Hochschulinstitut, Florenz, und lehrte in Bochum, Düsseldorf sowie an der Cornell University (USA). Seine Forschungsschwerpunkte sind die internationale Wirtschafts- und Sicherheitspolitik der EU, die globale Finanzpolitik, sowie die deutsche und amerikanische Außen- und Sicherheitspolitik. Zu seinen Veröffentlichungen zählen „Money and Security" (Cambridge UP 2002), „Drachenzähmung. Die EU und die USA im Prozess der Integration Chinas in das Welthandelssystem" (Nomos 2007), „Key Controversies in European Integration" (3. Aufl., Palgrave 2020), und „Militärische Missionen" (Hamburger Edition 2023) sowie zahlreiche Artikel in Fachzeitschriften und Sammelbänden.

Internationale Regime und Rüstungskontrolle

4

Andreas Hasenclever und Maike Messerschmidt

Zusammenfassung

Das Kapitel untersucht internationale Regime am Beispiel der Ottawa-Konvention (1997) und des Waffenhandelsvertrags (2013) zur Rüstungskontrolle. Es analysiert deren Entstehung und Wirksamkeit aus rationalistisch-institutionalistischer und kritischer Genderperspektive. NGOs spielten eine Schlüsselrolle, um die humanitären Aspekte auf die Agenda zu setzen, während Staaten strategisch agierten. Die Analyse bescheinigt humanitären Rüstungs-kontrollregimen positive Effekte, zeigt jedoch auch, dass diese patriarchale Machtstrukturen und hegemoniale Muster reproduzieren.

Schlüsselwörter

Internationale Regime · Rüstungskontrolle · Rationalistischer
Institutionalismus · Feminismus · NGOs

A. Hasenclever (✉)
Eberhard Karls Universität Tübingen, Tübingen, Deutschland
E-Mail: andreas.hasenclever@uni-tuebingen.de

M. Messerschmidt
Universität der Bundeswehr München, Neubiberg, Deutschland
E-Mail: maike.messerschmidt@unibw.de

4.1   Einleitung

Internationale Regime sind die Arbeitspferde der internationalen Kooperation. Es gibt sie überall in der Weltpolitik, von der Arktispolitik (Young 2012), über die Entwicklungspolitik (de Mello e Souza 2021), die Flüchtlingspolitik (Betts und Milner 2019), die Menschenrechtspolitik (Schmitz und Sikkink 2013), die Umweltpolitik (Suechting und Pettenger 2022) bis hin zur Welthandels- und Zollpolitik (Aggarwal und Reddie 2021), um nur einige der Politikfelder zu nennen, in denen sich Regierungen auf gemeinsame Prinzipien, Normen, Regeln und Verfahren zur Stabilisierung ihrer Zusammenarbeit geeinigt haben. Dabei hat die Verbreitung internationaler Regime seit Ende der 1970er-Jahre stark zugenommen. Nicht zuletzt deshalb sind normative Interferenzen zwischen internationalen Regimen zu einem ernsten Problem geworden. Dies wird in der Forschung unter dem Begriff der „Regime Complexity" untersucht (Alter und Raustiala 2018; Faude und Gehring 2017) (vgl. auch Kap. 5 in diesem Band).

Gleichzeitig scheint sich die Zunahme internationaler Regime seit 2010 abzuschwächen, oder wie Robert Keohane (2020, S. 11) schreibt: „No longer does the arc of history seem to bend toward constitutional democracy, increased globalization, and multilateralism." Vielmehr werde die internationale Zusammenarbeit durch globale Machtverschiebungen, geopolitische Konflikte, die ungleiche Verteilung von Wohlfahrtsgewinnen und das weltweite das Erstarken populistischer Bewegungen gefährdet. Es spricht also einiges dafür, sich mit dem Phänomen internationaler Regime und den Gründen für ihre Entstehung, Wirksamkeit und Wandel auseinander zu setzen. Dies wollen wir in unserem Beitrag am Beispiel von zwei Rüstungskontrollregimen – der Ottawa-Konvention zur Vermeidung von Landminen aus dem Jahr 1997 und dem Waffenhandelsvertrag von 2013 – tun.

Rüstungskontrollregime sind aus politikwissenschaftlicher Perspektive besonders interessant. Zunächst ist es unmittelbar einsichtig, dass die Vermeidung von Rüstungswettläufen und das Verbot gefährlicher Waffen für alle Staaten von Vorteil ist. Sie können erhebliche Kosten sparen und gleichzeitig ihre nationale Sicherheit optimieren. Entsprechend groß ist der Bedarf an bi- und multilateraler Rüstungskontrolle. Gleichzeitig birgt die sicherheitspolitische Zusammenarbeit signifikante Risiken. Es gibt keine Weltpolizei, die die Einhaltung von Vereinbarungen zuverlässig überwachen würde. Deshalb müssen Regierungen damit rechnen, dass ihre Kooperationsbereitschaft ausgebeutet wird, was gerade im Bereich der Rüstungskontrolle fatale Folgen haben kann. Das Politikfeld gilt deshalb bei allem Kooperationsbedarf als schwer verregelbar (Jervis 1982; Lipson 1984). Folglich kann die Analyse von Rüstungskontrollregimen wie in einem Brennglas die Kooperationshindernisse sichtbar machen, vor denen Staaten stehen, wenn sie in einer anarchischen Umwelt zusammenarbeiten wollen. Gleichzeitig dokumentieren Rüstungskontrollregime, dass Staaten immer wieder in der Lage sind, diese Kooperationshindernisse zu überwinden. Wenn wir also rekonstruieren, unter welchen Bedingungen internationale Rüstungskontrollregime entstehen und wirken, dann haben wir einen wichtigen Schlüssel zur Analyse von Kooperationsdynamiken auch in anderen Politikfeldern gefunden.

Darüber hinaus ist eine Auseinandersetzung mit Rüstungskontrollregimen auch aus theoretischer Perspektive lohnend. Denn unterschiedliche Ansätze kommen mit Blick auf ihre Einrichtung und Leistungsfähigkeit zu unterschiedlichen Erwartungen. Während Realist*innen Rüstungskontrollregime für weitgehend wirkungslos und deshalb uninteressant halten, meinen rationalistische Institutionalist*innen, dass Rüstungskontrolle so organisiert werden kann, dass alle beteiligten Staaten von ihr profitieren. Konstruktivist*innen gehen noch einen Schritt weiter. Sie sind überzeugt, dass neben gemeinsamen Interessen auch gemeinsame Werte bei der Einrichtung und Aufrechterhaltung von Rüstungskontrollregimen eine Rolle spielen und dass diese Regime die Tendenz haben, die Identitäten der beteiligten Akteure zu verändern. Auf lange Sicht könnten Sicherheitsgemeinschaften entstehen, in denen sich Staaten so stark miteinander identifizieren, dass der Einsatz militärischer Gewalt undenkbar wird. Dadurch rücken vollkommen neue Formen der Zusammenarbeit in den Bereich des Möglichen, die das westfälische Staatensystem nachhaltig transformieren würden. Kritische Perspektiven schließlich gehen davon aus, dass Rüstungskontrollregime etablierte Macht- und Genderbeziehungen stabilisieren. Ihnen könne zwar in vielen Fällen ein gewisses Problemlösungspotenzial bei der Bearbeitung akuter Sicherheitsrisiken nicht abgesprochen werden. Durch die Art und Weise, wie sie diese Risiken angehen, würden sie aber die eigentlichen Problemursachen wie politische Diskriminierung, ökonomische Ausbeutung und Geschlechterungerechtigkeiten reproduzieren und nicht transformieren.

In unserem Beitrag konzentrieren wir uns bei der Analyse der Ottawa-Konvention und dem Waffenhandelsvertrag auf den rationalistischen Institutionalismus und kritische Genderperspektiven. Zum einen werden wir diskutieren, ob sich die Entstehung und Wirksamkeit der beiden Regime hinreichend im Rahmen einer rationalistischen Ontologie erklären lässt, die von nutzenmaximierenden Staaten als den zentralen Akteuren in der internationalen Politik ausgeht. Dabei werden wir ein besonderes Augenmerk darauf legen, dass es sich jeweils um sogenannte humanitäre Rüstungskontrollregime handelt – also um Regelwerke, die weniger auf die Maximierung von staatlicher Sicherheit und mehr auf die Erhöhung menschlicher Sicherheit in innenpolitischen Konflikten zielen. Deshalb stellt sich die Frage, ob sich die Ottawa-Konvention und der Waffenhandelsvertrag nicht besser mit einem sozialkonstruktivistischen als mit einem rationalistischen Ansatz erfassen lassen. Zum anderen wollen wir untersuchen, ob sich mit der humanitären Rüstungskontrolle möglicherweise eine Transformation des internationalen Systems ankündigt. Um diese Frage zu klären, werden wir auf kritische Ansätze und hier vor allem auf die Gender Studies zurückgreifen. Denn wenn die humanitäre Rüstungskontrolle mehr ist als die Reproduktion der westfälischen Ordnung mit ihrer patriarchalen Grundstruktur, dann sollten diese Perspektiven das anzeigen können.

Im nächsten Abschnitt werden wir die Grundlagen für unsere Analysen legen. Wir werden das Regimekonzept einführen, das Politikfeld Rüstungskontrolle näher charakterisieren, den Begriff der humanitären Rüstungskontrolle ausbuchstabieren und die Ottawa-Konvention und den Waffenhandelsvertrag vorstellen. Im dritten Abschnitt werden wir beide Regime aus der Perspektive des rationalistischen Institutionalismus analysieren. Hierzu werden wir diesen Ansatz zunächst skizzieren und dann auf unsere Fälle anwenden. Es wird sich zeigen, dass NGOs mit ihren Skandalisierungskampagnen entscheidend dazu beigetragen haben, dass die verheerenden Folgen von Landminen und Waffenhandel auf die internationale Agenda kamen. Ohne diesen Impuls aus der Gesellschaftswelt hätte es beide Regime wahrscheinlich nicht gegeben. Danach übernahm aber die Staatenwelt. Sie folgte weitgehend einer strategischen Logik und hat beide Regime nachhaltig geprägt. Im vierten Abschnitt analysieren wir unsere beiden Fälle aus einer kritischen Genderperspektive. Hier wird das Hauptaugenmerk auf der Frage liegen, inwiefern die Ottawa-Konvention und der Waffenhandelsvertrag hegemoniale Deutungsmuster reproduzieren und welche Auswirkungen sie auf patriarchale Beziehungen auf gesellschaftlicher und internationaler Ebene hatten. Im Schluss ziehen wir ein Fazit aus den beiden Perspektiven und stellen dar, dass humanitäre Rüstungskontrollregime durchaus positive Effekte gezeigt haben. Allerdings fällt es schwer, sie als Anzeichen eines Systemwandels zu interpretieren. Vielmehr spricht viel dafür, dass sie durch bestehende Strukturen reproduziert worden sind.

4.2 Internationale Regime im Politikfeld Rüstungskontrolle

4.2.1 Definition von internationalen Regimen

Internationale Regime sind soziale Institutionen zur dauerhaften Koordination staatlicher Zusammenarbeit in einzelnen Politikfeldern (Hasenclever et al. 1997, S. 9). Sie beruhen meistens auf bi- oder multilateralen Verträgen, und sie bestehen aus Prinzipien, Normen, Regeln und Verfahren, die unter anarchischen Bedingungen für Erwartungsstabilität sorgen können (Krasner 1982, S. 186). Hierzu definie-

ren Prinzipien gemeinsame Werte und Ziele wie Sicherheit, Umweltschutz, Wohlfahrt oder auch Solidarität, die Staaten durch ihre Zusammenarbeit verwirklichen
wollen. Normen fordern die Regimemitglieder auf, geeignete Strategien für die
Zielerreichung zu entwickeln. Dies geschieht in der Form von wechselseitig akzeptierten Rechten und Pflichten. Regeln übersetzen die Rechte und Pflichten in konkrete Handlungsanweisungen. Zum einen leiten sie die Identifikation einschlägiger
Situationen an. Zum anderen schreiben sie vor, was genau von den Mitgliedsstaaten in solchen Situationen erwartet wird, um den anerkannten Prinzipien und
Normen gerecht zu werden. Schließlich organisieren Regime Verfahren zur Überwachung der Regeleinhaltung, zur Bearbeitung von Auslegungskonflikten und zur
Anpassung von Regimen an veränderte Umweltbedingungen. Sobald im Rahmen
solcher Verfahren neben Regeln auch Normen und Prinzipien modifiziert werden,
spricht Stephen Krasner (1982, S. 187) von Regimewandel, der über eine bloße
Regimeanpassung hinausgeht.

Ein typisches Beispiel für ein internationales Regime ist die United Nations
Framework Convention on Climate Change (UNFCCC). Die Konvention erklärt
den Klimaschutz zur Menschheitsaufgabe. Sie soll bewältigt werden, indem Staaten ihre Treibhausgasemissionen stark reduzieren. Allerdings sollte dies auf faire
Art und Weise geschehen. Deshalb wird von den Industriestaaten des Globalen
Nordens erwartet, dass sie beim Klimaschutz mehr leisten als Staaten aus dem Globalen Süden. Zur Feinabstimmung ihrer Maßnahmen, der Festlegung konkreter
Reduktionsziele und der Weiterentwicklung der Konvention treffen sich die Mitgliedstaaten regelmäßig auf sogenannten Conferences of the Parties (COP). Als
2009 nach dem Scheitern der COP-15 in Kopenhagen sichtbar wurde, dass die
UNFCCC in ihrer bisherigen Form den Klimaschutz nicht hinreichend voranbrin-
gen kann, leiteten die Mitgliedstaaten einen Regimewandel ein. Er kam 2015 auf
der COP-21 in Paris zu einem (vorläufigen) Abschluss (Kuyper et al. 2018). Ab
jetzt gelten zwei Grad als Obergrenze für eine umwelt- und sozialverträgliche
Klimaerwärmung. Referenzgröße ist die vorindustrielle Zeit. Darüber hinaus
wurde vereinbart, dass neben den Klimaschutz („protection") die Klimaanpassung
(„mitigation") als Regimeziel treten soll. Zur Unterstützung solcher Klima-
anpassungsmaßnahmen soll vor allem für ärmere Länder ein Fonds aufgelegt werden. Schließlich wurde die Fairnessnorm neu gefasst. Fortan sollen sich alle Staaten nach Maßgabe ihrer Möglichkeiten an der Reduktion von Treibhausgasemissionen beteiligen. Hierzu sollen sie nationale Programme in Form von
„Nationally Determined Contributions" vorlegen. Deren Einhaltung und Fortschreibung soll von den COPs überwacht werden. Inwiefern diese Maßnahmen
ausreichen oder wesentlich weitergehende Programme notwendig sind, wird
sich zeigen.

Die Dichte internationaler Regime hat seit dem Ende des Zweiten Weltkriegs stark zugenommen, und sie zählen mittlerweile neben Organisationen zu den Grundelementen internationaler Ordnung – oder wie es auch heißt: der Global Governance (Schimmelfennig 2021, S. 85–113). Dabei unterscheiden sich Regime dadurch von Organisationen, dass sie keine autonome Handlungsfähigkeit besitzen. Oder anders formuliert: Ihnen fehlt Akteursqualität. Sie haben weder Belegschaft noch Adresse, Budget oder eigene Kompetenzen. Vielmehr beschränken sie sich darauf, das Verhalten der Mitgliedsstaaten mit Hilfe ihrer normativen Apparate in geordnete Bahnen zu lenken. Darüber hinaus haben Regime immer einen klaren Politikfeldbezug. Sie verregeln die staatliche Zusammenarbeit beispielsweise im Bereich des Handels (GATT – General Agreement on Trade and Tariffs), der nuklearen Rüstung (NPT – Non-Proliferation Treaty) oder des internationalen Walfangs (ICRW – International Convention for the Regulation of Whaling). Demgegenüber können sich die Aktivitäten internationaler Organisationen auf mehrere Politikfelder erstrecken, wie das bei den Vereinten Nationen, der EU oder auch der ASEAN der Fall ist. Allerdings sind die Grenzen zwischen Regimen und Organisationen oftmals fließend, Regime können mit kleineren Sekretariaten ausgestattet werden oder sind eng mit internationalen Organisationen verknüpft. So ist der Dispute Settlement Body der WTO in Streitfällen für die Auslegung des GATT zuständig, die International Atomic Energy Agency (IAEA) hat die Überwachung der Regeleinhaltung des NPT übernommen, und die International Whaling Commission (IWC) sorgt für die Weiterentwicklung der ICRW.

4.2.2 Politikfeld Rüstungskontrolle

Internationale Rüstungskontrolle hat die Vermeidung von Rüstungswettläufen und Kriegen zum Ziel, und sollte dies nicht gelingen, die Minimierung ihrer Intensität (Erickson 2018, S. 400; Schelling und Halperin 1961, S. 1). Zu diesem Zweck versuchen Staaten, die Beschaffung, die Verbreitung und den Einsatz von Waffen im gemeinsamen Interesse zu koordinieren. Dabei ist Rüstungskontrolle nicht gleichbedeutend mit Abrüstung. Waffen sollen nicht einfach abgeschafft werden, auch wenn das höchst wünschenswert wäre. Vielmehr sollen potenzielle Feinde ihre Rüstungsanstrengungen so aufeinander abstimmen, dass die Kriegsgefahr sinkt; und sollte ein bewaffneter Konflikt nicht vermieden werden können, dann sollte wenigstens der Einsatz besonders gefährlicher Waffen unterbleiben. Entsprechend ist Stabilität und nicht Abrüstung das Hauptziel der internationalen Rüstungskontrolle. Nicht zuletzt deshalb wird der Rüstungskontrolle immer wieder vorgeworfen, dass sie status quo-freundlich sei und ein internationales Unrechtssystem reproduziere. Demgegenüber weisen Harald Müller und Elvira Rosert (2011) darauf hin, dass Stabilität in der Sicherheitspolitik die Voraussetzung von Abrüstung und weiterführenden internationalen Reformen ist. Staaten würden nur dann freiwillig auf Waffen verzichten, wenn sie nicht fürchten müssen, sich dadurch eine gefährliche Blöße zu geben. Der russische Angriff auf die Ukraine im Februar 2022 hat die Berechtigung dieser Sorgen noch einmal deutlich unterstrichen. Immerhin hat die Ukraine mit dem Budapester Abkommen 1994 im Vertrauen auf russische Sicherheitsgarantien einseitig auf Atomwaffen verzichtet.

Nach Artikel 51 der Charta der Vereinten Nationen haben Staaten das Recht, sich und andere bei einem bewaffneten Angriff zu verteidigen. Dieses Recht schließt ein, dass sie sich bewaffnen dürfen (Casey-Maslen et al. 2016, S. 8; Lustgarten 2015, S. 570). Denn eine angemessene Bewaffnung ist notwendig, damit Streitkräfte ihren Verteidigungsauftrag erfüllen können. Wie wir im Folgenden sehen werden, ist Rüstung aber kein neutrales Instrument zur Realisierung eines legitimen sicherheitspolitischen Ziels. Vielmehr stellt die Rüstungspolitik ein in sich hochkomplexes und problematisches Politikfeld dar, für das sich eine *militärische*, eine *ökonomische* und eine *moralische Dimension* unterscheiden lassen.

Auf *militärischer* Ebene ist bekannt, dass Rüstung wegen des sogenannten Sicherheitsdilemmas eine gefährliche Eigendynamik entfalten kann (Herz 1950; Schörnig 2017). Es besagt, dass einseitige Rüstungsanstrengungen, selbst wenn sie rein defensiv gemeint sein sollten, von anderen Staaten als Bedrohung wahrgenommen werden können, auf die sie mit eigenen Anstrengungen reagieren. Im Ergebnis kommt es oft zu Rüstungswettläufen, in die alle Beteiligten erhebliche Ressourcen investieren, ohne substanzielle Sicherheitsgewinne erzielt zu können. Vielmehr stabilisieren sich im besten Fall die alten Unsicherheiten auf einem höheren Niveau. Im schlimmsten Fall kommt es zu bewaffneten Konflikten. Das ist vor allem dann der Fall, wenn ein Staat fürchten muss, den Rüstungswettlauf zu verlieren und meint, sich wehren zu müssen, solange er das noch kann. Entsprechend ineffizient erscheinen die meisten Rüstungsbemühungen aus einer übergeordneten Perspektive und entsprechend sinnvoll wären Rüstungskontrollmaßnahmen gewesen – zumindest im Rückblick (Fearon 1995).

Wie schwer es Staaten aber fällt, dem Sicherheitsdilemma durch Rüstungskontrolle zu entkommen, zeigen die globalen Rüstungsausgaben (vgl. Abb. 4.1). Nach Angaben des Stockholmer Friedensforschungsinstituts SIPRI (2024) haben sie 2022 mit 2240 Mrd. US-Dollar einen neuen Höhepunkt erreicht. Auf die USA entfielen dabei 39 % der bekannten Rüstungsausgaben, auf China 13 %, auf Russland und Indien 4 %, auf Großbritannien 3 % sowie auf Deutschland und Frankreich gut 2 %. Die deutlichsten Steigerungen bei den Großmächten zwischen 2012 und 2022 weisen die Militärausgaben von China (+ 76 %), Indien (+ 47 %) und Russland auf

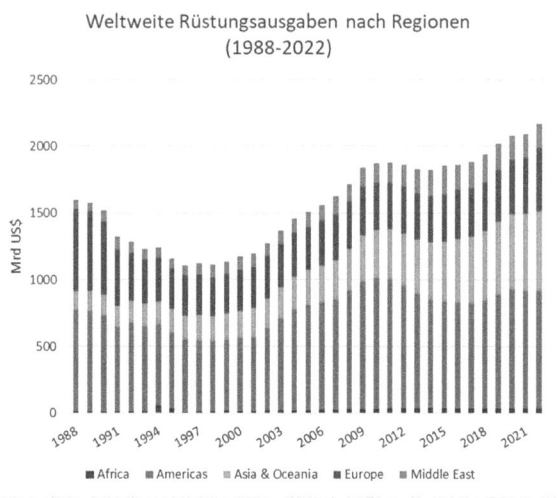

Abb. 4.1 Weltweite Rüstungsausgaben (1988–2022). (Quelle: Eigene Darstellung auf Grundlage der SIPRI Military Expenditure Database (2024))

(+ 21 %), wobei die russischen Rüstungsausgaben nach dem Angriff auf die Ukraine 2022 noch einmal deutlich gewachsen sein dürften. Die Militärausgaben der 12 westeuropäischen NATO-Staaten lagen 2022 zusammen bei 280 Mrd. US-Dollar mit einer Steigerungsrate zwischen 2012 und 2022 von 14 %.[1]

Aus *ökonomischer* Sicht stellt die nationale Sicherheit ein kollektives Gut dar, das als Voraussetzung für Investitionen und Wachstum gilt. Vor allem Großmächte streben deshalb nicht nur nach starken Streitkräften, sondern auch nach leistungsfähigen Rüstungsindustrien, um ihre nationale Sicherheit zu garantieren. Allerdings gehen Entwicklung und Produktion moderner Waffen(-systeme) mit hohen Kosten einher. Bei notorisch knappen Kassen führt dies zwangsläufig zu innergesellschaftlichen Verteilungskonflikten, die durch Rüstungsexporte abgemildert werden können. Dabei müssen Exportnationen darauf achten, dass durch den Verkauf von Rüstungsgütern mittel- und langfristig nicht mehr Kosten als Einnahmen entstehen (Grillot 2009, S. 357; Thrall et al. 2020, S. 107–108). Zu denken wäre beispielsweise an das Schüren politischer Spannungen und die Destabilisierung von Abnehmerregionen, den Verkauf von Waffen an potenzielle Feinde oder ihre unerlaubte Weitergabe an Dritte. Gleichzeitig kann auf einem offenen Weltmarkt jeder Verzicht auf eigene Waffenlieferungen durch fremde Exporteure unterlaufen

---

[1] Hierzu zählen Belgien, Dänemark, Deutschland, Frankreich, Italien, Luxemburg, Niederlande, Norwegen, Portugal, Schweden, Spanien und das Vereinigte Königreich.

werden, was Einnahmeverluste ohne korrespondierende Stabilitätsgewinne bedeuten würde (Erickson 2015, S. 61; Thrall et al. 2020, S. 107). Allgemein verbindliche Richtlinien für die Waffenausfuhr, die festlegen, wann wer welche Waffen an welche Staaten liefern darf, wären deshalb im gemeinsamen Interesse aller Exportstaaten. Aber wegen der Dilemmastruktur im Politikfeld und den damit verbundenen Anreizen, fremde Kooperationsbereitschaft auszubeuten, ist ihre Entwicklung alles andere als trivial.

Als nach dem Ende des Kalten Krieges die weltweiten Militärausgaben zurückgingen, nahm die Konkurrenz auf dem internationalen Rüstungsmarkt zu (Erickson 2015, S. 46; Yanik 2006, S. 357). Vor allem Großmächte wollten ihre nationalen Rüstungsindustrien nicht aufgeben. Gleichzeitig nahmen sie selbst deutlich geringere Stückzahlen ab, sodass viele Unternehmen nicht mehr kostendeckend produzieren konnten. Unter diesen Bedingungen erschienen Exporterlöse oft als Ausweg, was allerdings zu Unterbietungswettbewerben und Preisverfall ohne Rücksicht auf die verheerenden Folgen eines Überangebots an tödlichen Waffen führte (Levine und Smith 1997, S. 347). Mit dem Anstieg der globalen Rüstungsausgaben seit 2000 nahm zwar der Konkurrenzdruck etwas ab, aber das Verkaufsvolumen von Waffenexporten weiter zu. Das Geschäft begann sich wieder zu lohnen. Auch wenn die genaue Erfassung und Bezifferung von Rüstungsexporten notorisch schwierig ist, zeigen die Verkaufszahlen der 100 größten Rüstungsunternehmen, die vom Stockholmer Friedensforschungsinstitut SIPRI zusammengetragen worden sind, dass 2002 von kommerziellen Firmen Waffen im Wert von inflationsbereinigt 313 Mrd. US-Dollar ins Ausland verkauft worden sind. Nach konservativen Schätzungen hat sich diese Zahl 2022 mit 597 Mrd. US-Dollar fast verdoppelt (vgl. Abb. 4.2). Ein ähnlicher Trend ist bei staatlichen Rüstungsexporten zu beobachten, der von SIPRI in der Maßeinheit TIV (Trend Indicator Values) erfasst und abgebildet wird. Insgesamt wird sichtbar, dass das Politikfeld Rüstung auch auf ökonomischer Ebene wegen der starken Konkurrenz um Marktanteile, des Anreizes zur Externalisierung von Entwicklungs- und Produktionskosten und der beachtlichen Gewinnspannen für kommerzielle Unternehmen schwer zu verregeln ist.

Schließlich erzeugen Rüstungsanstrengungen und -exporte *moralische Probleme*. Im Letzten dienen sie der Vorbereitung von Kriegen. In Kriegen sterben Menschen in großer Zahl. Noch mehr werden verwundet und traumatisiert. Hiervon sind nicht nur Streitkräfte betroffen, sondern aufgrund moderner Distanzwaffen auch Zivilist*innen, die weit entfernt von den Frontlinien leben. Alle, die Kriege vorbereiten und zu verantworten haben, müssen also wissen was sie tun. Sie brauchen entweder sehr gute Gründe, um sich auf so eine gefährliche Interaktion einzulassen und damit sogar Geld zu verdienen, oder sie handeln bewusst fahrlässig und unmoralisch. Solch ein Handeln kann unter den Bedingungen moderner

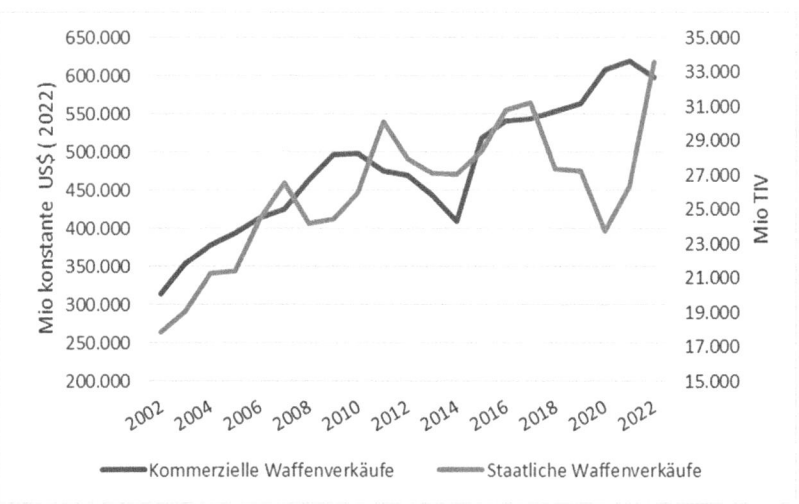

Abb. 4.2 Kommerzielle Waffenverkäufe und staatliche Rüstungsexporte (2002–2022). (Quelle: Eigene Darstellung auf Grundlage der SIPRI Arms Industry Database (2024))

Medien politische Kosten erzeugen. Dies gilt auch, wenn seine Folgen erst weit jenseits der eigenen Grenzen sichtbar werden. Denn es gibt mittlerweile so etwas wie „moralische Interdependenz" (Donnelly 1986). Massives Leid und die systematische Verletzung von Menschenrechten an einem Ort in der Welt erzeugen demnach gesellschaftliche Resonanz und Empörung an anderen Orten. Damit müssen Regierungen rechnen, die Waffen einsetzen oder exportieren (Hasenclever 2001).

Völkerrechtlich sind Kriege zwar seit der Gründung der Vereinten Nationen verboten. Hierauf haben sich die Mitgliedsstaaten im berühmten Artikel 2(4) der Charta geeinigt. Demnach unterlassen sie „in ihren internationalen Beziehungen jede gegen die territoriale Unversehrtheit oder die politische Unabhängigkeit eines Staates gerichtete oder sonst mit den Zielen der Vereinten Nationen unvereinbare Androhung oder Anwendung von Gewalt" (Charta der Vereinten Nationen 1945, Art. 2(4)). Von diesem Verbot gibt es nur zwei Ausnahmen. Im Falle eines Angriffs haben Staaten wie bereits erwähnt ein Recht auf individuelle oder kollektive Selbstverteidigung. Zum anderen kann der Sicherheitsrat nach Artikel 42 den Einsatz militärischer Gewalt zur Sicherung des Weltfriedens und der Wiederherstellung internationaler Sicherheit beschließen. Sollte es trotz des Gewaltverbots gleichwohl zu offenen Feindseligkeiten kommen, was oft genug geschieht, greift das sogenannte humanitäre Völkerrecht. Sein oberstes Ziel ist es, Leid und Zerstörung in Kriegen zu minimieren und Opfer zu schützen. Zentral sind in diesem Zusammenhang die Prinzipien der Menschlichkeit, der militärischen Notwendigkeit, der Verhältnismäßigkeit der militärischen Mittel, der Unterscheidung von Kombattanten und Zivilbevölkerung und der Schutz der Zivilbevölkerung (Hofmann und Malkmus 2021, S. 40). Auf dieser Grundlage ist beispielsweise der Einsatz chemischer und biologischer Kampfstoffe strikt verboten. Wichtig zu erwähnen ist zudem, dass durch die Genfer Abkommen – und hier vor allem durch den gemeinsamen Artikel 3 – humanitäre Mindeststandards auch für nicht-internationale Konflikte gelten. Solange sich Staaten also an rechtliche und moralische Normen halten, sind Rüstung und Rüstungsexporte deutlichen Restriktionen unterworfen. Gleichzeitig kann eine solche Zurückhaltung aber von anderen Akteuren ausgenutzt werden, die weniger moral- oder rechtsempfindlich sind.

In der Praxis der Rüstungskontrolle wirken die politische, ökonomische und moralische Ebene zusammen und erzeugen einen starken Regulierungsbedarf. Es gilt, das Sicherheitsdilemma zu entschärfen, die Risiken von Rüstungsexporten zu reduzieren und einseitige Vorteile durch das Unterlaufen moralischer oder rechtlicher Standards zu minimieren. Auf der anderen Seite bestehen erhebliche Kooperationsprobleme, die darauf hinauslaufen, dass Zurückhaltung ausgenutzt werden kann und die strategische Verwundbarkeit von Staaten erhöht. Nicht zuletzt wegen der besonderen Herausforderungen und existenziellen Risiken gibt es deshalb in der Rüstungskontrolle weniger internationale Regime als in anderen Problemfeldern (Coe und Vayman 2020, S. 342; Goldblat 2002, S. 347–348). Darüber hinaus sind Rüstungskontrollregime gegenwärtig in hohem Maße von Niedergang bedroht, wie beispielsweise die Erfahrungen mit dem Vertrag zu Begrenzung nuklearer Mittelstreckenwaffen, dem Open-Sky-Regime, dem Vertrag der Konferenz über Sicherheit und Zusammenarbeit in Europa (KSZE) oder auch dem Vertrag über die Begrenzung von antiballistischen Raketenabwehrsystemen (ABM) zeigen. Rüstungskontrolle ist also notwendig, es gibt sie aber zu wenig, sie ist umweltabhängig, und sie ist oft nicht robust. Aus praktischer Perspektive ist das ein frustrierender Befund, aus theoretischer Perspektive aber faszinierend. Deshalb werden wir jetzt einen Blick auf die Ottawa-Konvention zum Verbot von Antipersonenminen und den Waffenhandelsvertrag werfen, um dann zu überlegen, welchen Beitrag der rationalistische Institutionalismus und feministische Ansätze zum Verständnis ihrer Entstehung und Wirkung leisten können.

4.3 Regime der humanitären Rüstungskontrolle

In der einschlägigen Literatur werden klassische Rüstungskontrolle und humanitäre Rüstungskontrolle unterschieden (Becker et al. 2008, S. 14–15; Schörnig 2017, S. 963–967). In der klassischen Rüstungskontrolle steht die Sicherheit von Staaten im Vordergrund. Im Kern geht es um souveränitätskompatible Formen der

Zusammenarbeit zur Vermeidung bewaffneter Konflikte oder der Minimierung ihrer Intensität. Innere Angelegenheiten bleiben genauso ausgespart wie die Pflichten von Regierungen gegenüber ihren Bürgerinnen und Bürgern. Vielmehr ist internationale Stabilität das vorrangige Ziel. Das Ergebnis sind beispielsweise der Weltraumvertrag von 1967, der Atomwaffensperrvertrag von 1968 (Non-Proliferation Treaty, NPT), die Biowaffenkonvention aus dem Jahr 1972, eine Reihe regionaler Atomwaffenverbotszonen oder auch der Vertrag zur Reduzierung Konventioneller Streitkräfte in Europa aus der Endphase des Kalten Krieges. Hinzu kommen bilaterale Abkommen wie die zwischen der Sowjetunion und den USA zur Vermeidung eines Atomkriegs und der Begrenzung nuklearer Rüstungswettläufe.

Demgegenüber geht es in der humanitären Rüstungskontrolle vorrangig um menschliche Sicherheit (Garcia 2015, S. 55; Wisotzki 2009, S. 28).[2] Die Opfer militärischer Gewalt sollen geschützt, besonders grausame Waffen verboten und Kriegsschäden minimiert werden. Weil innerstaatliche Gewaltkonflikte mittlerweile die Hauptform bewaffneter Auseinandersetzungen sind, bezieht die humanitäre Rüstungskontrolle sie explizit mit ein. Am besten wäre es natürlich, wenn innerstaatliche Konflikte überhaupt nicht erst eskalieren würden. Auch hierzu kann humanitäre Rüstungskontrolle einen Beitrag leisten, indem sie Verfügbarkeit von Waffen und nicht nur ihren Einsatz reguliert. Wie wir sehen werden, ist dies ein Hauptziel der Ottawa-Konvention und des Waffenhandelsvertrags, die beide zur humanitären Rüstungskontrolle gezählt werden.

Humanitäre Rüstungskontrolle unterscheidet sich nicht nur in ihren Zielsetzungen von der klassischen Rüstungskontrolle, sondern auch in ihrer Entstehung und Aufrechterhaltung (Garcia 2015, S. 56; Stohl 2017, S. 6–7; Wisotzki 2008, S. 190). So spielen Mittelmächte und transnationale Bewegungen wie die International Campaign to Ban Landmines (ICBL), die Cluster Munitions Coalition (CMC) oder auch die Control Arms (CA) eine zentrale Rolle. Darüber hinaus wird in den einschlägigen Verhandlungen oft vom Konsensprinzip abgewichen und nach qualifizierten Mehrheiten entschieden. Dies führt dazu, dass Abkommen nicht mehr dem kleinsten gemeinsamen Nenner folgen, sondern deutliche Fortschritte zum Ziel haben. Schließlich wird in der humanitären Rüstungskontrolle weniger Wert auf Verifikations- und Sanktionssysteme gelegt. Vielmehr werden Vertragsstaatenkonferenzen mit nationalen Berichtspflichten eingerichtet, die vor allem der

---

[2] Wie Ian Davis und seine Kolleg*innen (2017) beobachten, haben auch viele Abkommen der klassischen Rüstungskontrolle eine humanitäre Dimension. So werden Atomwaffen nicht zuletzt deshalb geächtet, weil sie unterschiedslos und in großer Zahl Menschen töten. Aber die humanitäre Dimension stand bei der Aushandlung der einschlägigen multilateralen und bilateralen Verträge nicht im Vordergrund, sondern die Stabilisierung internationaler Beziehungen. Das Ziel war die Kriegsvermeidung und nicht der Schutz der Zivilbevölkerung im Krieg.

Fortentwicklung der Regime dienen und die Staaten bei der Umsetzung ihrer Verpflichtungen unterstützen sollen.

Wegen dieser drei Trends sprechen einige Beobachterinnen und Beobachtern von einem signifikanten Wandel in der internationalen Rüstungskontrolle (Garcia 2015; Wisotzki 2013). Sie werde nicht mehr von Großmächten dominiert, die ihre Interessen so weit wie möglich verwirklichen wollen. Vielmehr bewegen wir uns in Richtung einer internationalen Gesellschaft, in der kleinere Staaten und nichtstaatliche Akteure zunehmend Verhandlungs-, Entscheidungs- und Implementationsprozesse beeinflussen und in denen moralische Argumente an Gewicht gewinnen können, weil sie politisch resonanzfähig werden (Deitelhoff 2009; Dolan und Hunt 1998; Hasenclever und Narr 2018).

Nicht zuletzt wegen dieser hohen Erwartungen an die humanitäre Rüstungskontrolle gewinnt die theoriegeleitete Analyse der Ottawa-Konvention und des Waffenhandelsvertrags eine besondere Bedeutung. Denn zum einen ist zu erwarten, dass staatszentrierte Perspektiven die Entstehung der beiden Regime nicht mehr angemessen abbilden können, wenn sie denn für die Emergenz eines neuen Modus internationaler Politik stehen. Zum anderen sollten kritische Ansätze Anzeichen von substanziellem Wandel sichtbar machen, wenn es ihn denn gibt. Oder anders formuliert: Wenn die humanitäre Rüstungskontrolle in der Tat mehr ist als die Reproduktion der westfälischen Ordnung, dann sollten kritische Perspektiven das zeigen können.

4.3.1 Ottawa-Konvention zum Verbot von Antipersonenminen

Beim *Übereinkommen über das Verbot des Einsatzes, der Lagerung, der Herstellung und der Weitergabe von Antipersonenminen und über deren Vernichtung*, auch Ottawa-Konvention genannt, handelt es sich um einen völkerrechtlichen Vertrag, der im Dezember 1997 in Ottawa von 122 Staaten unterzeichnet wurde. Damit war die Ottawa-Konvention das erste Rüstungskontrollregime, das die Nutzung eines bestimmten konventionellen Waffentypus vollständig verbietet.

Die Nutzung von Landminen kann bis in die Zeit des US-amerikanischen Bürgerkriegs zurückverfolgt werden. Sie war schon damals umstritten, da eine Unterscheidung zwischen zivilen und militärischen Zielen nicht möglich ist. Landminen wie sie heute noch genutzt werden, wurden während des Ersten Weltkriegs zum Schutz gegen Panzer entwickelt. Antipersonenminen (APM) kamen demgegenüber erstmalig im Zweiten Weltkrieg zum Einsatz und finden bis heute in zahlreichen Konflikten Verwendung. APMs sind nicht darauf ausgelegt, die Personen, die auf sie treten, zu töten. Sie sollen verstümmelt werden, da davon ausgegangen wird, dass die Pflege von Verletzten mehr feindliche Ressourcen bindet als getötete

Soldat*innen. Ursprünglich wurden APMs genutzt, um strategisch relevante Gebiete – aber auch Antipanzerminen – zu schützen und gegnerische Truppen am Vormarsch zu hindern. Vor allem in innerstaatlichen Konflikten wurden sie aber vermehrt gegen Zivilist*innen eingesetzt, um Angst und Schrecken zu verbreiten, den Zugang zu Landwirtschaft zu verwehren und die Bewegungsfreiheit der Bevölkerung einzuschränken. Minenfelder wurden nicht mehr markiert und die Platzierung von APMs nicht aufgezeichnet, sodass bereits unmittelbar nach der Verminung kaum noch nachvollziehbar war, wo sie sich befanden. Deshalb ist es nicht überraschend, dass APMs auch nach dem offiziellen Ende bewaffneter Auseinandersetzungen ein großes Problem darstellen. Laut der Internationalen Kampagne für das Verbot von Landminen (International Campaign to Ban Landmines, ICBL) haben im Jahr 2016, also 20 Jahre nach der Unterzeichnung der Ottawa-Konvention, immerhin über 20 Menschen jeden Tag ihr Leben oder Gliedmaßen durch APMs verloren.

Das Thema Landminen erhielt erstmalig in den 1970er-Jahren kritische Aufmerksamkeit, als das Internationale Komitee vom Roten Kreuz (ICRC) APMs als unverhältnismäßig und willkürlich einstufte und sich dafür stark machte, ihren Gebrauch völkerrechtlich zu regulieren. Dies gipfelte in „minimal international legal restrictions" (Rutherford 2000, S. 81) in Form des Landminenprotokolls zum Waffenübereinkommen der Vereinten Nationen von 1980. Dieses Protokoll enthält Regularien bezüglich des Einsatzes von Minen gegen Zivilist*innen und ein Verbot bestimmter Minentypen. Allerdings schränkt es Produktion, Verkauf und Besitz von APMs nicht ein, bezieht sich ausschließlich auf internationale Konflikte, und die Einhaltung der Regeln kann nicht überprüft oder forciert werden. 1992 hatten erst 32 Staaten dem Protokoll zugestimmt, während gleichzeitig unzählige APMs als Hinterlassenschaft des Kalten Krieges täglich Menschenleben und Gliedmaßen kosteten. Diese Diskrepanz zwischen menschlichem Leiden und unzureichender Regulierung brachte das Thema APM nach dem Ende des Kalten Krieges wieder auf das Radar von zahlreichen NGOs und einzelnen Regierungen (Dolan und Hunt 1998, S. 31–32).

Neben dem ICRC spielte die ICBL eine entscheidende Rolle bei der Skandalisierung von APMs. Die ICBL wurde 1992 gegründet und bestand aus der Vietnam Veterans of America Foundation, Human Rights Watch, den Physicians for Human Rights (alle drei aus den USA), Medico International (Deutschland), der Mines Advisory Group (Vereinigtes Königreich) und Handicap International (Frankreich). Bis 1997 hatten sich fast 1000 weitere NGOs aus knapp 50 Ländern der ICBL angeschlossen, die gemeinsam das Ziel verfolgten, Einsatz, Produktion, Lagerung, Verkauf, Transfer und Export von APMs zu verbieten sowie Entminungsbemühungen und Minenopfer zu unterstützen (Short 1999, S. 483–484). Die Strategie der ICBL bestand einerseits darin, möglichst breite Aufmerksamkeit für das

Thema zu erzeugen. Dies geschah durch Publikationen zu den verheerenden Auswirkungen von Landminen, Medienarbeit sowie Monitoring der Produktion und Nutzung von APMs. Zusätzlich betrieben die Mitglieder intensive Lobbyarbeit auf nationaler, regionaler und internationaler Ebene, was zu ersten Erfolgen im nationalen Rahmen führte. In den USA gelang es der Vietnam Veterans of America Foundation, Präsident George Bush von der Notwendigkeit eines Exportverbots von APMs zu überzeugen. Es trat 1992 in Kraft und galt bis Februar 2020. 1994 sprach sich Präsident Bill Clinton bei den Vereinten Nationen (VN) für ein generelles Verbot von Landminen aus. In Frankreich bewegte Handicap International die Regierung dazu, sich bei den VN für eine Konferenz des Waffenübereinkommens zum Thema Landminen einzusetzen (Thakur und Maley 1999, S. 283–284).

Im Oktober 1995 kam es zu einer ersten internationalen Konferenz zum Verbot von Landminen, an der neben 44 Staaten auch die ICBL und andere NGOs beteiligt waren. Sie scheiterte letzten Endes an der umstrittenen Reichweite des neuen Protokolls sowie an technischen Fragen. Vor allem die USA, China und Indien wollten sogenannte „smarte" Minen, die sich nach einiger Zeit selbst zerstören, von den Beschränkungen ausnehmen. Demgegenüber forderten andere Staaten ein vollständiges Verbot von APMs, da sonst eine Zweiklassengesellschaft entstehen würde. Außerdem erklärten immer mehr Staaten unilateral, auf den Export und/oder die Nutzung von Landminen verzichten zu wollen. Obwohl hierdurch die Stimmung kippte und sich eine wachsende Koalition von pro-Verbots-Staaten abzeichnete, wurde die Konferenz auf das Frühjahr 1996 vertagt (Dolan und Hunt 1998, S. 32–33). Beim Folgetreffen in Genf gelang es abermals nicht, sich auf ein vollständiges Verbot von APMs zu einigen. Trotzdem hatte die Konferenz positive Auswirkungen: Erstens wurden Verbreitung und Auswirkungen von Landminen dank der unermüdlichen Aufklärungsarbeit von ICBL, ICRC und anderen NGOs für alle deutlich. Zweitens konnten einzelne Regelungen zu Produktion, Nutzung und Export verschärft werden. Und drittens erhielt das vollständige Verbot von APMs immer mehr Unterstützung (Thakur und Maley 1999, S. 284). Es bildete sich eine Kerngruppe von Staaten, die für solch ein Verbot waren, nämlich Österreich, Belgien, Kanada, Deutschland, Irland, Mexiko, Norwegen, die Philippinen, Südafrika und die Schweiz.

Innerhalb dieser Kerngruppe übernahm Kanada die Aufgabe, ein Forum zu organisieren, in dem ein Verbot von APMs außerhalb der VN-Strukturen zielführend diskutiert werden konnte. An dieser Konferenz durften nur diejenigen Staaten teilnehmen, die von vornherein bereit waren, einem APM-Verbot zuzustimmen. Alle anderen Staaten waren nur als Beobachter zugelassen. Da nicht festgelegt war, in welchem Zeitraum das Verbot beschlossen werden sollte, nahmen auch Staaten an der Konferenz teil, die nicht bereit waren, einem raschen Verbot ohne militärische

Alternativen zuzustimmen, so zum Beispiel die USA. Die Abschlusserklärung der Konferenz beinhaltete die Zusage, dass die teilnehmenden Staaten einer „earliest possible conclusion of a legally binding international agreement to ban anti-personnel landmines" (Declaration of the Ottawa Conference 1996) zustimmen würden. Der kanadischen Delegation ging diese weiche Formulierung allerdings nicht weit genug. Deshalb schlug der kanadische Außenminister Lloyd Axworthy vor, ein endgültiges und vollständiges Verbot von APMs auf einer weiteren internationalen Konferenz im Dezember 1997 in Ottawa zu unterzeichnen. Obwohl der kanadische Außenminister damit enge Verbündete vor den Kopf stieß und mit dem diplomatischen Protokoll brach, war diese Deadline der Startschuss für den Ottawa-Prozess (Chapnick 2003, S. 285–286).

Der Ottawa-Prozess war eine von zwei parallel verlaufenden Verhandlungs-initiativen zum Verbot von APMs. Die zweite Initiative fand in der VN-Konferenz für Abrüstung in Genf statt (Conference on Disarmament, CD). Sie war auf Konsens angelegt und deshalb das Forum der Wahl für die Gegner eines vollständigen Verbots – unter ihnen China, Indien, Russland, Südkorea und Kuba. Auch Staaten, die inklusivere Verhandlung wollten und hofften, die Produzenten von Landminen an Bord zu holen, setzten auf diese Initiative. Allerdings endeten die Genfer Verhandlungen in einer Sackgasse. Dies bedeutete Aufwind für den Ottawa-Prozess, der durch rasche Verhandlungen und Abstimmungen sowie „in your face diplomacy", wie es Jody Williams, Sprecherin der ICBL, ausdrückte, geprägt war (Chapnick 2003, S. 285). Trotz erneuter Versuche der USA und anderer Gegner*innen des APM-Verbots, auf den diversen Konferenzen, die im Verlauf der Ottawa-Initiative 1997 stattfanden, das Verbot aufzuweichen, Ausnahmen zu schaffen oder die Verhandlungen erneut in ein anderes Forum zu verschieben, wurde im Dezember 1997 die Ottawa-Konvention von 122 Staaten unterzeichnet. Dazu hatte einerseits die unermüdliche Kampagnen- und Lobbyarbeit von NGOs beigetragen, die den Prozess kritisch, konstruktiv und sehr öffentlichkeitswirksam begleiteten (vgl. Short 1999). Andererseits machte das moralische Framing des Problems Zugeständnisse unmöglich: „Compromise is not a salient aspect of the Ottawa process; governments either sign onto the ban, or they do not. No reservations, please." (Dolan und Hunt 1998, S. 31).

Die Mitgliedsstaaten bekennen sich zu einem vollständigen APM-Verbot, das auch Aspekte wie Produktion und Transport einschließt (siehe Abb. 4.3). Zusätzlich zählen Entminung und die Unterstützung von Minenopfern zu den Aufgaben, denen sich die unterzeichnenden Staaten verschreiben. Außerdem sind internationale Kooperation, gegenseitige Unterstützung, Überwachung und Transparenz sowie jährliche Treffen der Mitgliedsstaaten und fünfjährig stattfindende Review-Konferenzen vorgesehen (AP Mine Ban Convention 1997).

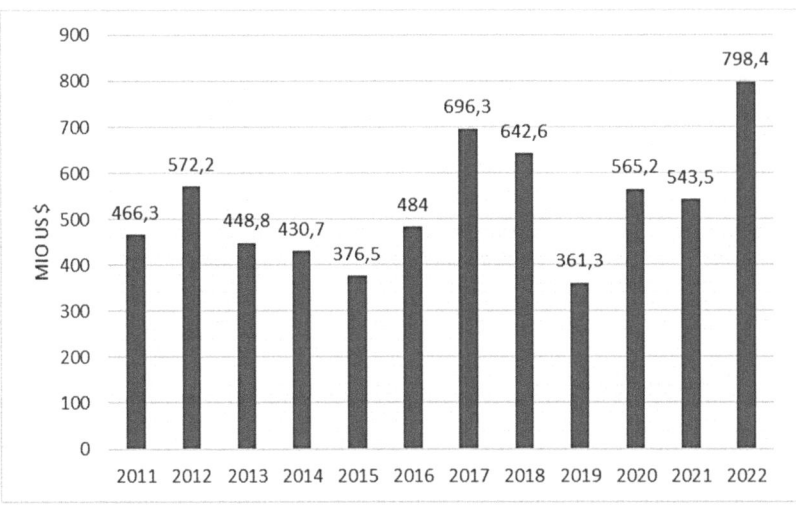

Abb. 4.3 Internationale Unterstützung für Minenräumung (2011–2022). (Quelle: ICBL 2023, S. 87)

Artikel 1 der Ottawa-Konvention
Article 1, General Obligations
1. Each State Party undertakes never under any circumstances:
   (a) To use anti-personnel mines;
   (b) To develop, produce, otherwise acquire, stockpile, retain or transfer to anyone, directly or indirectly, anti-personnel mines;
   (c) To assist, encourage or induce, in any way, anyone to engage in any activity prohibited to a State Party under this Convention.
2. Each State Party undertakes to destroy or ensure the destruction of all anti-personnel mines in accordance with the provisions of this Convention.

Quelle: Anti-Personnel Mine Ban Convention (1997)

Obwohl NGOs eine zentrale Rolle bei der Entstehung der Ottawa-Konvention gespielt haben, sind ausschließlich Staaten Mitglieder der Konvention. Nach der Unterzeichnung durch 122 Staaten benötigte der Vertrag 40 Ratifizierungen, um in

Tab. 4.1 Nicht-Mitglieder der Ottawa-Konvention. (Stand: 2024)

Ägypten	Kuba	Russland
Armenien	Kirgisistan	Saudi-Arabien
Aserbaidschan	Laos	Südkorea
Bahrain	Libanon	Singapur
China	Libyen	Syrien
Föd. St. von Mikronesien	Marokko	Tonga
Georgien	Mongolei	USA
Indien	Myanmar	Usbekistan
Iran	Nepal	Vereinigte Arabische Emirate
Israel	Nordkorea	Vietnam
Kasachstan	Pakistan	

Quelle: Eigene Darstellung

internationales Recht umgesetzt zu werden. Dies war nach der Ratifizierung durch Äquatorialguinea und Burkina Faso am 16.09.1998 der Fall, und am 01.03.1999 trat die Konvention vertragsgemäß in Kraft. Mit dem Beitritt von Sri Lanka und Palästina im Dezember 2017 ist die Zahl der Mitgliedsstaaten auf 164 angestiegen. Die Marshallinseln haben die Konvention unterzeichnet, aber nicht ratifiziert, und lediglich 32 Staaten haben die Konvention bislang noch nicht unterzeichnet (vgl. Tab. 4.1).

4.3.2 Waffenhandelsvertrag

Am 2. April 2013 stimmten 154 Staaten in der Generalversammlung der Vereinten Nationen für den internationalen Waffenhandelsvertrag. Nur der Iran, Nordkorea und Syrien waren dagegen. 23 Staaten enthielten sich. 13 glänzten durch Abwesenheit. Der Waffenhandelsvertrag ist das erste völkerrechtlich verbindliche Abkommen zur Regulierung internationaler Rüstungstransfers. Er legt gemeinsame Mindeststandards für den Export von Kampfpanzern, Schützenpanzern, Artilleriesystemen, Kampfflugzeugen, Kampfhubschraubern, Kriegsschiffen, Lenkwaffen einschließlich ihrer Abschusssysteme sowie kleiner und leichter Waffen fest. Darüber hinaus wird der Handel mit Teilen und Munition für die genannten Waffensysteme geregelt.

Der Handel mit Waffen hat eine lange und blutige Geschichte (Bromley et al. 2012; Erickson 2015). Zwar gab es immer wieder Versuche, ihn zu regulieren, aber bis zur Verabschiedung des Waffenhandelsvertrags blieben sie weitgehend erfolglos. Dabei ist unstrittig, dass der unkontrollierte Handel mit Waffen zu einem globalen Problem geworden ist (Lustgarten 2015, S. 571–575; Thrall et al. 2020, S. 107).

Ihre leichte Verfügbarkeit erhöht das Risiko, die Intensität und die Dauer bewaffneter Konflikte. Sie gefährdet Friedensmissionen, erschwert humanitäre Hilfe und unterwandert die Friedenskonsolidierung nach Bürgerkriegen. Darüber hinaus besteht ein Zusammenhang zwischen Waffenhandel, Korruption und verpassten Entwicklungschancen. Außerdem hat der Waffenhandel die Tendenz, Rüstungswettläufe zu provozieren und ganze Regionen zu destabilisieren (Brzoska und Kühn 2012, S. 223; Erickson 2015, S. 62). Schließlich fallen Waffen immer wieder in die falschen Hände. Sie werden von Regierungen zur Unterdrückung politischer Opposition genutzt, kommen bei Terrorangriffen zum Einsatz oder unterstützen das organisierte Verbrechen. Unkontrollierter Waffenhandel hat also die klare Tendenz, die staatliche und menschliche Sicherheit in Empfängerregionen und darüber hinaus zu schwächen und menschliches Leid zu verlängern – und dies kann nicht im Interesse der internationalen Gemeinschaft sein.

Die Schattenseiten des Waffenhandels sind seit langem bekannt, und nach dem Ende des Kalten Krieges war für viele der Zeitpunkt gekommen, ihn endlich zu regulieren. Auf der einen Seite wuchs das Bewusstsein, dass Bürgerkriege den internationalen Frieden gefährden und Waffenentzug einen wichtigen Beitrag zu ihrer Eindämmung spielen könnte. Auf der anderen Seite boten die entspannten Großmachtsbeziehungen die Gelegenheit, gemeinsam gegen das globale Überangebot an Waffen vorzugehen, ohne permanent auf geostrategische Empfindlichkeiten und die Interessen von Rüstungsindustrien Rücksicht nehmen zu müssen. Was natürlich nicht bedeutete, dass es diese Empfindlichkeiten und Interessen nicht gab. Aber ihre politikbestimmende Kraft hatte angesichts des Wandels in der globalen Großwetterlage nachgelassen. Dies nutzten vor allem NGOs, aber später auch eine Reihe von Staaten, um die Entwicklung gemeinsamer Standards für den internationalen Waffenhandel voranzutreiben.

Den konkreten Auftakt bildete 1997 ein Appell von Friedensnobelpreisträgern und -trägerinnen (Bolton und James 2014, S. 444; Bromley et al. 2012, S. 138–139). Sie wiesen auf einem New Yorker Treffen einmal mehr auf die fatalen Folgen des unkontrollierten Waffenhandels hin und forderten, dass Rüstungsgüter nur noch an Länder geliefert werden dürften, die die Charta der Vereinten Nationen, die allgemeinen Menschenrechte und das humanitäre Völkerrecht achten würden. Außerdem sollten die Kosten von Waffenimporten in Friedenszeiten nicht die nationalen Ausgaben für Gesundheit und Bildung übersteigen. Hierzu legten sie einen ersten Entwurf für ein globales Abkommen vor, der später zu wesentlichen Teilen in den Waffenhandelsvertrag einfloss.

Die Anliegen der Nobelpreisträgerinnen und -träger wurden vom Internationalen Komitee vom Roten Kreuz und einem breiten NGO-Bündnis aufgenommen, die eine konzertierte Kampagne „Control Arms" starteten. Die Kam-

pagne fand in den Vereinten Nationen Resonanz, und im Dezember 2006 verabschiedete die Generalversammlung Resolution 61/89 (United Nation General
Assembly 2006), mit der sie Generalsekretär Ban Ki-moon aufforderte, die
Möglichkeiten für einen verbindlichen Waffenhandelsvertrag unter den Mitgliedsstaaten auszuloten.

Ban Ki-moon setzte zunächst eine Expertenkommission ein. Ihr folgte eine un-
befristete Arbeitsgruppe von Diplomat*innen. Auf deren Anregungen hin verabschiedet die Generalversammlung 2010 Resolution 64/48 (United Nations General
Assembly 2010), mit der für 2012 eine internationale Konferenz einberufen wurde,
auf der ein konkreter Vertragstext zur Diskussion gestellt werden sollte. Als die Konferenz nach vier langen Verhandlungswochen im Juli 2012 zu keinem einvernehm-
lichen Ergebnis kam, wurde für März 2013 ein Folgetreffen vereinbart. Zwar produ-
zierte auch die zweite Konferenz keinen für alle annehmbaren Vertragstext. Vor allem
Iran, Nordkorea und Syrien meldeten Bedenken an. Aber die letzte Fassung wurde
von vielen Staaten für so gut befunden, dass sie im April 2013 der Generalversammlung zur Abstimmung vorgelegt und mit 154 Stimmen angenommen wurde.
Allerdings enthielten sich 23 Staaten. Unter ihnen waren nicht nur viele arabische
und lateinamerikanische Staaten, sondern auch China, Indien und Russland.

Der Waffenhandelsvertrag bekräftigt zunächst das Selbstverteidigungsrecht von
Staaten und ihr legitimes Interesse an der Beschaffung von Rüstungsgütern über
internationale Märkte. Gleichzeitig verpflichtet er die Mitgliedsstaaten auf gemeinsame Standards für die Aus- und Einfuhr konventioneller Waffen in den genannten
acht Kategorien. Dabei gilt es, deren Transfer so zu organisieren, dass der unerlaubte
Handel mit Rüstungsgütern und ihr Missbrauch durch und in den Empfängerstaaten
reduziert wird (Artikel 1). Auf diese Weise sollen Frieden, Sicherheit und Stabilität
auf regionaler und globaler Ebene gestärkt, menschliches Leiden verringert und die
Transparenz in der Rüstungspolitik verbessert werden. Entsprechend sind Waffenlieferungen verboten, wenn sie gegen einschlägige Resolutionen des Sicherheitsrats
verstoßen, im Widerspruch zu völkerrechtlichen Verpflichtungen der Exportländer
stehen, oder ihr Einsatz absehbar mit Völkermord, Verbrechen gegen die Menschlichkeit, schweren Verletzungen des humanitären Völkerrechts oder Kriegsverbrechen einhergehen würden (Artikel 6). Darüber hinaus sollen alle Ausfuhr-, Tran-
sit- und Empfängerländer nationale Kontrollsysteme und -listen zur Dokumentation
und Folgenabschätzung von Waffentransfers einrichten (Artikel 5). Mit ihrer Hilfe
gelte es, möglichst objektiv und ohne Diskriminierung das Risiko zu bestimmen,
dass Waffenlieferungen Frieden und Sicherheit gefährden, gegen das humanitäre
Völkerrecht oder die allgemeinen Menschenrechte verstoßen, für terroristische Anschläge missbraucht werden oder das organisierte Verbrechen stärken könnten.
Sollte in dieser Hinsicht ein eindeutiges Risiko festgestellt werden – die Rede im
englischen Vertragstext ist von „overriding risk" –, dann sind Waffenlieferungen

ebenfalls zu unterlassen (Artikel 7). Schließlich soll von den Exportländern berücksichtigt werden, ob Rüstungslieferungen für geschlechtsspezifische Gewalt oder gezielt gegen Frauen und Kinder eingesetzt werden könnten.

Der Waffenhandelsvertrag kennt kein Verifikationssystem zur Regeleinhaltung und keine Sanktionen bei Regelverstößen (Lustgarten 2015, S. 589; Schörnig 2017, S. 980). Er verlangt aber von den Mitgliedstaaten, regelmäßig über ihre Rüstungstransfers sowie die Implementierung des Vertrags zu berichten. Außerdem sollen sie sich in festen Abständen zu Vertragsstaatenkonferenzen treffen, um seine Effektivität und Anpassungsbedarf zu diskutieren. An diesen Konferenzen können auch NGOs teilnehmen. Allerdings haben sie kein Stimmrecht. Zur besseren Koordination ihrer Aktivitäten haben sich die Vertragspartner auf ein kleines Sekretariat zur Vorbereitung der Konferenzen und zur Weiterleitung der Staaten geeinigt (Artikel 18). Es soll die Mitgliedstaaten auch bei der Verwaltung des Treuhandfonds unterstützen (Artikel 16). Allerdings sollte mit der Einrichtung des Sekretariats jeder Eindruck auf supranationale Ambitionen vermieden werden. Der Waffenhandel ist und bleibt eine Staatenangelegenheit.

Der Waffenhandelsvertrag trat nach der fünfzigsten Ratifikation am 24. Dezember 2014 in Kraft (Varisco et al. 2021, S. 1). Bis April 2024 wurde das Abkommen von 141 Staaten unterzeichnet. 113 haben ihn auch ratifiziert (Arms Trade Treaty Homepage 2024). Von den 15 größten Waffenexporteuren (vgl. Tab. 4.2), auf die

Tab. 4.2 Beitritt der 15 größten Rüstungsexporteure zum Waffenhandelsvertrag. (2013–2023)

	Staat	Marktanteil	Ratifikation	Unterschrift	Kein Beitritt
1	USA	37,9 %		X	
2	Russland	17,0 %			X
3	Frankreich	8,8 %	X		
4	China	6,0 %	X		
5	Deutschland	5,6 %	X		
6	Großbritannien	4,0 %	X		
7	Italien	3,2 %	X		
8	Israel	2,7 %		X	
9	Spanien	2,6 %	X		
10	Südkorea	1,8 %	X		
11	Niederlande	1,7 %	X		
12	Türkei	1,1 %		X	
13	Ukraine	1,1 %		X	
14	Schweden	0,8 %	X		
15	Schweiz	0,8 %	X		
	Gesamt	**95 %**	**10**	**4**	**1**

Quelle: Eigene Darstellung auf Grundlage der SIPRI Arms Transfers Database (2024) und des Arms Trade Monitor 2023 (Control Arms Secretariat 2023)

zwischen 2013 und 2023 95 % der weltweiten Rüstungsexporte entfielen, ist nur Russland dem Vertrag bislang ferngeblieben (SIPRI Arms Transfers Database 2022). Die USA als der weltweit größte Waffenexporteuer hat das Abkommen zwar genauso wie Israel, die Türkei und die Ukraine unterzeichnet, aber noch nicht ratifiziert. Das bedeutet nach Lustgarten (2015, S. 599), dass das Abkommen für diese vier Staaten nicht völkerrechtlich verbindlich ist. Gleichwohl sind sie ver- pflichtet, nach Treu und Glauben von Maßnahmen abzusehen, die dem Ziel und Zweck des Vertrags zuwiderlaufen würden. Die übrigen zehn führenden Waffen- exportnationen haben den Vertrag nicht nur unterzeichnet, sondern auch rati- fiziert – unter ihnen ist seit 2020 auch die Volksrepublik China.

4.4 Rationalistischer Institutionalismus

4.4.1 Perspektive

Der rationalistische Institutionalismus ist der „freundliche Bruder" des Neorealis- mus. Neorealist*innen sind bekanntlich professionelle Pessimisten (Mearsheimer 2001). Sie sind überzeugt, dass Anarchie einen stabilen Frieden unmöglich macht und dass Staaten selbst dann nicht dauerhaft kooperieren werden, wenn es für alle vorteilhaft wäre. Denn unter anarchischen Bedingungen streben rationale Akteure nach Macht und Sicherheit. Sie müssen sich und ihre Interessen verteidigen kön- nen, und sie müssen damit rechnen, dass Entgegenkommen ausgebeutet wird. Ausbeutung aber ist gleichbedeutend mit Schwächung, und Schwächung ist unter anarchischen Bedingungen fatal. Sie würde den kontinuierlichen Verlust von Handlungs- und Durchsetzungsfähigkeit bedeuten. Deshalb dominieren für Rea- list*innen Sicherheits- und Machtpolitik alle übrigen Politikfelder, und sobald es in internationalen Konflikten um wichtige Güter oder Werte geht, muss mit dem Ein- satz von Gewalt gerechnet werden.

Demgegenüber vertreten rationalistische Institutionalist*innen ein deutlich op- timistischeres Weltbild (Hasenclever et al. 1997). Sie glauben, dass sich die fatalen Folgen der Anarchie kontrollieren lassen. Wie wir im Folgenden sehen werden, hängt dies ganz wesentlich mit der *Zunahme komplexer Interdependenz* und der Verbreitung *internationaler Institutionen* zusammen. Allerdings wissen rationalis- tische Institutionalist*innen, dass Optimismus in den Internationalen Beziehungen einen schlechten Ruf hat (Schimmelfennig 2021, S. 85; Sterling-Folker 2021, S. 91). Denn die Erwartungen an internationale Regime und Organisationen wur- den schon zu oft enttäuscht, als dass noch naiv an die Macht von Vernunft und Kooperation in der Weltpolitik geglaubt werden könnte. Aus diesem Grund übernehmen rationalistische Institutionalist*innen eine Reihe realistischer Grundannahmen. Gleichwohl wollen sie zeigen, dass struktureller Wandel auch unter diesen Bedingungen möglich ist und einer spezifischen Fortschrittslogik folgt. Sie führt dazu, dass internationale Räume entstehen, in denen nicht nur die Ausbeutungs- und Kriegsgefahr signifikant gesunken ist, sondern Staaten zur Bearbeitung gemeinsamer Probleme dauerhaft zusammenarbeiten können – aber nicht müssen!

Eine erste Gemeinsamkeit der beiden Denkschulen ist ihre rationalistische Theorieperspektive. Außenpolitik reagiert rational auf externe Anreize, und Staaten versuchen, ihre Interessen in einem dynamischen Umfeld so weit wie möglich zu verwirklichen. Dabei müssen sie als strategische Akteure immer die Interessen und Fähigkeiten anderer Staaten einplanen. So ist beispielsweise klar, dass Handelsnationen ein Interesse daran haben, ihre Güter auf ausländischen Märkten anzubieten. Gleichzeitig möchten sie aber die heimischen Märkte vor internationaler Konkurrenz schützen. Entsprechend gefallen ihnen eigene Zölle, während sie diese bei anderen ablehnen. Die Frage ist nun, welche Politik aus einer solchen Präferenzkonstellation unter welchen Bedingungen folgt. Verweigern Staaten systematisch den Zugang zu ihren Märkten oder finden sie Mittel und Wege, um wechselseitig von den Vorteilen des internationalen Güter-, Finanz- und Dienstleistungsaustauschs zu profitieren? Je nachdem, wie Staaten in diesem Zusammenhang die internationalen Anreizstrukturen für sich und andere einschätzen, werden sie zu unterschiedlichen Schlüssen kommen – und es ist diese Varianz, die rationalistische Rationalist*innen interessiert.

Ebenfalls ähnlich wie im Neorealismus gehen rationalistische Institutionalist*innen davon aus, dass Staaten die zentralen Akteure in der internationalen Politik sind. Zwar wissen rationalistische Institutionalist*innen, dass es neben Staaten auch andere Akteure gibt. Hierzu zählen transnationale Unternehmen, NGOs oder auch Religionsgemeinschaften, die durchaus die Verteilung von Informationen, Gütern und Dienstleistungen auf globaler Ebene beeinflussen können. Gleichwohl handeln nichtstaatliche Akteure aus Sicht rationalistischer Institutionalist*innen weitgehend unter Bedingungen, die von staatlichen Akteuren gesetzt werden. Darüber hinaus können Zunahme und Bedeutungsgewinn von nichtstaatlichen Akteuren durchaus als ein weiteres Systemmerkmal verstanden werden, auf das Staaten rational reagieren. Dies gilt vor allem für das Wissen und die Dienstleistungen, die von NGOs bereitgestellt werden.

Des Weiteren ist im rationalistischen Institutionalismus zwar unbestritten, dass innenpolitische Prozesse außenpolitische Entscheidungen beeinflussen. Dies gilt vor allem nach der Ratifikation internationaler Verträge, wenn sich innenpolitische Akteure an nationale Gerichte wenden können, um die Einhaltung internationaler Vereinbarungen zu verlangen. Außerdem können sie bei Regelbruch die nationale

Öffentlichkeit mobilisieren, um politischen Druck für ihre Anliegen zu erzeugen. Wie nachhaltig eine solche Strategie sein kann, zeigten nicht zuletzt Dissidenten-gruppen in ehemaligen Ostblockstaaten, nachdem ihre Regierungen mit der Schlussakte von Helsinki 1975 zumindest pro forma die Gültigkeit der Menschen-rechte anerkannt hatten. Deshalb versuchen etliche rationalistische Institutiona-list*innen, die Innenpolitik der Außenpolitik in Form von Zwei-Ebenen-Spielen in ihre Analysen miteinzubeziehen (Putnam 1988; Zangl 1999). Gleichwohl folgt auch hier die Mehrheit dem realistischen Mainstream und fokussiert aus Gründen der Komplexitätsreduktion auf den Einfluss internationaler Zwänge und Anreize auf außenpolitische Entscheidungen und internationale Prozessmuster.

Schließlich ist für rationalistische Institutionalist*innen unstrittig, dass Anarchie ein zentrales Strukturmerkmal des internationalen Systems ist. Anarchie produziert Unsicherheit, und Staaten wissen oft nicht, ob sie sich auf Zusagen anderer Staaten verlassen können. Denn es fehlt eine übergeordnete Instanz – ein Weltstaat –, die ihnen bei Vertragsbruch oder Grenzüberschreitungen zuverlässig Schutz bieten würde. Allerdings sind rationalistische Institutionalist*innen überzeugt, dass neben die Anarchie weitere Strukturmerkmale treten können, die zur Folge haben, dass die Anarchie ihren Schrecken verliert und internationale Politik der realistischen Macht-logik entkommen kann.

An erster Stelle ist hier die *komplexe Interdependenz* zu nennen (Keohane und Nye 1977; Spindler 2010). Das Konzept der Interdependenz beschreibt Be-ziehungen, deren Störung oder Abbruch für alle Beteiligten mit Kosten einhergeht. Mit dem Blick auf diese Kosten wird zwischen „Interdependenz-Empfindlichkeiten" und „Interdependenz-Verwundbarkeiten" unterschieden. Interdependenz-Empfind-lichkeiten liegen vor, wenn Störungs- oder Abbruchskosten von Staaten unilateral bewältigt werden können – also beispielsweise durch den Wechsel von Ko-operationspartner*innen oder dadurch, dass sie ein Gut selbst produzieren, auch wenn das teuer werden sollte.

Interdependenz-Verwundbarkeiten beschreiben demgegenüber Situationen, in denen es für Staaten keine Alternativen zur Zusammenarbeit gibt, wenn sie eine Herausforderung bewältigen oder Gewinne realisieren wollen. Dies gilt beispiels-weise für die Kontrolle des Klimawandels, die Stabilisierung globaler Finanz-märkte oder auch die Aufrechterhaltung internationaler Sicherheit im Atomwaffen-zeitalter. In diesen Fragen müssen Staaten kooperieren, um Schaden von Gesell-schaften abzuwenden und ihren Nutzen zu mehren. Andernfalls bliebe alles beim Alten, und das wäre fatal.

Komplexe Interdependenz meint schließlich, dass im Zuge der Globalisierung die Verwundbarkeiten im internationalen System stark zugenommen haben. Dies trifft auch und vor allem auf die reichen Staaten der OECD-Welt zu. Sie können ihre

Ziele immer weniger durch unilaterale Politik erreichen und sind immer mehr auf die Koordinierung (außen-)politischer Maßnahmen angewiesen. Dabei zeigt die Erfahrung, dass militärische Mittel zur Durchsetzung ihrer Interessen in den meisten Geschäftsfeldern dramatisch an Effektivität und Bedeutung verloren haben. Keohane und Nye (1977, S. 28) sprechen auch von einer „Entwertung militärischer Macht", denn die Ergebnisse multilateraler Verhandlungen in der Agrar-, Banken-, Handels-, Migrations-, Umwelt- oder auch Verkehrspolitik – und die Liste ließe sich fortsetzen – lassen sich nicht mehr umstandslos auf die Verteilung militärischer Fähigkeiten zurückführen, sondern folgen bereichsspezifischen Logiken. Dieser Prozess wird auch als Desaggregierung internationaler Politik beschrieben, die nicht mehr durchweg von der Macht- und Sicherheitspolitik – der sogenannten „high politics" – dominiert wird. Nicht zuletzt deshalb lässt sich auch eine dramatische Zunahme interbürokratischer und transnationaler Beziehungen beobachten. Fachministerien richten internationale Stäbe ein und intensivieren ihre Kontakte zu Partnerinstitutionen in anderen Ländern. Außerdem organisieren sich nichtstaatliche Akteure auf transnationaler Ebene, um Entscheidungsprozesse durch öffentlichkeitswirksame Aktionen und gezielte Informationen zu beeinflussen.

Aus der Sicht rationalistischer Institutionalist*innen hat sich also die Welt und mit ihr die internationale Politik spätestens seit den 1970er-Jahren verändert. Sie lässt sich nicht mehr durchgehend als Naturzustand beschreiben. Vielmehr hat die komplexe Interdependenz – verstanden als wechselseitige Abhängigkeiten, die mit einer Entwertung militärischer Macht, Desaggregierung von Politikfeldern und Verdichtung transbürokratischer und transnationaler Beziehungen einhergehen – zunehmend an Bedeutung gewonnen und in manchen Bereichen wie beispielsweise der OECD-Welt den Naturzustand als Leitparadigma abgelöst. Deshalb verhalten sich Staaten unter den Bedingungen komplexer Interdependenz anders, als es von Realist*innen erwartet wird.

So hat beispielsweise die Bedeutung relativer Gewinne in internationalen Verhandlungen signifikant nachgelassen. Staaten achten vor allem auf die jeweils eigenen Vorteile – also auf absolute Gewinne – und verstehen Vorteile für andere nicht mehr als Sicherheitsrisiko, durch das die internationale Machtbalance zu ihren Ungunsten verschoben werden könnte.[3] Gleichwohl bleibt eine zweite dunkle Seite der Anarchie bestehen. Staaten müssen nach wie vor befürchten, dass ihre Kooperationsbereitschaft ausgebeutet wird. Zur Veranschaulichung der Ausbeutungs-

---

[3] Das heißt natürlich nicht, dass Verteilungsfragen irrelevant werden. Als rationale Akteure wollen Staaten so viel Profit machen wie möglich. Aber Sicherheitsfragen dominieren nicht mehr die internationalen Beziehungen und gefährden erfolgversprechende Kooperationsprojekte.

problematik wird oft auf die Spieltheorie zurückgegriffen. Sie zeigt, dass sich rationale Akteure unter anarchischen Bedingungen oft in sogenannten problematischen sozialen Situationen wiederfinden (Zürn 1992, S. 153).

Hierbei handelt es sich um Präferenzkonstellationen wie das Gefangenendilemma oder die Tragödie der Allmende, in der zwar alle Akteure darunter leiden würden, wenn keine Kooperation zustande käme, sie es aber gleichzeitig vorziehen, selbst nicht zu kooperieren, wenn es nur die anderen tun. Zu denken wäre beispielsweise an den Abbau von Zöllen oder Fangquoten zur Vermeidung von Überfischung. In beiden Fällen würden die beteiligten Akteure lieber in einer Welt ohne Zölle und mit Fangquoten leben als in einer Welt mit Zöllen und ohne Fangquoten. Gleichzeitig wäre es aus Perspektive der Akteure noch besser, wenn die anderen Zölle abschaffen und Fangquoten einhalten würden, während sie selbst es nicht machen müssten. Denn dann hätten sie als Trittbrettfahrer*innen die Chance, die Kooperationsbereitschaft anderer auszubeuten, ohne selbst ausgebeutet werden zu können. Im Ergebnis haben alle rationalen Akteure die dominante Strategie, nicht zu kooperieren, was impliziert, dass sie deutlich schlechter abschneiden würden als notwendig. Denn theoretisch könnten sie gemeinsam die kooperative Strategie wählen.

Um solchen sozialen Fallen unter anarchischen Bedingungen zu entkommen, sind internationale Regime hilfreich. Sie legen mit Hilfe ihres normativen Apparats fest, wie sich Staaten in spezifischen Problemlagen verhalten sollten, um ihre Kooperation zu stabilisieren. Gleichzeitig richten sie Verfahren ein, mit deren Hilfe sie die Einhaltung der vereinbarten Regeln überwachen. Wenn unter diesen Bedingungen Akteure Regeln brechen und Regelverletzungen nicht angemessen entschuldigen können, werden andere ihre Zusammenarbeit beenden. Damit wären alle Beteiligten wieder zum Status quo ante zurückgekehrt, dem sie mit Hilfe des Regimes entkommen wollten. Ein weiterer Effekt von Regelverletzungen ist der Reputationsverlust derjenigen, die Regeln brechen. Sie hätten es in Zukunft deutlich schwerer, andere von gemeinsamen Projekten zu überzeugen, da sie als Trittbrettfahrer gelten. Da der Kooperationsbedarf bei komplexer Interdependenz aber tendenziell steigt, würden kurzfristige Gewinne aus Regelverletzungen langfristige Gewinne aus der dauerhaften Kooperation aufs Spiel setzen. Das müssten sich rationale Akteure aber zweimal überlegen. So verstanden werden internationale Regime, wenn sie einmal eingerichtet sind, zu einem weiteren Umweltfaktor für staatliche Entscheidungen. Sie schrecken Regelverletzungen dadurch ab, dass sie sie durch Zukunftskosten sanktionieren – was freilich nicht heißt, dass Regime Regelverletzungen direkt verhindern könnten. Sie setzen nur Anreize. In diesem Sinne organisieren internationale Regime politische Prozesse, die sie aber nicht direkt erzwingen können. Denn letztendlich bleiben Regime auf die Kooperationsbereitschaft ihrer Mitglieder angewiesen, die sich von ihnen gemeinsame Gewinne versprechen.

Aus der Perspektive des rationalistischen Institutionalismus führt die Zunahme komplexer Interdependenz also zu einem erhöhten Kooperationsbedarf, der durch Regime verwirklicht werden kann. Gleichzeitig geht die Aushandlung und der Aufbau von Regimen mit Kosten einher, die auch als Souveränitätskosten bezeichnet werden (Abbott und Faude 2021, S. 404). Staaten opfern Handlungsfreiheit für Verlässlichkeit und müssen immer wieder Zeit und Ressourcen für die Anpassung normativer Apparate an dynamische Umweltbedingungen investieren. Da die Institutionen Verteilungswirkungen haben, gilt es zudem, Kompromisse bei der Regelgestaltung zu entwickeln, die für alle Beteiligten akzeptabel sind. Angesichts dieser mühsamen Aushandlungsprozesse und der langfristigen Bindewirkung von Regimen werden es sich Staaten deshalb genau überlegen, wo sie sich auf die Verregelung ihrer Beziehungen einlassen werden, wo sie das nicht machen und wieviel Präzision bei der Regelbeschreibung und -überwachung tatsächlich notwendig ist, sodass sich die regimegestützte Kooperation unter dem Strich noch lohnt. Diese Überlegungen werden dadurch weiter verkompliziert, dass die Empfindlichkeiten und Präferenzen der Akteure nicht gleich verteilt sind und oft politikfeldübergreifende Kompromisse notwendig machen – sogenannte „package deals" –, um Kooperationschancen zu realisieren.

Entsprechend erwartet der rationalistische Institutionalismus den Aufbau internationaler Regime, wenn die Kooperationsgewinne bei der erfolgreichen Bearbeitung sozialer Fallen für alle beteiligten Staaten vergleichsweise hoch und die Koordinierungs- und Souveränitätskosten vergleichsweise gering sind. Dabei spielen auch Wahrnehmungen und Lernprozesse eine wichtige Rolle. Entsprechend sind oft Schocks wie die Entdeckung des Ozonlochs oder neue wissenschaftliche Erkenntnisse wie die des International Panels on Climate Change für die Einrichtung und Weiterentwicklung internationaler Regime von zentraler Bedeutung. Darüber hinaus ist es wichtig, wie viele Akteure sich an einer erfolgreichen Kooperation beteiligen müssen. Je geringer ihre Zahl ist, um so wahrscheinlicher wird es, dass sie sich auf gemeinsame Prinzipien, Rechte, Normen und Verfahren zur Steuerung ihrer Kooperation einigen können. Schließlich erwarten rationalistische Institutionalist*innen, dass erfolgreiche Regime auch die Politik von Nicht-Mitgliedern beeinflussen und sie zu Anpassungsleistungen anregen. Denn Regime setzen Standards, die auf der einen Seite Kooperationsgewinne ermöglichen. Auf der anderen Seite müssen sich Nicht-Mitglieder fragen, wie sie sich zu diesen Kooperationsgewinnen verhalten wollen. Schaffen sie möglicherweise ein Umfeld, in dem sie eigene Ziele nicht mehr oder nur noch schlechter erreichen können als zuvor, weil Handlungsanschlüsse ausfallen? So würde beispielsweise eine regimegesteuerte Umstellung auf erneuerbare Energien durch die EU und die USA dazu führen, dass sich die Herstellung von Kohlekraftwerken weltweit auch für Nichtregime-

Mitglieder weniger lohnen würde. Außerdem bestünde die Gefahr, dass sie in wichtigen Zukunftsmärkten abgehängt werden würden. Schließlich müssten sie mit der Reputation leben, an schmutziger Energie festzuhalten, obwohl es Alternativen gäbe. Im Kleinen hat sich genau diese Dynamik bei dem Verbot von FCKW-Stoffen bei der Herstellung von Kühlschränken gezeigt (Brühl und Neyer 2008, S. 202–205).

4.4.2 Ottawa-Konvention

Antipersonenminen waren bis zur Annahme der Ottawa-Konvention 1997 ein fester Bestandteil nationaler Waffenarsenale (Bower 2020, S. 132; MacDonald 2004, S. 23). Sie waren leicht und günstig herzustellen, ihr Einsatz war unkompliziert, und sie erforderten nach der Verlegung keine weitere Instandhaltung. Ihr primäres Ziel war der Schutz militärischer Stellungen und die Behinderung feindlicher Streitkräfte. Schätzungen gehen davon aus, dass nach 1945 über 100 Mio. Antipersonenminen verlegt wurden, die meisten in Ländern des Globalen Südens. Nach Konflikten wurden viele Minenfelder nicht geräumt. Die Sprengsätze blieben im Boden. Von ihnen ging eine ständige Gefahr für die Zivilbevölkerung aus. Hunderttausende starben oder wurden verstümmelt. Ohne Spezialgerät waren Antipersonenminen nur schwer zu entdecken und zu entschärfen, weshalb ganze Landstriche unbetretbar blieben.

Nach der Annahme der Ottawa-Konvention im Dezember 1997 kam es zu einer Trendwende: Antipersonenminen wurden durchaus effektiv geächtet. Nach Informationen des Landmine Monitors 2023 (ICBL 2023, S. 2) wurden mehr als 55 Mio. Minen zerstört. Von den 164 Vertragsstaaten verfügen gegenwärtig nur noch Griechenland und die Ukraine über größere Bestände. Außerdem haben alle Vertragsstaaten ihre Produktion von Landminen für militärische Zwecke eingestellt. Die Zahl der Minenopfer ging zurück und konzentrierte sich auf wenige Länder wie Jemen, Myanmar, Syrien oder Ukraine. Gleichzeitig hat sich die Versorgung von Minenopfern verbessert, und auch die Minenräumung hat Fortschritte gemacht. Für 2022 haben Mitgliedstaaten die Zerstörung von 169.276 Landminen und die Freigabe von 219 km^2 gemeldet (ICBL 2023, S. 35). Immer mehr Menschen konnten deshalb auf ihre Felder zurückkehren, Dörfer wurden wieder aufgebaut, und an vielen Orten normalisierte sich das Leben. Aktuell stellen nur noch wenige Nichtvertragsstaaten wie China, Israel oder die USA Antipersonenminen für militärische Zwecke her. Ihre Verwendung in bewaffneten Konflikten ist allerdings deutlich zurückgegangen, weil auch die meisten Nichtvertragsstaaten ihr Verbot respektieren (Erickson 2018, S. 406). Nach Angaben des Landmine

Monitors 2023 setzten 2022 nur noch Myanmar, Russland und die Ukraine Antipersonenminen in einem akuten Konflikt ein. Außerdem wurden sie von einigen nicht-staatlicher Verbände in Kolumbien, Indien, Myanmar, Thailand und Tunesien genutzt. Die Zahl jährlicher Minenopfern ist von über 20.000 in den 1990er-Jahren auf geschätzte 4710 im Jahr 2022 gesunken – was immer noch eine erschreckend hohe Zahl ist (ICBL 2023, S. 35). Außerdem hat die Zahl der Opfer seit 2015 mit der Eskalation von Konflikten in Jemen, Myanmar, Syrien, und der Ukraine wieder zugenommen. Gleichwohl spricht viel dafür, dass die Ottawa-Konvention Wirkungen erzeugt (English 2013, S. 806; Hynek 2018, S. 426).

Dabei gilt: Ohne das Engagement nichtstaatlicher Akteure hätte den Ottawa-Prozess nicht gegeben (Anderson 2000, S. 104–105; Bolton und James 2014, S. 439; Bromley et al. 2012, S. 1038). Regierungen zeigten sich jahrzehntelang an dem Thema nicht interessiert. Vielmehr gehörten Minen und ihr Einsatz zum internationalen Alltag. Deshalb waren es nichtstaatliche Akteure wie das Internationale Komitee vom Roten Kreuz (ICRC) oder die Internationale Kampagne für das Verbot von Landminen (ICBL), die in der Staatenwelt überhaupt erst ein Problembewusstsein für die verheerenden menschlichen, sozialen und ökonomischen Folgen von Landminen schufen und das Thema Anfang der 1990er-Jahre auf die internationale Agenda brachten. Wären sie mit der Aktivierung moralischer Interdependenz gescheitert, wären Millionen Opfer und die hohen ökonomischen Folgekosten von Landminen weiterhin unsichtbar geblieben.

So aber führte der Einsatz nichtstaatlicher Akteure dazu, dass im Oktober 1995 eine Konferenz des Waffenübereinkommens zu Landminen stattfand, die allerdings scheiterte. Daraufhin schlossen sich die Befürworter*innen eines allgemeinen Verbots von Antipersonenminen unter der Leitung Kanadas zu einem Aktionsbündnis zusammen. Sie schufen außerhalb der Vereinten Nationen ein Verhandlungsforum, auf dem es innerhalb eines Jahres gelang, die Ottawa-Konvention auszuhandeln und Ende 1997 zu verabschieden. Auf diese Weise wurde ein internationaler Prozess organisiert, der sukzessive die Herstellung, den Transfer und den Einsatz von Antipersonenminen reduzierte und eine eigene Dynamik entwickelte, der sich auch Nichtvertragsstaaten nicht entziehen konnten. Denn am Ende profitieren alle von einer landminenärmeren Welt.

Nicht zuletzt deshalb hielten die Vertragsstaaten komplizierte Sanktionsmechanismen für wenig zielführend. Was demgegenüber sinnvoll und wichtig war, war ein leistungsfähiges Überwachungssystem, um die Fortschritte bei der Implementierung des Verbotsregimes so genau wie möglich zu beobachten und gegebenenfalls nachsteuern zu können. Allerdings entschieden sich die Staaten, ein solches Überwachungssystem nicht selbst aufzubauen, sondern es an den Landmine Monitor auszulagern (English 2013, S. 806; ICBL 2023, S. III). Der Landmine Monitor wird unter Federführung der ICBL von einem breiten NGO-Bündnis betrieben. Er veröffentlicht einmal im Jahr einen detaillierten Statusbericht und wird von zahlungskräftigen Industriestaaten finanziert. 2021 waren dies Australien, Deutschland, der Heilige Stuhl, Kanada, Luxemburg, Norwegen, Österreich, die Schweiz und die USA. Der Monitor gilt in der Fach- und Staatenwelt als zuverlässig und bestens informiert.

Aus Perspektive des rationalistischen Institutionalismus waren für die Einrichtung und Performanz des Regimes letztlich drei Faktoren maßgeblich: Zunächst hat sich mit dem Ende des Kalten Krieges das internationale Umfeld verändert (Anderson 2000, S. 107; English 2013, S. 807). Die Gefahr zwischenstaatlicher Konflikte war deutlich gesunken und die weltweiten Rüstungsausgaben gingen zurück. Gleichzeitig konnten eine Reihe von Stellvertreterkriegen beendet werden, und vielen vormals „befreundeten" Rebellenbewegungen wurde die externe Unterstützung entzogen. Obwohl daraufhin viele alte Konflikte wie in El Salvador, Mosambik oder Namibia beigelegt werden konnten, brachen in anderen Ländern neue Kriege aus, in denen wieder massenhaft Landminen eingesetzt wurden. Unter diesen Bedingungen nahm das relative Gewicht moralischer Interdependenz zu. Die verheerenden Wirkungen von Antipersonenminen fanden nicht nur Aufmerksamkeit und wurden sichtbarer, sondern die strategischen Gründe für ihren Einsatz verloren an Glaubwürdigkeit.

Zum zweiten wurde der taktische Nutzen von Antipersonenminen angezweifelt (Harpviken und Fixdal 1997, S. 279–280; Thakur und Maley 1999, S. 279). Immer mehr Expert*innen waren der Meinung, dass gerade die hochmobilen Streitkräfte des Globalen Nordens über die notwendigen Fähigkeiten verfügten, um Minenfelder entweder zu überwinden oder sie zu umgehen. Antipersonenminen wurden deshalb zu „marginal weapons" (Bolton und James 2014, S. 442), auf die problemlos verzichtet werden konnte. Zu ähnlichen Ergebnissen kam eine Studie des Internationalen Komitees vom Roten Kreuz, die ebenfalls wegen der verheerenden Wirkungen von Landminen für die Zivilbevölkerung und ihres geringen militärischen Nutzens, die umgehende Abschaffung dieses Waffentyps forderte (International Committee of the Red Cross 1996). Darüber hinaus war die Herstellung von Antipersonenminen auch für die großen Rüstungsunternehmen nicht sonderlich lohnend (Anderson 2000, S. 106; Erickson 2018, S. 406). Aufgrund ihrer geringen Produktionskosten zählten sie nicht zu den lukrativen Zukunftsmärkten der Branche. Vielmehr rechnete es sich, in das Minenräumgeschäft einzusteigen, das durch die Ottawa-Konvention nachhaltigen Auftrieb erhielt. Dabei hatte das Engagement bei der Minenräumung den zusätzlichen Vorteil, mit der Beseitigung einer schmutzigen Waffe und nicht mit ihrer Herstellung in Verbindung gebracht zu werden (Hynek 2018, S. 430).

Drittens nahm durch die Berichte und Kampagnen von ICRC und ICBM das öffentliche Bewusstsein von den hohen entwicklungspolitischen Folgekosten von Antipersonenminen signifikant zu (Harpviken und Fixdal 1997, S. 278; Oppong und Kalipeni 2005, S. 17). Landminen zerstören Infrastruktur, machen ganze Landstriche unbewohnbar, verhindern Ackerbau und Viehzucht, beschleunigen die Landflucht, gehen mit massiven Umweltschäden einher und verhindern die Rückkehr von Kriegsvertriebenen. Dadurch gefährden sie die Friedenskonsolidierung nach Bürgerkriegen und erhöhen das Risiko neuer Kämpfe. Nicht von ungefähr unterstützten mit Ausnahme der USA alle großen Gebernationen den Ottawa-Prozess. Für sie war klar, dass Landminen ein entwicklungspolitisches Problem erster Güte waren, das dringend angegangen werden musste, um die Wachstumsperspektiven für die betroffenen Länder zu verbessern. Und genau diese Einsicht teilten auch immer mehr Staaten im Globalen Süden. Für sie war eine Welt ohne Antipersonenminen definitiv besser als eine Welt, in der alle Staaten frei sind, diesen Waffentyp nach Gutdünken einzusetzen. Außerdem war mit der Ottawa-Konvention ein Unterstützungsmechanismus verbunden, über den Mittel zur Minenräumung und zur Versorgung von Minenopfern vom Globalen Norden und den Globalen Süden flossen, was einen Beitritt zur Konvention für viele Regierungen umso attraktiver machte. Laut Landmine-Monitor 2023 (ICBL 2023, S. 87) waren dies 2022 798 Mio. US-Dollar (vgl. Abb. 4.3).

Aus der Perspektive des rationalistischen Institutionalismus gab es also starke Anreize für Staaten, das Landminenproblem anzugehen: Sie verfügten nicht zuletzt durch die NGO-Kampagnen über das notwendige Problembewusstsein, die veränderte Weltlage machte eine Ächtung möglich und die evidenten Entwicklungskosten nötig. Entsprechend musste nur ein Mechanismus geschaffen werden, der den Prozess der Ächtung von Antipersonenminen so organisiert, dass alle von ihm profitieren – und genau das leistete die Ottawa-Konvention. Gleichzeitig kann der rationalistische Institutionalismus nicht leugnen, dass moralische Gründe im Entstehungsprozess des Ottawa-Regimes eine eigenständige Rolle gespielt haben. Sie stärkten die Thematisierungsmacht nichtstaatlicher Akteure und trugen dazu bei, dass die Landminenproblematik auf die internationale Agenda kam. Allerdings konnten die humanitären Appelle aus Sicht des rationalistischen Institutionalismus nur eine Wirkung entfalten, weil sie produktiv mit den nationalen Interessen der Vertragsstaaten in Übereinstimmung gebracht worden sind. Dabei wird die dominante Rolle nationaler Interessen nicht zuletzt durch einen Blick auf die vielkritisierten Schwächen des Regimes sichtbar.

So forderten ICRC und ICBL ursprünglich ein Verbot aller Landminen (Wisotzki 2013, S. 87). Das hätte die gefährlichen Antipanzerminen eingeschlossen. Das aber lehnten viele Regierungen vor allem aus dem Globalen Norden ab. Dieser

Waffentyp war für ihre Militärplanung zu wichtig, als dass er aus moralischen Gründen zur Disposition hätte gestellt werden können. Das schloss auch solche Antipanzerminen ein, die mit Antipersonenminen kombiniert wurden, um ihre Entschärfung zu verhindern.

Darüber hinaus kennt die Ottawa-Konvention kein Verursacherprinzip (Fehl und Freistein 2021, S. 268). Es gibt keine generelle Pflicht zur Räumung von Minen durch diejenigen, die sie verlegt haben. Vielmehr sind die Staaten zuständig, auf deren Territorium sich die Minen befinden. Damit werden die USA und andere Großmächte aus der Verantwortung für die von ihnen im Ausland verlegten Minen entlassen. Gleichzeitig können sie Reputationsgewinne erzielen, wenn sie sich „freiwillig" an der Finanzierung von Minenräumkampagnen beteiligen. So zählen beispielsweise die USA zu den führenden Geldgeber*innen von Minenräumungsprogrammen, auch wenn sie die Ottawa-Konvention nicht ratifiziert haben (English 2013, S. 806). Entsprechend wird mit guten Gründen beklagt, dass die Ottawa-Konvention zur Verschleierung von Verantwortlichkeiten beiträgt (Bower 2020, S. 142).

Schließlich zählt die Ottawa-Konvention mit 164 Vertragsstaaten zwar zu den erfolgreichsten internationalen Abkommen. Gleichzeitig sind ihm eine Reihe von Schlüsselstaaten wie China, Indien, Russland, die USA und zahlreiche Länder im Vorderen Orient nicht beigetreten (ICBL 2023, S. X; Wisotzki 2013, S. 102). Diese Staaten behalten sich vor, Antipersonenminen einzusetzen, wenn sie das aus militärischen Gründen für notwendig halten. Hierzu verfügen sie nach wie vor über sehr große Bestände. Zwar halten auch sie sich bislang weitgehend an die normativen Vorgaben der Ottawa-Konvention. Die USA haben nach Auskunft von Adam Bower (2020) sogar ihre konkrete Militärplanung an dem Abkommen ausgerichtet. In dieser Hinsicht scheint die Ottawa-Konvention also durchaus eine breite Bindungswirkung zu entfalten. Gleichwohl und entgegen der Intention des Abkommens gibt es aber noch sehr viele Antipersonenminen in den Beständen der Nichtvertragsstaaten und damit ist die Gefahr groß, dass sie eingesetzt werden, wenn dies aus übergeordneten strategischen Interessen für notwendig erachtet wird.

Insgesamt haben wir es im Bereich der Antipersonenminen also mit einem Regime zu tun, dass die Politik von Staaten im Problemfeld signifikant und nachhaltig beeinflusst. Seine Entstehung ist ohne die Wirksamkeit von moralischer Interdependenz nicht zu verstehen. Hier wird eine Grenze der Erklärungskraft des rationalistischen Rationalismus sichtbar. In dem Augenblick aber, in dem moralische Interdependenz als Teil der Anreizstrukturen begriffen wird, auf die Staaten rational reagieren, wird die Entstehung und die Wirkung des Regimes aus rationalistischer Perspektive rekonstruierbar. Dabei zeigt ein Blick auf die Nichtvertragsstaaten, dass die Rüstungskontrolle nach wie vor ein schwer verregelbares Politikfeld ist. Allerdings sind Fortschritte möglich, und sie helfen denjenigen, die unter Antipersonenminen am meisten leiden (English 2013, S. 806).

4.4.3 Waffenhandelsvertrag

Ein zentrales Ziel des Waffenhandelsvertrags ist die Verringerung menschlichen Leidens (Artikel 1). Dieses Ziel spielte bei der NGO-Kampagne eine zentrale Rolle: Waffenhandel tötet; Waffen dürfen nicht in die Hände krimineller Regime und Terrornetzwerke gelangen (vgl. Bolton und James 2014, S. 439; Bromley et al. 2012, S. 1038; Green et al. 2013, S. 552). Während unstrittig ist, dass moralische Argumente für den Waffenhandelsvertrag eine wichtige Rolle gespielt haben, war die Verringerung menschlichen Leidens bei weitem nicht das einzige Motiv der beteiligten Staaten (Bolton et al. 2014, S. 437; Bromley et al. 2012, S. 1038). Vielmehr produziert der unregulierte Waffenhandel für alle Beteiligten und Betroffenen materielle Kosten. Sie lassen sich nur multilateral senken, und wegen der neuen Weltlage rückte dies nach dem Ende des Kalten Krieges in den Bereich des Möglichen. Das soll nicht bedeuten, dass moralische Argumente unbedeutend waren. Gleichwohl waren staatliche Interessen für das Abkommen ausschlaggebend. Das lässt sich wie bei der Ottawa-Konvention nicht zuletzt daran erkennen, dass das Vertragswerk aus moralischer Sicht viele Schwachstellen aufweist. Wie wir sehen werden, ergeben diese Schwachstellen Sinn, wenn die Interessen- und Prozesslogik von Staaten miteinbezogen wird.

Mit dem Waffenhandelsvertrag ist es erstmals gelungen, einen völkerrechtlich verbindlichen Rahmen für internationale Rüstungstransfer zu schaffen (Varisco et al. 2021, S. 1). Hierzu formuliert er gemeinsame Standards, mit deren Hilfe sich zulässiger von unzulässigem Waffenhandel unterscheiden lässt. Außerdem sind die Mitgliedsstaaten aufgefordert, die notwendigen nationalen Systeme und Kontrolllisten zur Dokumentation ihrer Rüstungstransfers einzurichten. Darüber hinaus wird von ihnen verlangt, dass sie ihren Berichtspflichten regelmäßig zum 31. Mai jeden Jahres nachkommen. Aufgrund der dadurch ermöglichten Zurechenbarkeit von Rüstungstransfers lässt sich die Transparenz im internationalen Waffenhandel signifikant erhöhen und das Problem unerlaubter Transfer verringern. Dabei wird vorausgesetzt, dass Staaten, die sich nicht standardkonform verhalten, mit signifikanten Kosten in Form eines erschwerten Zugangs zu internationalen Waffenmärkten rechnen müssen. Nach Paul Beijer (2021, S. 1) und Max Mutschler (2018, S. 122) ist deshalb allein schon die Einrichtung des Waffenhandelsregimes in seiner bisherigen Form ein epochaler Erfolg im gemeinsamen Interesse der beteiligten Staaten. Sie zeige zum einen, dass sich Staaten auf effektive Problemlösungsstrategien einigen können. Zum anderen werden Abweichungen von den gemeinsamen Standards nicht nur identifizierbar, sondern begründungspflichtig (Dondisch 2021, S. 3). Auf dieser Basis lasse sich ein politischer Prozess organisieren, der mittel- und langfristig zu einer fundamentalen Transformation des bislang unregulierten Politikfelds führen kann.

Allerdings darf nicht übersehen werden, dass der Waffenhandelsvertrag in seiner aktuellen Form einen schwierigen Kompromiss mit deutlichen Schwächen darstellt (Bolton und James 2014, S. 444). Das fängt damit an, dass die Sprache des Vertrags an zentralen Stellen bewusst vage bleibt (Beijer 2021, S. 5; Mutschler 2018, S. 123; Simonet 2014, S. 444–445). So heißt es beispielsweise in Artikel 6,3, dass ein Vertragsstaat dann keinen Waffen liefern dürfe, wenn er „zum Zeitpunkt der Genehmigung Kenntnis davon hat", dass sie bei der Begehung von Völkermord, Verbrechen gegen die Menschlichkeit oder Kriegsverbrechen verwendet werden würden. Aber wodurch genau zeichnet sich eine solche Kenntnis aus, und wie kann einem Vertragsstaat nachgewiesen werden, dass er zum Genehmigungszeitpunkt hinreichend informiert war, um problematische Waffenlieferungen im Sinne des Vertrags unterlassen zu müssen? Ähnliche Probleme ergeben sich bei der Auslegung von Artikel 7,4. Demnach sollen Vertragsstaaten dann von Waffenlieferungen absehen, wenn ein *eindeutiges* Risiko besteht, dass sie Frieden und Sicherheit untergraben, mit schweren Verletzungen völkerrechtlicher Normen einhergehen oder von Terrorgruppen bzw. der organisierten Kriminalität genutzt werden würden. Aber wieder bleibt offen, ab wann genau sich von solch einem eindeutigen Risiko sprechen lässt. Vor allem NGOs hatten deshalb darauf gedrungen, den Begriff durch „substantielles Risiko" auszutauschen. Mit dieser weniger anspruchsvollen Formulierung konnten sie sich aber nicht durchsetzen. Nicht zuletzt deshalb fürchtet Max Mutschler (2018, S. 123), dass sich aufgrund des Vertragstextes „beinahe jeder Rüstungsexport genehmigen" lasse (Mutschler 2018, S. 123). Gleichwohl stellt der Waffenhandelsvertrag aus Sicht von Loic Simonet (2014, S. 445–446) einen wichtigen Fortschritt da: Die Zeiten seien vorbei, in denen einzig der importierende Staat die Zuständigkeit und Verantwortung für die Verwendung von Waffen habe. Jetzt seien eindeutig auch die exportierenden Staaten in der Pflicht, dafür zu sorgen, dass ihre Waffen nicht missbraucht werden würden.

Eine weitere Schwäche des Waffenhandelsvertrags sind seine Regelungslücken (Bolton und James 2014, S. 448; Lustgarten 2015, S. 582). Während Kommunikation und Aufklärung eine immer wichtigere Rolle in bewaffneten Konflikten und bei der Unterdrückung ziviler Proteste spielen, kommen sie im Vertrag nicht vor. Das Gleiche gilt für Technologietransfers, die ebenfalls nicht substanziell verregelt worden sind. Drittens ist die Organisation von Verbindlichkeiten schwach ausgefallen. Der Vertrag kennt keine Sanktionen bei Vertragsbruch (Lustgarten 2015, S. 589; Mutschler 2018, S. 123; Schörnig 2017, S. 980). Um jeden Anschein von Supranationalität zu vermeiden, verfügt das Sekretariat nur über geringe organisatorische Kompetenzen. Und auch bei der Berichtspflicht sind die Anforderungen sehr staatenfreundlich geblieben. Regierungen sollen zwar einmal im Jahr dem Sekretariat ihre Aus- und Einfuhren melden, aber sie können dies auch in einem nicht-öffentlichen Format tun. Nicht von ungefähr meinen deshalb einige NGOs, dass der Waffenhandelsvertrag vor allem zur Reproduktion der westfälischen Staatenordnungen beitrage und Rüstungstransfers eher legitimiere als kontrolliere (Bolton und James 2014, S. 447–448). Schließlich fällt auf, dass wichtige Waffenexporteure und Importeure wie Russland, Indien oder auch Saudi-Arabien dem Vertrag noch nicht beigetreten sind. Deshalb scheint es zweifelhaft, ob er das Ziel einer universalen Mitgliedschaft in absehbarer Zeit erreichen wird.

Der Waffenhandelsvertrag hat also inhaltliche Defizite, und sie lassen erkennen, dass Macht und Interessen bei seiner Aushandlung eine wichtige Rolle gespielt haben. Gleichzeitig darf nicht vergessen werden, dass das Regime nie darauf angelegt war, gleichsam über Nacht den Schalter im internationalen Waffenhandel umzulegen. Vielmehr ging und geht es um die Organisation politischer Rüstungskontrollprozesse in einer Welt, die von Staaten mit ausgeprägten Sicherheits- und Wirtschaftsinteressen dominiert wird (Dondisch 2021, S. 1). Von ihnen wird im rationalistischen Institutionalismus erwartet, dass sie auf materielle Anreize reagieren und ihre Umwelt schrittweise so umorganisieren, dass sie gemeinsame Ziele erreichen können, ohne größere Risiken eingehen zu müssen – und genau das soll der Waffenhandelsvertrag leisten. Er sollt die Rüstungstransferpolitik der Vertragsstaaten transformieren und so aufeinander abstimmen, dass sukzessive immer mehr problematische Rüstungstransfers identifiziert und reduziert werden können.

Eine zentrale Rolle spielen in diesem Prozess die jährlichen Vertragsstaatenkonferenzen. Auf ihnen werden die Performanz der Regimes und sein Anpassungsbedarf von den Mitgliedsstaaten diskutiert. Entsprechend wurden nach dem Inkrafttreten des Waffenhandelsvertrags eine Reihe von Arbeitsgruppen eingerichtet (Dondisch 2021; Holtom 2021). Hierzu zählen die *Working Group on Transparency and Reporting* (WGTR), *Working Group on Effective Treaty Implementation* (WGETI) und die *Working Group on Treaty Universalization* (WGTU). In diesen Arbeitsgruppen werden beispielsweise *Best Practices* zur Einrichtung nationaler Kontrollsysteme und der Erstellung von Kontrolllisten oder auch pragmatische Formatvorlagen für die geforderten Jahresberichte entwickelt. Denn auf der einen Seite haben viele Mitgliedstaaten gleich nach Vertragsbeitritt damit begonnen, die geforderten nationalen Kontrollsysteme und -listen einzurichten. Auf der anderen Seite wurde aber erkennbar, dass es deutliche Performanzdifferenzen in den Weltregionen gab. Während beispielsweise europäische und asiatische Mitgliedsstaaten die Vertragsanforderungen zügig umsetzten und ihre Erstberichte fast vollständig im geforderten Zeitrahmen einreichten, lag die Erstberichtsquote unter den lateinamerikanischen Staaten bei 67 % und unter den afrikanischen Staaten bei 50 % (Control Arms Secretariat 2023, S. 60). Diese signifikante Varianz ist sicherlich nicht nur unterschiedlichen politischen Prioritäten während der Covid-Pandemie geschuldet, sondern auch geringeren Fähigkeiten und fehlenden Ressourcen, die durch gezielte Unterstützung beim Aufbau nationaler Kontrollsysteme und der Erstellung der Kontrolllisten ausgeglichen werden können. Entsprechend wurde 2016 der freiwillige Treuhandfonds eingerichtet, dessen Mittel zur Finanzierung nationaler Umsetzungsprogrammen durch Anträge abrufbar sind (Maletta und Bauer 2021, S. 3).

Darüber hinaus kann das Regime nur funktionieren, wenn seine Standards von möglichst vielen Staaten anerkannt und bei Transferentscheidungen respektiert werden. Ein wichtiger Schritt in Richtung auf Universalisierung der Regimemitgliedschaft war der Beitritt Chinas, dass den Waffenhandelsvertrag im Juli 2020 ratifiziert hat. Von diesem Beitritt versprechen sich Beobachter*innen zum einen, dass weitere Staaten vor allem in Asien dem chinesischen Beispiel folgen werden und die Zahl der Vertragsstaaten signifikant wächst (Saferworld 2020; Vestner 2020). Zum anderen werden jetzt 71 % der weltweiten Rüstungstransfers von Vertragsstaaten verantwortet (Stohl 2021, S. 2). Von den großen Waffenexporteuren steht nur noch Russland außerhalb des Vertrags. Zwar haben auch Israel, die Türkei und die USA das Abkommen noch nicht ratifiziert. Aber sie sind dem Regime per Unterschrift beigetreten und damit verpflichtet, seine Bestimmungen nicht unilateral zu unterlaufen (Lustgarten 2015, S. 599). Damit dürfte sich die globale Geltung der Vertragsstandards deutlich verstärkt haben.

Allerdings zeigt das Beispiel der jüngsten Rüstungsexporte an Saudi-Arabien, dass selbst von einer universalen Geltung nicht bruchlos auf eine globale Praxis geschlossen werden kann (Control Arms Secretariat 2023, S. 16–18; Maletta und Bauer 2021). So gibt es starke Gründe dafür, dass die Unterstützung des Landes im Krieg gegen Jemen den Waffenhandelsvertrag verletzt. Während mehrere europäische Länder wie Belgien, Deutschland, Italien, die Niederlande und Norwegen ihre Exporte drastisch daraufhin reduzierten oder ganz einstellten, liefern Frankreich und Großbritannien weiter Kriegsmaterial in das Krisengebiet, obwohl alle Konfliktparteien massiv und systematisch das Humanitäre Völkerrecht und die Menschenrechte verletzen. Sie begründen dies mit übergeordneten nationalen Interessen. Allerdings haben sich daraufhin in beiden Ländern zivilgesellschaftliche Protestbewegungen etabliert, die nationale Gerichte anrufen, um ihre Regierungen zum Einlenken zu zwingen (ATT Expert Group 2021). Auch wenn noch offen ist, ob sie mit ihren Klagen Erfolg haben werden, zeigen beide Fälle, dass die Ratifikation des Waffenhandelsvertrag deutliche innenpolitische Kosten erzeugt, die von Regierungen bei ihren Entscheidungen ins Kalkül gezogen werden müssen – und genau das erwartet der rationalistische Institutionalismus.

Insgesamt wird erkennbar, dass sich das aktuelle Waffenhandelsregime im Horizont des rationalistischen Institutionalismus erklären lässt. Bei seiner Einrichtung und Aufrechterhaltung dürften zwar wie bei der Ottawa-Konvention auch moralische Gründe eine Rolle gespielt haben, aber ausschlaggebend blieben und bleiben die Interessen von Staaten. Sie schufen ein Regelwerk, welches auf der einen Seite Kooperationsrisiken minimieren soll und auf der anderen Seite einen Weg weisen kann, unerlaubte Rüstungsexporte zu identifizieren und systematisch zu reduzieren. Auf diesem Weg sind die Vertragsstaaten mit der sukzessiven Ausgestaltung des Regimes bereits ein gutes Stück vorangekommen. Außerdem ist es gelungen, immer mehr Staaten in das Regime einzubinden, sodass der Waffenhandelsvertrag im Juli 2022 von 111 Staaten ratifiziert worden ist und ihn 30 weitere Staaten zumindest unterschrieben haben. Gleichwohl ist der Weg zu seiner universalen Geltung und strikten Umsetzung noch weit. In dem Zusammenhang ist auch noch nicht absehbar, wie sich die dramatischen Veränderungen in der Weltlage seit dem russischen Angriff auf die Ukraine auf das Regime auswirken werden. Davon unbenommen bleibt allerdings, dass alle Staaten ein starkes gemeinsames Interesse daran haben, dass Waffen nicht in die falschen Hände gelangen, dass sie mit dem Waffenhandelsvertrag und der Formulierung internationaler Standards einen wichtigen Schritt bei der Realisierung dieses Interesses gegangen sind und dass die Zukunft zeigen wird, ob sich das Regime so weiterentwickeln wird, dass die Gefahren, die von einem unregulierten Waffenhandel für die staatliche und menschliche Sicherheit ausgehen, signifikant reduziert werden können. Dabei machen die Anpassungsleistungen von Staaten schon jetzt deutlich, dass von dem Vertragswerk eine Steuerungswirkung ausgeht, die es ohne das Regime nicht gegeben hätte. Ob sie am Ende ausreichen wird, um das Politikfeld substanziell zu transformieren, ist noch offen, aber möglich.

4.5   Feministische Theorien, Genderforschung und Rüstungskontrollregime

4.5.1   Perspektive

Feministische Forschung in den Internationalen Beziehungen hat sich seit ihrer Entstehung Anfang der 1990er-Jahre weiterentwickelt, sodass man heute grob zwischen liberalfeministischen Ansätzen und kritisch-feministischen oder Genderansätzen unterscheiden kann. Bezogen auf internationale Regime würde der liberale Feminismus etwa fragen, ob und wie Frauen oder Frauengruppen am Agenda Setting sowie Verhandlungs- und Entscheidungsprozess beteiligt sind. Diese Fokussierung ist einerseits mit einem einfachen Gerechtigkeitsargument zu begründen: Es ist unfair, die Hälfte der Weltbevölkerung aufgrund ihres biologischen Geschlechts von internationalen politischen Entscheidungsprozessen auszuschließen. Andererseits ist auch der androzentrische Fokus internationaler Politik zu kritisieren. Somit geht es nicht nur darum, dass Frauen als weitere Körper auf der internationalen Ebene anwesend sind. Vielmehr gehen liberale Feminist*innen davon aus, dass weibliche Erfahrungen in ihrer Diversität und Spezifität nicht nur aufgrund des oben genannten Verlangens nach Gerechtigkeit in der internationalen Politik gehört und ernst genommen werden sollten, sondern auch weil sie die Geschichten, die geschrieben und das Bild, das gezeichnet wird, als Ganzes verändern können (Peterson 2004, S. 37–38). Kurz gesagt: Internationale Politik verändert sich grundlegend, wenn nicht mehr nur Männer mit ihren Erfahrungen Einfluss darauf nehmen.

Aktuell fokussiert feministische Forschung jedoch nicht (mehr) lediglich auf die (Un-)Gleichbehandlung und (Unter-)Repräsentation von Frauen in der internationalen Politik. Eher wird eine große Bandbreite an Fragen gestellt, die sich mit diversen und komplexen Konstruktionen von Männlichkeiten und Weiblichkeiten sowie den mannigfaltigen Beziehungen zwischen ihnen befassen. Deshalb wird häufig auch nicht mehr nur von feministischer Forschung, sondern verstärkt von Genderforschung gesprochen. Diese ist zumeist verknüpft mit einer sozialkonstruktivistischen oder poststrukturalistischen Ontologie und Epistemologie.

Grundlegend kritisiert die kritische Genderforschung am liberalen Feminismus, dass er selbst essenzialisierend wirkt und eine universelle Weiblichkeit zugrunde legt, die der Vielzahl der weiblichen Erfahrungen und Identitäten nicht entspricht. Die Annahme, dass Männer die „unmarked, default category" (vgl. Theidon et al. 2011, S. 12) seien, von der Frauen abweichen, weshalb ihre besonderen Bedürfnisse in internationalen Regimen beachtet werden müssten, lehnen Genderforscher*innen ab. Dementsprechend kann es bei der Bewertung internationaler Regime aus einer kritischer Genderperspektive nicht primär darum gehen, zu fragen, wo und wie Frauen involviert und betroffen sind, im Sinne eines „[…] head count of women or paying attention to women's assumed vulnerability" (Charlesworth 2016, S. 138).

Wenn man sich mit Regimen befassen möchte, ist es stattdessen notwendig, erst einmal zu hinterfragen, „[…] whether there is really any such thing as 'femaleness'. Is there a distinct and uncontested 'women's perspective' that is different from a 'male perspective', and if so, is that women's perspective simple to identify and define?" (Ehrenreich Brooks 2002, S. 353). Diese eher rhetorische Frage lässt es wenig sinnvoll erscheinen, darauf zu hoffen, dass die bloße Beteiligung von Frauen beim Agenda Setting und in Verhandlungen zu Ergebnissen führt, die für alle Frauen als gut zu bewerten wären. Und auch die liberalfeministische Bewertung an sich ist aus dieser Perspektive problematisch: „[…] one woman's bread is another woman's poison. Surely, then, it is a form of arrogance to insist that the world's three billion women have a common perspective on such a highly problematized subject as 'rights'" (Ehrenreich Brooks 2002, S. 353).

In diesem Kapitel befassen wir uns deshalb mit kritisch-feministischer Genderforschung und analysieren internationale Rüstungskontrollregime aus diesem Blickwinkel. Dabei entwickeln wir Fragen an und über Regime, die sich aus verschiedenen kritischen, poststrukturalistischen und sozialkonstruktivistischen Gendertheorien ergeben. Alle Ansätze, die wir heranziehen, haben gemeinsam, dass sie das reine Zählen und Erfassen von Frauen in der internationalen Politik – oder andersherum von den Auswirkungen internationaler Politik auf Frauen – für nicht ausreichend oder sogar kontraproduktiv halten. Der Fokus verschiebt sich somit von der Analysekategorie „Frauen" zur Analysekategorie „Gender" und geht über die „Frauenfrage", die liberalfeministische Forschung vereint, hinaus (Wibben 2004, S. 105–106). Laura Sjoberg betont: „The word 'gender' does not mean the same thing as the word 'women'- and it is not only women who have *genders*. Instead, both men and women (and people who are neither men nor women, or both men and women) have genders, experience gender, and live in a gendered world." (Sjoberg 2015, S. 440, Hervorhebung im Original).

Hegemoniale Männlichkeit nach Raewyn Connell

Raewyn Connell versteht Männlichkeit als „simultaneously a place in gender relations, the practices through which men and women engage that place in gender, and the effects of these practices in bodily experience, personality and culture" (Connell und Messerschmidt 2005, S. 71). Dabei geht sie davon aus, dass Männlichkeiten nur im Plural existieren. Gleichzeitig gibt es in jeder Gesellschaft sogenannte hegemoniale Männlichkeiten, also Genderkonstruktionen, die als Ideal breit geteilt werden, zur Normierung männlicher Haltungen und Verhaltensweisen dienen und zur Unterdrückung von Frauen führen (Connell und Messerschmidt 2005, S. 853). Zwar können die meisten Männer diesem Ideal nicht entsprechen, gleichwohl orientierten sie sich an ihm und tragen damit zur Reproduktion patriarchaler Machtverhältnisse bei. Wie Connell weiter ausführt, geht die Entstehung hegemonialer Männlichkeiten notwendigerweise mit der Marginalisierung gegenläufiger Genderkonstruktionen einher.

Quelle: Connell und Messerschmidt 2005, S. 79–81

Nimmt man Gender als soziale Konstruktion ernst, so bedeutet dies, dass man Weiblichkeit nicht ohne Männlichkeit verstehen kann. Die konstruierte hierarchische Gegenüberstellung der beiden prägt die soziale Welt, spiegelt sich beispielsweise in Kommunikation, Praktiken und Ideologien wider und ist somit hoch politisch. Daher ist es notwendig, bisher häufig als gegeben betrachtete Konzepte wie beispielsweise Macht, Sicherheit, Rationalität, Entwicklung oder Gewalt aus einer Genderperspektive zu hinterfragen und aufzuschlüsseln (Peterson 2004, S. 40). Die Konstruktion von Gender basiert auf Praktiken, Diskursen und Symbolen, sie wird (re-)generiert in Körpern, Sprache und Materialität. Dabei etablieren diese Diskurse und Praktiken einen Anschein von Stabilität, die Genderkonstruktionen an sich nicht innehaben. Vielmehr sind sie laufend auf Rekonstruktion angewiesen. Diese Konstruktion von Gender und der sozialen Welt als Ganzes – ohne abzustreiten, dass es Materialität an sich gibt – erscheint häufig naturgegeben. Diesen Anschein gilt es aus einer kritischen Genderperspektive zu hinterfragen: „In conducting a PF [poststructuralist feminist] analysis of world politics, one could, for example, pay attention to the ways that the 'world' is being represented and enacted, or point out that which is being silenced, or hidden, through such representations and enactments" (Stern 2016, S. 38).

Das kritische Potenzial der postpositivistischen Genderforschung besteht darüber hinaus darin, dass nicht nur die sozial konstruierte Hierarchie zwischen Männlichkeit und Weiblichkeit, sondern durch Reproduktion naturalisierte, also depolitisierte und legitimierte Machtbeziehungen im Allgemeinen aufgedeckt werden. So sind beispielsweise Rassismus, Homophobie oder Kolonialismus in vielen Kontexten nur durch grundlegend gegenderte Feindbildkonstruktionen und Ausgrenzungsprozesse zu verstehen. „Feminist theories are thus transformative because they address not only sex and gender oppression but all oppressions linked by denigration of the feminine" (Peterson 2004, S. 40–41). Befasst man sich mit der kritischen Perspektive, die Genderforschung eröffnet, ist auch das Konzept der Intersektionalität relevant. Es wurde aufgrund der Gewalterfahrungen von Women of Color in den USA entwickelt, die nur durch eine Analyse der zahlreichen Punkte, an denen sich Rassismus und Sexismus überschneiden, greifbar gemacht werden können (Crenshaw 1991, S. 1244). In der Analyse und somit Sichtbarmachung von Diskriminierung, Abhängigkeiten und Machtbeziehungen liegt das emanzipatorische Potenzial der Genderforschung, wenn wir Diskurse und Subjektpositionen „verhandeln, anzweifeln und transformieren" (Stern 2016, S. 39, eigene Übersetzung).

Im Folgenden werden wir die Fragen identifizieren, die feministische Genderforschung an und über internationale Regime formulieren kann, um die erwähnten Hierarchien und Konstruktionen aufzudecken und zu hinterfragen. Mit diesen Fragen verfolgen wir das Ziel, die sogenannte „feministische Neugier" (vgl. Enloe 2004) analytisch nutzbar zu machen. Dafür beziehen wir „die komplexen Wirkungsweisen von Ideen über sowohl Männlichkeiten (und zwar alle) als auch Weiblichkeiten (und zwar alle) und Entscheidungen, die diese beeinflussen sollen" (Enloe 2015, S. 4, eigene Übersetzung) in die Formulierung der Fragen und ihre Beantwortung mit ein. Vor diesem Hintergrund sind unserer Meinung nach vor allem zwei Bereiche relevant, nämlich (1) die Rolle von Genderkonstruktionen bei der Entstehung von Regimen und (2) die Reproduktion von (gegenderten) Machtverhältnissen durch blinde Flecke in der Ausgestaltung und Umsetzung des Regimes. Um diese Fragen auszuarbeiten, greifen wir auf Erkenntnisse aus dem feministischen Institutionalismus – hier sowohl in seiner internationalen als auch in seiner nationalen Ausprägung – und aus feministischen Analysen internationalen Rechts zurück.

4.5.2 Genderkonstruktionen und die Entstehung von Regimen

Ziel der Analyse ist es, Gendernormen und -konstruktionen aufzudecken, die institutionelle Prozesse und Dynamiken beeinflussen (Charlesworth 2016, S. 140; Krook und Mackay 2011, S. 3), oder, um Connells (2005) Terminologie zu nutzen, die hegemonialen Genderkonstruktionen zu identifizieren, die ein gewissen Regime in seiner konkreten Form und Ausgestaltung ermöglichen. Feministische Institutionalist*innen sind sich einig, dass in Institutionen jedweder Art soziale Kategorien durch Bezugnahme auf Körperlichkeit und Natur (als Gegenstück zu Kultur) als gegeben gesetzt werden. Nicht überraschend spielen hier Ideale von Männlichkeit und Weiblichkeit eine herausragende Rolle (Prügl 2004, S. 77). Somit spiegeln internationale Regime hegemoniale Genderkonstruktionen wider. In der internationalen Politik allgemein, und speziell im Bereich Rüstungskontrolle als Aspekt von Sicherheit und Frieden, können wir die historisch erprobte und global geteilte Konstruktion von Männern als heldenhaften Beschützer und Frauen als friedliche zu Beschützende identifizieren. Das geflügelte Wort von Frauen als dem „schwachen" Geschlecht, das es dementsprechend zu beschützen gilt, lässt sich bis ins Mittelalter zurückverfolgen (Carpenter 2005, S. 308). In internationale Regime finden diese Konstruktionen implizit und explizit Eingang indem „Männlichkeit mit Vernunft, Macht, Grenzziehung und Kontrolle und Weiblichkeit umgekehrt mit dem Gegenteil davon – Passivität, Fürsorge, Emotion und Irrationalität – verknüpft werden" (Waylen 2014, S. 215, eigene Übersetzung).

Möchte man die binäre, verengte und verengende Konstruktion von Männlichkeit und Weiblichkeit, die internationalen Regimen häufig zugrunde liegt, erweitern oder auflösen, so muss man diejenigen Symbole, Bilder, Praktiken und Diskurse identifizieren, die das Regime legitimieren und stützen (vgl. Krook und Mackay 2011, S. 8). In internationalen Regimen und Rechtstexten konnte eine

Nutzung von Sprache und Bildern identifiziert werden, deren Wirkmächtigkeit und Funktionsweise von gegenderten Kategorien abhängt. „An example is the development of the 'responsibility to protect' doctrine (R2P), which relies on gendered contrasts between action/inaction, force/passivity, order/chaos, practicality/theory and optimism/pessimism to identify the use of force as the ultimate guarantee of stability [...]" (Charlesworth 2016, S. 140). Gleichermaßen sollte Resolution 1325 der VN Sicherheitsrates zu Frauen, Frieden und Sicherheit zwar explizit eine Genderperspektive in die Friedensarbeit der Vereinten Nationen einbringen, diese wurde aber strikt liberalfeministisch interpretiert: Gender wird mit Frauen und Mädchen gleichgesetzt, die besondere Bedürfnisse haben. Um diesen gerecht zu werden müssen Frauen entweder sich selbst oder ihre Positionen verändern. Genderbeziehungen und das Verhalten von Männern hingegen bleiben unangefochten (Charlesworth 2016, S. 138–139). Durch wissenschaftliche Kritik und Aktivismus, die die gegenderten Machtbeziehungen, die in die Resolution 1325 eingegangen sind, offenlegten, ist es gelungen, nachfolgende Resolutionen des VN-Sicherheitsrates, die Teil der Women, Peace and Security Agenda sind, nach und nach inklusiver, diverser und gendergerechter zu gestalten (True 2019, S. 141).

Allgemeiner betrachtet kann man festhalten, dass vor allem da, wo internationales Recht für den Schutz von Zivilist*innen genutzt werden soll, häufig auf essenzialistische Annahmen zurückgegriffen wird, und Frauen in einem Atemzug mit Kindern genannt werden, die zusammen die zu beschützende Gruppe der Zivilist*innen darstellen, von der erwachsene Männer ausgenommen sind (Carpenter 2005, S. 303). Das Phänomen, dass erwachsene Frauen und Kinder aus vermeintlich wohlmeinender zivilgesellschaftlicher oder politischer Perspektive als eine einheitliche Kategorie angesehen werden, wurde bereits 1990 von Cynthia Enloe als „womenandchildren" bezeichnet (Enloe 1990, S. 1). Allerdings, so betont Carpenter, hat sich in den letzten Jahren der Diskurs leicht verschoben, sodass Frauen heute nicht mehr aufgrund ihres biologischen Geschlechts als besonders gefährdet angesehen werden, sondern aufgrund der Diskriminierungen, die sie im Laufe ihres gesamten Lebens erfahren und die sie in Zeiten bewaffneter Konflikte in besonders gefährdete Situationen bringen. Trotzdem bleibt die einzige Gruppe von Zivilist*innen, die niemals explizit als gefährdet eingestuft wird, die der Männer ohne Behinderung. Dies erfolgt unabhängig von weiteren Faktoren, die diese Positionierung verändern könnten, nämlich beispielsweise Kriegsdienstverweigerung oder Homosexualität (Carpenter 2005, S. 308). Entsprechend stellt sich aus kritisch-feministischer Sicht die Frage, ob die Ottawa-Konvention und der Waffenhandelsvertrag vorherrschende Genderkonstruktionen reproduzieren. Konkret wird zu untersuchen sein, welche Symbole, Bilder, Praktiken und Diskurse sich identifizieren lassen, die zu einer solchen Reproduktion beigetragen haben.

4.5.3 Blinde Flecken des Regimes

Mit diesen Ausführungen möchten wir die Auswirkungen, die internationale Regime aus einer Genderperspektive haben können, analysieren. Allerdings haben wir es bei diesen Auswirkungen nicht mit einem kausalen Zusammenhang zu tun, der durch Variablen dargestellt werden könnte. Vielmehr ist anzunehmen, dass Regime, die auf hegemonialen Genderkonstruktionen basieren, auch gleichzeitig Auswirkungen auf diese haben. Darüber hinaus prägen Genderkonstruktionen soziale Macht- und Besitzverhältnisse, sind Teil davon und können auch genutzt werden, um sie in Frage zu stellen. Dementsprechend wollen wir hinterfragen, wie sich die Ottawa-Konvention und der Waffenhandelsvertrag auf Genderbeziehungen und -ordnungen auswirken, inwiefern sie hegemoniale Konstruktionen reproduzieren oder untergraben, und ob sie dementsprechend transformativ oder lediglich regulierend wirken. Konkret (re-)konstruieren Regime immer Machtstrukturen (vgl. Prügl 2004, S. 73), und es ist legitim, davon auszugehen, dass sie diejenigen Konstruktionen verstärken, die auch Eingang in ihre Formulierung und Verabschiedung gefunden haben, dass institutionelle Praktiken und Prozesse Ungerechtigkeiten reproduzieren (Krook und Mackay 2011, S. 2) und dass sie gegenderte Machtverteilungen aufrechterhalten (Mackay et al. 2010, S. 582). Jenseits der Reproduktion von Strukturen haben Regime auch die Wirkung, dass sie die Handlungsfähigkeit und -macht von Akteur*innen formen und somit erweitern oder einschränken können (Mackay et al. 2010, S. 583). Gender spielt eine zentrale Rolle dabei, wie groß oder klein Handlungsspielräume für einzelne Akteur*innen gestaltet sind und internationale Regime können dies verstärken oder in Frage stellen (Prügl 2004, S. 74–75).

Erneut bietet es sich an, als Beispiel die Women, Peace, and Security Agenda heranzuziehen, konkret die grundsteinlegende Resolution 1325 des VN-Sicherheitsrats. Während die Resolution als wichtiger Schritt hin zur Inklusion von Frauen in Belange, die Frieden und Sicherheit betreffen, angesehen wird, sind sich Genderforscher*innen einig, dass sie aus einer kritischen Perspektive einiges zu wünschen übrig lässt. Diese Kritik bezieht sich einerseits auf die Vereinten Nationen selbst, deren Genderhierarchien durch Resolution 1325 nicht nur nicht verändert, sondern im Gegenteil zementiert wurden (Puechguirbal 2010, S. 184). Frauen, die bei den VN Gehör finden wollen, beispielsweise im Kontext von Friedensbildung, sollten ihre Handlungen und Aussagen an gegenderte Vorgaben anpassen. Diese Konstruktion „[…] asks women to be loyal to the global while also showing their connection to the local, and […] encourages them to speak in positive ways" (Gibbings 2011, S. 534), und zwar nicht nur intern, sondern auch extern im Umgang mit ihren Gemeinden. Und auch außerhalb des VN-Systems hat die Resolution 1325 weniger Stereotype und Genderkonstruktionen hinterfragt als vielmehr reproduziert, so beispielsweise die Gleichsetzung von Frauen mit Frieden, Fürsorge und Pflege und politischer Neutralität. Sollten sie in Berührung mit Gewalt kommen, dann als Opfer.

Dies hat beispielsweise zur Folge, dass Frauenorganisationen und individuelle Frauen nur dann finanzielle und politische Unterstützung erhalten, wenn sie sich in diese Stereotype einfügen (El-Bushra 2007, S. 143). Alle Frauen und weiblich gelesenen Personen, denen dies nicht gelingt oder die sich aktiv dagegenstellen, fallen aus dem Raster und erfahren eine Einengung ihres Handlungsspielraums. Auf diese und ähnliche Auswirkungen müssen auch internationale Regime im Bereich der Rüstungskontrolle untersucht werden, wenn man den Ansprüchen von kritischer Genderforschung gerecht werden will. Aufgrund der eingangs erwähnten Relationalität von Gender als Analysekategorie haben diese Konstruktionen natürlich auch einen Einfluss darauf, wie Männlichkeit wahrgenommen wird und welche Männer und männlich gelesene Personen ebenso durch das Raster fallen. Hier müssen zum Beispiel LGBTI*-Personen, Männer mit Behinderungen oder Männer, die aus anderen Gründen (beispielsweise Arbeitslosigkeit, Armut oder Zugehörigkeit zu Minderheiten) verletzlich sind, genannt werden (Myrttinen et al. 2017). Durch ihre Blindheit für Genderfragen und Essentialismen kann es ebenso geschehen, dass Regime andere (gegenderte) Ungleichheiten und Ungerechtigkeiten hervorrufen oder verstärken, die bei der Formulierung und Verhandlung des Regimes nicht bedacht wurden. Entsprechend wollen wir fragen, ob die Ottawa-Konvention und der Waffenhandelsvertrag mit dem Blick auf Genderhierarchien und gesellschaftlichen Machtverhältnisse blinde Flecken aufweisen und welche Auswirkungen sie auf die Reproduktion oder Veränderung von Machtverhältnissen haben.

4.5.4   Die Ottawa-Konvention

Die Ottawa-Konvention und Genderkonstruktionen
Aus kritisch-feministischer Perspektive ist die Entstehungsgeschichte der Ottawa-Konvention nicht nur positiv zu bewerten. Natürlich ist aus einem humanitären Blickwinkel Rüstungskontrolle an sich ein hohes Gut, und auch Frauenrechtsorganisationen haben sich in den 1990er-Jahren für das Verbot von Landminen ausgesprochen. Im Folgenden gilt es jedoch zu erörtern, inwiefern kritisch zu betrachtende Genderkonstruktionen die Ottawa-Konvention tragen und von ihr reproduziert werden. Dafür betrachten wir zuerst die Praktiken, Symbole und Diskurse, die für die Durchführung der Kampagne gegen Landminen herangezogen

wurden. Daraufhin zeigen wir, dass dies durchaus bestehende Genderkonstruktionen reproduziert und verstärkt hat.

Wie bereits beschrieben waren Landminen über lange Zeit ein gängiges und akzeptiertes Mittel zur Kriegsführung durch Staaten. Dabei waren sie herkömmlich ein rüstungs- und somit sicherheitspolitisches Thema, welches von Nationalstaaten, nicht aber zivilgesellschaftlich oder auf internationaler Ebene diskutiert wurde. Dieses Vorrecht der Staaten basiert auf ihrer maskulinen und patriarchalen Konstruktion, welche zurückgeführt werden kann auf die Geschichte moderner Nationalstaaten, die von mächtigen Männern und blutigen Kriegen erzählt (Hearn 2012, S. 40). Gleichzeitig ist der Nationalstaat verknüpft mit Attributen und Konzepten, die ebenso mit Männlichkeit verbunden sind, wie beispielsweise Ehre, Patriotismus, Mut und Pflichtbewusstsein (Nagel 1998, S. 251–252). Wir können somit eine maskuline Beschützernorm identifizieren, laut der Staaten in ihrer Rolle als Beschützer der Bevölkerung auf Landminen als militärisch notwendiges Mittel zurückgreifen. Um eines der bisher legitimen militärischen Mittel zum Schutz staatlicher Sicherheit zu verbieten, musste also diese wirkmächtige Konstruktion durchbrochen oder gewendet werden (de Larringa und Sjolander 1998, S. 131).

Damit dies gelingen konnte, musste die Kampagne einerseits an die binäre Logik von Beschützern und zu Beschützenden anknüpfen, andererseits aber ein anderes Politikergebnis logisch erscheinen lassen. Der zivilgesellschaftlichen Lobby- und Informationsarbeit unter Federführung der ICBL gelang es, Landminen als weder militärisch nützlich noch der Beschützernorm entsprechend darzustellen. Dabei wurden die Landminen selbst als Subjekt mit eigener Handlungsmacht dargestellt, die wahllos töteten, während die menschlichen Handlungen, die für ihre Produktion und Verwendung unerlässlich sind, in den Hintergrund rückten und beinahe unsichtbar wurden (Beier 2011, S. 168–169). APMs verkörperten somit das Böse, das es zu bekämpfen galt und vor dem geschützt werden musste. Dabei wurden gegenderte Stereotype herangezogen, indem APMs beispielsweise als unvernünftig und unkontrollierbar, weiblich konnotierte Attribute, dargestellt wurden und Staaten, die sich ihnen entgegenstellen als vernünftig und stark (de Larringa und Sjolander 1998, S. 139). Gleichzeitig betonte der Diskurs die Rolle von Gewaltexpertentum und Kontrolle über Gewaltausübung und ihre Mittel, traditionellerweise eine männliche Rolle und militärisch-männliche Fähigkeit (vgl. Streicher 2011, S. 50). APMs mit ihrem unkontrollierbaren Handlungsspielraum mussten also unter Kontrolle gebracht werden; die wahllose Gewalt, die von ihnen ausgeht, galt es zu beschneiden (Beier 2011, S. 161) – womit erneut gegenderte Attribute in den Mittelpunkt des Verbots rückten: Vernunft und Kontrolle als männlich konnotiert versus Unvernunft und Wahllosigkeit als weiblich konnotiert.

Wenn nun also Landminen die Bedrohung und Staaten immer noch die Beschützer darstellten, wen galt es vor den Apms zu schützen? Die NGOs und Staaten, die für das APM-Verbot warben, hatten darauf eine eingängige Antwort: Die
Zivilbevölkerung – in Form von „unschuldigen Frauen und Kindern" (de Larrinaga
und Sjolander 1998, S. 135). Um dieses Narrativ zu verbreiten, nutzte die ICBL
hauptsächlich Bilder von Frauen und Kindern in ihrer Kampagne, um das Leiden,
das APMs über die Zivilbevölkerung bringen, darzustellen, obwohl in den
1990er-Jahren Männer zwischen 60 und 70 % der Landminenopfer ausmachten
(O'Dwyer 2006, S. 84). Beinprothesen für Frauen und Kinder, die ihren täglichen
Tätigkeiten nachgehen und dabei auf Landminen treten, wurden zu einem zentralen Bild der Kampagne. Dies war zum einen der Fall in offiziellen Dokumenten:
„The French-based Handicap International, like the ICRC, reports that an increasing proportion of its resources is devoted to mine-related surgery or the fitting of
prosthetic devices to women and children who step on anti-personnel mines as they
herd sheep or search for firewood" (Parlow 1995), zum anderen aber auch in Er-
fahrungsberichten bekannter Persönlichkeiten: „I am still shaken by my vivid me-
mories of the women and children I watched taking their first laborious steps on
spindly wooden legs with attached shoes" (J. Dunfey in: de Larrinaga und Sjolander 1998, S. 136). Global die größte Aufmerksamkeit für das Verbot von APMs erreichte die kurze Zeit später verstorbene Prinzessin Diana mit einem Besuch in An-
gola, wo sie nicht nur durch ein Minenfeld lief, sondern auch Minenopfer traf, die
auf Prothesen warteten. Auf einem zivilgesellschaftlichen Seminar zum Thema
Landminen beschrieb sie sie folgendermaßen:

> „For the mine is a stealthy killer. Long after conflict is ended, its innocent victims die
> or are wounded singly, in countries of which we hear little. Their lonely fate is never
> reported. The world, with its many other preoccupations, remains largely unmoved by
> a death roll of something like 800 people every month – many of them women and
> children. Those who are not killed outright – and they number another 1,200 a month –
> suffer terrible injuries and are handicapped for life." (Diana Princess of Wales 1997)

Das Zitat beinhaltet einerseits die Loslösung des durch APMs verursachten
Schadens von menschlichen militärischen Handlungen, andererseits die bereits erwähnten „Frauen und Kinder" und verdeutlicht somit die diskursive Strategie der
Kampagne eindrücklich. Diese Überbetonung bestimmter Opfergruppen ist erst
einmal überraschend, da die bloßen Zahlen eine andere Sprache sprechen. So fragen de Larrinaga und Sjolander: „Is it that images of maimed women and children
simply tell the story of landmines more poignantly?" (de Larrinaga und Sjolander 1998, S. 136). Und tatsächlich scheint dies der Fall zu sein. Da die Kampagne darauf fokussierte, den Schaden von APMs an unbeteiligten Zivilist*innen

herauszustellen, bot es sich an, das Augenmerk auf Frauen und Kinder zu lenken. Zwar war auch in den 1990er-Jahren bereits bekannt, dass Frauen einen beträchtlichen Anteil an bewaffnete Gruppen und Streitkräften ausmachen. Vorherrschend in der öffentlichen Wahrnehmung war jedoch trotzdem, dass Männer kämpfen, verletzen und töten, während Frauen Fürsorgearbeit leisten und verletzlich sind. Männer werden als prinzipiell kampffähig wahrgenommen, weshalb Bilder von ihnen nicht eindeutig Zivilisten zeigen, sondern eben auch potenzielle Kämpfer (Beier 2011, S. 168; O'Dwyer 2006, S. 84).

Der Erfolg scheint der Strategie recht zu geben. Tatsächlich fühlten sich Staaten ertappt, da es ihnen nicht gelang, „unschuldige Frauen und Kinder" vor Schaden zu schützen und die unberechenbaren Landminen unter Kontrolle zu bringen. Um dem entgegenzuwirken, war das Unterzeichnen der Konvention ein probates Mittel: „[…] the Ottawa Conference in December 1997 showcased […] a seemingly endless parade of (almost exclusively male) State representatives [who] spoke eloquently about their governments' enthusiasm for the Convention and then walked across the corridor to sign for 'their' government on 'their' dotted line." (de Larrinaga und Sjolander 1998, S. 125). Was gibt es allerdings aus einer kritisch-feministischen Perspektive zu beachten? Einerseits die Gleichsetzung von erwachsenen Frauen mit Kindern. Damit werden Frauen nicht nur unterhalb von Männern positioniert und verkindlicht, sondern es werden auch ihre Verletzlichkeit, Passivität und Schutzbedürftigkeit betont. Eine eigene Rolle und Gestaltungsmacht wird ihnen gleichzeitig abgesprochen. Damit werden essenzialistische Stereotype und Rollenbilder von Frauen reproduziert, während Männer in der Rolle der Beschützer – aber eben auch der Täter – gesehen werden. Gleichzeitig wird die Norm, dass die Zivilbevölkerung *insgesamt* vor Schaden durch kriegerische Auseinandersetzungen geschützt werden muss, aufgeweicht. Zur Zivilbevölkerung gehören aber eben auch Männer und männliche Jugendliche, die nicht in Kampfhandlungen verstrickt sind und deshalb ebenso schutzbedürftig sind (vgl. Carpenter 2005). Diese Genderkonstruktionen haben also nicht bloß dafür gesorgt, dass ein APM-Verbot überhaupt denkbar war und durchgesetzt wurde, sie wurden auch durch die Diskurse, Bilder und Praktiken, die mit ihm verknüpft sind, auf globaler Ebene reproduziert und verstärkt.

Blinde Flecken der Ottawa-Konvention

Während die Ottawa-Konvention dazu beigetragen hat, dass große Landstriche entmint wurden und wenig neue Minen gelegt werden, gibt aus feministischer Genderperspektive einige blinde Flecken der Konvention, die in der Umsetzung von Entminung sowie in der Fürsorge für Minenüberlebende kritisch zu betrachtende Auswirkungen haben.

Die sinnvolle Unterstützung von Minenüberlebenden ist ein stark gegenderter Prozess. Heutzutage – entgegen der Behauptungen, die im vorangehenden Kapitel diskutiert wurden – ist es weitgehend anerkannt, dass mehr Männer als Frauen Opfer von Minen werden, die dann mit unzähligen Herausforderungen umgehen müssen, so beispielsweise dem Verlust von Arbeit und eingeschränkter Mobilität. Männer wie Frauen leiden unter den psychologischen Nachwirkungen eines so traumatischen Erlebnisses, die von Gefühlen der Demütigung, verletztem Stolz und Minderwertigkeitskomplexen bis hin zu Depressionen und posttraumatischen Belastungsstörungen reichen. Jenseits dieser geteilten medizinischen und psychologischen Bedürfnisse wird die Unterstützung für Minenüberlebende Frauen und Mädchen häufig nicht gerecht, da sie nicht nur aufgrund ihres Geschlechts, sondern auch aufgrund ihrer Behinderung diskriminiert oder marginalisiert werden und die Intersektion von beidem oft übersehen wird. Demzufolge sind unterschiedliche Erfahrungen und Bedürfnisse von Männern und Frauen, Mädchen und Jungen, die Opfer von APMs wurden, nicht nur zu verstehen als Folge von Gender, sondern auch als „[…] compounded by other factors such as race, class, religion, income, professional status or access to a job or land. Poverty and marginalisation are also exacerbated when gender and disability intersect. Women and girls facing multiple, intersecting forms of discrimination based on gender and other factors, are therefore those most likely to be left behind in society" (Biscaglia et al. 2018, S. 2).

Mädchen und Frauen erfahren Stigmatisierung und soziale Ausgrenzung aufgrund ihrer körperlichen Behinderungen, die Männern häufig erspart bleiben: „[…] being a woman with a disability means enduring worse social hardships than a man with a disability would face" (Canfield und McCoull 2008, S. 6). Dementsprechend muss die Unterstützung, die NGOs und staatliche Organisationen anbieten, den verschiedenen Ansprüchen von Jungen und Mädchen, Männern und Frauen gerecht werden. Dies betrifft die Bereiche Bildung, Einkommensgenerierung und medizinische Versorgung, zu welchen Frauen und Mädchen mit Behinderung häufig keinen oder eingeschränkten Zugang haben. Außerdem fällt es Frauen mit Behinderung häufig schwer, Partner zu finden und diejenigen, die bereits in Beziehungen leben, sind oftmals häuslicher und sexueller Gewalt ausgesetzt oder werden geschieden oder verlassen (Calza Bini und Massleberg 2011, S. 2; Canfield und McCoull 2008, S. 6).

Die Tatsache, dass Unterstützungsleistungen diesen Gewalterfahrungen häufig nicht gerecht werden, ist einerseits darin begründet, dass viele Gesellschaften, in denen Minenüberlebende leben, stark patriarchal strukturiert sind. Probleme, die hauptsächlich Frauen direkt betreffen, werden deshalb häufig nicht angesprochen, da Frauen nicht in Planung und Priorisierung einbezogen werden und Männer sie nicht für wichtig halten oder sogar überhaupt nichts davon wissen (Nilsson et al. 2009, S. 34). Andererseits kommen oft auch ein gewisser Unwille und Bequemlichkeit aufseiten von implementierenden Organisationen (NGOs, Unternehmen, staatliche und internationale Institutionen) hinzu. So ist immer wieder zu beobachten, dass diese (Gender-)Ungerechtigkeiten ignorieren, da sie der Meinung sind, dass gesellschaftliche Normen Programme und Projekte, die diese in Betracht ziehen, verunmöglichen. Dabei gehen implementierende Organisationen einerseits davon aus, dass sie den lokalen oder nationalen Kontext lückenlos durchdrungen hätten und andererseits davon, dass sie nicht diejenigen seien, die progressive Programme initiieren sollten. Die Erfahrung zeigt jedoch, dass Ersteres häufig nicht der Fall ist und Letzteres eher an Individuen und Organisationen hängt als an kulturellen oder normativen Einschränkungen. „One case in point: though it would seem unlikely, one Muslim territory in Somaliland is home to an all-female demining team" (Canfield und McCoull 2008, S. 2).

Auch im Bereich der Minenräumung zeigt sich, dass die Ottawa-Konvention durchaus dazu beitragen kann, dass gesellschaftliche Machtverhältnisse und Ungerechtigkeiten aufrechterhalten oder sogar verstärkt werden. Dies liegt an der Einschätzung von Entminungsorganisationen und -Unternehmen, dass es sich bei ihrer Aufgabe um einen rein technischen Prozess handelt, der politisch neutral und von sozialen Gegebenheiten unbeeinflusst abzulaufen hat (Canfield und McCoull 2008, S. 1). Das scheint überraschend, da im Vorfeld der Unterzeichnung der Konvention APMs explizit als humanitäres und nicht als rein rüstungstechnisches Problem konstruiert wurden. Obwohl dies ebenso für den Prozess der Entminung gilt, hat es sich in der Umsetzung von Programmen und Projekten zur Zielerreichung nicht niedergeschlagen. Deshalb gibt es inzwischen Rufe nach Gender Mainstreaming in allen Zielsetzungen der Ottawa-Konvention. Für die Minenräumung gehen wir im Folgenden auf zwei Bereiche ein, nämlich die Frage, *welches* Land priorisiert entmint wird und die Frage, *an wen* das Land nach der Freigabe übergeben wird.

Lange bevor Minen geräumt werden können, beginnt der Prozess der Priorisierung. Dieser beinhaltet eine allgemeine technische Einschätzung des prinzipiell zu entminenden Landes, in deren Mittelpunkt die Frage nach der An- oder Abwesenheit von Landminen steht (Nilsson et al. 2009, S. 32). Zusätzlich wird erfasst, um welche Art von Land es sich handelt und wie zentral für das Nachkriegsleben das Land ist. Häufig werden zuerst Straßen und danach Wohngegenden geräumt, sodass humanitäre Hilfe in alle betroffenen Gegenden gelangen kann und intern Geflohene zurückkehren können. Darauf folgt landwirtschaftlich genutztes Land, während Wälder, Weideland und Land, auf dem beispielsweise Feuerholz oder Baumaterialien angebaut werden, entweder als letztes oder manchmal auch überhaupt nicht geräumt werden. Wie genau die Abfolge aussieht, wird im Normalfall entscheidend von der Regierung beeinflusst. Ebenso nutzt diese häufig ihre Macht, um Diskussionen über Priorisierung zu beschneiden oder zu verbieten (Unruh und Corriveau-Bourque 2011, S. 16–17). Dass dies oft dazu führt, dass die Bedürfnisse der Bevölkerung nicht in die Überlegungen mit einbezogen werden, zeigt sich unter anderem an der Tatsache, dass in vielen Fällen untrainierte Laien dazu übergehen, selbst Minen zu räumen, um das Land, das sie zum Überleben brauchen, nutzbar zu machen (Skåra 2003, S. 840). Um dieser Dynamik entgegenzuwirken, wird inzwischen vermehrt Wert auf inklusivere Konsultationsprozesse mit den betroffenen Gemeinden gelegt.

Allerdings sind auch solche Beratungsprozesse nicht ohne Herausforderungen. Allgemein kann nicht davon ausgegangen werden, dass innerhalb einer Gemeinde Einigkeit darüber herrscht, welches Land wie und von wem genutzt werden soll. So haben Frauen und Mädchen häufig andere Prioritäten, was Landnutzung anbelangt, da ihre Aufgaben im täglichen Leben andere sind als die von Männern. Geht es beispielsweise um die Beschaffung von Lebensmitteln oder Wasser oder viele landwirtschaftliche Aufgaben, müssen sie Wege gehen und Gebiete überqueren – oder zeitaufwändig umgehen –, die von Männern und Jungen nicht genutzt werden (Biscaglia et al. 2018, S. 6). Vor allem an Orten, wo Landkonflikte auch ohne Verstärkung durch einen innerstaatlichen Gewaltkonflikt eine große Rolle spielen, ziehen sich diese oft durch Beratungen und den Priorisierungsprozess. Außerdem spielen gesellschaftliche Machtstrukturen, zum Beispiel Genderbeziehungen, eine große Rolle dabei, ob einzelne Gemeindmitglieder an Diskussionen teilnehmen können und wie deutlich ihre Stimme wahrgenommen wird (Unruh und Corriveau-Bourque 2011, S. 21). Lokale, religiöse oder traditionelle Entscheidungsträger – in den allermeisten Fällen Männer – sind zumeist an den Beratungen beteiligt, während Frauen oder Menschen mit Behinderung ausgeschlossen bleiben:

"A mine-action organization or a national mine-action authority (generally represented by a man) meets the community or the local representative (another man) to discuss the elaboration of land-release procedures. In this male-dominated, homosocial environment, women are often unable to meaningfully express their concerns. This discrimination based on gender not only deepens inequalities within the local community, as men will make a decision without taking women's points of view into account, but may also cause severe consequences for the community. For instance, many areas exclusively used by women for the sake of the whole community (such as routes to collect firewood or fetch water) are at risk of being left out of the prioritization process". (Nilsson et al. 2009, S. 32)

Gender Mainstreaming in Minenräumung und-nachsorge
„Mine action never occurs in a vacuum. It is itself a male-dominated sector, characterised in many contexts by a strong involvement of security forces and an underlying military mindset. In addition, mine action takes place in gendered environments where women, girls, boys and men have different roles and responsibilities that impact their mobility patterns, exposure to explosive risks, decision-making power, and access to services and resources. Consequently, mine action does not automatically benefit all of them to the same degree. Understanding the interplay between gender and other diversity aspects and mainstreaming the latter into field programmes is therefore key to ensuring that mine action does at least not unintentionally sustain nor exacerbate existing inequalities. Therefore, gender mainstreaming in mine action is the continuous process of assessing the differentiated implications for women, girls, boys and men and taking into account their specific needs in all activities, so that mine action dividends benefit them in the diversity of their circumstances and statuses equally".
    Quelle: Biscaglia et al. 2018, S. 3

Es erscheint logisch, dass diejenigen, die an Beratungen beteiligt werden und sich durchsetzen, nachher auch am meisten von Entminungsbemühungen profitieren, was, wie obiges Zitat zeigt, zumeist nicht zum Vorteil der gesamten Bevölkerung ist. Auch deshalb sollten Organisationen bereits bei der Priorisierung darauf achten, dass Machtungleichgewichte und strukturelle Benachteiligung ausgeglichen werden (Canfield und McCoull 2008, S. 3).

Bei Landfreigabe handelt es sich um die Rückgabe von entmintem Land an Gemeinden oder die ursprünglichen Eigentümer*innen zur sicheren Nutzung (Biscaglia et al. 2018, S. 6). Landfreigabeprozesse sind enorm anfällig für sogenanntes Land Grabbing. Nach innerstaatlichen Konflikten sind Land- und Eigentumsinstitutionen häufig nicht funktionsfähig, und vielfach melden verschiedene Parteien Anspruch auf dasselbe Stück Land an. So kann es zu Konflikten zwischen Geflohenen und Gebliebenen kommen, oder der Staat oder Individuen in Bürokratie und Militär können die Chance nutzen, um sich gewinnbringendes Land anzueignen. Macht, Ressourcen und Privilegien spielen eine zentrale Rolle in Land Grabbing-Prozessen:

„[…] elites can seek to capture newly cleared land – in addition to land that is to be cleared […]. Because the intended beneficiaries of many humanitarian demining activities are frequently marginalized people without adequate legal protection, the security of their land claims is easily threatened by more politically connected or wealthy individuals [...]. Local government authorities can position themselves as representatives of a community and ensure that they directly obtain some of the newly cleared land, or at least position themselves to increase their political standing by deciding how the released land will be allocated to their supporters. Local civil servants can use their inside knowledge of government policy, including demining policy, to enrich themselves or seize land." (Unruh und Corriveau-Bourque 2011, S. 14–15)

In vielen von Minen betroffenen Ländern sind Landrechte ein stark gegendertes Thema. Häufig haben traditionellerweise nur Männer das Recht, Land zu besitzen und Frauen können nur als Ehefrauen, Töchter oder Mütter Land nutzen. Die offizielle Rechtslage mag diesen diskriminierenden Praktiken widersprechen, sie ist jedoch nur unter großem Widerstand, wenn überhaupt, durchzusetzen. Dementsprechend haben Frauen bei der Freigabe von Land häufig das Nachsehen, auch, wenn sie vor dem Beginn des Konflikts auf dem entsprechenden Land gelebt hatten. Kombiniert mit geringeren finanziellen Ressourcen und einem durchschnittlich niedrigeren Bildungsniveau – beides ebenfalls Auswirkungen ungleicher Genderbeziehungen – ist es Frauen oft nicht möglich, rechtliche Ansprüche durchzusetzen (Nilsson et al. 2009, S. 30–31). Wenn dann noch das Stigma einer Behinderung hinzukommt, sind Frauen in Sachen Landrechten doppelt benachteiligt. Nach dem Ende bewaffneter Konflikte, wenn viele Frauen ihre Ehemänner verloren haben, sehen sie sich dann der Herausforderung gegenüber, dass sie kein Land zum Bestellen haben oder keinen Ort, an dem sie mit ihrer Familie leben können (Unruh und Corriveau-Bourque 2011, S. 24). Diese Dynamiken werden verstärkt, wenn sich Organisationen zur Minenräumung als politisch neutrale Akteure darstellen wollen und deshalb Landrechtsfragen umgehen. Durch diese Blindheit für Macht und Abhängigkeiten werden Ungerechtigkeiten verstärkt (Unruh und Corriveau-Bourque 2011, S. 8) – was bedeutet, dass wir es tatsächlich nicht mit Neutralität, sondern mit Komplizenschaft zu tun haben. Wenn sie sich allerdings ihrer Verantwortung bewusst werden und den gesamten Prozess inklusive, gerecht und transparent gestalten, können Landfreigabeprozesse dazu beitragen, dass sich Machtverhältnisse verschieben und der Zugang von Frauen zu der wertvollen Ressource Land eher sichergestellt wird (Biscaglia et al. 2018, S. 6).

Artikel 7 des Arms Trade Treaty: „Export and Export Assessment"
Absatz 4: „The exporting State Party, in making this assessment, shall take into account the risk of the conventional arms covered under Article 2 (1) or of the items covered under Article 3 or Article 4 being used to commit or facilitate serious acts of gender-based violence or serious acts of violence against women and children."
Quelle: Arms Trade Treaty 2013

Trotz aller in diesem Kapitel dargestellten Schwierigkeiten scheint sich im Bereich der Überlebendenunterstützung und Minenräumung etwas zu ändern. Anstatt nur die geräumten Quadratmeter zu zählen, werden inzwischen zumindest in manchen Bereichen alle Betroffenen einbezogen. Trotzdem sind immer noch viele Institutionen und Organisationen zurückhaltend, ihre scheinbar neutrale Stellung aufzugeben, vor allem, was Genderfragen angeht (Nilsson et al. 2009, S. 34). So ist es nicht überraschend, dass auf der vierten fünfjährig stattfindenden Review-Konferenz im Jahr 2019 von der ICBL angemerkt wurde, dass die Mitgliedstaaten ihren Bekenntnissen zu Gender und Diversität nicht gerecht würden:

> „We, the women, people of colour, survivors, campaigners and our multiple and intersecting forms of discrimination will continue to be in these spaces. We owe it to those whose lives ended because of the use of these indiscriminate weapons. Our voices matter, and therefore we will continue being assertive, leading, telling the truth, taking up space and asking hard questions. If your commitments to gender and diversity are to be more than lip service and empty marketing exercises, let's finish the job by 2025 and ensure as said by you, the States Parties, in the Oslo Action Plan, that gender and diversity considerations are integrated and mainstreamed into mine action programming" (Prado Mosquera 2019).

4.5.5   Der Waffenhandelsvertrag

Der Waffenhandelsvertrag und Genderkonstruktionen

Der Waffenhandelsvertrag erwähnt das Thema Gender Based Violence (GBV) explizit. Zwar ist die Wahrscheinlichkeit, dass Waffen für GBV oder Gewalt gegen Frauen genutzt werden oder diese ermöglichen, nicht mit einem expliziten Waffenexportverbot verknüpft. Vielmehr soll eine Einschätzung vorgenommen werden, ob eine solche Nutzung mit sehr großer Wahrscheinlichkeit („overriding risk" im englischen Originalwortlaut) vorliegen könnte. Ist dies der Fall, soll entweder mit geeigneten Maßnahmen entgegengewirkt oder der Export nicht vorgenommen werden. Diese Formulierung klingt erst einmal nicht sehr umfassend, da GBV weder in die Liste von Gründen aufgenommen wurde, die einen Waffenexport eindeutig verbieten. Noch scheint das Wissen der exportierenden Staaten über die sehr große Wahrscheinlichkeit zur Nutzung für oder Ermöglichung von GBV – unter welchen Umständen ein Export nicht stattfinden dürfte – einfach nachweisbar zu sein und falls doch, kann immer noch argumentiert werden, dass das Risiko zwar hoch, aber keinesfalls „overriding" ist (Acheson und Butler 2019, S. 697). Trotzdem wird der Waffenhandelsvertrag als Errungenschaft im Bereich Gender und Rüstungskontrolle angesehen. Dies liegt daran, dass bis zu den Verhandlungen über den Waffenhandelsvertrag die gegenderten Auswirkungen von konventionellen

Waffen zumeist überhaupt nicht Teil der Diskussion über Rüstungskontrolle waren und falls doch, wurden sie oft als nachrangig angesehen: „The way in which expertise is defined (e. g. technical knowledge of the weapons themselves rather than knowledge of violence or conflict prevention) also shapes the way in which the issue is addressed" (Cukier und Cairns 2009, S. 42). Dies war der Fall, obwohl Diskussionen über Krieg und Gewalt bereits in den 1990er- und frühen 2000er-Jahren Genderaspekte einbezogen hatten: „There was really no excuse for this neglect, given the consciousness-raising on women and gender in relation to violence and armed conflict achieved in the international fora during the previous decade" (Cockburn 2012, S. 216–217). Im Folgenden werden wir jedoch einen Schritt zurück gehen und die Entstehung des Waffenhandelsvertrag sowie die Frage, ob es sich wirklich um einen „gendersensiblen" Rüstungskontrollvertrag handelt, genauer unter die Lupe nehmen.

Bevor wir allerdings auf den Waffenhandelsvertrag und die Genderkonstruktionen, die ihn tragen und von ihm reproduziert werden, eingehen, ist es wichtig, die gegenderten Auswirkungen von konventionellen Waffen, insbesondere Klein- und Leichtwaffen (SALW für small arms, light weapons) darzustellen. Grundlegend werden Herstellung, Verkauf und Nutzung von SALW von Männern dominiert. Männer stellen immer noch den Großteil an Personal in Militär und Polizei weltweit, aber auch private Waffen sind überwiegend in Männerhand (Farr et al. 2009, S. 7). Dieses Ungleichgewicht setzt sich fort in den Opferstatistiken: Bei einem Großteil der Menschen, die durch im Waffenhandelsvertrag regulierte Waffen verletzt werden oder sterben, handelt es sich um Männer, die direkte Opfer bewaffneter Konflikte sind oder mit Waffen verletzt oder getötet werden, welche im Rahmen von Kriminalität, Gang-Gewalt und ähnlichen Phänomenen genutzt werden. Frauen hingegen erleben Waffengewalt überwiegend in den eigenen vier Wänden: Sie werden Opfer von häuslicher Gewalt, die, statistisch gesehen, deutlich häufiger tödlich endet, wenn Handfeuerwaffen im Haus sind, als wenn dies nicht der Fall ist. Diese Gewaltdynamik ist weltweit weitgehend einheitlich (Cukier und Cairns 2009, S. 20–21). Andere Formen von Waffengewalt, die Frauen eher betreffen als Männer, sind nicht tödlich endende häusliche Gewalt, sexuelle Gewalt, Zwangsprostitution und Menschenhandel: „[…] women in war zones and 'peaceful' communities alike are being raped and otherwise violated at gunpoint in vast, but unrecorded, numbers. Women are routinely terrorized – scared half to death – by men who threaten them with a weapon, a type of violence that is exceedingly difficult to record or measure" (Farr 2006, S. 51).

Basierend auf diesen Analysen der unterschiedlichen, gegenderten Auswirkungen konventioneller Waffen auf Frauen und Männer sowie Mädchen und Jungen riefen internationale zivilgesellschaftliche Organisationen, die an Kampa-

gnen für den Waffenhandelsvertrag beteiligt waren (so beispielsweise das Internati-
onal Action Network on Small Arms, IANSA, und die Women's International
League for Peace and Freedom, WILPF), dazu auf, Genderaspekte und vor allem
GBV explizit in den Waffenhandelsvertrag als einen der möglichen Gründe für ein
Waffenexportverbot einzuschließen. Gleichzeitig sollte die Formulierung „Gewalt
gegen Frauen" als zu kurz greifend und missverständlich ausgeschlossen werden
(IANSA Women's Network 2011; WILPF 2013). Damit sollte sichergestellt werden, dass häusliche und genderbasierte Gewaltformen nicht entweder gezielt ignoriert oder aufgrund von Stigmatisierung, Ausgrenzung und Normalisierung übersehen werden (vgl. Farr et al. 2009, S. 4–5). Im Waffenhandelsvertrag wurde erstmalig offiziell anerkannt, dass konventionelle Waffen und vermehrte GBV
zusammenhängen.

Gender-based Violence (GBV)

Unter GBV versteht man Gewalt, die gegen eine Person aufgrund ihres biologischen (sex) oder sozialen Geschlechts (gender) verübt wird. Somit ist die
Genderidentität (männlich, weiblich, transgender, transsexuell, intersexuell),
sexuelle Orientierung oder Sexualität in Kombination mit gesellschaftlichen
Machtstrukturen und Genderkonstruktionen ausschlaggebend in der Ausübung und Erfahrung von GBV. GBV ist ein globales Gewaltphänomen.

Es wird angenommen, dass die meisten Opfer von GBV Frauen und
Mädchen sind, allerdings gibt es keine auch nur halbwegs zuverlässigen Statistiken darüber, wie häufig Männer und Jungen Opfer von GBV werden. Vor
allem im Kontext bewaffneter Konflikte – aber auch in Friedenszeiten –, ist
davon auszugehen, dass die Dunkelziffer um ein Vielfaches höher ist als die
aufgenommenen Fälle. Dasselbe gilt für LGBTI*-Personen.

Innerhalb von GBV wird zwischen sexueller, physischer, psychischer
und emotionaler sowie sozio-ökonomischer Gewalt unterschieden.

Quelle: Farr et al. 2009

Außerdem wurde in den Kampagnen *nicht* das für die Ottawa-Konvention ge-
nutzte Bild der „unschuldigen Frauen und Kinder" angeführt, um die internationale
Gemeinschaft von der Gefährlichkeit von unreguliertem Waffenhandel zu überzeugen. Vielmehr wird durch die Nutzung des Begriffs GBV nicht nur die soziale
Konstruktion von Geschlecht anerkannt, sondern auch formuliert, dass Verletzlichkeit bestimmter Personen *auch* mit ihrer Sexualität, sexuellen Orientierung,
Geschlechtsidentität und hegemonialen Genderkonstruktionen zusammenhängt

und nicht ausschließlich mit ihrem biologischen Geschlecht. Während also der Waffenhandelsvertrag nicht explizit das Konzept Gender diskutiert, ist die Inklusion des Begriffs GBV zumindest ein Schritt in die richtige Richtung: weg von Essentialismen, der Reproduktion von patriarchalen Genderkonstruktionen und sprachlicher Diskriminierung (vgl. Acheson 2015, S. 10–11).

Die Problematik, die mit der Nutzung der Begrifflichkeit „unschuldige Frauen und Kinder" einhergeht, war expliziter Teil der zivilgesellschaftlichen Kampagne für den Waffenhandelsvertrag, wie an diesem Beispiel zu sehen ist:

> „It is important to note that references to 'women and children', put together as though a homogenous group, are unhelpful as they imply that women, as children, are powerless victims with limited abilities, rather than adults with agency and therefore a key resource in combating gun violence. Children are minors, cannot vote, and as such, require specific and different attention and protection from women. It is vital to make the distinction between women and children to ensure both that each group gains the specific attention it requires and is enabled to make the contributions of which it is capable" (IANSA Women's Network 2011, S. 1).

Dementsprechend formulierten die beteiligten Organisationen, die sich mit dem Thema GBV im Waffenhandelsvertrag befassten, auch eindeutige Forderungen an den Vertragstext. Die Präambel des Textes sollte beispielsweise folgende Formulierung enthalten:

> „Recognizing the gendered dimensions and impacts of the arms trade, particularly gender-based violence, and further emphasizing and reaffirming the important role of women in the prevention and resolution of conflicts and in peacebuilding and arms control". (WILPF 2013, S. 1)

Oder:

> „Noting that women in situations of armed conflict and postconflict situations continue to be considered as victims and not as actors in addressing and resolving situations of armed conflict and stressing the need to focus not only on protection of women but also on their capacities, such as contributing to peacebuilding". (IANSA Women's Network 2011, S. 2)

Umso frappierender erscheint die Formulierung, die letzten Endes für die Präambel eines Vertrages, der im Jahr 2013 (!) unterschrieben wurde, gewählt wurde: „Bearing in mind that civilians, particularly women and children, account for the vast majority of those adversely affected by armed conflict and armed violence […]" (Arms Trade Treaty 2013, Präambel). Vor dem Hintergrund der Aufklärungs- und Kampagnenarbeit, die in diesem Bereich betrieben wurde, scheint dies auf den ersten Blick unverständlich, da es nicht nur sprachlich sexistisch und diskriminierend, sondern auch inhaltlich falsch ist.

Während wir nicht genau nachvollziehen können, wie die Verhandlungen über die Formulierung der Präambel verlaufen sind, gibt es Informationen zur Formulierung von Artikel 7, Absatz 4. Hier wird nämlich nicht nur „gender-based violence", sondern auch „serious acts of violence against women and children" genannt. Dies ist einerseits eine unnötige Dopplung, da Gewalt gegen Frauen auch unter GBV abgedeckt ist. Andererseits untergräbt es das transformative Potenzial der Formulierung. Hierbei handelt es sich nicht um einen Zufall: „[…] the concept of GBV itself became contentious during ATT negotiations, with the Holy See working actively to mobilise opposition to its inclusion from a handful of states. They pushed for the term 'violence against women' rather than 'genderbased violence'. In the end, article 7(4) addresses both" (Acheson 2015, S. 11). Verbündete fand der lediglich mit einem Beobachterstatus ausgestattete Heilige Stuhl in Staaten wie den Vereinigten Arabischen Emiraten, Iran und Ägypten (Acheson und Butler 2019, S. 691). Der Vatikan selbst begründete seine Ablehnung gegenüber dem Begriff GBV in einer Pressemitteilung folgendermaßen: „Proposals to specifically mention ‚gender-based violence' […] risk serving to exclude a vast number of victims of armed violence from protection by the treaty" (Holy See Mission 2013). Dieser Logik folgend wäre aber das Nennen von Gewalt gegen Frauen keinesfalls tragbar, während GBV keine Opfergruppe hervorhebt, sondern spezifische Gewaltformen. Es ist also anzunehmen, dass es sich hierbei eher um einen Verteidigungsmechanismus einer Institution handelt, die auf patriarchalen Strukturen beruht, als um ernst zu nehmende Bemühungen gegen die Diskriminierung einzelner Opfergruppen.

Positive Aspekte von Waffen und Waffenhandel laut der ATT-Präambel:
Recognizing the legitimate political, security, economic and commercial interests of States in the international trade in conventional arms,
Reaffirming the sovereign right of any State to regulate and control conventional arms exclusively within its territory, pursuant to its own legal or constitutional system,
Mindful of the legitimate trade and lawful ownership, and use of certain conventional arms for recreational, cultural, historical, and sporting activities, where such trade, ownership and use are permitted or protected by law,
Acknowledging that regulation of the international trade in conventional arms and preventing their diversion should not hamper international cooperation and legitimate trade in materiel, equipment and technology for peaceful purposes,

Quelle: Arms Trade Treaty 2013, Preamble

Was lässt sich also festhalten bezüglich der Reproduktion von Genderkonstruktionen durch den Waffenhandelsvertrag? Einerseits sehen wir ein Durchbrechen gängiger Stereotype, indem in der Kampagnenarbeit und auch im Text selbst auf GBV und somit die soziale Konstruktion von Geschlecht verwiesen wird. Damit ist der Waffenhandelsvertrag im Vergleich zu vielen Regimen, vor allem im Bereich Rüstungskontrolle, als progressiv und transformativ einzuordnen. Allerdings wird auch an zweierlei Stellen auf „Frauen und Kinder" verwiesen und somit die gleichen Diskurse und Symbole genutzt, die auch schon die Ottawa-Konvention in dieser Form ermöglichten. Befasst man sich aus einer kritisch-feministischen Perspektive mit wissenschaftlichen Arbeiten zum Waffenhandelsvertrag, die im politikwissenschaftlichen Mainstream anzusiedeln sind, fällt auf, dass die Formulierungen nicht reflektiert, sondern lediglich reproduziert werden (vgl. Abdullahi 2016, S. 21; Adamson und Pollard 2015, S. 145). Besonders einschlägig diesbezüglich ist die Abhandlung von Lustgarten (2015), der über Artikel 7, Absatz 4 erklärt: „This provision, Article 7.4, is very welcome; since whilst women and children are in all but the rarest instances non-combatants, their inability to protect themselves has made them the overwhelming majority of forcibly displaced persons and refugees from conflict zones" (Lustgarten 2015, S. 596).

Blinde Flecken des Waffenhandelsvertrags

In diesem Unterkapitel wollen wir uns mit den möglichen blinden Flecken des Waffenhandelsvertrags befassen und darstellen, inwiefern das Regime zur Reproduktion von Genderhierarchien und anderen gesellschaftlichen Machtverhältnissen beiträgt. Dabei gehen wir darüber hinaus, lediglich anzumerken, dass der Waffenhandelsvertrag selbst von denjenigen Staaten, die ihn unterzeichnet und ratifiziert haben, regelmäßig unterwandert wird. Um zu diesem Ergebnis zu gelangen, muss man lediglich die Statistiken, die von der deutschen Bundesregierung zu Waffenexportgenehmigungen zur Verfügung gestellt werden, betrachten: Weder allgemeine Menschenrechtsverletzungen noch GBV sind ausreichende Gründe, um Waffenausfuhrgenehmigungen an Länder wie Ägypten, Saudi-Arabien, Nigeria, Pakistan, Katar, Indonesien oder die Vereinigten Arabischen Emiraten zu verweigern (Bundesministerium für Wirtschaft und Energie 2019, S. 21–22). Dies allein ist schon ein ernst zu nehmendes Problem und drängt dazu, zu hinterfragen, inwiefern der Waffenhandelsvertrag nur eine Fassade ist, mit der man dem unverändert stattfindenden Waffenhandel einen humanitären Anstrich gibt und ihn freundlicher aussehen lässt (vgl. Stavrianakis 2016, S. 845–846).

Hier soll es darüber hinaus allerdings darum gehen, die blinden Flecken zu beleuchten, die dafür sorgen, dass der Waffenhandelsvertrag aus feministischer Sicht durchaus kritisch zu betrachten ist. Der erste dieser blinden Flecken ist die Fokussierung des Waffenhandelsvertrags auf die Rolle konventioneller Waffen in bewaffneten Konflikten und Menschenrechtsverletzungen durch Staaten einerseits und auf den unerlaubten Waffenhandel andererseits – wobei Letzteres im Waffenhandelsvertrag nicht definiert wird (Stavrianakis 2016, S. 842). Dabei gehört nur ein Viertel der im Umlauf befindlichen Waffen offiziellen staatlichen Sicherheitsinstitutionen, der Rest befindet sich in Privathaushalten, privaten Sicherheitsfirmen oder nichtstaatlichen militärischen Verbänden (Cockburn 2012, S. 211), was dazu führt, dass Letztere vom Waffenhandelsvertrag nur bedingt abgedeckt sind. Zusätzlich erleben Frauen andere Formen bewaffneter Gewalt als Männer. Somit erfahren sie Gewalt auch häufig durch andere Kategorien konventioneller Waffen. Konkret bedeutet dies: „[…] women are often as much at risk from small arms during 'peace' as they are in 'conflict', and are as often killed and threatened with legal small arms as they are with illegal ones" (Cukier und Cairns 2009, S. 20). Das Problem, das mit diesen Regulierungslücken für die Sicherheit von Frauen und die Bekämpfung von GBV allgemein einhergeht, wird umso deutlicher, wenn man in Betracht zieht, dass Maßnahmen, die den Zugang zu legal gehandelten und besessenen Waffen kontrollieren und einschränken, die größten Auswirkungen auf Gewalt gegen Frauen haben (Cukier und Cairns 2009, S. 26–27). Zusammen mit der großzügigen Genehmigung von Waffenexporten auch durch Mitglieder des Regimes ist der Waffenhandelsvertrag ein in weiten Teilen ungeeignetes Instrument, um GBV und den gegenderten Auswirkungen konventioneller Waffen zu begegnen.

Ganz im Gegenteil legitimiert das Regime Waffenbesitz, -handel und -nutzung an sich, sowohl durch Privathaushalte als auch durch Staaten. Das wird bereits in der Präambel des Waffenhandelsvertrags deutlich, in der in vielen Worten die Nützlichkeit und Wichtigkeit von konventionellen Waffen und dem Handel damit anerkannt wird. Die Festlegung, dass bestimmter Waffenhandel unerlaubt ist und nur Waffen in den falschen Händen illegitim, geht natürlich damit einher, dass anderer Waffenhandel und Waffen in den richtigen Händen nicht nur legal, sondern auch legitim und moralisch richtig sind. Das zeigt sich auch in der Unterscheidung zwischen „Waffenhandel" einerseits – getätigt von verantwortungsbewussten, liberalen Staaten zum guten Zweck – und Waffenproliferation – unter Beteiligung von kriminellen oder terroristischen Netzwerken, im Untergrund und mit bösen Absichten. Dass die Unterscheidung zwischen Handel und Proliferation eine künstliche ist und nichts aussagt über den letztendlichen Gebrauch der legal gehandelten konventionellen Waffen, ist in diesem Kontext offensichtlich (Bourne 2011, S. 216). Mit dieser Unterscheidung werden auch die Tatsachen kaschiert, dass der legale Handel mit konventionellen Waffen ihrer unerlaubten Verbreitung bei weitem zahlenmäßig überlegen ist und dass legal gehandelte konventionelle Waffen in unzählbaren Fällen zu illegal gehandelten werden (Alley 2019, S. 148).

Bereits im Vorfeld der Unterzeichnung des Waffenhandelsvertrags war klar, dass verschiedene Interessengruppen unterschiedliche Ansprüche an ihn haben. Während die meisten Staaten ihn als Handelsvertrag ansehen und die meisten NGOs als Rüstungskontrollregime, gab es auch Stimmen, unter ihnen WILPF und andere feministische NGOs, die sich einen Abrüstungsvertrag erhofften (Stavrianakis 2016, S. 843). Dies liegt begründet in einer feministisch-antimilitaristischen Perspektive, aus der die Unterscheidung zwischen verantwortungsbewusstem Waffenhandel und krimineller Proliferation nicht aufrecht zu erhalten ist und aus der kritisiert wird, dass der Waffenhandelsvertrag genutzt wird, um Waffenhandel zu legitimieren (Acheson und Butler 2019, S. 697). „Indeed, weapons transferred through international arms deals continue to be used to kill, injure, or threaten people on the basis of sex, identity, and sexuality long after conflicts have ended. There is a normalization of the presence and use of arms" (Acheson und Butler 2019, S. 695). Dementsprechend geht mit der Legitimierung von Waffen und Waffenhandel auch die Legitimierung von deren Nutzen einher, was bedeutet, dass militaristische Ideale und Ideen an Rückhalt gewinnen und in internationales Recht inkludiert werden:

> „There is a distinct political economy, strategic orientation and – crucially – form of justification based on human rights, humanitarianism and morality that frame their arms transfers as part of broader war-making and war-preparation practices. […] This legitimating function of regulatory regimes has been uploaded into the ATT in the way it introduces a balancing act in which states can weigh the risk of human rights violations against the interests of peace and security and justify exports in the name of the latter. With the effect of naturalising liberal states' practices and allowing them to evade scrutiny, create the impression of responsibility and morality, and effect leadership of a liberal international order that is nonetheless reliant on coercion and violence, the ATT takes on a rather different hue as a means for the reworking and re-legitimation of liberal forms of militarism" (Stavrianakis 2016, S. 841).

Warum sollte kritische Genderforschung sich jedoch an Militarismus und Militarisierung stören? Die Antwort liegt in der engen Verbundenheit zwischen Militarisierungsprozessen und Militarismus einerseits und der Verengung und Essentialisierung von hegemonialen Genderkonstruktionen innerhalb einer Gesellschaft und im Militär andererseits. So bezeichnet Claire Duncanson beispielsweise Militarismus als „fundamentally anti-feminist system" (Duncanson 2017, S. 48) und Jeff Hearn erklärt: „Militarism and militaries are among the most clearly gendered of all governmental and related activities" (Hearn 2012, S. 39). Um darzustellen, warum dies der Fall ist, legen wir den weiteren Ausführungen Cynthia Enloes Definition von Militarisierung zugrunde:

> „Militarization is a step-by-step process by which a person or a thing gradually comes to be controlled by the military or comes to depend for its well-being on militaristic ideas. The more militarization transforms an individual or a society, the more that individual or society comes to imagine military needs and militaristic presumptions to be not only valuable but also normal" (Enloe 2000, S. 3).

Bezogen auf zwischen- und innerstaatliche Konflikte bedeutet dies beispielsweise, dass militärische Lösungen als passend angesehen werden und Vorrang erhalten vor diplomatischen, wirtschaftlichen oder zivilgesellschaftlichen Lösungs-
ansätzen, und dass das Militär eine herausragende Stellung in Gesellschaft und
Politik innehat.

Dabei wird innerhalb militärischer Institutionen das Erfüllen gewisser Männlichkeitsideale gefördert und gefordert. Die sogenannte „militärische Männlichkeit" kann verstanden werden als eine Art Verhaltenskodex, der Mitgliedern des
Militärs durch diverse Rekrutierungs-, Trainings-, Disziplinar-, und Sozialisations-
praktiken nähergebracht wird (Messerschmidt und Quest 2017, S. 267). Militärische Männlichkeitsideale zeichnen sich häufig aus durch die Überbetonung von
physischer Stärke, Mut, Ausdauer und Disziplin (Hearn 2012, S. 39). Allerdings
sind sie auch eng verknüpft mit Heterosexualität, Herabsetzung von Weiblichkeit,
Homophobie und Misogynie (Barrett 2001, S. 82; Dittmer 2009, S. 242). Gleichzeitig wird das Meistern von Gewaltanwendung und der Wille, andere zu verletzen
und im Zweifelsfall zu töten, mit Männlichkeit gleichgesetzt (Schroer-Hippel
2011, S. 95–96). Die Militarisierung einer Gesellschaft ist ebenfalls immer ein
stark gegenderter Prozess und geht beispielsweise Hand in Hand mit essenzialisie-
renden und essenzialistischen Männlichkeits- und Weiblichkeitsidealen (Scales
2005, S. 390). Jean Bethke Elshtain spricht diesbezüglich von „just warriors" und
„beautiful souls" (Elshtain 1982, S. 344), was Jahrzehnte später in den „Frauen und
Kindern", die in der Präambel des Waffenhandelsvertrags erwähnt werden, ge-
spiegelt wird. Enloe identifiziert den gesellschaftlich weit verbreiteten Glauben
daran, dass in Krisenzeiten „diejenigen, die weiblich sind, durch Waffengewalt be-
schützt werden müssen", während „jeder Mann, der sich weigert, Waffengewalt
anzuwenden, seinen Status als männlicher Mann gefährdet", als zentrales Element
gesellschaftlicher Militarisierung (Enloe 2004, S. 219, eigene Übersetzung).

Vor diesem Hintergrund fällt es schwer, aus einer kritisch-feministischen Perspektive ein positives Fazit über den Waffenhandelsvertrag zu ziehen. Einerseits
weist der Waffenhandelsvertrag eklatante Lücken auf, was die Regulierung und
Umsetzung angeht. Die Mitgliedsstaaten erteilen uneingeschränkt weiterhin Ex-
portgenehmigungen für konventionelle Waffen aller Art und sehen dabei nicht nur
großzügig über Menschenrechtsverletzungen und die Eskalation von Konflikten
hinweg; sondern auch GBV und die Nichtachtung von Frauen- und Minderheits-
rechten spielen hierbei keine Rolle. Andererseits handelt es sich beim Waffenhandelsvertrag um ein Instrument, Militarismus zu legitimieren und ihm einen verantwortungsvollen, liberalen, und menschenrechtskonformen Anstrich zu verleihen. Dadurch reproduziert er auch die essenzialistischen, gewaltvollen
Männlichkeitskonstruktionen, die damit einhergehen (Acheson und Butler 2019,
S. 697; Wright 2020, S. 665), sowie die Marginalisierung alternativer Männlichkeiten und Reduzierung von Weiblichkeit auf Schutzbedürftigkeit.

4.6   Fazit

Humanitäre Rüstungskontrolle spielt eine zentrale Rolle in der internationalen Sicherheitspolitik. Ihr Ziel ist nicht die Abrüstung, sondern die Verregelung von Handel mit, Zugang zu und Nutzung von Waffen unter dem Gesichtspunkt humanitärer Sicherheit – das heißt, der Sicherheit derjenigen, die von bewaffneten Konflikten betroffen sind. Die Ottawa-Konvention und der Waffenhandelsvertrag sind zwei zentrale internationale Regime in diesem komplexen Politikfeld. Die Ottawa-Konvention war das erste Rüstungskontrollregime, das die Nutzung eines bestimmten konventionellen Waffentypus vollständig verbietet, der Waffenhandelsvertrag das erste völkerrechtlich verbindliche Abkommen zur Regulierung internationaler Rüstungstransfers. Mit beiden Regimen war auf Seiten derjenigen, die für die Regime eintraten, nicht nur die Hoffnung verbunden, dass sie die Kooperation von Staaten in der Rüstungskontrolle fördern, sondern dass sie für einen tiefgreifenden Wandel im internationalen System stehen würden. An die Stelle der staatlichen Sicherheit sollte die menschliche Sicherheit treten, neben Regierungen würden sich NGOs und Betroffene an den Verhandlungen beteiligen und gemeinsam würde mit allen Beteiligten ein Prozess in Gang gesetzt, der die alte westfälische Ordnung ablösen und durch neue globale Strukturen ersetzen würde, die egalitärer sind und in denen das Recht eine zentrale Rolle spielt. Entsprechend schrieb beispielsweise Simone Wisotzki (2009, S. 1): „A structural change has taken place in arms control and disarmament".

Wie die Analysen in diesem Beitrag gezeigt haben, haben sich diese großen Hoffnungen auf einen strukturellen Systemwandel nicht erfüllt. So hat die rationalistische Perspektive zur Analyse der Entstehung beider Regime gezeigt, dass sie nicht für eine dauerhafte Veränderung der Struktur des internationalen Systems steht. Zwar haben NGOs und kleinere Staaten eine wichtige Rolle gespielt, jedoch blieben die Interdependenzen zwischen – und Interessen von – Nationalstaaten bei der Verregelung der Nutzung von APMs und des internationalen Transfers von Rüstungsgütern ausschlaggebend. So hatten beide Regime durchaus positiv zu bewertende Effekte wie zum Beispiel die Zerstörung von Antipersonenminen, das Schaffen von Vertrauen zwischen den Vertragsparteien und die Vertiefung von Kooperation zwischen Staaten in einem sicherheitsrelevanten Politikfeld. Nichtsdestotrotz sind den Regimen inhärente Grenzen gesetzt, die mit den sicherheitspolitischen, militärischen und ökonomischen Problematiken der Politikfelder Sicherheit und Rüstung zusammenhängen und sich nach dem Angriffskrieg Russlands in der Ukraine sicherlich noch einmal verstärkt haben. So zögern Staaten nach wie vor, mit offenen Karten zu spielen oder anderen Staaten eigene Schwächen im Bereich Sicherheit zu offenbaren – was aus einer konservativen Sichtweise zwangsläufig mit der Bereitschaft zur Kooperation einhergeht. Aus dieser Perspektive zeigt ein Staat, der zugibt, auf andere Staaten und ihre Kooperation angewiesen zu sein, Schwäche. Dafür ist im Selbstverständnis vieler Staaten kein Platz und häufig geht es auch mit einem gewissen Imageverlust einher.

Die kritisch-feministische Perspektive zeigt noch deutlicher auf, dass kein Systemwandel stattgefunden hat. Die Ottawa-Konvention schreibt eine essenzialistische binäre Geschlechterlogik fort. Frauen sind in dieser Logik nicht nur besonders schutzbedürftig, sondern auch besonders schützenswert. Der männlich verstandene Staat muss dieser Schutzfunktion nachkommen. Diese binären Genderkonstruktionen haben zwar dafür gesorgt, dass ein APM-Verbot überhaupt denkbar war und durchgesetzt wurde, sie wurden allerdings auch durch die Diskurse, Bilder und Praktiken, die mit ihm verknüpft sind, auf globaler Ebene reproduziert und verstärkt. Was die Auswirkungen der Ottawa-Konvention aus einer feministischen Perspektive angeht, lässt sich festhalten, dass sie zwar dazu beigetragen hat, dass große Landstriche entmint wurden und wenig neue Minen gelegt werden. Trotzdem gibt es aus dieser Perspektive einige blinde Flecken der Konvention, die in der Umsetzung von Entminung sowie in der Fürsorge für Minenüberlebende kritisch zu betrachtende Auswirkungen haben. Der Waffenhandelsvertrag ist zwar einerseits als progressiv und sogar transformativ einzuordnen, da er explizit auf GBV verweist – im Vergleich zu anderen Regimen ein großer Fortschritt. Andererseits wird auch an zwei zentralen Stellen auf „Frauen und Kinder" verwiesen und somit werden die gleichen Diskurse und Symbole genutzt, die auch schon die Ottawa-Konvention in dieser Form ermöglichten. Auf diese Weise werden auch hier essenzialistische und verkindlichende Konstruktionen von Weiblichkeit reproduziert. Gleichzeitig handelt es sich beim Waffenhandelsvertrag um ein Instrument zur Legitimierung und Rechtfertigung von Militarismus, welcher immer mit essenzialistischen, gewaltvollen Männlichkeitskonstruktionen einhergeht und alternative Männlichkeiten und Weiblichkeiten marginalisiert. Somit ist vor allem der Waffenhandelsvertrag aus feministischer Perspektive durchaus kritisch zu betrachten, da er das bestehende System nicht nur legitimiert, sondern sogar zementiert.

Es bleibt festzuhalten, dass die Ottawa-Konvention und der Waffenhandelsvertrag zwar wichtige Pfeiler und große Schritte in der humanitären Rüstungskontrolle darstellen. Unsere Analyse hat jedoch auch gezeigt, dass sie nicht für einen strukturellen Wandel des internationalen Systems stehen, sondern dieses in manchen Aspekten eher reproduzieren als transformieren. Menschliches Leid kann durch beide Regime verringert werden, die staatliche Souveränität bleibt aber erhalten.

Übungsfragen

1. Wie lassen sich internationale Regime definieren?
2. Wie analysieren kritisch-feministische Genderperspektiven internationale Regime?
3. Vergleichen Sie die Ottawa-Konvention und den Waffenhandelsvertrag hinsichtlich ihrer Effektivität der Problembearbeitung!

Literatur

Abbott, Kenneth W./Faude, Benjamin, 2021: Choosing Low-cost Institutions in Global Governance, in: International Theory 13 (3), 397–426.

Abdullahi, Ibrahim, 2016: Arms Trade Treaty: A Treaty of Hope or Failure, in: Journal of Good Governance and Sustainable Development in Africa 3 (2), 18–27.

Acheson, Ray, 2015: Women, Weapons, and War: A Gendered Critique of Multilateral Instruments. Women's International League for Peace and Freedom. URL: https://reaching-criticalwill.org/images/documents/Publications/women-weapons-war-2nd-edition.pdf. Zuletzt abgerufen am 16.07.2022.

Acheson, Ray/Butler, Maria, 2019: WPS and Arms Trade Treaty, in: Davies, Sara E./True, Jacqui (Hrsg.): The Oxford Handbook of Women, Peace, and Security, Oxford: Oxford University Press, 690–703.

Adamson, Jo/Pollard, Guy, 2015: The Arms Trade Treaty: Making a Difference, in: Verification Research, Training and Information Centre (Hrsg.): Verification and Implementation: A Biennial Collection of Analysis on International Agreements for Security and Development, London: 143–162.

Aggarwal, Vinod K./Reddie, Andrew W. 2021: Economic Statecraft in the 21st Century: Implications for the Future of the Global Trade Regime, in: World Trade Review 20 (1), 137–151.

Alley, Roderic, 2019: Small Arms and Light Weapons: The Disjunction Problem, in: Conflict, Security & Development 19 (2), 143–172.

Alter, Karen J./Raustiala, Kal, 2018: The Rise of International Regime Complexity, in: Annual Review of Law and Social Science 14 (1), 329–349.

Anderson, Kenneth, 2000: The Ottawa Convention Banning Landmines, the Role of International Non-governmental Organizations and the Idea of International Civil Society, in: European Journal of International Law 11 (1), 91–120.

Anti-Personnel Mine Ban Convention, 1997: Convention on the Prohibition of the Use, Stockpiling, Production and Transfer of Anti-Personnel Mines and on Their Destruction. URL: https://www.apminebanconvention.org/fileadmin/APMBC/text_status/Ottawa_Convention_English.pdf. Zuletzt abgerufen am 09.09.2020.

Arms Trade Treaty, 2013: URL: https://thearmstradetreaty.org/hyper-images/file/ATT_English/ATT_English.pdf?templateId=137253. Zuletzt abgerufen am 22.07.2022.

Arms Trade Treaty Homepage, 2024: https://thearmstradetreaty.org/. Zuletzt abgerufen am 28.03.2024.

ATT Expert Group, 2021: Domestic Accountability for International Arms Transfers. Law, Policy and Practice. Briefing No. 8. London: Saferworld.

Barrett, Frank J., 2001: The Organizational Construction of Hegemonic Masculinity: The Case of the US Navy, in: Whitehead, Stephen/Barrett, Frank J., (Hrsg.): The Masculinities Reader. Cambridge: Polity Blackwell Publishers, 77–99.

Becker, Una/Müller, Harald/Rosert, Elvira, 2008: Einleitung: Rüstungskontrolle im 21. Jahrhundert, in: Die Friedens-Warte 83 (2/3), 13–46.

Beier, J., Marshall, 2011: Dangerous Terrain: Re-Reading the Landmines Ban through the Social Worlds of the RMA, in: Contemporary Security Policy 32 (1), 159–175.

Beijer, Paul 2021: Taking Stock of the Arms Trade Treaty. Application of the Risk-Assessment Criteria. Stockholm: SIPRI. Stockholm International Peace Research Institute.

Betts, Alexander/Milner, James, 2019: Governance of the Global Refugee Regime. World Refugee Council Research Paper 13. Waterloo, CA.: World Refugee Council/Center for International Governance Innovation.

Biscaglia, Laura/Gomes Sampaio, Vanessa/Hofmann, Ursign/Provencher Langlois, Marion 2018:
   Gender Mainstreaming in Mine Action: Powerful Linkages for Progress across the SDGs. Proceedings from the International Conference on Sustainable Development. URL: https://www.
   gichd.org/fileadmin/GICHD-resources/rec-documents/ICSD_2018-Mainstreaming_Gender_
   in_Mine_Action-Final-12.11.18.pdf. Zuletzt abgerufen am 22.07.2022.
Brühl, Tanja/Neyer, Jürgen, 2008: Recht der Macht oder Macht des Rechts? Globales Regieren
   im Ozon-Regime und der WTO, in: Schuppert, Folke/Zürn Michael (Hrsg.): Governance in
   einer sich wandelnden Welt, PVS Sonderheft 41, Wiesbaden: VS-Verlag, 190–212.
Bolton, Matthew/James, Katelyn E., 2014: Nascent Spirit of New York or Ghost of Arms
   Control Past? The Normative Implications of the Arms Trade Treaty for Global Policy-
   making, in: Global Policy 5 (4), 439–452.
Bolton, Matthew/Whall, Helena/Pytlak, Allison/Guerra, Hector/James, Katelyn E., 2014:
   The Arms Trade Treaty from a Global Civil Society Perspective: Introducing Global Po-
   licy's Special Section, in: Global Policy 5 (4), 433–438.
Bourne, Mike, 2011: Controlling the Shadow Trade, in: Contemporary Security Policy 32
   (1), 215–240.
Bower, Adam, 2020: Entrapping Gulliver: The United States and the Antipersonnel Mine
   Ban, in: Security Studies 29 (1), 128–161.
Bromley, Mark/Cooper, Neil/Holton, Paul, 2012: The UN Arms Trade Treaty: Arms Export
   Controls, the Human Security Agenda and the Lessons of History, in: International Af-
   fairs 88 (5), 1029–1048.
Brzoska, Michael/Kühn, Ulrich, 2012: Vertrag über den Waffenhandel. Staatenkonferenz
   2.–27. Juli 2012, in: Vereinte Nationen 5, 223–225.
Bundesministerium für Wirtschaft und Energie, 2019: Rüstungsexportbericht: Bericht der
   Bundesregierung über ihre Exportpolitik für konventionelle Rüstungsgüter im ersten
   Halbjahr 2019. Berlin.
Calza Bini, Arianna/Massleberg, Asa, 2011: Gender-sensitive Victim Assistance, in: Journal
   of ERW and Mine Action 15 (2), 1–6.
Canfield, Rachel/McCoull, Chad, 2008: Gender in the Mine Action Community, in: Journal
   of ERW and Mine Action 12 (2), 1–10.
Carpenter, Charli R., 2005: "Women, Children and Other Vulnerable Groups": Gender, Stra-
   tegic Frames and the Protection of Civilians as a Transnational Issue, in: International
   Studies Quarterly 49 (2), 295–334.
Casey-Maslen, Stuart/Clapham, Andrew/Giacca, Gilles/Parker, Sarah, 2016: The Arms
   Trade Treaty. A Commentary, Oxford: Oxford University Press.
Chapnick, Adam, 2003: The Ottawa Process Revisited: Aggressive Unilateralism in the Post-
   Cold War World, in: International Journal: Canada's Journal of Global Policy Analysis 58
   (3), 281 –293.
Charlesworth, Hillary, 2016: Gender and International Law, in: Steans, Jill/Tepe-Belfrage,
   Daniela, (Hrsg.): Handbook on Gender in World Politics. Cheltenham: Edward Elgar Pu-
   blishing, 137–144.
Charta der Vereinten Nationen 1945: Charta der Vereinten Nationen und Statut des Inter-
   nationalen Gerichtshofs. URL: https://unric.org/de/wp-content/uploads/sites/4/2022/06/
   charta.pdf. Zuletzt abgerufen am 22.07.2022.
Cockburn, Cynthia, 2012: Antimilitarism: Political and Gender Dynamics of Peace Move-
   ments, Basingstoke: Palgrave Macmillan.
Coe, Andrew/Vayman, Jane, 2020: Why Arms Control is So Rare, in: American Political Science Review 114 (2), 342–355.

Connell, Raewyn/Messerschmidt, James, 2005: Hegemonic Masculinity: Rethinking the Concept, in: Gender and Society 19 (6), 829–859.

Control Arms Secretariat 2023: ATT Monitor 2023, New York. URL: https://attmonitor.org/wp-content/uploads/2023/08/ATT-Monitor-Report-2023_Online.pdf. Zuletzt abgerufen am 28.03.2024.

Crenshaw, Kimberle, 1991: Mapping the Margins: Intersectionality, Identity Politics, and Violence against Women of Color, in: Stanford Law Review 43 (6), 1241–1299.

Cukier, Wendy/Cairns, James, 2009: Gender, Attitudes and the Regulation of Small Arms: Implications for Action, in: Farr, Vanessa/Myrttinen, Henri/Schnabel, Albrecht, (Hrsg.): Sexed Pistols: The Gendered Impacts of Small Arms and Light Weapons. New York: United Nations University Press, 18–48.

Davis, Ian/Boulanin, Vincent/Bromley, Mark/Grip, Lina/Verbruggen, Maaike 2017: Humanitarian Arms Control Regimes: Key Developments in 2016, in: SIPRI Yearbook 2016. Armaments, Disarmament and International Security. Oxford: Oxford University Press, 554–574.

de Larrinaga, Miguel/Sjolander, Claire Turenne, 1998: (Re)presenting Landmines from Protector to Enemy: The Discursive Framing of a New Multilateralism, in: Canadian Foreign Policy Journal 5 (3), 125–146.

Declaration of the Ottawa Conference 1996: Towards a Global Ban on Anti-Personnel Mines. URL: https://www.apminebanconvention.org/fileadmin/APMBC/10th-anniversary/The_1996_Ottawa_Declaration.pdf. Zuletzt abgerufen am 09.09.2020.

Deitelhoff, Nicole, 2009: The Discursive Process of Legalization: Charting Islands of Persuasion in the ICC Case, in: International Organization 63 (1), 33–65.

Diana Princess of Wales, 1997: Responding To Landmines: A Modern Tragedy And Its Consequences- June 12, 1997. URL: https://awpc.cattcenter.iastate.edu/2017/03/09/responding-to-landmines-a-modern-tragedy-and-its-consequences-june-12-1997/. Zuletzt abgerufen am 26.08.2020.

Dittmer, Cordula, 2009: Gender Trouble in der Bundeswehr: Eine Studie zu Identitätskonstruktionen und Geschlechterordnungen unter besonderer Berücksichtigung von Auslandseinsätzen, Bielefeld: Transcript Verlag.

Dolan, Michael/Hunt, Chris, 1998: Negotiating in the Ottawa Process: The New Multilateralism, in: Canadian Foreign Policy Journal 5 (3), 25–50.

Dondisch, Roberto, 2021: Taking Stock of the Arms Trade Treaty. Processes and Forums. Stockholm: SIPRI. Stockholm International Peace Research Institute.

Donnelly, Jack, 1986: International Human Rights. A Regime Analysis, in: International Organization 40 (3), 599–642.

Duncanson, Claire, 2017: Anti-Militarist Feminist Approaches to Researching Gender and the Military, in: Woodward, Rachel/Duncanson, Claire (Hrsg.): The Palgrave International Handbook of Gender and the Military. London: Palgrave Macmillan, 39–58.

Dunne, Timothy/Kurki, Milja/Smith, Steve (Hrsg.) 2021: International Relations Theories. Discipline and Diversity. 5. Auflage. Oxford, United Kingdom: Oxford University Press.

Ehrenreich Brooks, Rosa, 2002: Feminism and International Law: An Opportunity for Transformation, in: Yale Journal of Law and Feminism 14 (2), 345–362.

El-Bushra, Judy, 2007: Feminism, Gender, and Women's Peace Activism, in: Development and Change 38 (1), 131–147.

Elshtain, Jean Bethke, 1982: On Beautiful Souls, Just Warriors and Feminist Consciousness, in: Women's Studies International Forum 5 (3/4), 342–348.

English, John, 2013: The Ottawa Convention on Anti-Personnel Landmines, in: Cooper, Andrew Fenton/Heine, Jorge/Thakur, Ramesh: The Oxford Handbook of Modern Diplomacy. Oxford: Oxford University Press.

Enloe, Cynthia H., 1990: Bananas, Beaches & Bases: Making Feminist Sense of International Politics. Berkeley: University of California Press.

Enloe, Cynthia H., 2000: Maneuvers: The International Politics of Militarizing Women's Lives, Berkeley: University of California Press.

Enloe, Cynthia H., 2004: The Curious Feminist. Searching for Women in a New Age of Empire, Berkeley: University of California Press.

Enloe, Cynthia H., 2015: The Recruiter and the Sceptic: a Critical Feminist Approach to Military Studies, in: Critical Military Studies 1 (1), 3–10.

Erickson, Jennifer L., 2015: Dangerous Trade. Arms Exports, Human Rights, and International Reputation, Washington D.C.: Columbia University Press.

Erickson, Jennifer L., 2018: Arms Control, in: Gheciu, Alexandra/Wohlforth, William C. (Hrsg.): The Oxford Handbook of International Security. Oxford: Oxford University Press (Oxford Handbooks Online), 399–414.

Farr, Vanessa, 2006: Scared Half to Death: The Gendered Impacts of Prolific Small Arms, in: Contemporary Security Policy 27 (1), 45–59.

Farr, Vanessa/Myrttinen, Henri/Schnabel, Albrecht, 2009: Sexing the Pistol: The Gendered Impacts of Prolific Small Arms, in: Farr, Vanessa/Myrttinen, Henri/Schnabel, Albrecht, (Hrsg.): Sexed Pistols: The Gendered Impacts of Small Arms and Light Weapons. Tokyo: United Nations University Press, 3–17.

Faude, Benjamin/Gehring, Thomas, 2017: Regime Complexes as Governance Systems, in: Sandholtz, Wayne/Whytock, Christopher A. (Hrsg.): Research Handbook on the Politics of International Law. Cheltenham: Edward Elgar Publishing Limited, 176–203.

Fearon, James, 1995: Rationalist Explanations for War, in: International Organization 49 (3), 379–414.

Fehl, Caroline/Freistein, Katja, 2021: (Un)making Global Inequalities: International Institutions in a Stratified International Society, in: Journal of International Relations and Development 24 (2), 251–278.

Garcia, Denise, 2015: Humanitarian Security Regimes, in: International Affairs 91 (1), 55–75.

Gibbings, Sheri Lynn, 2011: No Angry Women at the United Nations: Political Dreams and the Cultural Politics of United Nations Security Council Resolution 1325, in: International Feminist Journal of Politics 13 (4), 522–538.

Goldblat, Jozef, 2002: Arms Control. The New Guide to Negotiations and Agreements. Fully rev. and updated 2nd ed., London: Sage Publications.

Green, Caroline/Basu Ray, Deepayan/Mortimer, Claire/Stone, Kate 2013: Gender-based Violence and the Arms Trade Treaty: Reflections from a Campaigning and Legal Perspective, in: Gender & Development 21 (3), 551–562.

Grillot, Suzette R., 2009: Small Arms, Sovereign States and Human Rights, in: Shawki, Noha/Cox, Michaelene (Hrsg.): Negotiating Sovereignty and Human Rights. Actors and Issues in Contemporary Human Rights Politics. Farnham: Ashgate, 215–236.

Harpviken, Kristian Berg/Fixdal, Mona, 1997: Anti-Personnel Landmines, in: Security Dialogue, 28 (3), 271–285.

Hasenclever, Andreas 2001: Die Macht der Moral in der internationalen Politik. Militärische Interventionen westlicher Staaten in Somalia, Ruanda und Bosnien-Herzegowina, Frankfurt a. M.: Campus.

Hasenclever, Andreas/Mayer, Peter/Rittberger, Volker, 1997: Theories of International Regimes, Cambridge: Cambridge University Press.

Hasenclever, Andreas/Narr, Henrike, 2018: The Dark Side of the Affectedness-Paradigm: Lessons from the Indigenous Peoples' Movement at the United Nations, in: Third World Thematics 3 (5–6), 684–702.

Hearn, Jeff, 2012: Men/Masculinities: War/Militarism – Searching (for) the Obvious Connections?, in: Kronsell, Annica (Hrsg.): Making Gender, Making War. Violence, Military and Peacekeeping Practices. New York: Routledge, 35–48.

Herz, John, 1950: Idealist Internationalism and the Security Dilemma, in: World Politics 2 (2), 157–180.

Hofmann, Rainer/Malkmus, Moritz, 2021: 70 Jahre Genfer Konventionen. Entwicklung und aktuelle Herausforderungen des humanitären Völkerrechts, in: Hofmann, Rainer/Malkmus, Moritz (Hrsg.): 70 Jahre Genfer Konventionen. Stand und Perspektiven des humanitären Völkerrechts. Berlin: Berliner Wissenschafts-Verlag, 15–43.

Holtom, Paul, 2021: Taking Stock of the Arms Trade Treaty. Scope. Stockholm: SIPRI. Stockholm International Peace Research Institute.

Holy See Mission, 2013: The Holy See Calls For States To Adopt A Human-Centered Arms Trade Treaty. 25 March, 2013. URL: https://holyseemission.org/contents//press_releases/55e34d369a5b52.11463271.php. Zuletzt abgerufen am 04.09.2020.

Hynek, Nik, 2018: Re-visioning Morality and Progress in the Security Domain: Insights from Humanitarian Prohibition Politics, in: International Politics 55 (3), 421–440.

IANSA Women's Network, 2011: Policy Paper: Including Gender in the Arms Trade Treaty. International Action Network on Small Arms. URL: http://www.iansa-women.org/sites/default/files/ATT_Prepcom_3_iansa_wn_pp_130711.pdf. Zuletzt abgerufen am 03.09.2020.

International Campaign to Ban Landmines (ICBL), 2023: Landmine Monitor 2023. URL: https://attmonitor.org/en/the-2023-report/. Zuletzt abgerufen am 28.03.2024.

International Committee of the Red Cross (ICRC), 1996: Anti-personnel Landmines: Friend or Foe? A Study of the Military Use and Effectiveness of Anti-personnel Mines, Geneva.

Jervis, Robert, 1982: Security Regimes, in: International Organization 36 (2), 357–378.

Keohane, Robert O., 2020: Understanding Multilateral Institutions in Easy and Hard Times, in: Annual Review of Political Science 23 (1), 1–18.

Keohane, Robert O./Nye, Joseph S., 1977: Power and Interdependence. World Politics in Transition, Boston: Little Brown.

Krasner, Stephen D., 1982: Structural Causes and Regime Consequences: Regimes as Intervening Variables, in: International Organization 36 (2), 185–205.

Krook, Mona Lena/Mackay, Fiona, 2011: Introduction: Gender, Politics, and Institutions, in: Mackay, Fiona/Krook, Mona Lena, (Hrsg.): Gender, Politics and Institutions: Towards a Feminist Institutionalism. Basingstoke, New York: Palgrave Macmillan, 1–20.

Kuyper, Jonathan/Schroeder, Heike/Linnér, Björn-Ola, 2018: The Evolution of the UNFCCC, in: Annual Review of Environment and Resources 43 (1), 343–368.

Levine, Paul/Smith, Ron, 1997: The Arms Trade, in: Economic Policy 12 (25), 336–370.

Lipson, Charles, 1984: International Cooperation in Economic and Security Affairs, in: World Politics 37 (1), 1–23.

Lustgarten, Laurence, 2015: The Arms Trade Treaty. Achievements, Failings, Future, in: International and Comparative Law Quarterly 64 (3), 569–600.

MacDonald, Bryan, 2004: The Global Landmine Crisis in the 1990s, in: Matthew, Richard A./McDonald, Bryan/Rutherford, Kenneth M. (Hrsg.): Landmines and Human Security. International Politics and War's Hidden Legacy. Albany: State University of New York Press, 21–33.

Mackay, Fiona/Kenny, Meryl/Chappell, Louise, 2010: New Institutionalism Through a Gender Lens: Towards a Feminist Institutionalism?, in: International Political Science Review 31 (5), 573–588.

Maletta, Giovanna/Bauer, Sibylle, 2021: Taking Stock of the Arms Trade Treaty. International Assistance to Support Implementation. Stockholm: SIPRI. Stockholm International
Peace Research Institute.

Mearsheimer, John J., 2001: The Tragedy of Great Power Politics. New York, NY: Norton.

de Mello e Souza, André, 2021: Building a Global Development Cooperation Regime: Failed
but Necessary Efforts, in: Chaturvedi, Sachin/Janus, Heiner/Klingebiel, Stephan/Li, Xia-
oyun/de Mello e Souza, André/Sidiropoulos, Elizabeth/Wehrmann, Dorothea (Hrsg.):
The Palgrave Handbook of Development Cooperation for Achieving the 2030 Agenda.
Contested Collaboration. Cham: Palgrave Macmillan, 349–366.

Messerschmidt, Maike/Quest, Hendrik, 2017: Männlichkeiten im Konflikt – Zum theoretischen Verhältnis von militarisierter Männlichkeit, militärischer Männlichkeit und Hyper-
maskulinität, in: Zeitschrift für Friedens- und Konfliktforschung 6 (2), 257–288.

Müller, Harald/Rosert, Elvira, 2011: Frieden und Rüstungskontrolle/Abrüstung, in: Gieß-
mann, Hans-Joachim (Hrsg.): Handbuch Frieden. Wiesbaden: VS Verlag, 529–540.

Mutschler, Max M., 2018: Rüstungsexportkontrolle durch den internationalen Waffenhandelsvertrag, in: Sicherheit und Frieden (S+F) 36 (3), 121–125.

Myrttinen, Henri/Khattab, Lana/Naujoks, Jana, 2017: Re-Thinking Hegemonic Masculinities in Conflict-Affected Contexts, in: Critical Military Studies 3 (2), 103–119.

Nagel, Joanne, 1998: Masculinity and Nationalism: Gender and Sexuality in the Making of
Nations, in: Ehtnic and Racial Studies 21 (2), 242–269.

Nilsson, Marie/Rozes, Virginie/Garcia, Juliane, 2009: Gender and Land Release: The Responsibility of the Mine-Action Community, in: Journal of ERW and Mine Action 13 (2), 30–34.

O'Dwyer, Diana, 2006: First Landmines, Now Small Arms? The International Campaign to
Ban Landmines as a Model for Small-Arms Advocacy, in: Irish Studies in International
Affairs 17 (1), 77–97.

Oppong, Joseph R./Kalipeni, Ezekiel, 2005: The Geography of Landmines and Implications for
Health and Disease in Africa: A Political Ecology Approach, in: Africa Today 52 (1), 3–25.

Parlow, Anita, 1995: Toward a Global Ban on Landmines. (International Review of the Red
Cross, 307). URL: https://www.icrc.org/en/doc/resources/documents/article/other/57jmmj.
htm. Zuletzt abgerufen am 26.08.2020.

Peterson, V. Spike, 2004: Feminist Theories Within, Invisible to, and Beyond IR, in: Brown
Journal of World Affairs 10 (2), 35–46.

Prado Mosquera, Diana Carolina, 2019: Introductory Remarks Gender and Diversity. Fourth
Review Conference of the Mine Ban Treaty. 25–29 November 2011. URL: http://www.
icbl.org/media/3073944/Introductory-remarks-Gender-and-diversity-ICBL-english.pdf.
Zuletzt abgerufen am 27.08.2020.

Prügl, Elisabeth, 2004: International Institutions and Feminist Politics, in: Brown Journal of
World Affairs 10 (2), 69–84.

Puechguirbal, Nadine, 2010: Discourses on Gender, Patriarchy and Resolution 1325: A Text-
ual Analysis of UN Documents, in: International Peacekeeping 17(2), 172–187.

Putnam, Robert D., 1988: Diplomacy and Domestic Politics. The Logic of Two-Level
Games, in: International Organization 42 (2), 427–460.

Rutherford, Kenneth R., 2000: The Evolving Arms Control Agenda: Implications of the Role
of NGOS in Banning Antipersonnel Landmines, in: World Politics 53 (1), 74–114.

Saferworld 2020: China's accession to the ATT: Opportunities and challenges, London. URL:
https://www.saferworld.org.uk/resources/news-and-analysis/post/888-chinaas-accession-
to-the-att-opportunities-and-challenges-. Zuletzt abgerufen am 12.07.2022.

Scales, Ann, 2005: Soft on Defense: The Failure to Confront Militarism, in: Berkeley Journal
of Gender, Law & Justice 20 (1), 369–393.

Schelling, Thomas C./Halperin, Morton H., 1961: Strategy and Arms Control, New York: Twentieth Century Fund.

Schimmelfennig, Frank, 2021: Internationale Politik. 6., überarbeitete und aktualisierte Auflage, Stuttgart: UTB.

Schmitz, Hans-Peter/Sikkink, Kathryn, 2013: International Human Rights, in: Carlsnaes, Walter/Risse, Thomas/Simmons, Beth A., (Hrsg.): Handbook of International Relations. 2. Auflage. London: Sage, 827–852.

Schörnig, Niklas, 2017: Rüstung, Rüstungskontrolle und internationale Politik, in: Sauer, Frank/Masala, Carlo (Hrsg.): Handbuch Internationale Beziehungen. 2. Auflage. Wiesbaden: Springer VS, 959–990.

Schroer-Hippel, Miriam, 2011: Männlichkeit und zivilgesellschaftliche Friedensarbeit. Konsequenzen aus der Gender- und Konfliktforschung, in: femina politica 20 (1), 57–67.

Short, Nicola, 1999: The Role of NGOs in the Ottawa Process to Ban Landmines, in: International Negotiation 4 (3), 483–502.

Simonet, Loïc, 2014: The Arms Trade Treaty and the OSCE, in: Security and Human Rights 25 (4), 440–453.

SIPRI Arms Industry Database, 2024: URL: https://www.sipri.org/databases/armsindustry. Zuletzt abgerufen am 22.07.2022

SIPRI Arms Transfers Database, 2022: URL: https://www.sipri.org/databases/armstransfers. Zuletzt abgerufen am 16.07.2022.

SIPRI Arms Transfers Database, 2024. URL: https://www.sipri.org/databases/armstransfers. Zuletzt abgerufen am 16.04.2025.

SIPRI Military Expenditure Database 2024. URL: https://www.sipri.org/databases/milex. Zuletzt abgerufen am 27.03.2024.

Sjoberg, Laura, 2015: Seeing Sex, Gender, and Sexuality in International Security, in: International Journal 70 (3), 434–453.

Skåra, Bernt A., 2003: Risky Business or Constructive Assistance? Community Engagement in Humanitarian Mine Action, in: Third World Quarterly 24 (5), 839–853.

Spindler, Manuela, 2010: Interdependenz, in: Schieder, Siegfried/Spindler, Manuela (Hrsg.): Theorien der Internationalen Beziehungen. 3., überarbeitete und. aktualisierte Auflage. Stuttgart: UTB, 97–130.

Stavrianakis, Anna, 2016: Legitimising Liberal Militarism: Politics, Law and War in the Arms Trade Treaty, in: Third World Quarterly 37 (5), 840–865.

Sterling-Folker, Jennifer, 2021: Neoliberalism, in: Dunne, Timothy/Kurki, Milja/Smith, Steve (Hrsg.): International Relations Theories. Discipline and Diversity. 5. Auflage. Oxford: Oxford University Press, 89–107.

Stern, Maria, 2016: Poststructuralist Feminism in World Politics, in: Steans, Jill/Tepe-Belfrage, Daniela (Hrsg.): Handbook on Gender in World Politics. Cheltenham: Edward Elgar Publishing, 33–40.

Stohl, Rachel, 2017: Understanding the Conventional Arms Trade, in: Corden, Pierce/Fainberg, Tony/Hafemeister, David W. (Hrsg.): Nuclear Weapons and Related Security Issues. AIP Conference Proceedings, (1898) Washington, DC. Melville, New York: AIP Publishing, 1–9.

Stohl, Rachel, 2021: Taking Stock of the Arms Trade Treaty. Universalization. Stockholm: SIPRI. Stockholm International Peace Research Institute.

Streicher, Ruth, 2011: Männer, Männlichkeit und Konflikt. Eine kritische Reflektion des Forschungsstandes und ein Plädoyer für konzeptionelle Öffnungen, in: femina politica 20 (1), 44–57.

Suechting, Peter/Pettenger, Mary E., 2022: International Environmental Regimes. Formation, Effectiveness, Trends, and Challenges, in: Harris, Paul G. (Hrsg.): Routledge Handbook of Global Environmental Politics. 2. Auflage. London: Routledge, 118–131.

Thakur, Ramesh/Maley, William, 1999: The Ottawa Convention on Landmines: A Landmark
Humanitarian Treaty in Arms Control, in: Global Governance 5 (3), 273–302.

Theidon, Kimberly/Phenicie, Kelly/Murray, Elizabeth, 2011: Gender, Conflict, and Peace-
building. State of the Field and Lessons Learned from USIP Grantmaking. United States
Institute of Peace. URL: http://www.usip.org/sites/default/files/resources/PW76_Gen-
der_Conflict_and_Peacebuilding.pdf. Zuletzt abgerufen am 16.07.2022.

Thrall, A. Trevor/Cohen, Jordan/Dorminey, Caroline, 2020: Power, Profit, or Prudence? US
Arms Sales since 9/11, in: Strategic Studies Quarterly 14 (2), 100–126.

True, Jacqui, 2019: Gender Research and the Study of Institutional Transfer and Norm
Transmission, in:Sawer, Marian/Baker, Kerryn (Hrsg.): Gender Innovation in Political
Science: New Norms, New Knowledge. Cham: Springer, 135–152.

United Nations General Assembly, 2006: Towards an Arms Trade Treaty, A/RES/61/89,
18.12.2006.

United Nations General Assembly, 2010: The Arms Trade Treaty, A/RES/64/48, 18.12.2010.

Unruh, Jon/Corriveau-Bourque, Alexandre, 2011: Volatile Landscapes: The Impact of Explosive Remnants of War on Land Rights in Conflict Affected Countries, in: Journal of
Peace, Conflict & Development 18 (1), 7–25.

Varisco, Andrea Edoardo/Maletta, Giovanna/Robin, Lucile, 2021: Taking Stocks of the Arms
Trade Treaty. Achievements, Challenges and Ways Forward. Stockholm: SIPRI. Stockholm International Peace Research Institute.

Vestner, Tobias, 2020: The New Geopolitics of the Arms Trade Treaty, in: Arms Control
Today: 12, 1–12. URL: https://www.armscontrol.org/act/2020-12/features/new-geo-
politics-arms-trade-treaty. Zuletzt abgerufen am 12.07.2022.

Waylen, Georgina, 2014: Informal Institutions, Institutional Change, and Gender Equality,
in: Political Research Quarterly 67 (1), 212–223.

Wibben, Annick T. R., 2004: Feminist International Relations: Old Debates and New Direc-
tions, in: Brown Journal of World Affairs 10 (2), 97–114.

WILPF, 2013: WILPF Perspectives on the Draft Arms Trade Treaty (ATT). Women's International League for Peace and Freedom. URL: https://www.peacewomen.org/assets/file/
ATT/treatyrecommendations_gender.gbvandatt_wilpf_march2013.pdf. Zuletzt abgerufen
am 03.09.2020.

Wisotzki, Simone, 2008: Humanitäre Rüstungskontrolle im 21. Jahrhundert, in: Die
Friedens-Warte 83 (2/3), 177–198.

Wisotzki, Simone, 2009: „Zwischen moralischen Motiven und militärischen Interessen: Die
Normentwicklung in der humanitären Rüstungskontrolle" URL: https://www.ssoar.info/
ssoar/bitstream/handle/document/28317/ssoar-2009-wisotzki-zwischen_moralischen_
motiven_und_militarischen.pdf?sequence=1&isAllowed=y&lnkname=ssoar-2009-wi-
sotzki-zwischen_moralischen_motiven_und_militarischen.pdf. Zuletzt abgerufen am
16.04.2025.

Wisotzki, Simone, 2013: Humanitarian Arms Control. The Anti- Personnel Mine Ban Treaty,
the Programme of Action on Small Arms and Light Weapons, and the Convention on
Cluster Munitions, in: Müller, Harald/Wunderlich, Carmen (Hrsg.): Norm Dynamics in
Multilateral Arms Control. Interests, Conflicts, and Justice. Athens: University of Geor-
gia Press, 82–106.

Wright, Hannah, 2020: "Masculinities Perspectives": Advancing a Radical Women, Peace and Security Agenda?, in: International Feminist Journal of Politics 22 (5), 652–674.

Yanik, Lerna K., 2006: Guns and Human Rights: Major Powers, Global Arms Transfers, and Human Rights Violations, in: Human Rights Quarterly 28 (2), 357–388.

Young, Oran, 2012: Building an International Regime Complex for the Arctic: Current Status and Next Steps, in: Polar Journal 2 (2), 391–407.

Zangl, Bernhard, 1999: Interessen auf zwei Ebenen. Internationale Regime in der Agrarhandels-, Währungs- und Walfangpolitik, Baden-Baden: Nomos.

Zürn, Michael, 1992: Interessen und Institutionen in der internationalen Politik. Grundlegung und Anwendungen des situationsstrukturellen Ansatzes, Opladen: Leske + Budrich

Andreas Hasenclever ist seit September 2004 Professor für Friedens- und Konfliktforschung am Institut für Politikwissenschaft der Universität Tübingen. Von 2000 bis 2004 arbeitete er als Projektleiter an der Hessischen Stiftung Friedens- und Konfliktforschung in Frankfurt. Andreas Hasenclever studierte Politikwissenschaft und katholische Theologie an Universitäten in Tübingen, München und Paris. 2000 wurde er in Tübingen mit einer Arbeit zur „Macht der Moral in den internationalen Beziehungen. Eine Analyse der militärischen Interventionen westlicher Staaten in Somalia, Ruanda und Bosnien" promoviert. Die Arbeit wurde von Volker Rittberger betreut und erhielt den Helmuth-James-von-Moltke-Preis 2003 der Deutschen Gesellschaft für Wehrrecht und Humanitäres Völkerrecht. Zu den Forschungsschwerpunkten von Andreas Hasenclever zählen die Rolle von Religionen in bewaffneten Konflikten, Vertrauen in den internationalen Beziehungen, die Analyse internationaler Institutionen und der Demokratischer Frieden.

Maike Messerschmidt ist seit 2023 wissenschaftliche Mitarbeiterin am Institut für Kulturwissenschaften der Universität der Bundeswehr München. Zwischen 2016 und 2023 war sie wissenschaftliche Mitarbeiterin und Promovendin im Arbeitsbereich Internationale Beziehungen/Friedens- und Konfliktforschung an der Eberhard Karls Universität Tübingen. Ihre Dissertation befasst sich mit kritisch-feministischen Perspektiven auf Sicherheitssektorreform und Militarisierung in Uganda und wird bei Edinburgh University Press publiziert werden. Von 2019 bis 2023 war sie zusätzlich in einem von der DFG geförderten Forschungsprojekt zur Transformation gewaltzentrierter Männlichkeiten nach bewaffneten Konflikten beschäftigt. Vor ihrer Zeit an der Universität Tübingen war sie von 2014 bis 2016 bei der Konrad-Adenauer-Stiftung Uganda und Südsudan als Programmbeauftragte tätig. Ihre Forschungsschwerpunkte liegen im Bereich feministischer Perspektiven auf Gewalt, Krieg und Frieden, Männlichkeiten während und nach bewaffneten Konflikten sowie auf postkolonialer Sicherheit und Polizeiarbeit in Subsahara-afrikanischen Städten.

Regimekomplexe

5

Manuel Becker und Thomas Gehring

Zusammenfassung

Das Kapitel beleuchtet die Entstehung und Wirkungen von Regimekomplexen – überlappenden internationalen Institutionen. Es analysiert Bedingungen der Entstehung und Effekte von Regimekomplexen sowie Strategieoptionen der beteiligten Akteure. Dabei wird auf Fallbeispiele aus unterschiedlichen Politikfeldern zurückgegriffen. Abschließend werden die Effekte für die Struktur internationaler Kooperation und die Bereitstellung von Kollektivgütern sowie zukünftige Forschungsperspektiven diskutiert.

Schlüsselwörter

Regimekomplexe · Forum-shopping · Kompetitiver Multilateralismus · Regime shifting · Handel

M. Becker (✉)
Berlin, Deutschland

T. Gehring
Otto-Friedrich-Universität Bamberg, Bamberg, Deutschland
E-Mail: thomas.gehring@uni-bamberg.de

© Der/die Autor(en), exklusiv lizenziert an Springer Fachmedien Wiesbaden GmbH, ein Teil von Springer Nature 2025
S. Lütz, A. Menzel (Hrsg.), *Internationale Institutionen*, Grundwissen Politik,
https://doi.org/10.1007/978-3-658-47270-2_5

5.1 Einleitung

Das internationale System verzeichnete über die letzten Jahrzehnte ein exponentielles Wachstum der Anzahl internationaler Organisationen und Regime (Alter und Meunier 2009, S. 13; Drezner 2008, S. 147). Zwar hat die Proliferation internationaler Institutionen zu einer zunehmenden Verrechtlichung internationaler Politik beigetragen, gleichzeitig ging sie jedoch mit einer Zunahme der institutionellen Dichte im internationalen System einher, die zur Folge hat, dass sich internationale Institutionen immer häufiger in ihren Regelungsansprüchen funktional überlappen. Dementsprechend findet Kooperation heute nicht mehr unter der Annahme von Anarchie, sondern in einem komplexen System sich überlappender und konkurrierender Institutionen statt (Alter und Raustiala 2018; Gehring und Faude 2013; Orsini et al. 2013).

Mit der zunehmenden Dichte internationaler Regelungen operieren internationale Institutionen immer seltener als unabhängige Foren, da sie sich zunehmend in ihren „normativen Entwicklungen und Regelungswirksamkeiten gegenseitig beeinflussen" (Faude 2015, S. 12). Kal Raustiala und David G. Victor haben 2004 diese Entwicklungen aufgegriffen und den Begriff des Regimekomplexes in die Literatur eingeführt, definiert als eine Reihe sich partiell überlappender Institutionen, die in einem nicht-hierarchischen Verhältnis zueinander stehen und sich dauerhaft wechselseitig beeinflussen (Raustiala und Victor 2004, S. 279).

Das Phänomen des Regimekomplexes wirft neue Fragen auf, die von den Großtheorien nicht erfasst werden. Anders als beim klassischen (neoliberalen) Institutionalismus steht nicht das vertikale Verhältnis zwischen Staaten und separat agierenden Institutionen im Vordergrund (Axelrod und Keohane 1985; Keohane 1984; Koremenos et al. 2001), sondern die horizontalen Beziehungen einander überlappender Institutionen. Im Zentrum des Interesses stehen somit die Verknüpfungspunkte (*interlinkages*) zwischen internationalen Institutionen und die Frage, wie diese internationale Kooperation beeinflussen (Gehring und Faude 2013). Obwohl sich die Regimekomplex-Literatur über die letzten 15 Jahre zu einem wichtigen Strang in der Institutionenforschung entwickelte, hat sich bis heute keine übergeordnete Regimekomplextheorie entwickelt. Vielmehr bestehen in der Literatur verschiedene theoretische Ansätze geringerer Reichweite nebeneinander, die bestimmte Teilaspekte von Regimekomplexen analysieren und sich zentraler Konzepte und Annahmen der jeweiligen Großtheorien bedienen.

Der überwiegende Teil der theoretischen Arbeiten zu Regimekomplexen ist der neoliberal-institutionalistischen Schule zuzuordnen, obwohl nicht wenige auf Konzepte wie begrenzte Rationalität, Pfadabhängigkeit und Macht zurückgreifen. Ausgehend von rationalen Akteuren, die durch Kosten-Nutzen Kalkulationen geleitet werden, folgen diese Arbeiten im Kern der institutionalistischen Prämisse, dass internationale Institutionen aus einem (funktionalen) Kooperationsinteresse heraus gegründet werden und Erwartungsverlässlichkeit herstellen, indem sie die Handlungsalternativen von Staaten so beschränken, dass Kooperation entsteht. Regimekomplexe sind dann teilweise das Resultat von Veränderungen externer Parameter wie z. B. globale Machtverschiebungen oder das Aufkommen neuer Kooperationsprobleme, die ein Interesse von Staatengruppen am Aufbau konkurrierender Institutionen nach sich ziehen.

Darüber hinaus existieren Arbeiten, die auf Erkenntnissen anderer Theorieschulen aufbauen. So argumentiert Daniel Drezner beispielsweise aus einer neorealistischen Perspektive, dass die starke institutionelle Proliferation mit einer zunehmenden Bedeutungslosigkeit von Institutionen einhergeht, sodass sich internationale Politik wieder zunehmend durch das Recht des Stärkeren statt der Stärke des Rechts auszeichnet (Drezner 2008, 2009). Andere Arbeiten stehen stärker in der Tradition des historischen Institutionalismus, da sie die Entwicklung von Regimekomplexen über einen längeren Zeitraum analysieren, um die Rolle von *timing*, *sequencing* und Pfadabhängigkeit herauszuarbeiten (Colgan et al. 2012; Conceição-Heldt da und Schmidtke 2019). Lütz et al. bauen hingegen auf Erkenntnissen des soziologischen Institutionalismus bzw. Konstruktivismus auf und untersuchen, wie unterschiedliche bürokratische Kulturen zu Konflikten zwischen dem Internationalen Währungsfonds und der Europäischen Union in der Bewältigung der Eurokrise geführt haben (Lütz et al. 2019). Zu guter Letzt existieren zwei Arbeiten, die internationale Regimekomplexe mit der nationalen Ebene in Verbindung bringen. Ausgehend von Putnams Zwei-Ebenen-Ansatz wird argumentiert, dass nationale *win-sets* sowohl *forum-shopping* in der institutionellen Bearbeitung der Eurokrise (Henning 2017) als auch das Kooperationsverhältnis zwischen dem Internationalen Währungsfonds und der EU bestimmten (Lütz und Hilgers 2019).

Dieses Kapitel des Lehrbuchs hat das Ziel, die Forschung zu Regimekomplexen möglichst umfassend vorzustellen. Zunächst werden wir in Abschn. 5.2 das Konzept des Regimekomplexes und dessen zentrale Charakteristika herleiten. Anschließend diskutieren wir Faktoren und Mechanismen der Entstehung von Regimekomplexen, wobei wir zwischen nichtintendierter und intendierter Herbeiführung von Regimekomplexen differenzieren. Wir werden dann die Effekte von Regimekomplexen analysieren. Hierfür wird zunächst hergeleitet, welche zusätzlichen Strategieoptionen durch institutionelle Überlappungen für die Akteure entstehen. Anschließend diskutieren wir, welche Effekte Regimekomplexe auf die Struktur internationaler Kooperation und die Bereitstellung von Kollektivgütern auf der Systemebene haben. Danach gehen wir den in Regimekomplexen angelegten Anreizen zu institutionellen Anpassungen und den Möglichkeiten des Managements negativer Folgen von Regimekomplexen nach. Das Kapitel endet mit einem Fazit, in dem wir einen Ausblick dazu wagen, in welche Richtung sich die Regimekomplex-Forschung entwickeln wird.

5.2   Regimekomplex als Konzept

Kal Raustiala und David G. Victor definieren Regimekomplexe als eine Reihe einander partiell überlappender Institutionen, die in einem nicht-hierarchischen Verhältnis zueinander stehen und sich dauerhaft wechselseitig beeinflussen (Raustiala und Victor 2004, S. 279). Während in der Literatur auch geringfügig abweichende Definitionen desselben Phänomens existieren (z. B. Orsini et al. 2013), stellt die Definition von Raustiala und Victor den Ausgangspunkt vieler Arbeiten zu Regimekomplexen dar. Aus der Definition ergeben sich zwei zentrale Merkmale von Regimekomplexen: die funktionale Überlappung der einzelnen Elemente sowie die fehlende rechtliche Hierarchie zwischen ihnen.

Funktionale Überlappungsbereiche zwischen separat gegründeten Institutionen entstehen, wenn sich diese partiell in ihren Mitgliedschaften überlappen sowie im gleichen Regelungsbereich agieren. Eine partielle institutionelle Überlappung der Mitgliedschaft ist essenziell dafür, dass institutionelle Wechselwirkungen entstehen. So ist zwar vorstellbar, dass zwei Institutionen mit unterschiedlicher Mitgliedschaft kognitiv voneinander lernen (Gehring und Oberthür 2009, S. 134), jedoch ist es unwahrscheinlich, dass sie sich gegenseitig in ihrer Steuerungseffektivität beeinflussen (Gehring und Faude 2014, S. 474). So könnten andere Regionalorganisationen beispielsweise die EU als Vorbild heranziehen und bestimmte Politikinstrumente innerhalb eines Diffusionsprozesses übernehmen. Sofern jene Regionalorganisationen nicht mit multilateralen Institutionen überlappen (Orsini et al. 2013, S. 30), bestehen jedoch keine konkurrierenden Regelungsansprüche. Selbst bei einander widersprechenden Normen und Regulierungen bleiben negative Auswirkungen auf die Steuerungseffektivität der einzelnen Institutionen aus, da sie von unterschiedlichen Mitgliedern implementiert werden müssen.

Die Elemente eines Regimekomplexes müssen sich zusätzlich in ihren Aufgabenbereichen überlappen. Dies kann zum einen bedeuten, dass ein Regimekomplex innerhalb eines bestimmten Politikfeldes wie internationaler Handel besteht, da beispielsweise den Staaten USA, Kanada und Mexiko mit der WTO und NAFTA zwei Institutionen zur Verfügung stehen, die genutzt werden können, um Handelsstreitigkeiten auszutragen (Busch 2007). Zum anderen kommen Wechselwirkungen zwischen Institutionen auch dann zustande, wenn diese in unterschiedlichen Themengebieten existieren, zwischen diesen aber funktionale Schnittstellen bestehen. So können beispielsweise die WTO und multilaterale Umweltinstitutionen Teil eines Regimekomplexes sein, wenn letztere Handelsbeschränkungen als nützliches Instrument zur Erreichung ihrer Umweltziele in Betracht ziehen, während die Politik der WTO auf den Abbau von Handelsbeschränkungen gerichtet ist (Eckersley 2004; Oberthür und Gehring 2006).

Neben der Überlappung in der Mitgliedschaft und innerhalb des Aufgabenbereichs kann eine Überlappung in den Ressourcen als eine zusätzliche Dimension aufgefasst werden, die insbesondere für Wechselwirkungen zwischen operativen Organisationen wichtig ist. Operative Organisationen überlappen einander dann, wenn sie ihre Ressourcen aus einem gemeinsamen Pool beziehen, sodass diese nur einmal eingesetzt werden können. So können beispielsweise Truppen und militärische Ausrüstungen, die im Rahmen eines NATO Auslandseinsatzes von den Mitgliedstaaten bereitgestellt werden, nicht gleichzeitig für Missionen im Rahmen der Gemeinsamen Sicherheits- und Verteidigungspolitik (GSVP) der EU eingesetzt werden, wodurch die Handlungsfähigkeit der EU eingeschränkt wird (Hofmann 2009, 2011). Ressourcenüberlappungen bestehen auch zwischen (regionalen) Entwicklungsbanken. So wird die Weltbank in der Umsetzung ihres Mandats der Finanzierung von Entwicklungsprojekten beschränkt, wenn Mitgliedstaaten ihre finanziellen Beiträge zurückhalten, um diese stattdessen konkurrierenden Regionalbanken wie der Asian Infrastructure Investment Bank bereitzustellen.

Neben der funktionalen Überlappung zeichnet sich ein Regimekomplex zusätzlich durch die fehlende rechtliche Hierarchie zwischen den Institutionen aus (Raustiala und Victor 2004, S. 279). Anders als im Nationalstaat, in dem Regelungskomplexe durch hierarchisches Recht geordnet werden, gibt das Völkerrecht einzelnen Institutionen keinen rechtlichen Vorrang vor anderen (Alter und Meunier 2009, S. 13). Die Folge sind konkurrierende Regelungsansprüche von Institutionen, die Vorrang für ihre eigenen Normen und Regeln beanspruchen (Alter und Raustiala 2018, S. 332). Für operative Organisationen geht Komplexität ebenfalls mit zwischeninstitutioneller Konkurrenz einher, da mehrere Institutionen für dieselbe Funktion infrage kommen, das Völkerrecht jedoch keiner Institution einen rechtlichen Vorrang gewährt.

Aus den Überlappungen in Mitgliedschaft, Aufgabenbereich und/oder Ressourcen ergibt sich das zentrale Element von Regimekomplexen, dass die Beziehung zwischen den einzelnen Elementen durch institutionelle Wechselwirkungen gekennzeichnet sind (Orsini et al. 2013, S. 31), sich die Institutionen also in ihrem Inhalt, Operationen und Effektivität gegenseitig beeinflussen (Bradnee et al. 2008, S. 3). Institutionelle Wechselwirkungen können dabei auf unterschiedlichen Kausalmechanismen basieren (Gehring und Oberthür 2008, 2009), und das Verhältnis zwischen den Elementen von Regimekomplexen kann durch Synergien, Kooperation oder Konflikt gekennzeichnet sein (Biermann et al. 2009, S. 19–21).

5.3   Entstehung von Regimekomplexen

Hinsichtlich der Entstehung von Regimekomplexen kann zwischen den beiden
Wirkungspfaden der nicht-intendierten und intendierten Entstehung von inter-
institutionellen Überlappungen und Wechselwirkungen unterschieden werden
(Faude 2015, S. 54–58). Die Entstehung von Regimekomplexen ist dann intendiert,
wenn die Akteure institutionelle Veränderungen bewusst vornehmen, da sie sich
aus den daraus resultierenden Wechselwirkungen einen Nutzen versprechen. Die
Konsequenzen neuer funktionaler Überlappungen sind somit beabsichtigt. Regimekomplexe können aber auch als nichtintendierte Konsequenz entstehen. Dies resultiert daraus, dass die Akteure Veränderungen einer Institution unabhängig von anderen Institutionen vornehmen und diese zu neuen funktionalen Überlappungen
und Wechselwirkungen führen. Die Entstehung neuer funktionaler Überlappungen
ist dann nicht beabsichtigt.

5.3.1   Nichtintendierte Entstehung von Regimekomplexen

Die zunehmende institutionelle Fragmentierung und Dichte in den internationalen
Beziehungen macht es für Staaten und nichtstaatliche Akteure zunehmend schwierig vorherzusehen, welche Konsequenzen sich für das Umfeld ergeben, wenn sie
neue Institutionen gründen oder Veränderungen bereits existierender Institutionen
vornehmen. So kann es vorkommen, dass eine Internationale Organisation ihre von
den Mitgliedstaaten delegierte Autorität nutzt, um ihren Handlungsbereich eigen-
mächtig zu erweitern (Haftel und Hofmann 2017, S. 485). Einer solchen Erweiterung kann das funktionale Interesse der Organisation zugrunde liegen, ihr Ziel besser erreichen zu können, oder sie kann aus opportunistischen Gründen erfolgen.
Als Ergebnis interveniert die Organisation unbeabsichtigt in den Wirkungsbereich
anderer Institutionen, sodass neue funktionale Überlappungen entstehen, die von
den Mitgliedstaaten so nicht intendiert waren (Faude 2015, S. 57).
Neue funktionale Überlappungen zwischen Institutionen können auch dann unbeabsichtigt entstehen, wenn neue Probleme auftauchen, die einer zwischenstaatlichen
Kooperation bedürfen. Den Akteuren stehen unterschiedliche institutionelle Optionen zur Verfügung, um auf ein neues Problem zu reagieren. Zum einen kann man
eine bereits existierende Institution so anpassen, dass sie sich des neuen Themas annehmen kann. Zum anderen kann ein neu auftretendes Problem in einer neu gegründeten Institution bearbeitet werden (Jupille et al. 2013). In beiden Fällen besteht
das Ziel der Akteure darin, ein neues Kooperationsprojekt zu institutionalisieren und
ein definiertes Ziel zu erreichen (Koremenos et al. 2001; Koremenos 2016). Durch

die institutionellen Veränderungen können jedoch unbeabsichtigte neue Überlappungen und Wechselwirkungen mit bereits bestehenden Institutionen entstehen. Ein Fallbeispiel für eine nicht-intendierte Entstehung funktionaler Überlappungen und inter-institutionellen Wechselwirkungen ist der Komplex Geistiges Eigentum im Bereich der Vergabe von Internetdomains (Domain Name System, DNS). Geistige Eigentumsrechte dienen etwa dem Schutz von Patenten oder Markennamen. Mit der zunehmenden Bedeutung des Internets für die globale Wirtschaft stellte sich die Frage, ob geistige Eigentumsrechte auch im DNS gelten sollten. Das DNS ordnet Emailadressen und Webseiten wie www.adidas.com der jeweiligen IP-Adresse zu und ermöglicht dadurch, dass Informationen global übertragen werden können, ohne dass sich Internetnutzer komplizierte IP-Adressen merken müssen. Da Domainnamen einzigartig sein müssen, ist die globale Vergabe von Domainnamen durch Verteilungskonflikte gekennzeichnet (Becker 2019, S. 565; Bradshaw und DeNardis 2018, S. 337–338). So stellt sich beispielsweise die Frage, ob das Unternehmen Adidas das natürliche Recht auf den Besitz der Domain www.adidas.com hat oder ob Markenrechte bei der Vergabe von Domains keine Rolle spielen sollen.

Das DNS wird seit 1998 von der Internet Corporation for Assigned Names and Numbers (ICANN), einer Multistakeholder-Organisation mit Sitz in Kalifornien, reguliert (Kleinwächter 2000, S. 558). Während Domains von registrierenden Organisationen oder Unternehmen (Registries und Registrars) verkauft werden, übt ICANN eine hierarchische Kontrolle aus (Mueller 2010, S. 230), indem es bindende Vergaberegeln definiert.

ICANN hat ein Maßnahmenpaket verabschiedet, um Markenrechte bei der Vergabe von Domains zu schützen (Mueller 2002, S. 231). Teil dieser Maßnahmen ist es, dass im Zuge der Vergabe von Domains weitreichende persönliche Informationen über Domain-Halter in eine öffentliche Datenbank (WHOIS) eingespeist werden müssen. Dies soll dabei helfen, Markenverletzungen aufzuspüren, da sich so die jeweiligen Identitäten hinter Domains feststellen lassen. Zu den Informationen gehören neben dem Namen auch die Anschrift, Email-Adresse, Telefon und Faxnummer und somit sehr weitreichende und private Informationen des Domain-Halters (Bradshaw und DeNardis 2019). Ausgehend von dem Ziel, Markenreche im DNS möglichst effektiv zu schützen, hat ICANN somit einen Überlappungsbereich mit der Regulierung von Persönlichkeitsrechten geschaffen.

Im Jahr 2016 hat die EU einen nicht-intendierten regulatorischen Konflikt mit ICANN geschaffen, indem sie die Datenschutzgrundverordnung verabschiedete. Mit der Verordnung verfolgte die EU das Ziel, die Persönlichkeitsrechte europäischer Bürger*innen zu schützen, um einem in der Gesellschaft zunehmend wichtigen Thema Rechnung zu tragen. Die Verabschiedung der Europäischen Datenschutzgrundverordnung löste jedoch gleichzeitig Wechselwirkungen mit ICANN aus, weil die Bereitstellung von persönlichen Informationen in einer öffentlichen Datenbank zum Schutz von Patenten nicht mit Europäischen Datenschutzbestimmungen vereinbar war (Bradshaw und DeNardis 2019, S. 8–9). Dieser Zustand brachte die Verkäufer von Domains in eine schwierige Lage, da sie ICANN Vergaberegeln und die europäischen Datenschutzregeln nicht gleichzeitig implementieren konnten. Aus Angst vor hohen finanziellen Strafzahlungen gingen wichtige registrierende Organisationen dazu über, ICANNs Regeln auszusetzen (McCarthy 2018), was der Funktionsfähigkeit ICANNs und seiner Rolle als globalem Regulierer schadete (ICANN Board 2018, S. 3).

Die funktionale Überlappung zwischen ICANN und der EU und der darauf beruhende regulatorische Konflikt waren also nicht intendiert und entstanden, weil beide Institutionen unabhängig voneinander ihre jeweils nachvollziehbaren Ziele verfolgten. Durch die fehlende Koordinierung definierten beide Institutionen Regelungen, die einen rechtlichen Konflikt im Überlappungsbereich (die Einspeisung persönlicher Informationen in eine öffentliche Datenbank) entstehen ließen.

5.3.2 Intendierte Entstehung von Regimekomplexen

Neben der nicht-intendierten Entstehung von Regimekomplexen können funktionale Überlappungen zwischen Institutionen auch bewusst herbeigeführt werden. So können Staaten, die mit dem Status Quo einer bestimmten Institution unzufrieden sind, beispielsweise versuchen, ihre Präferenzen in demselben Problemfeld über andere Institutionen zu verwirklichen. Wir identifizieren drei unterschiedliche Kausalpfade, wie funktionale Überlappungen intentional herbeigeführt werden können. Während Regimeverlagerung (*regime shifting*) und die Gründung konkurrierender Institutionen (*competitive regime creation*) Teil der Strategie des kompetitiven Multilateralismus (*contested multilateralism*) sind und darauf abzielen, einen Status Quo über den Umweg einer externen Institution herauszufordern (Morse und Keohane 2014), können Regimekomplexe auch dadurch entstehen, dass Staaten versuchen, durch die Neugründung einer Institution Blockadehaltungen zu umgehen, ohne eine bereits existierende Institution herauszufordern.

Kompetitiver Multilateralismus
Der Ausgangspunkt von kompetitivem Multilateralismus ist in der Regel, dass einzelne Staaten oder eine Koalition aus mehreren Staaten mit den Regeln, Praktiken und Missionen einer Institution unzufrieden, jedoch nicht in der Lage sind, Re-

formen durchzusetzen (Urpelainen und van de Graaf 2015; van de Graaf 2013).
Unzufriedenheit kann entstehen, wenn Staaten ihre Präferenzen ändern und eine
institutionelle Neuausrichtung befürworten oder weil internationale Institutionen
die Machtverhältnisse ihrer Mitglieder zur Zeit der institutionellen Gründung
widerspiegeln, welche sich im Zeitverlauf verändert haben (Krasner 1991). Ändern
sich die Machtverhältnisse im internationalen System, haben Staaten Anreize, für
sich eine stärkere Rolle einzufordern und die gleichen institutionellen Privilegien
zu verlangen (Zangl et al. 2016, S. 176). Dies gilt etwa für aufstrebende Mächte
wie China, Indien und Brasilien. Im Fall einer institutionellen Blockade können
unzufriedene Staaten versuchen, eine externe Institution mit anderen Regeln und
Missionen strategisch zu nutzen, um die blockierte Institution herauszufordern
(Morse und Keohane 2014). Das Ziel einer solchen Strategie ist es, die Effektivität
und Legitimität der blockierten Institution so zu unterminieren, dass die blockie-
renden Akteure einer Änderung von deren Status Quo zustimmen.

Ob kompetitiver Multilateralismus möglich ist und Erfolg verspricht, hängt
zum einen von den Charakteristika des Politikfeldes ab, da diese darüber entscheiden, ob den Akteuren attraktive Outside-Optionen zur Verfügung stehen (Lipscy
2015, S. 342; 2017, S. 34–35). Zum anderen ist die Wahrscheinlichkeit einer strategischen Herbeiführung neuer funktionaler Überlappungen dann groß, wenn es
sich bei den unzufriedenen Akteuren um Staaten handelt, die über die notwendigen
Ressourcen verfügen, um eine konkurrierende Institution zu bilden und aufrechtzuhalten (Jupille et al. 2013, S. 50). Die Herbeiführung von funktionaler Überlappung ist jedoch mit Transaktionskosten verbunden, die Staaten erst dann bereit sein
sollten einzugehen, wenn der Nutzen steigender institutioneller Komplexität diese
Kosten übersteigt. In diesem Zusammenhang argumentieren Urpelainen und van
de Graaf (2015, S. 806), dass der Anreiz für Regierungen dann besonders groß ist,
wenn sie sich großem innenpolitischem Druck ausgesetzt sehen.

Kompetitiver Multilateralismus kann in zwei unterschiedlichen Formen auftreten, die im Weiteren diskutiert werden sollen. Dabei handelt es sich zum einen um
Regimeverlagerung (regime shifting), zum anderen um kompetitive Neugründung
einer Institution (competitive regime creation). Während in beiden Fällen versucht
wird, eine blockierte Institution in einem externen Forum herauszufordern, besteht
der Unterschied zwischen den Formen darin, dass im ersten Fall der Tätigkeitsbe-
reich einer bereits bestehenden Institution so verändert wird, dass eine funktionale
Überlappung mit der herausgeforderten Institution entsteht, während im zweiten
Fall eine neue Institution gegründet wird (Morse und Keohane 2014). In beiden
Fällen ist das Ergebnis die Schaffung eines institutionellen Überschneidungs-
bereichs, in dem die Institutionen in ihren Regelungsansprüchen konkurrieren.

Regimeverlagerung (Regime shifting)

Regimeverlagerung beschreibt die von Staaten oder nichtstaatlichen Akteuren durchgeführte Verlagerung von „rulemaking processes to international venues whose mandates and priorities favor their concerns and interests" (Helfer 2009, S. 39). Akteure, die mit dem Status Quo einer Institution unzufrieden sind, können somit die Regeln und/oder den Fokus einer bereits existierenden externen Institution so modifizieren (Jupille et al. 2013, S. 29), dass ein neuer funktionaler Überlappungsbereich mitsamt regulatorischem Konflikt entsteht, der die Effektivität und Legitimität der ursprünglichen Institution herausfordert und dadurch einen Prozess des institutionellen Wandels auslösen soll (Morse und Keohane 2014, S. 393).

> „Where actors move lawmaking initiatives from one discrete regime to another, they often introduce new issues into venues that previously operated within tight subject-specific parameters. This 'issue-area incorporation' spawns new relationships among different actors and institutions, redefines issue area boundaries, and wears away at the distinctions among regimes." (Helfer 2004, S. 17)

Darüber hinaus können Staaten Regimeverlagerungen verfolgen, um strategische Rivalitäten in einem Forum zu umgehen und den Fokus auf eine Institution zu verlagern, in der diese Rivalität aufgrund von Unterschieden in der Mitgliedschaft nicht besteht (Haftel und Hofmann 2019). In allen Fällen hängen die Erfolgsaussichten von Regimeverlagerung jedoch davon ab, ob den an der Veränderung des Status Quo interessierten Akteuren institutionelle Alternativen zur Verfügung stehen, die so angepasst werden können, dass neue Überlappungen in einem Regimekomplex entstehen. Diese institutionellen Alternativen müssen sich indes entweder in ihrer Mitgliedschaft oder ihren Entscheidungsregeln hinreichend von der Ausgangsinstitution unterscheiden, damit Vetospieler, die in der herausgeforderten Institution Veränderungen blockieren, umgangen werden können.

Ein empirisches Beispiel für Regimeverlagerung ist die Entstehung und Entwicklung des Regimekomplexes im Bereich der internationalen Regulierung geistigen Eigentums, z. B. von Patenten für Medikamente und technische Industriegüter. Dabei lassen sich unterschiedliche Staatengruppen mit klar divergierenden Präferenzen identifizieren.

Die zentrale Konfliktlinie besteht zwischen Exporteuren und Importeuren geistigen Eigentums (Faude 2015, S. 111). Auf der einen Seite befinden sich Industriestaaten, die an strikten internationalen Regeln zu geistigem Eigentum interessiert sind, da sie hoch entwickelte Produkte oder Dienstleistungen exportieren. Hierzu gehören vor allem die USA, die EU, Japan und Kanada, die starke Produzenten geistigen Eigentums beheimaten, die Einfluss auf ihre Regierungen nehmen. Diese Staaten besitzen auf der nationalen Ebene strikte Regeln zum Schutz des geistigen

Eigentums, die es den Produzenten erlauben, die teilweise sehr hohen Entwicklungskosten durch den Schutz vor Nachahmerprodukten zu amortisieren. Diese Staaten sind deshalb bestrebt, ihre strengen nationalen Regeln auf die internationale Ebene auszuweiten, um die Innovationsleistungen und Wettbewerbsfähigkeit ihrer Unternehmen im Ausland zu schützen (Helfer 2004, S. 2). So besitzen die USA und die EU beispielsweise ein starkes Interesse daran, weitreichende internationale Patentregelungen durchzusetzen, um die Produktion von billigeren Generika zu verhindern und den eigenen Pharmaindustrien ausländische Absatzmärkte zu sichern (Sell 2007).

Auf der anderen Seite befinden sich hauptsächlich Entwicklungsländer, die entweder deutlich schwächere oder keine Regeln zum Schutz geistigen Eigentums auf der nationalen Ebene definiert haben. Da diese Länder teilweise stark auf den Import hoch entwickelter Produkte und Dienstleistungen angewiesen sind, sprechen sie sich für ein niedriges Schutzniveau auf der internationalen Ebene aus (Muzaka 2010, S. 765). Strenge Regulierung geistigen Eigentums kann beispielsweise negative Konsequenzen für die öffentliche Gesundheit in Entwicklungsländern haben, wenn Patentrechte zu hohen Medikamentenpreisen führen. Hohe Preise stellen besonders in den ärmsten Ländern der Welt eine starke Behinderung des Zugangs zu lebensnotwendigen Medikamenten dar (Sell 2007).

Die World Intellectual Property Organization (WIPO) war bis in die 1990er-Jahre die fokale Institution zur Regulierung des geistigen Eigentums auf der internationalen Ebene. Dies änderte sich im Jahr 1994, als die USA und die EU Steuerungskompetenzen aus der WIPO in die WTO verlagerten. Als starke Exporteure geistigen Eigentums waren die USA und die EU unzufrieden mit dem Status Quo innerhalb der WIPO. Auf der einen Seite ist es ihnen nicht gelungen, strengere Regeln des geistigen Eigentums innerhalb der WIPO durchzusetzen, da Vertragsverhandlungen aufgrund divergierender Präferenzen zu den Importländern zu Blockaden führten (Helfer 2004, S. 20). Auf der anderen Seite waren die USA und die EU unzufrieden über institutionelle Schwächen der Durchsetzung von bestehenden geistigen Eigentumsregeln. Da die WIPO nicht über einen effektiven Sanktionsmechanismus verfügte, fehlten Anreize, die die Mitgliedstaaten zur Kooperation veranlassten.

Unzufrieden mit dem Status Quo innerhalb der WIPO, sahen die Produzenten geistigen Eigentums große Vorteile darin, Themen des geistigen Eigentums in die WTO zu verlagern (Helfer 2004, S. 19–20). Die WTO weist wichtige institutionelle Unterschiede zur WIPO auf, die es den Exporteuren geistigen Eigentums USA und EU ermöglichte, die Blockadehaltung der Importstaaten zu lösen und deutlich striktere internationale Regeln durchzusetzen. Erstens besitzen die USA und die EU in Fragen des internationalen Handels deutlich größere Verhandlungsmacht als in Fragen des geistigen Eigentums. Da Macht in der internationalen Handelspolitik sehr stark mit der Marktgröße der Akteure einhergeht (Drezner 2007), können die USA und die EU ihre nationalen Märkte nutzen, um ihre Präferenzen in Verhandlungen über reziproke Handelsliberalisierungen durchzusetzen. So können sie mit der Schließung ihrer Märkte für ausländische Produkte, z. B. landwirtschaftliche Erzeugnisse und Textilien aus Entwicklungsländern, drohen oder die Öffnung ihrer Märkte anbieten, um so Verhandlungspartner zu Kompromissen zu bewegen. Das Konsensprinzip in internationalen Verhandlungen schreibt zudem denjenigen Akteuren die stärkste Verhandlungsposition zu, die an einer Beibehaltung des Status Quo interessiert sind (Moravcsik 1998). Während Entwicklungsländer, die strengere Regeln des geistigen Eigentums verhindern wollen, innerhalb der WIPO eine starke Verhandlungsposition innehaben, ergibt sich innerhalb der WTO eine andere Verhandlungslage. Viele Entwicklungsländer sind an einem einfacheren Zugang zu den wichtigen Märkten der USA und EU für ihre Produkte interessiert, sodass sie keine reine Blockadehaltung einnehmen können. Die Verlagerung der Regulierung des geistigen Eigentums in die WTO ging somit mit einer thematischen Verknüpfung zwischen Fragen des internationalen Handels und des geistigen Eigentums einher (*issue-linkage*), die es den USA und der EU ermöglichte, die Blockadehaltung der Entwicklungsländer zu lösen. Erst durch die Verknüpfung beider Themen innerhalb der WTO konnten USA und EU den Entwicklungsländern eine stärkere Marktöffnung für z. B. landwirtschaftliche Produkte oder Textilien anbieten, wenn diese im Gegenzug strengere Regeln des geistigen Eigentums akzeptierten (Helfer 2004, S. 21).

Neben dem Potenzial strikterer internationaler Regeln sahen die USA und die EU auch große Vorteile einer effektiveren Durchsetzung geistiger Eigentumsregeln innerhalb der WTO, da sie im Gegensatz zur WIPO über einen effektiven Streitschlichtungsmechanismus verfügt. Staaten, die durch die Nichteinhaltung von geistigen Eigentumsregeln durch andere Staaten negative Konsequenzen befürchten, besitzen die Möglichkeit, den Streitfall vor den gerichtsähnlichen WTO-Mechanismus zu bringen und gegebenenfalls Gegenmaßnahmen einzuleiten. Staaten mit inhärentem Interesse an der Aussetzung geistiger Eigentumsregeln müssen deshalb damit rechnen, dass andere Mitgliedstaaten als Reaktion darauf ihre Märkte schließen. Anders als die WIPO schafft es die WTO somit, die Nichteinhaltung ihrer Regeln mit teilweise erheblichen Kosten zu verbinden, die einen Anreiz zur Kooperation schaffen. Das Übereinkommen über handelsbezogene Aspekte der Rechte des geistigen Eigentums (TRIPS) definierte unter anderem starke Monopolrechte für Inhaber von Patenten (Muzaka 2010, S. 764), die für alle Mitgliedstaaten der WTO rechtlich verbindlich sind.

Da TRIPS geistige Eigentumsregeln für Bereiche wie genetische Ressourcen, Arzneimittel und Pflanzensorten definierte (Helfer 2009, S. 40), entstanden mit dessen Inkrafttreten neue funktionale Überlappungen und Wechselwirkungen mit Institutionen, die diese Teilbereiche zuvor relativ unabhängig voneinander regulierten. So entstanden beispielsweise institutionelle Wechselwirkungen zwischen TRIPS und der Weltgesundheitsorganisation (WHO). Da strikte Patentrechte die Preise für Medikamente steigen lassen, werden gerade in den ärmsten Ländern der Welt viele Menschen vom Zugang zu Medikamenten abgeschnitten, sodass sich die WHO gezwungen sah, sich mit den Effekten von TRIPS auf die öffentliche Gesundheit auseinanderzusetzen (Muzaka 2010, S. 767–768). So führten massive öffentlichen Proteste dazu, dass innerhalb von TRIPS durch die Doha-Deklaration 2001 Ausnahmeregelungen verankert wurden, die es Entwicklungsländern erlaubt, Patentrechte aufzuheben, wenn die öffentliche Gesundheit bedroht ist (Daßler et al. 2019).

Auch nach der Verabschiedung des TRIPS-Abkommens sind weitere Versuche der Regimeverlagerung der involvierten Akteure identifizierbar. Entwicklungsländer, die das TRIPS-Abkommen als Höchststandard interpretieren, versuchen die Regeln des geistigen Eigentums in überlappenden Institutionen herauszufordern. Da Entwicklungsländer ihre Interessen hinsichtlich der Regulierung geistigen Eigentums besser innerhalb von Institutionen wie der WHO, der Welternährungsorganisation (FAO) oder der Biodiversitätskonvention (CBD) vertreten sehen, versuchen sie meist in Zusammenarbeit mit NGOs (Drahos 2002, S. 781), konkurrierende Regeln zu TRIPS zu schaffen (Helfer 2009, S. 41). Exportierende Industriestaaten interpretieren das TRIPS-Abkommen jedoch als Minimalstandard, über den innerhalb von bilateralen und regionalen Abkommen hinausgegangen werden kann. Die USA und die EU versuchen deshalb in Verhandlungen über bilaterale und regionale Handelsabkommen Regeln zum Schutz des geistigen Eigentums durchzusetzen, die jene von TRIPS übersteigen. Die Verlagerung von Fragen des geistigen Eigentums in bilaterale und regionale Handelsabkommen hat deshalb das Ziel, die im Rahmen der WTO vereinbarten Ausnahmeregelungen aufzuheben und das Schutzniveau insgesamt über den TRIPS-Standard hinaus auszuweiten (Sell 2011). Daraus ergibt sich ein dynamischer Regimekomplex, der durch divergierende Interessen von Staaten(-gruppen) gekennzeichnet ist, die darum konkurrieren, ihre Präferenzen innerhalb überlappender Institutionen durchzusetzen.

Kompetitive institutionelle Neugründung (Competitive regime creation)

Steht Staaten oder nicht-staatlichen Akteuren keine externe Institution zur Verfügung, deren Mandat, Funktion und Entscheidungsregeln sich so ändern lassen, dass sie in Konkurrenz zu einer bereits existierenden Institution gerät, so besteht immer noch die Möglichkeit der kompetitiven institutionellen Neugründung (Morse und Keohane 2014, S. 398). Genau wie die Veränderung einer bereits existierenden Institution ist die institutionelle Neugründung mit erheblichen Transaktionskosten verbunden (Jupille et al. 2013, S. 39), sodass dieser Handlungspfad erst eingeschlagen wird, wenn der Nutzen besonders groß ist. In dieser Hinsicht sollte sich die neue Institution von der blockierten Institution in der Struktur unterscheiden, um die Präferenzen der unzufriedenen Koalition besser widerzuspiegeln und dieser eine erhöhte Verhandlungsmacht zu geben (Morse und Keohane 2014, S. 398).

"To ensure that the new forum has a more favorable policy orientation, the coalition may opt for direct control strategies, such as limiting membership to like-minded states, establishing informal channels of control, or structuring voting in a favorable manner. Alternatively, the coalition may create an institution with a mandate more consistent with the interests of its members". (Morse und Keohane 2014, S. 398)

Die neugegründete Institution wird von den Akteuren herangezogen, um die bestehende Institution durch funktionale Überschneidung herauszufordern. Daraus folgt ein neuer Regulierungskonflikt innerhalb des Regimekomplexes und inter-institutionelle Konkurrenz darum, wessen Regeln und Standards von den überlappenden Mitgliedern angewendet werden sollen.

Ein empirisches Fallbeispiel für eine kompetitive institutionelle Neugründung ist die Entstehung von inter-institutionellen Konflikten im Bereich der Regulierung genetisch modifizierter Organismen (GMOs). Die Entwicklung und der zunehmende Anbau von genmodifizierten Pflanzen seit den 1990er-Jahren wird durch kontroverse Debatten über die Vor- und Nachteile von GMOs begleitet (Safrin 2002, S. 606). Die Befürworter preisen GMOs als wichtiges Instrument, um den weltweiten Hunger zu bekämpfen, da Ernten durch die Veränderung von Genen resistenter gegenüber Umwelteinflüssen werden. Kritiker weisen immer wieder darauf hin, dass GMOs ein Gesundheitsrisiko für Verbraucher darstellen können. Zudem wird davor gewarnt, dass GMOs über Zeit natürliche Organismen verdrängen und sich somit negativ auf die Biodiversität auswirken könnten (Drezner 2007, S. 151). Mit der Verbreitung von GMOs entstand gleichzeitig Bedarf für eine Regulierung des Handels mit GMOs. Hier kristallisierte sich schnell ein starker distributiver Konflikt zwischen der EU und den USA heraus, da beide Seiten zwar eine internationale Koordinierung zum Ziel hatten, jedoch unterschiedliche Lösungen bevorzugten (Pollack und Shaffer 2009, S. 18). Getrieben durch innenpolitischen Druck propagierte die Europäische Union im Umgang mit GMOs das Vorsorgeprinzip, welches vorsieht, dass der Handel mit GMOs eingeschränkt werden darf, solange deren Unbedenklichkeit nicht wissenschaftlich festgestellt worden ist. Die USA, als größtes Produktionsland von GMO-Pflanzen, behandelten GMOs wie alle anderen landwirtschaftlichen Produkte und unterstützten deshalb das Nachsorgeprinzip. Dieses dreht die Beweislast um, sodass der Handel mit GMOs nur eingeschränkt werden darf, wenn deren schädliche Wirkung wissenschaftlich nachgewiesen wurde (Drezner 2007, S. 156–157).

Die EU und die USA schafften es nicht, diesen distributiven Konflikt innerhalb der WTO zu lösen. Der institutionelle Status Quo spiegelte die bevorzugte Lösung der USA wider. So beinhaltete das 1995 in Kraft getretene SPS-Abkommen (Agreement on Sanitary and Phytosanitary Measures) das Nachsorgeprinzip, das Handelsbeschränkungen untersagt, die nicht auf wissenschaftlichen Risikobewertungen basieren. Das SPS-Abkommen empfiehlt den WTO Mitgliedstaaten, ihre nationalen Lebensmittelbestimmungen an den Standards der Codex Alimentarius Kommission auszurichten (Gehring und Faude 2014, S. 483), welche ebenfalls das Vorsorgeprinzip ablehnt (Drezner 2007, S. 162; Oberthür und Gehring 2006, S. 12). Versuche seitens der EU, den institutionellen Status quo zu ändern, scheiterten am Verhalten der Produzentenländer, insbesondere dem der USA. So blockierten die USA beispielsweise das europäische Vorhaben, GMO-bezogene Handelsthemen innerhalb der Codex Alimentarius Kommission zu diskutieren (Schneider und Urpelainen 2013, S. 17).

Unzufrieden über den blockierten institutionellen Status Quo innerhalb der WTO und der Codex Alimentarius-Kommission, versuchte die EU ihre Präferenzen durch eine institutionelle Neugründung durchzusetzen und institutionelle Konkurrenz zum Nachsorgeprinzip der WTO aufzubauen. Dies tat sie innerhalb des Cartagena-Protokolls, welches im Rahmen der übergeordneten Biodiversitätskonvention entstand und im Jahr 2003 in Kraft trat. Es hat das Ziel, ein adäquates Schutzniveau für den Handel mit GMOs bereitzustellen (Cartagena Protocol Art. 1). Da die USA die Konvention nicht ratifiziert hatten, besaßen sie in den Verhandlungen über das Cartagena-Protokoll nur einen Beobachterstatus und verfügten somit über deutlich geringere Verhandlungsmacht als die EU. Unterstützt durch eine Vielzahl an Entwicklungsländern (Drezner 2007, S. 163) gelang es der EU, den Verhandlungsprozess so zu beeinflussen, dass das Cartagena-Protokoll stärker auf die europäischen Interessen ausgerichtet ist. So sieht das Protokoll vor, dass Exporte von zur Freisetzung bestimmten genmodifizierten Organismen (z. B. Saatgut) eine Einwilligungserklärung des Importlandes benötigten und bestätigte das Vorsorgeprinzip für den Handel mit diesen GMOs (Schneider und Urpelainen 2013, S. 18).

Gleichzeitig versuchten die Befürworter des Cartagena-Protokolls, offene Konflikte mit der WTO zu vermeiden. So nimmt das Cartagena-Protokoll beispielsweise bewusst GMOs zur unmittelbaren Verwendung (z. B. Futtermittel) von den benötigten Einwilligungserklärungen der Importländer aus. Auch wurden die fest-gelegten Risikobewertungen so formuliert, dass sie nicht automatisch den Vor-gaben der WTO widersprachen. Jedoch bestanden keine institutionellen Garantien dafür, dass die Mitgliedstaaten beide Regelungen in gegenseitig kompatibler Weise interpretierten. Grundsätzlich bestand die Möglichkeit, das Protokoll so auszu-legen, dass es mit den WTO-Regelungen im Konflikt stand (Oberthür und Gehring 2006, S. 14–16).

Mit dem Abschluss des Cartagena-Protokolls entstand somit eine intendierte in-stitutionelle Rivalität mit der WTO hinsichtlich der Regulierung des Handels mit GMOs. Während die USA auf geltendes WTO-Recht verweisen, um Handelsbe-schränkungen zu verhindern, argumentiert die EU, dass von der WTO abweichende Importbeschränkungen von GMOs durch das Cartagena-Protokoll gedeckt seien. Durch die fehlende rechtliche Hierarchie zwischen beiden Foren hatte dieser Zu-stand zur Folge, dass beide Institutionen um die Implementation durch ihre über-lappenden Mitgliedstaaten konkurrierten. So versuchten die USA und die EU, Drittstaaten von der Ratifizierung des Cartagena-Protokolls abzuhalten bzw. zu überzeugen (Schneider und Urpelainen 2013), sodass das Regulierungsfeld des GMO Handels nach wie vor durch eine klare Konfliktlinie zwischen Exporteuren und Importeuren von genmodifizierten Pflanzen gekennzeichnet ist.

Gründung neuer Institutionen zur Umgehung von Blockaden

Neben den beiden Ausprägungen des kompetitiven Multilateralismus kann es auch zur intendierten Entstehung von Regimekomplexen kommen, wenn Staaten innerhalb einer internationalen Institution an einer Ausweitung von Kooperation interessiert sind, diese aber von einzelnen Akteuren blockiert wird. Um diese Blo-ckade zu umgehen oder zu überwinden, können Staaten versuchen, Kooperation innerhalb eines neugegründeten Forums auszuweiten (Jupille et al. 2013). Wäh-rend dieser Wirkungspfad dahingehend der kompetitiven institutionellen Neu-gründung ähnelt, dass in beiden Fällen Interessendivergenzen innerhalb einer In-stitution zur Gründung einer neuen Institution führen, so unterscheiden sie sich hinsichtlich der Intention der Akteure. So besteht das Ziel einer blockadeüber-windenden Neugründung weniger darin, eine bestehende Institution in ihrer Effektivität und Legitimität zu unterlaufen und einen bewussten Wettbewerb zu schaffen, sondern darin, Kooperation in einem neuen Teilgebiet zu ermöglichen. Dadurch sollen der Verhandlungsprozess innerhalb der blockierten Institution aufgebrochen und weitere Akteure für eine breitere Kooperation gewonnen wer-den (Gehring 1998, S. 69–70).

Zwei Voraussetzungen müssen gegeben sein, damit der Pfad der blockadeüber-windenden Neugründung zu funktionalen Überlappungen und institutionellen

Wechselwirkungen führt. Erstens muss die externe Institution einen solchen Effektivitätsgrad aufweisen, dass sie ihre Mitglieder tatsächlich zu Kooperationen anregt. Zweitens müssen die Akteure der externen Institution dazu in der Lage sein, Nichtmitglieder von Kooperationsgewinnen auszuschließen. Die Entstehung eines attraktiven Clubguts innerhalb einer externen Institution wirkt sich dann dahingehend auf die blockierte Institution aus, dass für ablehnende Staaten ein Anreiz entsteht, ihre Blockadehaltung aufzugeben, um an der externen Kooperation und ihrem Clubgut teilzuhaben (Kölliker 2001).

Ein empirisches Fallbeispiel für den Mechanismus der blockadelösenden Neugründung ist die Entwicklung des freien Personenverkehrs innerhalb der Europäischen Union. Bereits 1972 rief der Europäische Rat die Passunion als Ziel aus, welche die Abschaffung von Kontrollen an den europäischen Binnengrenzen bei gleichzeitiger Verlagerung der Kontrollen an die Außengrenzen beinhaltete. Innerhalb der EG bestanden jedoch unterschiedliche Ansichten darüber, ob ein solcher tiefgreifender Integrationsschritt vollzogen werden sollte. Während mit Deutschland, Frankreich und den Benelux-Staaten vor allem die Gründungsmitglieder am Abbau von Binnengrenzkontrollen interessiert waren, besaßen Neumitglieder wie das Vereinigte Königreich, Irland oder Griechenland keine Landgrenze zu einem weiteren EG-Mitgliedstaat und waren deshalb auch nicht gleichermaßen negativ von Grenzkontrollen betroffen. Da für diese Staaten der Abbau von Grenzkontrollen einen geringeren Nutzen bei gleichzeitig hohem Souveränitätsverzicht bedeutete, standen sie einem weiteren Integrationsschritt hin zu einem Abbau innereuropäischer Grenzkontrollen trotz gleichzeitiger Verschärfung der Kontrollen an den europäischen Außengrenzen negativ gegenüber. Aus dieser Interessenkonstellation ergab sich eine Blockade innerhalb der EG, die eine Änderung des EWG Vertrags verhinderte (Gehring 1998).

Die Interessenkonstellation führte schließlich im Jahr 1985 dazu, dass die kooperationswilligen Staaten Deutschland, Frankreich und die Benelux-Staaten mit dem Schengener Abkommen eine neue Institution gründeten, die sich außerhalb des europäischen Regelwerks befand. Innerhalb des externen Schengen Regimes wurde vier Jahre später zudem ein Übereinkommen zur Durchführung von Schengen geschlossen, welches unter anderem eine einheitliche Regelung zur Überwachung der Außengrenzen, Zuständigkeitsregelungen für die Behandlung von Asylsuchenden sowie eine verstärkte polizeiliche Kooperation vorsah (Kapteyn 1991, S. 373–378). Das Schengener Abkommen hatte jedoch nicht zum Ziel, die Europäische Union (damals Europäische Gemeinschaft) und deren Regelwerke herauszufordern. Es sollte vielmehr ein Projekt differenzierter Integration schaffen, welches einen weiteren Kooperationsschritt ermöglichte und anderen Staaten die Möglichkeit gab, zu einem späteren Zeitpunkt beizutreten.

Mit dem Schengener Abkommen entstanden institutionelle Wechselwirkungen, die sich auf die Anreizstruktur der Mitgliedstaaten innerhalb der EG auswirkten. Schengen schaffte ein attraktives Clubgut, welches Nichtmitglieder von der Teilhabe (schnellerer Güterverkehr, freier Personenverkehr) ausschloss. Zudem war Schengen für Nichtmitglieder auch mit Kosten verbunden, die jene des Fernbleibens überstiegen. Da der Wegfall der Binnengrenzen mit einer schärferen Kontrolle an den Außengrenzen einherging, war Schengen gleichbedeutend mit intensiveren Kontrollen für Personen aus Staaten, die sich nicht am Schengener Abkommen beteiligten. Diese veränderte Anreizstruktur hatte zur Folge, dass es für neue Mitgliedstaaten wie Spanien und Portugal attraktiv war, Schengen beizutreten und vorherige Status Quo Staaten wie Dänemark und Griechenland bereit waren, ihre Blockadehaltung aufzugeben, um ebenfalls am Clubgut der Personenfreizügigkeit teilzunehmen. Obwohl mit dem Vereinigten Königreich und Irland nach wie vor zwei Staaten nicht zur Aufgabe ihrer Blockade bereit waren, waren es im Jahr 1995 immerhin 13 von 15 EG Mitgliedstaaten, die Schengen entweder beitraten oder Beitrittsverhandlungen führten (Kölliker 2001, S. 144–145).

Schließlich kam es 1997 mit dem Vertrag von Amsterdam dazu, dass das Schengener Abkommen in die dritte Säule der EU überführt wurde. Diese institutionelle Integration (Johnson und Urpelainen 2012) sollte verhindern, dass sich zwischen der EU und Schengen eine institutionelle Konkurrenz entwickelte, die von den Mitgliedstaaten nicht beabsichtigt war (O'Keeffe 1991). Somit führte die Gründung des Schengener Regimes als externe Institution zu institutionellen Wechselwirkungen mit der EU, die dazu beitrugen, dass einige Staaten ihre Blockadehaltung aufgaben und die Freizügigkeit von Personen im europäischen Rahmen ermöglichten.

5.4   Effekte von Regimekomplexen

Bei den Effekten von Regimekomplexen muss zunächst einmal zwischen zwei Analyseebenen unterschieden werden: der Akteurs- und der Systemebene. Auf der Akteursebene wird danach gefragt, inwiefern sich Regimekomplexe als System interagierender Institutionen auf das Verhalten der Akteure, also der Mitgliedstaaten sich überlappender Institutionen auswirken. Auf der Systemebene geht es indes darum, inwieweit sich Regimekomplexe auf die Bereitstellung von kollektiven Gütern auswirken. Ein weiterer Strang der Forschung untersucht, ob und wie die veränderte Anreizstruktur durch funktionale Überlappungen institutionelle Dynamiken in Regimekomplexen auslöst.

5.4.1 Akteursebene

Die Existenz von Regimekomplexen auf der Strukturebene hat unmittelbare Folgen für das Verhalten der Akteure. Während Mitgliedstaaten von internationalen Institutionen in der klassischen neoinstitutionalistischen Perspektive entweder kooperieren oder defektieren können (Keohane 1984; Koremenos et al. 2001), ergeben sich für sie neue Handlungsmöglichkeiten, wenn einander überlappende Institutionen innerhalb eines Politikbereichs existieren.

Da den Akteuren in Regimekomplexen mehrere Foren zur Verfügung stehen, haben sie die Möglichkeit des forum-shopping, eine Strategie

> „where actors select the international venues based on where they are best able to promote specific policy preferences, with the goal of eliciting a decision that favors their interests". (Alter und Meunier 2009, S. 16)

Forum-shopping oder forum-choice (Alter und Raustiala 2018, S. 341) führt zwangsläufig zur Diskriminierung zwischen Institutionen (Busch 2007, S. 736), da sich Staaten bei der Entwicklung und Implementierung von Regelungen zwischen Institutionen entscheiden müssen. Aufgrund der institutionellen Unterschiede zwischen den sich überlappenden Foren ergeben sich für die Akteure unterschiedliche Nutzen- und Kostenrelationen (Henning 2017; Murphy und Kellow 2013, S. 140), sodass sie ihren Fokus auf jenes Forum legen, welches das beste Kosten-Nutzen-Verhältnis verspricht.

Im Unterschied zu Regimeverlagerung und kompetitiver institutioneller Neugründung setzt forum-shopping einen bereits existierenden inter-institutionellen Wettbewerb voraus. Forum-shopping ist Regimeverlagerung und kompetitiver institutioneller Neugründung damit zeitlich nachgelagert, die jeweils darauf ausgerichtet sind, neue institutionelle Überlappungen inklusive Regelungskonflikte zu installieren (Alter und Meunier 2009, S. 16). Erst wenn den Mitgliedstaaten unterschiedliche Foren zur Auswahl stehen, innerhalb derer ein bestimmtes Problem bearbeitet werden kann, besteht die Möglichkeit der Selektion (Jupille et al. 2013, S. 29).

In der Literatur besteht Einigkeit darüber, dass die Akteure sich strategisch für diejenigen Foren entscheiden, die ihnen den größten Nutzen versprechen (Busch 2007; Raustiala und Victor 2004, S. 299). Doch welche Akteure profitieren besonders von der Fragmentierung des internationalen Rechts und der Entstehung von Regimekomplexen? Inter-institutioneller Wettbewerb und die Möglichkeit des forum-shopping geben insbesondere den Herausforderern eines institutionellen Status Quo neue Handlungsoptionen, die sie in einer separaten Institution nicht besäßen. Die Herausforderer müssen jedoch ausreichend Machtressourcen aufweisen, um etablierten Machtgefügen entgegentreten zu können. Mächtige Staaten sind im Gegensatz zu schwächeren Staaten in der Lage, inter-institutionellen Wettbewerb für sich auszunutzen. So verfügen Großmächte über größere Verhandlungsmacht als schwächere Staaten, sodass die Proliferation von Institutionen ihnen die Möglichkeit gibt, ihre Interessen im Rahmen unterschiedlicher Institutionen umzusetzen (Drezner 2008, S. 148). Zudem zwingt inter-institutioneller Wettbewerb die Mitgliedstaaten häufig dazu, zwischen einander widersprechenden Regelungen auszuwählen. Da die Effektivität von Institutionen in der Regel überproportional von der Kooperation von Großmächten abhängig ist, können diese durch ihre forum-shopping-Strategie auch den größten Druck ausüben (Benvenisti und Downs 2007, S. 597). Zu guter Letzt setzt die Steuerung von Regimekomplexen ein erhebliches Niveau rechtlicher und technischer Expertise voraus, über die wiederum mächtige Staaten stärker verfügen als schwächere (Drezner 2008, S. 150–151). Dies bedeutet jedoch nicht, dass weniger mächtige Staaten keine Möglichkeit besitzen, die sich aus Regimekomplexen ergebenen Handlungsoptionen für sich zu nutzen. Jedoch müssen schwächere Staaten häufig Koalitionen bilden, um Machtressourcen zu bündeln und etablierten Machtgefügen effektiv entgegentreten zu können (Krisch 2010, S. 151–152; Kuyper 2014, S. 187).

Wie oben bereits dargelegt, führte die Strategie der kompetitiven institutionellen Neugründung im Bereich der Regulierung genetisch modifizierter Organismen zu einem inter-institutionellen Konflikt zwischen der WTO und dem Cartagena-Protokoll. Durch die sich teilweise widersprechenden Regulierungen ergab sich für Staaten, die sowohl Mitglied der WTO als auch des Cartagena-Protokolls sind, die Möglichkeit des forum-shopping. Das Cartagena-Protokoll erlaubte es Staaten, das Nachsorgeprinzip der WTO für den Import von zur Freisetzung bestimmten GMOs zu unterlaufen, sodass die Doppelmitglieder wählen konnten, ob sie für diese Produkte die Regeln der WTO oder des Cartagena-Protokolls anwenden wollten.

Einige Staaten implementierten das Cartagena-Protokoll so, dass sie das Vorsorgeprinzip anwandten, während andere Staaten das Protokoll nicht ratifizierten oder erst gar nicht unterzeichneten. Diejenigen Staaten, die selber GMOs anbauen, wie z. B. Argentinien, Australien oder Kanada, präferierten die WTO und verzichteten auf eine Ratifizierung des Cartagena-Protokolls.[1] Schneider und Urpelainen (2013) zeigen, dass für Drittparteien die Beziehungen zu den USA und der EU ausschlaggebend für die Frage der Ratifizierung waren. Sowohl die USA als auch die EU, die jeweils deutliche Präferenzen hinsichtlich des bevorzugten Rechts besaßen, versuchten Drittparteien zur Anwendung des jeweils bevorzugten

---

[1] Siehe https://bch.cbd.int/protocol/parties/.

Regelwerkes zu beeinflussen. Hier zeigt sich, dass Staaten mit starken Beziehungen (hohe Entwicklungshilfe, präferenzielle Handelsbeziehungen, Sicherheitskooperationen) zu den USA das Cartagena-Protokoll verspätet oder gar nicht ratifizierten, während sich Staaten mit starken Beziehungen zur EU für den Protokoll-Ansatz entschieden.

Auch in der europäischen Sicherheitsarchitektur spielt forum-shopping als Strategie eine wichtige Rolle, wenn es um die Zuweisung von militärischen Krisenoperationen geht. Mit der Verankerung der Gemeinsamen Sicherheits- und Verteidigungspolitik (ursprünglich Europäische Sicherheits- und Verteidigungspolitik) im Vertrag von Amsterdam (1997) besitzen die Mitgliedstaaten der EU die Möglichkeit, militärische Kriseninterventionen im europäischen Rahmen durchzuführen, obwohl die überwiegende Mehrheit gleichzeitig Mitglied der NATO ist. Durch die starke Überlappung zwischen NATO und GSVP ergibt sich damit für die Mitglieder die Möglichkeit der institutionellen Auswahl, wenn sie über die Einrichtung militärischer Operationen entscheiden müssen (Hofmann 2011). Die Expansion der EU in den Aufgabenbereich der NATO hatte dementsprechend direkt Auswirkungen auf das Verhalten der Staaten auf der Akteursebene.

Die Planung einer militärischen Krisenintervention bedarf einer kollektiven Entscheidung der Mitgliedstaaten, ob diese im Rahmen der NATO oder der GSVP durchgeführt werden soll. Diese Situation ähnelt einem sich wiederholenden Koordinationsspiel, da sich die Mitgliedstaaten für jede Militäroperation erneut auf eine Institution einigen müssen. Innerhalb dieses Koordinationsspiels besteht weiterhin ein Verteilungskonflikt, da bestimmte Staaten entweder die NATO oder GSVP bevorzugen. So waren das Vereinigte Königreich, die Niederlande, die Tschechische Republik, die Slowakei, Ungarn und Deutschland im Jahr 2003 bestrebt, die Beziehungen zwischen der NATO und der GSVP durch das Berlin Plus Agreement zu regeln. Dieses hätte der NATO ein „right of first refusal" zugestanden, sodass die GSVP erst dann hätte eingesetzt werden können, wenn die NATO auf ihr Vorrecht verzichtet hatte (Hofmann 2009, S. 47). Gleichzeitig ist erkennbar, dass andere Staaten, etwa Frankreich, Griechenland und Spanien, für eine von der NATO unabhängige GSVP eintreten und die GSVP häufig gegenüber der NATO vorziehen (Hofmann 2018, S. 893). Diese Strategie des forum-shopping zeigte sich beispielsweise im Zuge der Planung einer internationalen Reaktion auf den 2011 ausgebrochenen Bürgerkrieg in Libyen. Bevor man sich auf eine durch die NATO durchgeführte Mission einigen konnte, zeigten sich vor allem unterschiedliche Präferenzen zwischen Frankreich und dem Vereinigten Königreich, die sich für eine Mission im europäischen Kontext (Howorth 2014, S. 408), bzw. der NATO einsetzten (Koenig 2014, S. 262).

5.4.2   Systemebene

Die Fragmentierung internationaler Regelungen bietet den Akteuren nicht nur neue Handlungsoptionen, sondern verändert auch die Struktur internationaler Kooperation auf der Systemebene (Pratt 2018, S. 564). Die zentrale Frage in diesem Zusammenhang ist, ob Regimekomplexe und die inhärenten inter-institutionellen Wechselwirkungen einen positiven oder negativen Einfluss auf die Fähigkeit von Staaten haben, kollektive Güter durch Kooperation bereitzustellen. Diesbezüglich haben besonders jene Fälle große Aufmerksamkeit in der Literatur erhalten, die durch negative Auswirkungen wie inter-institutionelle Pathologien, ineffiziente Duplikationen und Regulierungskonflikte gekennzeichnet waren (Abbott et al. 2015, S. 7). Gleichzeitig finden sich aber auch Arbeiten in der Literatur, die Regimekomplexen bestimmte Vorteile gegenüber integrierten Institutionen zuschreiben, die sich positiv auf die Bereitstellung von Kollektivgütern auswirken.

Negative Auswirkungen von Regimekomplexen
Obwohl rechtliche Konflikte zwischen einzelnen Institutionen kein Charakteristikum von Regimekomplexen sind, wird die zunehmende Institutionendichte von vielen Autoren als potenziell problematisch angesehen. Grund hierfür ist, dass die Komplexität der Themenbereiche und Interessenkonstellationen zwischen Staaten es erschweren, eine gewisse Kohärenz zwischen den einzelnen Institutionen aufrechtzuhalten (Raustiala und Victor 2004, S. 300). Da die Institutionen eines Komplexes immer Unterschiede in ihren Zielen, Mandaten und Mitgliedschaften aufweisen und keine rechtliche Hierarchie zwischen ihnen besteht, ist die Wahrscheinlichkeit groß, dass sie um Kompetenzen streiten und rechtliche Inkonsistenzen entstehen (Raustiala und Victor 2004, S. 280).

Regimekomplexe bergen die inhärente Gefahr, dass überlappende Institutionen Regeln und Standards definieren, die nicht miteinander kompatibel sind. Dadurch treten Konflikte in den Überlappungsbereichen (*joints*) auf, die die Fähigkeit der einzelnen Institutionen untergräbt, Kooperation zu ermöglichen (Gómez-Mera 2016, S. 574). Institutionelle Fragmentierung kann dann zu Konflikten, Inkohärenzen und Wettbewerb innerhalb eines Regimekomplexes führen, wenn die einzelnen Institutionen kaum koordiniert sind (Biermann et al. 2009, S. 20), unterschiedliche bürokratische Kulturen aufweisen (Lütz et al. 2019), unterschiedlich unabhängig von den Mitgliedstaaten sind (Breen et al. 2019; Haftel und Hofmann 2017) und/oder Unterschiede in der Mitgliedschaft aufweisen, die zu unterschiedlichen Interessenkonstellationen führen.

Wie in Abschn. 5.4.1 dargestellt, besitzen die Akteure in Regimekomplexen die Möglichkeit, forum-shopping zu betreiben, was auf der Systemebene zum Teil erhebliche Auswirkungen auf die Regulierung globaler Probleme haben kann. Da internationale Kooperation zwangsläufig eine Anpassung der Handlungen der Staaten bedeutet (Keohane 1984, S. 51), bieten Regimekomplexe die Möglichkeit, lästige Institutionen mit hohen Implementationskosten gezielt zu umgehen, um stattdessen schwache oder präferierte Regeln mit niedrigen Kosten umzusetzen. Dieses Ausnutzen von Schlupflöchern kann zu einem Unterbietungswettlauf führen, wodurch das eigentliche Ziel der Kooperation unterminiert wird (Pratt 2018, S. 564–565; Zürn und Faude 2013, S. 126).

Ein weiteres Problem für Kooperation und die Bereitstellung kollektiver Güter entsteht durch die Duplikation einander überlappender Institutionen. Ineffiziente Duplikationen können sowohl für regulatorische wie operative Organisationen entstehen, wenn redundante Regeln geschaffen bzw. Organisationen mit denselben operativen Aufgaben (z. B. Sammeln und Bereitstellen von neutralen Informationen) ausgestattet werden (Pratt 2018, S. 565). Dies hat zur Folge, dass materielle und menschliche Ressourcen ineffizient verwendet werden und Mandate regelmäßig angepasst werden müssen (Hofmann 2018, S. 890).

Ein Regimekomplex kann aber auch die Steuerungswirkung einzelner Institutionen unterminieren, ohne dass diesem ein regulatorischer Konflikt zugrunde liegt. So argumentieren Raustiala und Victor, dass Pfadabhängigkeit innerhalb von Regimekomplexen dafür sorgt, dass bereits bestehende Institutionen das Design neuer überlappender Institutionen beeinflussen und einschränken (2004, S. 279). Um einen regulatorischen Konflikt ex-ante zu vermeiden, haben die Akteure Anreize, neue Institutionen so auszugestalten, dass sie die Regeln und Standards der bereits existierenden Institution nicht untergraben (Gehring und Oberthür 2009, S. 135–141). Das Design der neuen Institution folgt damit nicht nur keiner funktionalen Logik, sodass das eigentliche regulatorische Ziel nicht oder nur erschwert erreicht werden kann.

Negative Auswirkungen von Regimekomplexen auf der Systemebene zeigten sich im Themenbereich der internationalen Finanzstabilität im Zuge der globalen Finanzkrise 2008 (Mügge und Perry 2014). Da Finanzstabilität maßgeblich von der Stabilität von Banken abhängt, nimmt der Basler Ausschuss für Bankenaufsicht (BCBS) eine zentrale Rolle in diesem Themengebiet ein. Der BCBS definiert unter anderem Mindestkapitalanforderungen für Banken, damit letzteren im Fall von Abschreibungen ein Kapitalpuffer zur Verfügung steht.

Die Regulierung der Mindestkapitalanforderungen von Banken ist eine komplexe Materie. Zur Berechnung von Eigenkapital muss Rückgriff auf die Bilanzen der Banken genommen werden, und die Regulierung setzt deshalb Bilanzierungsstandards voraus. Auf der anderen Seite entschied sich der BCBS mit dem zweiten Baseler Abkommen (Basel II) für ein dynamisches Risikogewichtungssystem, sodass Eigenkapital nicht auf Basis der Art eines bestimmten Vermögenswerts (z. B. einer Staatsanleihe) berechnet werden sollte, sondern auf Basis des errechneten Ausfallrisikos eines Vermögenswertes. Die effektive Regulierung von Banken war somit nicht nur von Rechnungslegungsstandards abhängig, sondern zusätzlich davon, dass aktuelle Risikobeurteilungen von Vermögenswerten privater Banken zu Verfügung standen (Mügge und Perry 2014, S. 203).

Um diese Probleme zu lösen, schuf der BCBS einen funktionalen Überlappungsbereich mit dem International Accounting Standards Board (IASB) und Kredit-Rating Agenturen wie Standard & Poor's. Der BCBS entschied, dass er selbst nicht über die notwendigen Kompetenzen verfügt, um Rechnungslegungsstandards zu setzen und Risikobewertungen vorzunehmen. Deshalb beschloss er, auf die Expertise vom IASB und Kredit-Rating-Agenturen zurückzugreifen. Durch den regulatorischen Import externer Regulierung machte er sich einseitig von diesen Institutionen abhängig, ohne eine Kontrolle über deren Regulierungstätigkeit zu haben (Becker und Linder 2021). Dies hatte nicht-intendierte Konsequenzen für die Steuerungswirkung von Basel II. Auf der einen Seite änderte der IASB die Vorgaben für die Rechnungslegung, ohne die Wirkung auf Basel II zu berücksichtigen. Insbesondere führte der IASB eine Bewertung von Vermögenswerten zu Marktpreisen (*Fair Value Accounting*) ein, die dazu führte, dass in einer Boomphase mit hohen Marktpreisen für Vermögenswerte vor der Finanzkrise die Kapitalausstattung der Banken sehr hoch erschien, während in der Finanzkrise selbst aufgrund stark fallender Marktpreise nur ein kleiner Kapitalpuffer zum Ausgleich von Verlusten zur Verfügung stand. Darüber hinaus besaßen die Kredit-Rating-Agenturen Anreize für zu günstige Risikobewertungen von Vermögenswerten (Kruck 2016), sodass der BCBS regulatorisches Versagen importierte (Becker und Linder 2021). Die fehlende Koordination der inter-institutionellen Wechselwirkungen zwischen Basel II einerseits und den Regulierungstätigkeiten von IASB und Kredit-Rating-Agenturen hatte somit negative Auswirkungen auf die Effektivität des BCBS und dessen Fähigkeit, internationale Finanzstabilität sicherzustellen.

Positive Auswirkungen von Regimekomplexen

Obwohl sich die Literatur schwerpunktmäßig mit den negativen Auswirkungen von Regimekomplexen auf der Systemebene beschäftigt, so gibt es auch eine Reihe von Arbeiten, die betonen, dass sich Regimekomplexe nicht zwangsläufig negativ auf die Steuerungswirkung internationaler Institutionen auswirken müssen. Vielmehr kann die institutionelle Fragmentierung in Regimekomplexen durch Synergien und Kohärenzen zwischen den einzelnen Elementen charakterisiert sein.

Während die Literatur unterschiedliche Typologien von Synergien und Kohärenzen in Regimekomplexen bereitstellt (Biermann et al. 2009; Gómez-Mera 2016; Morin und Orsini 2014), so lässt sich doch festhalten, dass Regimekomplexe dann einen positiven Einfluss auf Kooperation haben können, wenn die einzelnen Elemente gemeinsame Ziele verfolgen, sich gegenseitig positiv in ihrer Effektivität beeinflussen und ineffiziente Duplikationen vermeiden (Rosendal 2001, S. 97).

Die oben betonte Pfadabhängigkeit in Regimekomplexen, die dazu führt, dass bereits bestehende Institutionen das Design neuer Institutionen beeinflussen, muss nicht zwangsläufig dazu führen, dass neue Institutionen in ihrer Wirkungsweise unterminiert werden. So weisen Conceição-Heldt und Schmidtke (2019, S. 2) darauf hin, dass bereits bestehende Institutionen die Transaktionskosten der institutionellen Neugründung senken, da die Akteure das Design einer fokalen Institution replizieren können. Ein solcher Lerneffekt basierend auf einer kognitiven Interaktion (Gehring und Oberthür 2009, S. 132–134) hat zur Folge, dass die überlappenden Institutionen nicht zu stark voneinander abweichen und ein Regimekomplex entsteht, der sich durch kohärente institutionelle Wechselwirkungen auszeichnet (Conceição-Heldt und Schmidtke 2019, S. 4–5).

Daneben gehen einige Autoren davon aus, dass Regimekomplexe gegenüber umfassend integrierten Institutionen bestimmte Vorteile aufweisen, die sich positiv auf die Bereitstellung von öffentlichen Gütern auswirken. Da die meisten öffentlichen Güter wie globaler Umweltschutz und internationale Finanzstabilität mehrere Teilgebiete umfassen, sei es vielversprechender, wenn diese einzelnen Themenbereiche durch unterschiedliche Institutionen reguliert werden anstele einer allumfassenden Organisation. Regimekomplexe zeichnen sich durch eine hohe Flexibilität aus, da sich die Elemente zwar in ihren Mitgliedschaften und Aufgabenbereichen überlappen, jedoch nicht identisch sind. Dadurch ermöglicht ein Regimekomplex, dass Blockaden und institutionelles Scheitern in einzelnen Institutionen nicht automatisch das gesamte öffentliche Gut betreffen (Jordan et al. 2018, S. 13; Keohane und Victor 2011, S. 15).

Institutionelle Flexibilität ist besonders in sehr komplexen und technischen Politikfeldern notwendig, die durch schnellen technischen Wandel gekennzeichnet sind (z. B. die Entwicklung neuer Finanzprodukte), auf die ein Regulierer reagieren muss (Mattli und Büthe 2005, S. 402–403). Im Gegensatz zu einer umfassend integrierten Organisation erlaubt ein Regimekomplex den einzelnen Institutionen, sich auf ein bestimmtes Teilgebiet zu spezialisieren und Expertenwissen zu akquirieren, um auf Veränderungen im Politikfeld durch institutionelle Anpassungen zu reagieren (Keohane und Victor 2011, S. 16). Durch die Spezialisierung der einzelnen Institutionen ermöglicht ein Regimekomplex zudem lokales Experimentieren mit institutionellen Alternativen (Abbott 2012, S. 559; Búrca et al. 2014; Overdevest und Zeitlin 2014, S. 24–25), die dann unter Umständen von den anderen Foren übernommen werden können (Green und Auld 2017, S. 271). Die sich daraus ergebenen inter-institutionellen Lerneffekte haben dann einen positiven Einfluss auf die Bereitstellung des kollektiven Guts.

Positive Effekte institutioneller Fragmentierung werden häufig mit dem Bereich Klimawandel in Verbindung gebracht (Green 2013; Green und Auld 2017; Jordan et al. 2018; Keohane und Victor 2011). Da das Klima ein hochkomplexes System darstellt und unterschiedlichste Teilbereiche wie die Atmosphäre, Ozeane und Biodiversität umfasst, scheint es nicht vielversprechend, all jene Bereiche innerhalb einer allumfassenden Institution regulieren zu wollen. So argumentieren Keohane und Victor, dass Verhandlungen im Rahmen der Klimarahmenkonvention der Vereinten Nationen (UNFCCC) und ihrer Protokolle und Abkommen sich sehr schwierig gestalten, da diese Institution genau diesen allumfassenden Anspruch besitzt (Keohane und Victor 2011, S. 9–10). Gleichzeitig besteht im Bereich des Klimas der Trend hin zu einer zunehmenden Fragmentierung nicht-staatlicher Institutionen, die klassische internationale Institutionen komplementieren können (Abbott et al. 2016, S. 26) und dann insgesamt einen positiven Beitrag zur Bereitstellung des Kollektivguts Klimaschutz leisten. So haben beispielsweise private Forstwirtschaftsinstitutionen einen Lernprozess innerhalb der UNFCCC ausgelöst. Das in diesem Rahmen stehende Kyoto-Protokoll hatte lange davon abgesehen, im Wald gespeicherten Kohlenstoff einzubeziehen, obwohl bekannt war, dass Abholzung und Aufforstung einen großen Beitrag zum Klimawandel bzw. Klimaschutz leisten. Die zentrale Hürde lag darin, dass Staaten nur über begrenztes Wissen darüber verfügten, wie forstwirtschaftliche Aktivitäten überwacht und Waldkohlenstoffmengen bilanziert werden können. Expertenwissen generiert in privaten Institutionen wie dem Forest Stewardship Council (FSC) ist dann von Staaten übernommen worden, sodass beispielsweise private Überprüfungsverfahren in neue Instrumente wie dem REDD-Mechanismus (Reducing Emissions from Deforestation and Forest Degradation) integriert wurden (Green und Auld 2017, S. 277–278).

5.4.3 Management von Regimekomplexen und Anreize zu institutionellen Anpassungen

Regimekomplexe erfordern ein Mindestmaß an inter-institutioneller Koordination, um die ihnen inhärenten negativen Effekte im Überlappungsbereich zu begrenzen. Koordinations- und Managementmechanismen können entweder ex-ante oder ex-post installiert werden. Im Rahmen von ex-ante-Mechanismen antizipieren die Akteure, dass geplante institutionelle Veränderungen in einem Politikbereich zu Konflikten oder ineffizienten Duplikationen führen könnten und suchen diese vorbeugend zu vermeiden oder durch die Installierung von Koordinationsmechanismen zu begrenzen. Ein Instrument, welches häufig in neuverhandelten Verträgen Anwendung findet, sind Generalklauseln (*savings clauses*), die definieren, dass neuverhandelte Regeln und Standards nur dann angewendet werden, wenn sie nicht mit bereits existierenden Regeln kollidieren (Axelrod 2011, S. 94). Dadurch entsteht de-facto ein Vorrang der bestehenden gegenüber der neu geschaffenen Regulierung.

Durch ex-post-Mechanismen reagieren Akteure auf Konflikte und Ineffizienzen innerhalb eines Regimekomplexes (Stokke und Oberthür 2011, S. 7). Regulatorische Konflikte, Wettbewerb und Duplikationen müssen deshalb kein statischer Zustand sein, sondern können langfristig Innovationen und Anpassungen innerhalb eines Regimekomplexes auslösen (Alter und Raustiala 2018, S. 338). Wie oben dargelegt, können Akteure kurzfristige strategische Anreize besitzen, Regimekomplexe herbeizuführen bzw. strategisch zwischen Institutionen auszuwählen. Gleichzeitig zielen solche Handlungen aber in der Regel darauf ab, institutionelle Änderungen durchzusetzen, nicht darauf internationale Kooperation in einem Themenbereich grundsätzlich zu unterlaufen, um in einen Zustand der Anarchie zurückzufallen (Gehring und Faude 2014, S. 477). Deshalb besitzen die Akteure langfristig Anreize, die negativen Auswirkungen funktionaler Überlappungen durch institutionelle Anpassungen und Koordinationsmechanismen einzuschränken (Johnson und Urpelainen 2012, S. 650; Pratt 2018, S. 566).

In Themenbereichen, in denen sich operative Organisationen in ihren Ressourcen überlappen, können negative Effekte verringert werden, indem Staaten Organisationen auf Basis ihrer komparativen Vorteile einsetzen. Basiert kollektives forum-shopping auf funktionalen Kapazitäten, dann kann dies zu einer Spezialisierung der einzelnen Organisationen führen, die sich langfristig zu einer inter-institutionellen Arbeitsteilung entwickelt (Gehring und Faude 2013, S. 125–126). Dadurch werden ineffiziente Duplikationen aufgehoben, auch wenn die formalen Mandate einander breit überlappen und institutionelle Anpassungen ausbleiben.

Konflikte zwischen regulatorischen Institutionen bedürfen jedoch institutioneller Anpassungen, um disruptive Wechselwirkungen aufzuheben. Institutionelle Anpassungen sind das Ergebnis dezentraler Koordinierungsprozesse, wobei der Verlauf dieser Prozesse durch die Machtverteilung der Mitgliedstaaten der sich überlappenden Institutionen bestimmt wird (Gehring und Faude 2014, S. 479). Bei starker Machtasymmetrie ist es wahrscheinlich, dass sich die schwächere Institution aus einem Überlappungsbereich zurückzieht und die Autorität der mächtigeren Institution akzeptiert (Pratt 2018, S. 580), sodass beide Institutionen ihre Bereiche unabhängig voneinander bearbeiten können (Gehring und Faude 2014, S. 480). Unter bestimmten Umständen kann es auch zu zentralisierten Verhandlungen über Anpassungen zwischen den Institutionen kommen. Hier argumentieren Lütz und Hilgers (2019), dass die Verhandlungsmacht der Institutionen vom win-set der Mitgliedstaaten auf der nationalen Ebene abhängig sein kann, wobei sich jene Institution durchsetzt, deren Mitglieder kleinere win-sets aufweisen.

Im Fall symmetrisch verteilter Macht ergibt sich eine Ordnung, in der ein funktionaler Überlappungsbereich durch die Institutionen gemeinsam reguliert wird, sodass jede Institution des Komplexes eine bestimmte Funktion erfüllt (Gehring und Faude 2014, S. 481). Eine Institution, die einen für sie funktional wichtigen Teilbereich nicht selbst reguliert, kann stattdessen Regeln und Standards importieren, die in einem externen Forum gesetzt werden (Becker und Linder 2021). Da die Funktionsfähigkeit einer solchen Ordnung jedoch von institutionellen Komplementaritäten abhängig ist, muss sie durch Koordinierungs- und Managementmechanismen abgesichert werden. Durch die fehlende Hierarchie basiert interinstitutionelle Kooperation auf Freiwilligkeit, sodass neben harten Vorrangklauseln in der Regel auf weiche Instrumente zurückgegriffen wird. Dazu zählen beispielsweise gemeinsam definierte Regeln oder Absichtserklärungen für den Überlappungsbereich (Joint Interplay Management) (Stokke und Oberthür 2011, S. 9) oder die gegenseitige Beobachtung der institutionellen Entwicklung durch Repräsentanten der Sekretariate.

Im Regimekomplex geistiges Eigentum im Bereich der Vergabe von Internetdomains führte der regulatorische Konflikt zwischen ICANN und der EU zu institutionellen Anpassungen von ICANN. Da sich die Standards von ICANN und der EU nicht gleichzeitig implementieren ließen, waren die registrierenden Organisationen und Unternehmen (Registries und Registrars) gezwungen, sich zwischen den einander widersprechenden Vorgaben zu entscheiden. Um von der EU angedrohte Geldstrafen zu vermeiden, begannen wichtige Akteure, die Vorgaben ICANNs zur Bereitstellung persönlicher Daten in das WHOIS-System nicht mehr zu erfüllen. ICANN sah sich daraufhin gezwungen, seine Vorgaben anzupassen, um eine Fragmentierung des WHOIS Systems zu verhindern und seine Funktionsfähigkeit zu bewahren. In dieser Hinsicht beschloss ICANN, persönliche Daten von Domainbesitzern wie Namen, Telefonnummer und Emailadresse im WHOIS-System unkenntlich zu machen (Mueller 2019). Somit hat ICANN den Regelungskonflikt im Regimekomplex durch eine einseitige Anpassung seiner Regeln aufgelöst, indem es europäische Datenschutzziele internalisiert hat.

Im Fall der internationalen Finanzstabilität haben die Erfahrungen aus der Finanzkrise institutionelle Anpassungen ausgelöst, die zur besseren Koordinierung vor allem zwischen dem BCBS und dem IASB beitragen. Auf die durch den regulatorischen Import herbeigeführte Abhängigkeit des BCBS von Rechnungslegungsstandards wurde dahingehend reagiert, dass der BCBS Beobachterstatus in der International Financial Reporting Standards Stiftung (IFRSF) sowie im IFRS-Beirat erhielt. Während das erste Gremium ein öffentliches Überwachungsorgan darstellt, welches 2009 im Zuge der Krise gegründet wurde, besteht die Aufgabe des Beirats darin, den IASB in Regulierungsfragen zu beraten. Der Beobachterstatus gibt dem BCBS die Möglichkeit, seine Perspektive auf Bilanzierungsstandards einzubringen. Zusätzlich hat man im BCBS einen Ausschuss gegründet (Accounting Experts Group), der als Austauschforum zwischen dem BCBS und dem IASB dient. Darüber hinaus wurde eine Absichtserklärung verabschiedet, mit der eine stärkere Koordinierung zwischen BCBS und IASB im Überlappungsbereich institutionalisiert wird (Becker und Linder 2021).

5.5 Fazit

Die Proliferation internationaler Institutionen nach dem Zweiten Weltkrieg ging mit einer zunehmenden institutionellen Dichte im internationalen System einher. Internationale Institutionen operieren vielfach nicht mehr als separate Einheiten unabhängig voneinander, sondern überlappen einander in ihren Regelungsansprüchen und ihren Mitgliedschaften, oder sie greifen auf denselben Ressourcenpool zurück. Im Zuge dieser Entwicklungen wurde der Begriff des Regimekomplexes in die Literatur eingeführt, welcher sich durch eine Reihe sich partiell überlappender Institutionen auszeichnet, die in keinem hierarchischen Verhältnis zueinanderstehen und sich wechselseitig beeinflussen.

Die Regimekomplex-Forschung stellt heute einen wichtigen Strang in der Institutionenforschung dar, auch wenn sich bis heute keine übergeordnete Theorie vergleichbar zur Regimetheorie herausgebildet hat. Vielmehr geht die Entwicklung auch zukünftig dahin, dass Ansätze geringerer Reichweite formuliert werden, die sich mit bestimmten Teilfragen von Regimekomplexen befassen. So lässt sich beispielsweise aktuell ein neuer Strang in der Regimekomplex-Forschung identifizieren, der sich explizit mit der Rolle neuer Organisationsformen, z. B. informellen Organisationen, transgouvernementalen Netzwerken und privaten Regulierungsorganisationen in Regimekomplexen befasst. Mit dem starken Wachstum nichtstaatlicher Organisationen entstehen neue Fragen, beispielsweise in welchem Verhältnis sie zu klassischen intergouvernementalen Institutionen stehen und ob und wie sie zur Bereitstellung öffentlicher Güter beitragen. Zudem lässt sich ein Trend dahingehend erkennen, dass institutionelle Wechselwirkungen stärker aus einer organisationsökologischen Perspektive analysiert werden (Abbott et al. 2016; Lake 2021). Während die Regimekomplex-Forschung lange den Fokus auf Wechselwirkungen zwischen einzelnen Institutionen gelegt hat, nimmt die organisationsökologische Perspektive stärker die Wechselwirkungen zwischen Organisationspopulationen in den Blick. So wird hier beispielsweise danach gefragt, wie intergouvernementale Institutionen den Handlungsspielraum privater Institution bestimmen und wie Veränderungen in der intergouvernementalen Population Einfluss auf den Wettbewerb zwischen privaten Institutionen haben.

Auch methodisch lassen sich neue Entwicklungen in der Analyse von Regimekomplexen identifizieren. Während die Forschung lange Zeit durch qualitative Fallstudien geprägt war, so nimmt seit einiger Zeit die Anzahl der Arbeiten zu, die z. B. auf Netzwerkanalysen und/oder inferenzstatische Methoden zurückgreifen. Dadurch lassen sich stärker generalisierbare Aussagen zu kausalen Effekten treffen, die durch Einzelfallstudien nur bedingt möglich sind. Somit ist davon auszugehen, dass Arbeiten zu Regimekomplexen und institutionellen Wechselwirkungen auch in Zukunft wichtige Erkenntnisse für die Institutionenforschung hervorbringen.

Übungsfragen

1. Wie werden Regimekomplexe definiert?
2. Welche Strategien stehen Akteuren in Regimekomplexen zur Verfügung?
3. Skizzieren Sie positive und negative Auswirkungen von Regimekomplexen!

Literatur

Abbott, Kenneth W., 2012: Engaging the public and the private in global sustainability governance, in: International Affairs 88 (3), 543–564.

Abbott, Kenneth W./Genschel, Philipp/Snidal, Duncan/Zangl, Bernhard (Hrsg.), 2015: International Organizations as Orchestrators. Cambridge: Cambridge University Press.

Abbott, Kenneth W./Green, Jessica F./Keohane, Robert O., 2016: Organizational Ecology and Institutional Change in Global Governance, in: International Organization 70 (2), 1–31.

Alter, Karen J./Meunier, Sophie, 2009: The Politics of International Regime Complexity, in: Perspectives on Politics 7 (1), 13–24.

Alter, Karen J./Raustiala, Kal, 2018: The Rise of International Regime Complexity, in: Annual Review of Law and Social Science 14 (1), 329–349.

Axelrod, Mark, 2011: Savings Clauses and the „Chilling Effect". Regime Interplay as Constraints on International Governance, in: Stokke, Olav S./Oberthür, Sebastian (Hrsg.): Managing institutional complexity. Regime interplay and global environmental change. Cambridge, MA: MIT Press, 87–114.

Axelrod, Robert/Keohane, Robert O., 1985: Achieving Cooperation under Anarchy. Strategies and Institutions, in: World Politics 38 (1), 226–254.

Becker, Manuel, 2019: When public principals give up control over private agents: The new independence of ICANN in internet governance, in: Regulation & Governance 13 (4), 561–576.

Becker, Manuel/Linder, Simon, 2021: The unintended consequences of regulatory import: the Basel Accord's failure during the financial crisis, in: Journal of European Public Policy 28 (2), 248–267.

Benvenisti, Eyal/Downs, George W., 2007: The Empire's New Clothes: Political Economy and the Fragmentation of International Law, in: Stanford Law Review 60 (2), 595–631.

Biermann, Frank/Pattberg, Philipp/van Asselt, Harro/Zelli, Fariborz, 2009: The Fragmentation of Global Governance Architectures: A Framework for Analysis, in: Global Environmental Politics 9 (4), 14–40.

Bradnee, Chambers W./Kim, Joy A./ten Have, Claudia, 2008: Institutional interplay and the governance of biosafety, in: Young, Oran R. (Hrsg.): Institutional interplay. Biosafety and trade. Tokyo: United Nations University Press: 3–18.

Bradshaw, Samantha/DeNardis, Laura, 2018: The politicization of the Internet's Domain Name System. Implications for Internet security, universality, and freedom, in: new media & society 20 (1), 332–350.

Bradshaw, Samantha/DeNardis, Laura, 2019: Privacy by Infrastructure: The Unresolved Case of the Domain Name System, in: Policy & Internet 20 (1), 1–21.

Breen, Michael/Hodson, Dermot/Moschella, Manuela, 2019: Incoherence in Regime Complexes: A Sentiment Analysis of EU-IMF Surveillance, in: JCMS: Journal of Common Market Studies 58 (2), 419–437.

Búrca, Gráinne d./Keohane, Robert O./Sabel, Charles, 2014: Global Experimentalist Governance, in: British Journal of Political Science 44 (3), 477–486.

Busch, Marc L., 2007: Overlapping Institutions, Forum Shopping, and Dispute Settlement in International Trade, in: International Organization 61 (4), 735–761.

Conceição-Heldt da, Eugénia/Schmidtke, Henning, 2019: Explaining coherence in international regime complexes: How the World Bank shapes the field of multilateral development finance, in: Review of International Political Economy 85 (2), 1–27.

Colgan, Jeff D./Keohane, Robert O./van de Graaf, Thijs, 2012: Punctuated equilibrium in the energy regime complex, in: Review of International Organizations 7 (2), 117–143.

Daßler, Benjamin/Kruck, Andreas/Zangl, Bernhard, 2019: Interactions between hard and soft Power: The institutional adaptation of international intellectual property protection to global power shifts, in: European Journal of International Relations 25 (2), 588–612.

Drahos, Peter, 2002: Developing Countries and International Intellectual Property Standard-Setting, in: The Journal of World Intellectual Property 5 (5), 765–789.

Drezner, Daniel W., 2007: All Politics is Global: Explaining International Regulatory Regimes. Princeton, NJ: Princeton University Press.

Drezner, Daniel W., 2008: Two Challenges to Institutionalism, in: Alexandroff, Alan S. (Hrsg.): Can the world be governed? Possibilities for effective multilateralism. Waterloo, ON: Wilfrid Laurier University Press, 139–159.

Drezner, Daniel W., 2009: The Power and Peril of International Regime Complexity, in: Perspectives on Politics 7 (1), 65–70.

Eckersley, Robyn, 2004: The Big Chill. The WTO and Multilateral Environmental Agreements, in: Global Environmental Politics 4 (2), 24–50.

Faude, Benjamin, 2015: Von Konkurrenz zu Arbeitsteilung. Komplexität und Dynamik im Zusammenspiel internationaler Institutionen. Frankfurt a. M.: Campus Verlag.

Gehring, Thomas, 1998: Die Politik des koordinierten Alleingangs. Schengen und die Abschaffung der Personenkontrollen an den Binnengrenzen der Europäischen Union, in: Zeitschrift für Internationale Beziehungen 5 (1), 43–78.

Gehring, Thomas/Faude, Benjamin, 2013: The Dynamics of Regime Complexes: Micro-foundations and Systemic Effects, in: Global Governance: A Review of Multilateralism and International Organizations 19 (1), 119–130.

Gehring, Thomas/Faude, Benjamin, 2014: A theory of emerging order within institutional complexes: How competition among regulatory international institutions leads to institutional adaptation and division of labor, in: The Review of International Organizations 9 (4), 471–498.

Gehring, Thomas/Oberthür, Sebastian, 2008: Interplay: Exploring Institutional Interaction, in: Young, Oran R./King, Leslie A./Schroeder, Heike (Hrsg.): Institutions and Environmental Change. Principal Findings, Applications, and Research Frontiers. Cambridge, MA: MIT Press, 187–223.

Gehring, Thomas/Oberthür, Sebastian, 2009: The Causal Mechanisms of Interaction between International Institutions, in: European Journal of International Relations 15 (1), 125–156.

Gómez-Mera, L., 2016: Regime complexity and global governance. The case of trafficking in persons, in: European Journal of International Relations 22 (3), 566–595.

Green, Jessica F., 2013: Order out of Chaos: Public and Private Rules for Managing Carbon, in: Global Environmental Politics 13 (2), 1–25.

Green, Jessica F./Auld, Graeme, 2017: Unbundling the Regime Complex: The Effects of Private Authority, in: Transnational Environmental Law 6 (2), 259–284.

Haftel, Yoram Z./Hofmann, Stephanie C., 2017: Institutional authority and security cooperation within regional economic organizations, in: Journal of Peace Research 54 (4), 484–498.

Haftel, Yoram Z./Hofmann, Stephanie C., 2019: Rivalry and Overlap: Why Regional Economic Organizations Encroach on Security Organizations, in: Journal of Conflict Resolution 63 (9), 2180–2206.

Helfer, Laurence R., 2004: Regime Shifting: The TRIPs Agreement and New Dynamics of International Intellectual Property Lawmaking, in: The Yale Journal of International Law 29 (1), 1–83.

Helfer, Laurence R., 2009: Regime Shifting in the International Intellectual Property System, in: Perspectives on Politics 7 (1), 39–44.

Henning, C. Randall, 2017: Tangled governance. International regime complexity, the troika, and the euro crisis. Oxford: Oxford University Press.

Hofmann, Stephanie C., 2009: Overlapping Institutions in the Realm of International Security. The Case of NATO and ESDP, in: Perspectives on Politics 7 (1), 45–52.

Hofmann, Stephanie C., 2011: Why Institutional Overlap Matters. CSDP in the European Security Architecture, in: JCMS: Journal of Common Market Studies 49 (1), 101–120.

Hofmann, Stephanie C., 2018: The politics of overlapping organizations. Hostage-taking, forum-shopping and brokering, in: Journal of European Public Policy 26 (6), 883–905.

Howorth, Jolyon, 2014: Opération Harmattan' in Libya: a paradigm shift in French, European and transatlantic security arrangements?, in: Journal of Transatlantic Studies 12 (4), 405–417.

ICANN Board, 2018: Advisory Statement: Temporary Specification for gTLD Registration Data. URL: https://www.icann.org/en/system/files/files/advisory-statement-gtld-registration-data-specs-17may18-en.pdf. Zuletzt abgerufen am: 03.12.2020.

Johnson, Tana/Urpelainen, Johannes, 2012: A Strategic Theory of Regime Integration and Separation, in: International Organization 66 (4), 645–677.

Jordan, Andrew/Huitema, Dave/Schoenefeld, Jonas/van Asselt, Harro/Forster, Johanna, 2018: Governing Climate Change Polycentrically: Setting the Scence, in: Jordan, Andrew/Huitema, Dave/van Asselt, Harro/Forster, Johanna (Hrsg.): Governing climate change. Polycentricity in action. Cambridge: Cambridge University Press, 3–25.

Jupille, Joseph/Mattli, Walter/Snidal, Duncan, 2013: Institutional Choice and Global Commerce. Cambridge, MA: Cambridge University Press.

Kapteyn, Paul, 1991: 'Civilization under negotiation' National Civilizations and European Integration: The Treaty of Schengen, in: European Journal of Sociology 32 (2), 363–380.

Keohane, Robert O., 1984: After hegemony. Cooperation and discord in the world political economy. Princeton, NJ: Princeton University Press.

Keohane, Robert O./Victor, David G., 2011: The Regime Complex for Climate Change, in: Perspectives on Politics 9 (1), 7–23.

Kleinwächter, Wolfgang, 2000: ICANN between technical mandate and political challenges, in: Telecommunications Policy 24 (6), 553–563.

Koenig, Nicole, 2014: Between conflict management and role conflict: the EU in the Libyan crisis, in: European Security 23 (3), 250–269.

Kölliker, Alkuin, 2001: Bringing together or driving apart the union? Towards a theory of differentiated integration, in: West European Politics 24 (4), 125–151.

Koremenos, Barbara, 2016: The continent of international law. Explaining agreement design. Cambridge, MA: Cambridge University Press.

Koremenos, Barbara/Lipson, Charles/Snidal, Duncan, 2001: The Rational Design of International Institutions, in: International Organization 55 (4), 761–799.

Krasner, Stephen, 1991: Global communications and national power: life on the Pareto frontier, in: World Politics 43 (3), 336–366.

Krisch, Nico, 2010: Beyond constitutionalism. The pluralist structure of postnational law. Oxford: Oxford University Press.

Kruck, Andreas, 2016: Resilient blunderers. Credit rating fiascos and rating agencies' institutionalized status as private authorities, in: Journal of European Public Policy 23 (5), 753–770.

Kuyper, Jonathan W., 2014: The democratic potential of systemic pluralism, in: Global Constitutionalism 3 (2), 170–199.

Lake, David A., 2021: The Organizational Ecology of Global Governance, in: European Journal of International Relations 27 (2), 345–368.

Lipscy, Phillip Y., 2015: Explaining Institutional Change: Policy Areas, Outside Options, and the Bretton Woods Institutions, in: American Journal of Political Science 59 (2), 341–356.

Lipscy, Phillip Y., 2017: Renegotiating the World Order. Institutional Change in International Relations. Cambridge, MA: Cambridge University Press.

Lütz, Susanne/Hilgers, Sven, 2019: When Overlapping Organisations Play Two-Level Games: IMF–EU Interaction in Credit Lending to Latvia and Greece, in: New Political Economy 24 (3), 299–312.

Lütz, Susanne/Hilgers, Sven/Schneider, Sebastian, 2019: Accountants, Europeanists and Monetary Guardians: bureaucratic cultures and conflicts in IMF-EU lending programs, in: Review of International Political Economy 26 (6), 1187–1210.

Mattli, Walter/Büthe, Tim, 2005: Accountability in Accounting? The Politics of Private Rule-Making in the Public Interest, in: Governance: An International Journal of Policy, Administration, and Institutions 18 (3), 399–429.

McCarthy, Kieren,2018: US government weighs in on GDPR-Whois debacle, orders ICANN to go probe GoDaddy, in: The Register. URL: https://www.theregister.com/2018/04/17/us_government_whois_debacle/. Zuletzt abgerufen am: 03.12.2020.

Moravcsik, Andrew, 1998: The choice for Europe. Social purpose and state power from Messina to Maastricht. Ithaca, NY: Cornell University Press.

Morin, Jean-Frédéric/Orsini, Amandine 2014: Policy coherency and regime complexes. The case of genetic resources, in: Review of International Studies 40 (2), 303–324.

Morse, Julia C./Keohane, Robert O., 2014: Contested multilateralism, in: The Review of International Organizations 9 (4), 385–412.

Mueller, Milton, 2002: Ruling the Root. Internet Governance and the Taming of Cyberspace. Cambridge, MA: MIT Press.

Mueller, Milton, 2010: Networks and States. The Global Politics of Internet Governance. Cambridge, MA: MIT Press.

Mueller, Milton, 2019: Whois Reform, at Last, in: Internet Governance Project. 05.03.2019. URL: https://www.internetgovernance.org/2019/03/05/whois-reform-at-last/. Zuletzt abgerufen am: 03.12.2020.

Mügge, Daniel/Perry, James, 2014: The Flaws of Fragmented Financial Standard Setting, in: Politics & Society 42 (2), 194–222.

Murphy, Hannah/Kellow, Aynsley, 2013: Forum Shopping in Global Governance: Understanding States, Business and NGOs in Multiple Arenas, in: Global Policy 4 (2), 139–149.

Muzaka, Valbona, 2010: Linkages, contests and overlaps in the global intellectual property rights regime, in: European Journal of International Relations 17 (4), 755–776.

Oberthür, Sebastian/Gehring, Thomas, 2006: Institutional Interaction in Global Environmental Governance. The Case of the Cartagena Protocol and the World Trade Organization, in: Global Environmental Politics 6 (2), 1–31.

O'Keeffe, David, 1991: The Schengen Convention: A Suitable Model for European Integration, in: Yearbook of European Law 11 (1), 185–219.

Orsini, Amandine/Morin, Jean-Frédéric/Young, Oran, 2013: Regime Complexes: A Buzz, a Boom, or a Boost for Global Governance?, in: Global Governance: A Review of Multilateralism and International Organizations 19 (1), 27–39.

Overdevest, Christine/Zeitlin, Jonathan, 2014: Assembling an experimentalist regime. Transnational governance interactions in the forest sector, in: Regulation & Governance 8 (1), 22–48.

Pollack, Mark A./Shaffer, Gregory C., 2009: When cooperation fails. The international law and politics of genetically modified foods. Oxford: Oxford University Press.

Pratt, Tyler, 2018: Deference and Hierarchy in International Regime Complexes, in: International Organization 72 (3), 561–590.

Raustiala, Kal/Victor, David G., 2004: The Regime Complex for Plant Genetic Resources, in: International Organization 58 (2), 277–309.

Rosendal, Kristin G., 2001: Impacts of Overlapping International Regimes: The Case of Biodiversity, in: Global Governance: A Review of Multilateralism and International Organizations 7 (1), 95–117.

Safrin, Sabrina, 2002: Treaties in Collision? The Biosafety Protocol and the World Trade Organization Agreements, in: The American Journal of International Law 96 (3), 606–628.

Schneider, Christina J./Urpelainen, Johannes, 2013: Distributional Conflict Between Powerful States and International Treaty Ratification 1, in: International Studies Quarterly 57 (1), 13–27.

Sell, Susan K., 2007: TRIPS-Plus Free Trade Agreements and Access to Medicines, in: Liverpool Law Review 28 (1), 41–75.

Sell, Susan K., 2011: TRIPS was never enough: Vertical forum shifting, FTAS, ACTA, and TTP, in: Journal of Intellectual Property Law 18 (2), 447–478.

Stokke, Olav S./Oberthür, Sebastian, 2011: Introduction. Institutional Interaction in Global Environmental Change, in: Stokke, Olav S./Oberthür, Sebastian (Hrsg.): Managing institutional complexity. Regime interplay and global environmental change. Cambridge, MA: MIT Press: 1–24.

Urpelainen, Johannes/van de Graaf, Thijs, 2015: Your Place or Mine? Institutional Capture and the Creation of Overlapping International Institutions, in: British Journal of Political Science 45 (4), 799–827.

van de Graaf, Thijs, 2013: Fragmentation in Global Energy Governance. Explaining the Creation of IRENA, in: Global Environmental Politics 13 (3), 14–33.

Zangl, Bernhard/Heußner, Frederick/Kruck, Andreas/Lanzendörfer, Xenia, 2016: Imperfect adaptation: how the WTO and the IMF adjust to shifting power distributions among their members, in: Review of International Organizations 11 (2), 171–196.

Zürn, Michael/Faude, Benjamin, 2013: Commentary. On Fragmentation, Differentiation, and Coordination, in: Global Environmental Politics 13 (3), 119–130

Manuel Becker arbeitet als Referent für Grundsatzfragen für den Bundesverband der Deutschen Volksbanken und Raiffeisenbanken (BVR). Zuvor war er wissenschaftlicher Mitarbeiter am Lehrstuhl für Internationale Beziehungen an der Otto-Friedrich-Universität Bamberg. Seine Forschungsschwerpunkte lagen auf internationalen Institutionen, privater Regulierung, Regimekomplexen und Fragen der internationalen politischen Ökonomie. In seiner Dissertation beschäftigte er sich mit den Mechanismen der Konfliktentwicklung zwischen öffentlichen und privaten Regulierungsorganisationen in Regimekomplexen.

Thomas Gehring war bis zu seinem Ruhestand im Oktober 2023 Professor für internationale Politik an der Otto-Friedrich-Universität Bamberg. Er war Gastwissenschaftler an der Universität Konstanz und Jean-Monnet Fellow am Europäischen Hochschulinstitut Florenz. Zuvor arbeitete er als wissenschaftlicher Mitarbeiter am Otto-Suhr-Institut der Freien Universität. Thomas Gehring hat an der Freien Universität Berlin Politikwissenschaft und Islamwissenschaft studiert und dort 1992 mit einer Arbeit über internationale Umweltregime promoviert. Er wurde 1998 an der FU Berlin mit einer Arbeit über die Europäischen Union als internationale Organisation habilitiert. Die Forschungsschwerpunkte von Thomas Gehring liegen auf den Gebieten der Institutionentheorie sowie der Formen, Funktionen und Folgen internationaler Institutionen einschließlich der Europäischen Union. In jüngerer Zeit hat er sich mit dem Weltsicherheitsrat, mit Fragen der Institutionenkomplexe und der Interdependenzbeziehungen zwischen internationalen Institutionen sowie mit den Quellen der Handlungsfähigkeit internationaler Organisationen und der Europäischen Union als eigenständige Akteure in der internationalen Politik befasst.

Transnationales Regieren

6

Susanne Lütz und Anja Menzel

Zusammenfassung

Der Beitrag untersucht transnationales Regieren als Form öffentlich-privater Kooperation bei der Bereitstellung öffentlicher Güter. Es behandelt Formen der Koregulierung sowie der privaten Selbstregulierung aus einer funktionalistischen und interessengeleiteten Perspektive anhand von Fallbeispielen wie dem UN Global Compact und der Wolfsberg-Gruppe zur Geldwäschebekämpfung. Abschließend werden beide Theorieperspektiven hinsichtlich ihrer Erklärungsperspektiven einander gegenübergestellt.

Schlüsselwörter

Transnationales Regieren · Public-private partnerships · Regulierung · Geldwäsche · Wohlfahrt

S. Lütz (✉)
FernUniversität in Hagen, Hagen, Deutschland
E-Mail: susanne.luetz@fernuni-hagen.de

A. Menzel
Otto-Friedrich-Universität Bamberg, Bamberg, Deutschland

Universität Johannesburg, Johannesburg, Südafrika
E-Mail: anja.menzel@uni-bamberg.de

6.1   Einleitung

In diesem Beitrag beschäftigen wir uns mit Formen und Problemen der Kooperation öffentlicher und privater Akteure bei der Produktion öffentlicher Güter. Allgemein werden Formen der nicht-hierarchischen, horizontalen und sektoralen, d. h. nach Politikbereichen differenzierten Interaktion in der Governance-Debatte diskutiert (vgl. Benz et al. 2007). Governance wird dabei verstanden als die Gesamtheit

> „aller nebeneinander bestehenden Formen der kollektiven Regelung gesellschaftlicher Sachverhalte von der institutionalisierten zivilgesellschaftlichen Selbstregelung über verschiedene Formen des Zusammenwirkens staatlicher und privater Akteure bis hin zu hoheitlichem Handeln staatlicher Akteure". (Mayntz 2004, S. 66)

Global Governance ist also ein umfassender Begriff, welcher unterschiedliche Formen institutioneller Arrangements im transnationalen Raum umfasst. Hierzu zählen zwischenstaatliche Verhandlungen (vgl. Kap. 3), zwischenstaatliche Regime (vgl. Kap. 4) bzw. Regimekomplexe (vgl. Kap. 5) oder auch transnationale Netzwerke zwischen nationalen Verwaltungen und denen internationaler Organisationen (Slaughter 2005) bzw. transnationale Verflechtungen privater Akteure (Hall und Biersteker 2002).

Im Unterschied dazu behandelt der Begriff transnationales Regieren eine spezifischere Form öffentlich-privater Kooperation. Hierbei geht es um „Regelungsstrukturen, an denen private Akteure als direkte Adressaten der Regulierung oder als eigenständige Regulierer beteiligt sind" (Conzelmann 2013, S. 55). In diesen transnationalen Strukturen der *Verantwortungsteilung* kann die Rolle und Autonomie öffentlicher und privater Akteure variieren. In Anlehnung an die Typologie von Börzel und Risse (2005, S. 200) interpretieren wir transnationales Regieren als Kontinuum, innerhalb dessen öffentliche oder private Akteure über mehr oder weniger Autonomie bei der Ausübung von Regelungsaktivitäten verfügen können. In diesem Beitrag konzentrieren wir uns auf zwei Formen öffentlich-privater Verantwortungsteilung, die Koregulierung und die private Selbstregulierung.

Im Fall der Koregulierung sind private Akteure wie Unternehmen oder zivilgesellschaftliche Organisationen an der Formulierung und Umsetzung internationaler Regeln und Normen beteiligt. Dies kann bedeuten, dass sie zusammen mit staatlichen Akteuren oder internationalen Organisationen Regeln entwickeln und umsetzen, private, selbst entworfene Standards in die öffentliche Regulierung übertragen oder dass der Staat die Regelsetzung selbst an private Akteure delegiert und lediglich die Implementierung von Regeln überwacht (vgl. Börzel und Risse 2005; Conzelmann 2013, S. 58–60). Beispiele hierfür sind der UN Global Compact, bei dem internationale Organisationen zusammen mit Staaten und einer Vielzahl unterschiedlicher privater Akteure Standards nachhaltiger und verantwortungsvoller Unternehmensführung entwerfen und welcher im Verlauf dieses Kapitels ausführlich diskutiert wird oder auch die Internationale Arbeitsorganisation (ILO), in der die Sozialpartner international anerkannte Arbeits- und Sozialstandards entwickeln und implementieren.

Im Fall privater Selbstregulierung verfügen private Akteure über größere Autonomie, und die staatliche Regelsetzung hat eher eine subsidiäre Bedeutung. In aller Regel entwickeln und implementieren private Akteure internationale Regeln und Normen hier relativ autonom. Beispielhaft sind rein privatwirtschaftliche Regelungsinitiativen wie die der „Wolfsberg-Gruppe" zur Geldwäschebekämpfung, welche in diesem Kapitel ebenfalls intensiver behandelt wird. Nicht selten gehen private Selbstregulierungsinitiativen auf Regulierungsdrohungen der staatlichen Seite zurück oder nehmen Bezug auf die Ergebnisse zwischenstaatlicher Normsetzung, die dann in die Selbstregulierung übernommen werden (Conzelmann 2013, S. 59). In der Praxis sind Formen privater Selbstregulierung und Koregulierung nicht immer trennscharf zu unterscheiden. Wir werden sehen, dass sich selbst in einem Regelungsfeld beide Regulierungstypen im Zeitablauf abwechseln können, es also ein Oszillieren zwischen verschiedenen Graden an Autonomie der privaten oder öffentlichen Akteure geben kann.

Beide Modi der Regulierung sind jedoch abzugrenzen von einer rein öffentlichen Form der Regelsetzung und -umsetzung, etwa in Form multilateraler Abstimmung und Entscheidung über Normen und Regeln sowie von privater Interessenvermittlung gegenüber öffentlichen Entscheidungsträgern durch Lobbying oder Proteste, Kampagnen und Demonstrationen.

Die Kooperation öffentlicher und privater Akteure wie transnationale Unternehmen (TNUs) oder zivilgesellschaftliche Nichtregierungsorganisationen (NGOs) bei der Erbringung von Ordnungsaufgaben ist kein neues Phänomen. Frühmoderne Vorläufer des frühen 17. Jahrhunderts sind große internationale Handelsgesellschaften wie die britische und niederländische Ostindien-Kompanie oder die Hudson's Bay Company. Diese Firmen wurden von den Regierungen der Niederlande, Englands und Schottlands mit Lizenzen und Handelsprivilegien ausgestattet, die ihnen das Monopol auf Geschäfte in den weiten Gebieten des indischen Subkontinents bzw. Nordamerikas gewährten. Im Gegenzug übernahmen diese privaten Handelsfirmen quasi-staatliche Aufgaben in ihren Territorien. Dazu zählten die Steuererhebung, der Unterhalt von Armeen, die Durchführung von Militäraktionen sowie der Abschluss von Verträgen mit anderen Staaten (Breitmeier et al. 2013, S. 16–17). Zentrales Merkmal dieser frühen Form öffentlich-privater Verantwortungsteilung war die Delegation hoheitlicher Aufgaben an private Akteure zur Bereitstellung öffentlicher

Güter wie Sicherheit, Recht und Ordnung. Im Gegenzug erhielten diese Firmen Privilegien oder sogar das Monopol für den Geschäftsbetrieb innerhalb des staatlichen Territoriums (Wolf 2013, S. 41–42).

Vergleichbare historische Formen der Symbiose zwischen privaten und staatlichen Akteuren finden sich auch im Bereich der Zivilgesellschaft: Das Internationale Komitee vom Roten Kreuz (IKRK), ursprünglich ein privater Hilfsverein mit der Aufgabe, Kriegsverletzte auf dem Schlachtfeld ärztlich zu versorgen, verdankte seine spätere internationale Bedeutung maßgeblich multilateralen Verträgen wie den verschiedenen Genfer Konventionen. Diese enthielten für den Fall bewaffneter Konflikte Regeln zum Schutz von Personen, die nicht (mehr) an den Kampfhandlungen beteiligt waren. Bis heute sind diese Konventionen zentraler Bestandteil des humanitären Völkerrechts. Das IKRK wird darin als einziges Kontrollorgan benannt. Zudem dürfen nur solche Staaten Genfer Konventionen beitreten, die nationale Rotkreuzgesellschaften zulassen (Herren 2009, S. 23).

Das Zusammenwirken öffentlicher und privater Akteure bei der Produktion öffentlicher Güter ist insofern nicht neu, hat jedoch seit den 1990er-Jahren an Bedeutung zugenommen. Voraussetzung dafür war nicht zuletzt die zunehmende Internationalisierung des Regierens nach dem Zweiten Weltkrieg (vgl. auch Conzelmann 2013, S. 52–56). Staaten gründeten zur Bearbeitung globaler Probleme internationale Organisationen wie beispielsweise die Vereinten Nationen (United Nations, UN), die Weltbank (Internationale Bank für Wiederaufbau und Entwicklung, IBRD) oder den Internationalen Währungsfonds (IWF). Das Allgemeine Zoll- und Handelsabkommen (General Agreement on Tariffs and Trade, GATT) sollte dem Abbau von Handelshemmnissen wie Zöllen und Subventionen sowie der Schlichtung von Handelskonflikten dienen. Das GATT war ein zwischen Staaten ausgehandeltes Abkommen, welches auch nach der Gründung der Welthandelsorganisation (WTO) im Jahr 1995 noch das zentrale Vertragswerk für internationale Handelsbeziehungen blieb (Davies und Woodward 2014, S. 58). Neben internationalen Organisationen und zwischenstaatlichen Verhandlungen (vgl. Kap. 3) verdichtete sich in den 1970er- und 80er-Jahren die Kommunikation zwischen Staaten hinsichtlich grenzüberschreitender Probleme aufgrund von Handels- und Finanzströmen sowie Umweltproblemen. Es entstanden Regime (vgl. Kap. 4), die sich der Vereinbarung bestimmter politikfeldspezifischer Regeln widmen (z. B. im Umwelt- und Klimaschutz, Finanz- und Handelsbereich oder beim Schutz der Menschenrechte). Nichtstaatliche Akteure wie Interessengruppen, Nichtregierungsorganisationen und transnationale Unternehmen wurden in den 1990er-Jahren zunehmend zu Akteuren der grenzüberschreitenden Politik. Auf der einen Seite begannen internationale Organisationen verstärkt, private Akteure in ihre Diskussions- und Regelungsprozesse einzubinden. So erteilen die UN, der IWF und die Weltbank privaten Akteuren Akkreditierungen zur formalen Teilnahme an ihrer Generalversammlung bzw. ihren Jahres- und Frühjahrstreffen sowie die WTO für ihre Ministerkonferenzen. Zudem setzen private Akteure selbst Regeln und überwachen diese, teils allein in Form privater Selbstregulierung (z. B. Wolfsberg-Gruppe zur Geldwäschebekämpfung im Finanzsektor) oder zusammen mit Staaten und internationalen Organisationen in Form von Multi-Stakeholder-Initiativen (z. B. UN Global Compact zur Unterstützung der Millenium Development Goals (MDGs) bzw. heute der Sustainability Development Goals (SDGs)). Neben Kooperation praktizieren private Akteure wie internationale Nichtregierungsorganisationen aber auch die Konfrontation zu zwischenstaatlichen Strukturen, etwa in Form von Kampagnen, Demonstrationen und Parallelveranstaltungen zu den Jahrestreffen der G7- und späteren G20, WTO-, IWF- und Weltbank-Gipfeln oder den UN-Gipfeltreffen zum Klimaschutz (Scholte 2018; Stephen und Zürn 2019).

Nachfolgend stellen wir theoretische Perspektiven zur Analyse von Mechanismen der Herausbildung öffentlich-privater Regulierungsformen im transnationalen Raum vor (Abschn. 6.2). Anhand von Fallbeispielen aus den Politikfeldern Umwelt/Wohlfahrt und Finanzen analysieren wir die Funktionsweise transnationalen Regierens und diskutieren die Triebkräfte der Entstehung öffentlich-privater Regulierungsmodi aus Sicht der vorgestellten Theorieperspektiven (Abschn. 6.3 und 6.4). Abschließend vergleichen wir die Regulierungsmodi in den untersuchten Politikfeldern und diskutieren die Erklärungskraft der gewählten Theorieperspektiven (Abschn. 6.5).

6.2 Theorieperspektiven

Die Antriebskräfte für die Herausbildung transnationaler Strukturen der öffentlichen-privaten Verantwortungsteilung wurden in der Disziplin der Internationalen Beziehungen breit erörtert (vgl. als Überblick Schäferhoff et al. 2007, S. 10–13). Einige Autor*innen interpretieren transnationales Regieren aus neogramscianischer Perspektive als politische Strategie transnationaler Unternehmen, die eigene Hegemonie zu stabilisieren (vgl. etwa Utting 2002). Öffentlich-private Regulierungsformen entstehen, um den Forderungen der Anti-Globalisierungsbewegung entgegenzukommen, dienen aber letztlich der Stabilisierung einer hegemonialen kapitalistischen Weltsicht und der Aufrechterhaltung eines unternehmensfreundlichen Systems von Global Governance (Schäferhoff et al. 2007, S. 10).

Konstruktivistische Perspektiven hingegen begreifen Unternehmen und Nichtregierungsorganisationen als normgeleitete Akteure, welche die Verantwortung für die Produktion öffentlicher Güter akzeptieren und durch ihre Zusammenarbeit eine neue globale, institutionelle Arena schaffen, welche wiederum Erwartungen weiterer zukünftiger Kooperation erzeugt (Ruggie 2004; Schäferhoff et al. 2007, S. 10). Aus konstruktivistischer Perspektive spielen private Akteure insbesondere durch Expertennetzwerke (*epistemic communities*) und transnational agierende Interessenvertretungsnetzwerke (*advocacy networks*) eine wichtige Rolle bei der Entstehung und Verbreitung von Normen des transnationalen Regierens (Haas 1992; Keck und Sikkink 1999).

Nachfolgend stellen wir zwei vielfach rezipierte Theorieperspektiven zur Erklärung der Emergenz transnationalen Regierens vor, die sich dem rationalistisch-institutionalistischen Ansatz zuordnen lassen und auf die wir in den folgenden empirischen Unterkapiteln wieder zurückkommen werden – funktionalistische und interessen- bzw. machtbasierte Erklärungen.

Eine *funktionalistische* Erklärung geht davon aus, dass neue Formen öffentlich-privater Verantwortungsteilung entstehen, weil es einen funktionalen Bedarf dafür gibt. Globalisierungsprozesse erzeugen komplexe grenzüberschreitende Probleme, die einen Bedarf an effektiver Problemlösung nach sich ziehen (Reinicke und Deng 2000; Rosenau 2002; Beisheim und Liese 2014). Grenzüberschreitende Probleme führen zu Folgekosten, die durch Kooperation minimiert werden sollen. Macht und Einfluss entstehen aus diesem Blickwinkel aus der Verfügungsgewalt über problemlösungsrelevante Ressourcen wie beispielsweise Expertise, Geld oder der Fähigkeit, eigene Organisationsmitglieder auf die Einhaltung von regulativen Lösungen zu verpflichten (Conzelmann 2013, S. 63). Insbesondere nichtstaatliche Akteure erscheinen aus dieser Perspektive geeignet, den „governance gap" zu füllen, den Nationalstaaten hinterlassen, wenn sie mit grenzüberschreitenden Problemen wie Klimawandel, Finanzkrisen oder Verstößen gegen die Menschenrechte konfrontiert sind (Reinicke und Deng 2000; Schäferhoff et al. 2007, S. 10).

Interessen- und machtpolitische Erklärungen setzen hingegen bei den Anreizen der beteiligten Akteure an (Witte und Reinicke 2005; Schäferhoff et al. 2007, S. 11). Strukturen transnationalen Regierens werden als Institutionen verstanden, durch die rationale Akteure ihren Nutzen maximieren und zu einem Tausch von Ressourcen gelangen, den sie auf andere Art nicht realisieren können. Nicht der Bedarf an einer Problemlösung, sondern das Interesse rationaler Akteure an der Realisierung individueller Vorteile steht im Mittelpunkt der Betrachtung. Anreize für Unternehmen, sich an öffentlich-privaten Regulierungsformen zu beteiligen, können im Bezug neuen Wissens, öffentlicher Gelder oder auch von Reputationsgewinnen liegen, die das eigene öffentliche Image fördern. Ein weiterer Anreiz kann die Entwicklung oder der Zugang zu neuen Märkten sein, die durch öffentliche Regulierung entstehen können. Beispielhaft hierfür ist der Markt für CO_2-Emissionszertifikate, welcher innerhalb des Clean Development Mechanism als

Bestandteil des Kyoto-Protokolls entstanden ist (Witte und Reinicke 2005). Zudem kann ein Anreiz für private Unternehmen, Selbstverpflichtungen durch die Einhaltung von Sozial- oder Umweltstandards einzugehen, darin liegen, einer bevorstehenden oder befürchteten öffentlichen Regulierung zuvorzukommen, um auf diese Weise Regulierungskosten zu sparen. Nichtregierungsorganisationen hingegen versprechen sich von der Mitarbeit an öffentlichen Regulierungsmaßnahmen mehr Einfluss auf globale Politikprozesse, einen größeren Bekanntheitsgrad, mehr Beratungsaufträge oder auch Verträge über weitere Dienstleistungen (Dingwerth 2004; Andonova und Levy 2009). Staaten wiederum können von der Expertise und den Fähigkeiten privater Akteure profitieren, um die Kontrolle über die Formulierung und Implementierung von Regulierungen zu steigern (Schäferhoff et al. 2007, S. 11–12). Im Unterschied zu einer funktionalistischen Perspektive würde eine interessenpolitische Erklärung aufzeigen, warum bestimmte Problemlösungen nicht zustande kommen, obwohl es einen Handlungsbedarf gibt. Zudem kann eine interessenbasierte Perspektive auch erklären, warum bestimmte Akteure wie Entwicklungsländer in öffentlich-privaten Regulierungskooperationen unterrepräsentiert sind, obwohl deren Beteiligung, etwa aufgrund ihrer Kenntnisse über lokale Problemlagen, funktional sinnvoll wäre (Conzelmann 2013, S. 63–64).

6.3 Politikfelder Wohlfahrt und Umwelt

Gerade die Politikfelder Wohlfahrt und Umwelt sind von Regelungsstrukturen gekennzeichnet, an denen private Akteure ko- oder selbstregulierend tätig sind, beispielsweise durch die Einführung von sozialen oder ökologischen Mindeststandards bei der Produktion von Waren und der Bereitstellung von Dienstleistungen. Im folgenden Unterkapitel wird an den Beispielen des Global Compact der Vereinten Nationen sowie des Forest Stewardship Council illustriert, wie die Zusammenarbeit privater Akteure mit Nationalstaaten und internationalen Organisationen im Bereich von Wohlfahrt und Forstwirtschaft erfolgt und das Regieren in diesen Politikfeldern im Hinblick auf die eingeführten funktionalistischen und interessen- bzw. machtbasierten Erklärungen eingeordnet.

6.3.1 Wohlfahrt

In den 1990er-Jahren wurden zivilgesellschaftliche Stimmen lauter, die sich mit dem damaligen Zustand des Weltwirtschaftssystem unzufrieden zeigten. Im Fokus standen dabei insbesondere die zentralen internationalen Handels- und Finanzorganisationen WTO, IWF und Weltbank. Ihnen wurde vorgeworfen, keine Rücksicht auf die sozialen Kosten zu nehmen, die durch ihre Liberalisierungspolitik entstanden. Die Kritik bezog sich vor allem auf die wachsende Schere zwischen armen und reichen Ländern. Während Länder des Globalen Nordens immens vom globalen Kapitalismus, speziell von der damit einhergehenden Privatisierung und Deregulierung, profitierten, war die Bevölkerung von Ländern des Globalen Südens oftmals weitestgehend vom Weltmarktzugang abgeschnitten und überdurchschnittlich von Armut betroffen (Stiglitz 2002). Der Protest von Globalisierungskritiker*innen wurde im Laufe der 1990er-Jahre durch Wirtschaftskrisen wie der Asienkrise 1997 weiter befeuert und kulminierte schließlich im Jahr 1999 in der sogenannten *Battle of Seattle*, als es während der WTO-Ministerkonferenz in Seattle zu gewalttätigen Ausschreitungen kam.

Neben internationalen Organisationen standen auch transnationale Unternehmen vermehrt in der Kritik. Deren Zahl war seit den 1970er-Jahren konstant gestiegen. Gab es 1990 noch 35.000 transnational agierende Unternehmen, stieg die Zahl im Jahr 2000 bereits auf 63.000 Unternehmen an (UNCTAD 2010). Viele transnationale Unternehmen verlagerten in dieser Zeit aus Kostenoptimierungsgründen große Teile ihrer Wertschöpfungsketten in Länder des Globalen Südens, wodurch jedoch neue Problemlagen für die Wohlfahrt von Menschen in Produktionsländern entstanden oder bestehende Missstände verschärft wurden. Zu nennen sind hier beispielsweise die Nichteinhaltung von Arbeits- und Sozialstandards, die Verletzung von Menschenrechts-, Umwelt- und Anti-Korruptionsnormen sowie die Zunahme und Verschärfung von innerstaatlichen Gewaltkonflikten (Coni-Zimmer und Flohr 2014). Um diese Externalitäten globaler Geschäftstätigkeiten einzudämmen und den Globalisierungsprozess insgesamt gerechter und nachhaltiger zu gestalten, kam es verstärkt zu Forderungen nach einer Regulierung privater Unternehmensaktivitäten.

Erste Bemühungen, die Geschäftspraktiken transnationaler Unternehmen zu regulieren, wurden von den Vereinten Nationen bereits 1974 mit der Gründung des UN Centre on Transnational Corporations (UNCTC) begonnen, welches einen *Code of Conduct* für transnationale Unternehmen erarbeiten sollte. Die Verhandlungen des Verhaltenskodex gestalteten sich jedoch schwierig, und viele Konfliktpunkte zwischen Entwicklungs- und Industrieländern blieben ungelöst. Die Verhandlungen verliefen in den 1980er-Jahren immer schleppender und wurden 1992 eingestellt (Sauvant 2015). Parallel zu den Verhandlungen beschloss die Organisation für wirtschaftliche Zusammenarbeit und Entwicklung (OECD) 1976 Leitsätze für multinationale Unternehmen. Vor der grundlegenden Überarbeitung der Leitsätze im Jahr 2000 wurden diese jedoch weitgehend als wirkungslos angesehen (Utz 2006, S. 3). Zudem verabschiedete die ILO im Jahr 1977 mit der sogenannten MNE Declaration eine Erklärung, die konkrete Prinzipien verantwortungsvollen sozialen Handelns für transnationale Unternehmen enthält. Diese werden im Gegensatz zu den OECD-Leitsätzen im Rückblick deutlich positiver bewertet, doch insgesamt ließen sich in den späten 1970er-Jahren die folgende Dynamik des Globalisierungsprozesses und damit verbunden die sich schnell ändernden Rahmenbedingungen globaler Unternehmensregulierung nicht vorhersehen.

Nach dem Scheitern des UNCTC öffnete sich Ende der 1990er-Jahre mit wachsender öffentlicher Aufmerksamkeit für globalisierungskritische Stimmen bei gleichzeitiger Legitimitätskrise von WTO, IWF und Weltbank ein Handlungsfenster für die Vereinten Nationen, einen erneuten Versuch zur Regulierung transnationaler Unternehmen zu initiieren. 1999 hielt der damalige UN-Generalsekretär Kofi Annan vor dem Weltwirtschaftsforum in Davos eine viel beachtete Rede, in der er verbesserte institutionelle Rahmenbedingungen zur Flankierung des Globalisierungsprozesses forderte. Um einen gleichberechtigten und fairen Zugang zu Märkten zu ermöglichen, der Menschenrechte, Arbeitnehmer*innenrechte und Umweltbelange gleichermaßen beachte, bedürfe es konkreter Regeln für die Errichtung und Einhaltung sozialer und ökologischer Standards, die bisher nicht existierten. Um diese Regelungslücke zu schließen, schlug Annan die Einrichtung eines Global Compact unter der Federführung der Vereinten Nationen vor und rief die Zivilgesellschaft und insbesondere private Unternehmen direkt dazu auf, an diesem Pakt aktiv mitzuwirken (Annan 1999).

Im Anschluss an die Rede in Davos wurde mit dem Global Compact ein Rahmen ausgearbeitet, der allgemeingültige Standards zur Bewertung von unternehmerischen Geschäftspraktiken enthält. 1999 wurden neun universelle Prinzipien verabschiedet, die sich auf die Handlungsfelder Menschenrechte, Arbeit und Umwelt beziehen und sich aus der Allgemeinen Erklärung der Menschenrechte, den Kernarbeitsnormen der ILO und der Rio-Erklärung über Umwelt und Entwicklung speisen (UN 2024a). So geben die Prinzipien vor, dass Unternehmen Menschenrechte achten und schützen und sicherstellen sollen, dass sie nicht in Menschenrechtsverletzungen involviert sind. Unternehmen sollen zudem Zwangs- und Kinderarbeit abschaffen und ökologische Verantwortung übernehmen. Bei der Ausarbeitung der Prinzipien waren Nichtregierungsorganisationen wie Amnesty International und internationale Unternehmensverbände wie das World Business Council for Sustainable Development umfassend beteiligt (Kell und Levin 2017). 2004 wurde nach längeren Verhandlungen ein zehntes Prinzip aufgenommen, das sich der Korruptionsbekämpfung widmet und das sich aus Übereinkommen der Vereinten Nationen gegen Korruption speist. Unternehmen sollen Korruption in jeglicher Form, darunter Erpressung und Bestechung, unterbinden.

Der Global Compact ist die weltweit größte Multistakeholder-Initiative für verantwortungsvolle Unternehmensführung (*corporate responsibility*). Eine Teilnahme ist grundsätzlich allen Unternehmen möglich, sofern sie sich nicht auf der Sanktionsliste der Vereinten Nationen befinden oder mit Landminen oder Tabakprodukten handeln. Von den mittlerweile (Stand 2024) fast 25.000 Akteuren aus 167 Staaten, die sich durch einen Beitritt zu den zehn universellen Prinzipien des Global Compact bekannt haben, machen Unternehmen daher mit mehr als 21.000 Mitgliedern den Großteil der Unterzeichner aus (UN 2024b). Neben Unternehmen können Regierungs- und Nichtregierungsorganisationen, Gewerkschaften, Forschungseinrichtungen, Kommunen und zivilgesellschaftliche Initiativen wie Stiftungen dem Pakt als gleichberechtigte Partner beitreten. Die Beteiligung der Vereinten Nationen am Global Compact umfasst den Hohen Kommissar der Vereinten Nationen für Menschenrechte (OHCHR), die ILO, das Umweltprogramm der Vereinten Nationen (UNEP), das Entwicklungsprogramm der Vereinten Nationen (UNDP), die Organisation der Vereinten Nationen für industrielle Entwicklung (UNIDO) und das Büro der Vereinten Nationen für Drogen und Verbrechen (UNODC). Die Mitglieder des Pakts können sich mittlerweile in über 80 nationalen Netzwerken organisieren. Das deutsche Netzwerk umfasst beispielsweise über 1230 Teilnehmende, davon ca. 1170 Unternehmen sowie knapp 60 Akteure der Zivilgesellschaft, der Wissenschaft und des öffentlichen Sektors (Global Compact Netzwerk Deutschland 2024). Insgesamt liegt beim Global Compact damit eine Form der öffentlich-privaten Koregulierung vor. Zwar handelt es sich bei dem Pakt im Kern um eine freiwillige Selbstverpflichtung privater Akteure, allerdings ist die öffentliche Beteiligung durch UN-Organisationen sowie viele andere Mitglieder aus dem öffentlichen Sektor gegeben. So ging der Vorschlag zur Gründung des Global Compact wie auch die konkrete Regelsetzung auf eine Initiative der Vereinten Nationen zurück. Zudem haben öffentliche Akteure Partizipationsmöglichkeiten über Mechanismen wie die lokalen Netzwerke oder internationale Dialogveranstaltungen (UN 2024c, b).

Der Global Compact ist rechtlich nicht bindend, sondern beruht auf der freiwilligen Selbstverpflichtung von Unternehmen, den Globalisierungsprozess sozialer und ökologischer zu gestalten. Die Unternehmen sind verpflichtet, einen jährlichen Bericht („Communication of Progress") einzureichen. Aus dem Bericht soll hervorgehen, wie die Unternehmen die zehn Prinzipien des Pakts in ihren Strategien und Tätigkeiten umsetzen. Andere Mitglieder sind verpflichtet, alle zwei Jahre einen Bericht über ihr Engagement zu erstellen („Communication of Engagement"). Allerdings bietet der Global Compact weder Mechanismen zur Kontrolle der freiwilligen Selbstverpflichtung noch Sanktionsmöglichkeiten bei Regelverstoß. Der Global Compact versteht sich jedoch auch nicht als „Wachhund", sondern vielmehr als Plattform, die durch den Austausch zwischen ihren Stakeholdern, den Unternehmen und der Zivilgesellschaft, Innovation und Engagement für nachhaltige Unternehmensführung fördern soll, beispielsweise durch Partnerschaftsprojekte und Policy-Dialoge (UN 2024d). Zwangsmaßnahmen sind hierbei nicht vorgesehen. Die einzige Sanktionsmöglichkeit, die der Global Compact bereithält, betrifft den Verstoß gegen die Berichtspflicht. Wird diese verletzt, wird die Teilnahme des betreffenden Unternehmens zunächst in eine inaktive Mitgliedschaft umgewandelt. Bei einer wiederholten Verletzung kann das Unternehmen vom Pakt ausgeschlossen werden.

Aufgrund seines sehr geringen Verpflichtungsgrads ist der Global Compact immer wieder Ziel von Kritik. So wird angeführt, dass es sich bei den zehn Prinzipien um absolute Minimalstandards handele, die bereits in anderen völkerrechtlich bindenden Dokumenten wie der Allgemeinen Erklärung der Menschenrechte oder den ILO-Kernarbeitsnormen zu finden seien. Auch der große Einfluss privater Unternehmen wird kritisch gesehen. Wenngleich das Verhältnis sich in den letzten Jahren zugunsten von öffentlichen und zivilgesellschaftlichen Akteuren gewandelt hat, hält die Privatwirtschaft weiterhin die Mehrheit am einflussreichen Global Compact Board, das zentrale strategische Entscheidungen trifft (UN 2024e). Zudem werden auch die niedrigen Beitrittskriterien kritisch beurteilt. Diese führen dazu, dass auch Unternehmen Mitglieder werden, die gar nicht beabsichtigen, die zehn Prinzipien zu verfolgen, sondern allein aus Reputationsgründen beitreten. Da die Tätigkeitsreports kaum ausgewertet werden, lässt sich die Performanz der Unternehmen auch nicht hinreichend bewerten (Sethi und Schepers 2014, S. 206).

Funktionalistische Interpretation
Wie lässt sich die Emergenz des Global Compact aus theoretischer Perspektive erklären? Die *funktionalistische* Perspektive setzt bei der Problemkonstellation an, die privater Selbstregulierung bzw. öffentlich-privater Koregulierung zugrunde liegt und argumentiert, dass problemlösungsrelevante Ressourcen der beteiligten Akteure entscheidend dafür sind, komplexen grenzüberschreitenden Problemen effektiv zu begegnen.

In den 1990er-Jahren traten die negativen Folgen einer globalisierten Weltwirtschaft insbesondere für Länder des Globalen Südens immer deutlicher hervor. Es zeigte sich, dass entgegen den Prämissen des von den internationalen Finanzinstitutionen propagierten Washington Consensus Marktliberalisierung, Deregulierung und Privatisierung nicht Wachstum und Wohlstand für alle bedeuteten, sondern reiche Industrieländer überproportional profitierten, während viele Entwicklungsländer weiterhin in der Armutsfalle verharrten. Global agierende Unternehmen leisteten mit ihren Wirtschaftspraktiken, die immense soziale und ökologische Implikationen zur Folge hatten, hierzu einen erheblichen Beitrag. Während WTO, IWF und Weltbank in einer Legitimitätskrise steckten, setzte sich bei den Vereinten Nationen und insbesondere deren damaligem Generalsekretär Annan die Erkenntnis durch, dass private Akteure als Teil des Problems auch Teil der Lösung sein müssten. In der Folge adressiert der Global Compact insbesondere Unternehmen und hat zum Ziel, die Expertise privater Akteure zu nutzen, um die Globalisierung sozialer und ökologischer zu gestalten. Eine Einbindung von Regulierungsadressaten (Unternehmen) und deren relevanten Ressourcen in das Regulierungsarrangement erscheint aus funktionalistischer Sicht durchaus problemadäquat, während die Einbindung der Vereinten Nationen und zivilgesellschaftlicher Akteure dem Pakt Autorität verleihen.

Auch die konkrete institutionelle Ausgestaltung des Global Compact lässt sich aus einer funktionalen Perspektive gut erklären. Teil des Kooperationsproblems war auch, dass die Anzahl der Regulierungsadressaten in einer globalisierten Wirtschaft ungemein hoch war, profitorientierte Unternehmen aber oftmals wenig Interesse an einer für sie zeit- und kostenintensiven Regulierung zeigten. Dies wurde umso mehr relevant, als dass der Global Compact nicht branchenspezifisch ausgerichtet ist. Um die Expertise privater Akteure in das Regulierungsarrangement zu integrieren und gleichzeitig die Reichweite des Pakts zu erhöhen, war es daher notwendig, die Hürden einer Teilnahme für die Unternehmen überschaubar zu halten. Die Entscheidung, relativ geringe Anforderungen (kaum Pflichten, wenig Kontrolle) an eine Mitgliedschaft zu stellen, lässt sich damit aus funktionalistischer Perspektive gut plausibilisieren. Als niedrigschwellige Anreizsetzung für die Privatwirtschaft ist das institutionelle Design des Global Compact daher eher als Netzwerk zu verstehen, das auf Dialog, Partnerschaft und Lernen statt auf *enforcement* seiner Regeln setzt (Rasche 2020). Tatsächlich führte die Abwägung zwischen Selbstverpflichtung und Durchsetzungsfähigkeit der Regeln des Global Compact dazu, dass sich der Pakt schnell zur weltweit größten Initiative verantwortungsvoller Unternehmensführung entwickelt hat.

Macht- und interessengeleitete Interpretation

Die macht- und interessengeleitete Perspektive lenkt den Blick dagegen auf individuelle Präferenzen und argumentiert, dass sich Regulierungsarrangements mit den Kosten- und Nutzenkalkulationen der beteiligten Akteure erklären lassen. Welche Vorteile sehen Unternehmen in einer Teilnahme am Global Compact?

Für Unternehmen ist eine Teilnahme am Global Compact attraktiv, weil sich diese davon eine Abgrenzung gegenüber Mitbewerbern sowie eine Umsatzsteigerung durch eine Steigerung ihrer Reputation versprechen. Dieser ist insbesondere auf die Beteiligung der Vereinten Nationen und zivilgesellschaftlicher Akteure am

Regulierungsarrangement zurückzuführen, deren Ressourcen und Reputation dem Pakt Autorität verleihen. Tatsächlich erwirtschaften Unternehmen aufgrund einer Global Compact-Mitgliedschaft signifikant höhere Profite als Nichtmitglieder im Vergleichszeitraum, wie eine Studie von Orzes et al. (2020) für eine Auswahl von über 800 Unternehmen zeigt. Interessanterweise hängt dies nicht notwendigerweise davon ab, ob Unternehmen ihr Verhalten tatsächlich anpassen. Der Reputationszuwachs und eine daraus folgende Umsatzsteigerung durch eine Zertifizierung war auch dann beobachtbar, wenn Unternehmen keine substanziellen Veränderungen in ihren Prozessen und Routinen im Hinblick auf die Prinzipien des Global Compact vornahmen (Orzes et al. 2020, S. 9). Vielmehr signalisiert die Teilnahme am Global Compact den Verbraucher*innen bereits ausreichend, dass sich das Unternehmen corporate responsibility-Maßnahmen verpflichtet fühlt. Eine kostenintensive Anpassung von Unternehmenspraktiken ist damit nicht zwingend notwendig, was einen Beitritt zum Pakt für Unternehmen umso kosteneffizienter und somit attraktiver macht.

In der Tat begünstigt der Mangel an Kontroll- und Sanktionsmechanismen des Global Compact die Anwendung von *shirking* durch Unternehmen, also das eigene Engagement aus Kostengründen absichtlich so gering wie möglich zu halten. Eine Studie von 3000 US-Unternehmen zwischen 2000 und 2010 konnte zeigen, dass Mitglieder im Vergleich zu Nichtmitgliedern in ihrer Performanz schlechter bei Umwelt- und Menschenrechtsvorgaben abschnitten, deren Einhaltung besonders kostenintensiv war. Dagegen schnitten Mitglieder besser bei denjenigen Indikatoren ab, die vergleichsweise kostengünstig zu erreichen waren (Berliner und Prakash 2015, S. 132). Somit können Mitglieder des Global Compact bezüglich ihrer Verpflichtungen strategisches shirking betreiben: Sie profitieren vom Imagegewinn einer Zertifizierung, gleichwohl müssen sie keine ernst gemeinten Anstrengungen unternehmen, die Prinzipien des Pakts einzuhalten. Insgesamt zeigt die macht- und interessensbasierte Perspektive deutlich, dass Unternehmen dem Global Compact beitreten, weil sie einen Reputationsgewinn erwarten, für sie dadurch aber praktisch keine Kosten entstehen.

6.3.2 Forstwirtschaft

Im Zuge der Globalisierung der Forstwirtschaft entstand ein neues Problemfeld internationaler Politik. So wird der Verlust an Waldfläche zwischen 1989 und 1998 mit über 160 Mio. Hektar beziffert, was einem jährlichen Rückgang von 0,8 % der globalen Waldfläche entsprach (Barraclough und Ghimire 2001). Der größte Anteil entfiel dabei auf tropische Entwicklungsländer und die dort praktizierten nicht nachhaltigen Abbaumethoden. Um die negativen ökologischen und sozialen Folgen globalisierter Forstwirtschaft abzufedern, wurde eine Regulierung des Politikfelds Anfang der 1980er-Jahre zunehmend diskutiert. Erste Bemühungen, Holzabbau international zu regulieren, folgten. 1983 verständigten sich 70 Staaten, die Tropenholz produzierten oder konsumierten, unter der Schirmherrschaft der Welthandels- und Entwicklungskonferenz (UNCTAD) auf das International Tropical Timber Agreement (ITTA). Die dazugehörige International Tropical Timber Organization (ITTO) wurde 1986 eingerichtet und setzt sich für den Erhalt und die nachhaltige Nutzung tropischer Regenwälder ein. Parallel wurde der Tropical Forestry Action Plan (TFAP) ins Leben gerufen. Das Programm, das 1987 in Kraft trat, geht auf frühere Aktivitäten der UN-Ernährungs- und Landwirtschaftsorganisation (FAO), der Weltbank und UNEP zurück und unterstützt die nationalen Forstprogramme von Entwicklungsländern (Pattberg 2005a, S. 360).

Trotz dieser ersten Regulierungsversuche kam dem Problem der Abholzung in den späten 1980er- und frühen 1990er-Jahren immer mehr öffentliche Aufmerksamkeit zu. Nichtregierungsorganisationen waren sehr gut untereinander vernetzt, organisierten Boykottkampagnen gegen einzelne Unternehmen und forderten ein transparentes und vertrauenswürdiges Zertifizierungssystem für Tropenhölzer (Pattberg 2005a, S. 362). Verbraucher*innen trafen zunehmend bewusste Kaufentscheidungen, was zur Folge hatte, dass Holzverkäufer und -zwischenhändler*innen mit einer steigenden Nachfrage nach nachhaltig erwirtschafteten Holzressourcen konfrontiert waren (Meidinger 2003).

Im Zuge dieses wachsenden Drucks wurde die 1992 in Rio de Janeiro stattfindende Konferenz der Vereinten Nationen über Umwelt und Entwicklung als Chance gesehen, ein verbindliches globales Abkommen zur Förderung nachhaltiger Forstwirtschaft zu verabschieden. Die Verhandlungen im Vorfeld der Rio-Konferenz stellten sich jedoch als sehr schwierig heraus, da der globale Norden und der globale Süden unterschiedliche Vorstellungen von der potenziellen Vereinbarung hatten. Industrieländer wollten Entwicklungsländer dazu verpflichten, strenge Maßnahmen zum Schutz der Wälder zu ergreifen. Die Gruppe der 77, ein loser Zusammenschluss von Ländern des Globalen Südens, sah aber ihre nationale Souveränität in Gefahr und wollte die Regulierung an finanziellen und technologischen Transfer knüpfen: Der Norden sei durch seine nicht nachhaltigen Konsumgewohnheiten größtenteils für die Zerstörung von Wäldern im globalen Süden zuständig und solle daher den Entwicklungsländern den Verdienstausfall ausgleichen, der beispielsweise durch ein Verbot des Abbaus von Tropenhölzern entstünde (Humphreys 2008, S. 436). Zu diesen Zugeständnissen waren die Länder des Globalen Nordens jedoch nicht bereit. Es kam zwar zur Verabschiedung unverbindlicher Forest Principles; die Verhandlungen eines rechtlich verbindlichen Abkommens aber waren gescheitert.

Nachdem die zwischenstaatlichen Verhandlungen stockten, der Handlungs-druck zur Regulierung der Forstwirtschaft aber immer weiter stieg, ergriffen private Akteure die Initiative. Bereits parallel zu den Rio-Verhandlungen fanden Diskussionen zwischen einer Vielzahl von Industrievertreter*innen und Nicht-regierungsorganisationen über ein potenzielles Regulierungsarrangement statt. Als die Rio-Verhandlungen endgültig gescheitert waren, kamen NGOs wie der World Wildlife Fund (WWF) und Greenpeace International zu dem Schluss, dass es zielführender sei, durch die Entwicklung von Standards zur Selbstregulierung der Forstwirtschaft direkt Einfluss auf den privaten Sektor zu nehmen, als sich in weitere langwierige zwischenstaatliche Verhandlungen mit ungewissem Ausgang einzubringen (Bernstein und Cashore 2004, S. 39). In der Folge wurde bereits 1993 der Forest Stewardship Council (FSC) in Toronto gegründet. Insgesamt nah-men an der Gründungsversammlung 126 Parteien aus 26 Ländern teil; Gründungs-mitglieder waren neben den bereits genannten NGOs zahlreiche Vertreter*innen des globalen Holzhandels sowie Gewerkschaften und Indigenenverbände (Patt-berg 2005b, S. 179).

Der FSC ist eine nicht profitorientierte Multistakeholder-Organisation, die zum Ziel hat, durch eine marktbasierte Zertifizierung von Forstbetrieben und Holz-produkten die nachhaltige Bewirtschaftung von Wäldern weltweit zu fördern. Die fast 1200 Mitglieder (Stand 2024) setzen sich aus Vertreter*innen von Umweltver-bänden, des Holzhandels und der Forstwirtschaft, zivilgesellschaftlichen Akteuren, Waldzertifizierungsorganisationen und kommunalen Forstwirtschaftsverbänden zusammen. Auch Einzelhändler, Produzenten und Waldbesitzer*innen können Mitglied werden (FSC 2024). Als eine freiwillige, von privaten Akteuren initiierte Initiative handelt es sich beim FSC um ein Modell der privaten Selbstregulierung. Zwar arbeiten viele nationale Regierungen mit dem FSC zusammen und einige Staaten wie beispielsweise Schweden setzen FSC-Vorgaben sogar in nationales Recht um; in seiner Entscheidungsfindung und Standardsetzung ist der FSC jedoch völlig unabhängig von der öffentlichen Hand (Bell und Hindmoor 2012, S. 152).

Die internationale Vollversammlung der FSC-Mitglieder (General Assembly) ist neben dem Board of Directors und dem Generaldirektor die wichtigste Ent-scheidungsinstanz des FSC. Mitglieder bewerben sich für eine Mitgliedschaft in einer der drei Kammern der Vollversammlung: der Umwelt-, Wirtschafts- oder Sozialkammer. Einem Beschluss muss jede Kammer zustimmen. Dies soll garantie-ren, dass keine Interessensgruppierung innerhalb des FSC überstimmt werden kann, sei es Umweltschutzorganisationen, soziale Gruppen oder Industrievertreter*innen. Zudem ist jede der drei Kammern noch einmal in eine Nord- und eine Südkammer untergliedert, sodass die Interessen von Mitgliedern des Globalen Nordens und des Globalen Südens in der Entscheidungsfindung paritätisch gewichtet werden (Dingwerth 2008). Nationale FSC-Initiativen wie etwa der FSC Deutschland sind ähnlich aufgebaut und entwickeln spezifische nationale Standards.

Ein Schwerpunkt der Tätigkeit des FSCs ist die Zertifizierung von Forstbetrieben. Eine FSC-Waldzertifizierung bestätigt, dass die Bewirtschaftungsweise eines Forstbetriebs den Anforderungen des FSC entspricht. Diese Anforderungen speisen sich sowohl aus zehn globalen Prinzipien mit insgesamt 70 Kriterien für verantwortungsvolle Waldwirtschaft, welche beispielsweise die Achtung von Menschenrechten, die besondere Beachtung der Bedürfnisse indigener Völker sowie eine ökologisch und sozial nachhaltige Waldbewirtschaftung umfassen, als auch spezifischen nationalen Standards, die von nationalen FSC-Initiativen erarbeitet werden (FSC Deutschland 2024a). Auf Antrag von Waldbesitzer*innen bzw. Forstbetrieben findet ein Audit durch ein FSC-akkreditiertes, unabhängiges Zertifikationsorgan statt. Danach wird jährlich kontrolliert, ob die FSC-Standards eingehalten werden. Bei positiver Begutachtung darf ein Forstbetrieb Holz mit dem FSC-Warenzeichen vermarkten. Zertifikate gelten in der Regel für fünf Jahre. Mängel müssen innerhalb bestimmter Fristen behoben werden, sonst droht der Entzug des Zertifikats. Die Audit-Berichte sind öffentlich einsehbar (FSC Deutschland 2024b).

Ein weiterer Tätigkeitsschwerpunkt des FSCs ist die Zertifizierung von Produktketten. Für die Zertifizierung des Endprodukts müssen alle Stationen der Produktkette, das heißt sowohl der Herkunfts-Forstbetrieb als auch alle anderen Betriebe, die innerhalb einer Produktkette Materialien weiterverarbeiten, nach FSC-Standards zertifiziert sein. Hierzu müssen die Betriebe ein Managementverfahren aufbauen, das sicherstellt, dass die Holzherkunft nachvollziehbar ist und FSC-zertifizierte Materialien jederzeit identifizierbar bleiben. Auch hier findet eine Betriebsprüfung durch unabhängige Auditoren statt. Nach erfolgreicher Zertifizierung darf ein Betrieb mit dem FSC-Siegel werben und seine zertifizierten Produkte mit dem FSC-Label auszeichnen (FSC Deutschland 2024c). Eine Mitgliedschaft beim FSC ist für eine Zertifizierung nicht notwendig, allerdings müssen die zertifizierten Betriebe für die Begehungskosten aufkommen und jährliche Zertifikats- und Verwaltungskosten abhängig von ihrem Umsatz begleichen. Die Dokumentationspflichten sind umfangreich.

Der FSC zertifiziert (Stand 2024) weltweit 160 Mio. Hektar Waldfläche und stellt über 60.000 Produktkettenzertifikate aus (FSC 2024). Er gilt global als eine der bekanntesten Produktzertifizierungen und wird durch die Einbindung relevanter Interessengruppen allgemein als glaubwürdige private Selbstregulierungsinitiative bewertet. Es gibt jedoch immer wieder Kritik an den Zertifizierungspraktiken des FSC. So beendete beispielsweise das Gründungsmitglied Greenpeace International 2018 seine Mitgliedschaft, um auf FSC-zertifizierte Abholzung von Urwäldern aufmerksam zu machen, wenngleich es das FSC-Siegel weiterhin öffentlich unterstützt (Greenpeace 2018). Oft wird auch kritisiert, dass Produkte, die das FSC-Siegel tragen, nicht zu 100 % aus zertifiziertem Holz bestehen müssen. Allerdings bestehen auch für den nicht-zertifizierten Holzanteil Mindestanforderungen.

Ein weiterer Kritikpunkt, der schließlich in der Etablierung eines weiteren Waldzertifizierungssystems mündete, bezieht sich auf die Governance-Struktur des FSC. Viele europäische und nordamerikanische Waldbesitzer*innen fürchteten nach der Etablierung des FSCs, dass die Stimmengewichtung in der Wirtschaftskammer dazu führe, dass Waldeigentümer von anderen Industrievertreter*innen überstimmt werden könnten. Zudem macht die Forstwirtschaft insgesamt nur ein Drittel des Stimmengewichts im FSC aus. Als Antwort auf dieses wahrgenommene Missverhältnis entstanden zunächst in Europa, danach global alternative Zertifizierungsmechanismen. Hierbei wurde zunächst auf eine Bottom-Up-Struktur nationaler Zertifizierung gesetzt, während der FSC bereits von Anfang an auf internationale Standardsetzung setzte. Um die Jahrtausendwende wurden die nationalen Zertifizierungsmechanismen dann unter dem Schirm des Programme for the Endorsement of Forest Certification Schemes (PEFC) zusammengeführt, was auch zu einer Annäherung an die transnationale Struktur des FSC führte (Overdevest 2010, S. 55–56). Beim PEFC handelt es sich wie beim FSC um ein Modell privater Selbstregulierung, das sowohl Forstbetriebe als auch Produktketten zertifiziert. Im Unterschied zum FSC erlaubt die Governance-Struktur des PEFC aber einen größeren Einfluss der Forstwirtschaft auf die Standardsetzung.

Während die Mitgliedschaft mit 89 nationalen und internationalen Stakeholdern im Vergleich zu FSC überschaubar ist, hält der PEFC einen Anteil von über 70 % an allen zertifizierten Waldflächen weltweit (PEFC 2024a). In den Standards und der Zertifizierungspraxis ähnelt der PEFC dem FSC, wenngleich der PEFC einen regionalen Ansatz bei der Auditierung verfolgt, der der in Europa typischen Familienforstbetriebsstruktur entgegenkommen soll. Dies bedeutet, dass Betriebe einer Region nur stichprobenartig kontrolliert werden, die Zertifizierung aber für ganze Waldregionen erfolgt (Umweltbundesamt 2022). Auch die Siegelvergabe erfolgt zunächst ausschließlich auf der Basis einer Selbstauskunft, was den bürokratischen Aufwand für die zertifizierten Betriebe und Produkte minimiert. Der Aufbau von Parallelstrukturen zum FSC führt dazu, dass es in der Praxis eine Konkurrenzsituation zwischen den beiden Zertifizierungsorganisationen gibt. Zahlreiche Betriebe und Flächen sind allerdings von beiden Organisationen zertifiziert. Im Jahr 2019 waren ca. 18 % der weltweit zertifizierten Waldflächen sowohl vom FSC als auch vom PEFC zertifiziert (FSC 2020). Neben FSC und PEFC existiert eine Vielzahl an weiteren Zertifizierungsmechanismen, in Deutschland beispielsweise Naturland. Diese Mechanismen haben jedoch keine vergleichbare Reichweite wie die beiden großen transnationalen Organisationen zur Selbstregulierung der Forstwirtschaft.

Funktionalistische Interpretation

Die funktionalistische Perspektive führt die Entstehung von öffentlich-privaten Regulierungsarrangements auf einen funktionalen Bedarf zurück, der durch komplexe, grenzüberschreitende Probleme entsteht. Private Akteure können bei bestimmten Problemlagen durch ihre Beiträge bessere Politikergebnisse erzielen, als dies der öffentlichen Hand gelingen würde. Welche Ressourcen brachten die beteiligten Akteure im vorliegenden Fall zur Problemlösung ein?

Globalisierungsprozesse der Forstwirtschaft schufen Probleme wie unkontrollierte Abholzung und die Zerstörung von Regen- und Urwäldern, woraus sich im Laufe der 1980er-Jahre ein Bedarf für eine Regulierung des Problemfelds ergab. Trotz des hohen Problemdrucks scheiterten zwischenstaatliche Verhandlungen während der Rio-Konferenz 1992. Eine private Initiative bot damit die Möglichkeit, die Blockade in öffentlichen internationalen Foren zu umgehen. Forstwirtschaft und Umweltschutzorganisationen waren in der Lage, den governance gap zu füllen, der durch das Versagen der Staatengemeinschaft entstanden war, ein verbindliches Abkommen zu verabschieden. Die direkten, wenig formalisierten Diskussionsstrukturen zur Verhandlung des Regulierungsarrangements trugen zudem dazu bei, dass im Gegensatz zu den langwierigen Verhandlungen von öffentlichen Akteuren ein Kooperationsmechanismus zeitnah ausgearbeitet werden konnte. In der Folge wurde der FSC als die erste umfassende Organisation zur privaten Selbstregulierung der Forstwirtschaft gegründet.

Die Zertifizierung von Forstbetrieben und Produktketten ist ein komplexer Prozess, in dem praktische Expertise zentral ist. Oftmals kann diese von der Forstwirtschaft selbst besser erbracht werden, da diese über problemlösungsrelevante materielle Ressourcen und spezialisiertes Wissen verfügt. Darüber hinaus wird durch die Beteiligung einer Vielzahl von Umwelt-NGOs bei der Standardsetzung des FSC zum einen die Einbindung ihrer Expertise zur nachhaltigen Waldbewirtschaftung sichergestellt, zum anderen aber auch Transparenz bei der Zertifizierung geschaffen und damit die Glaubwürdigkeit der privaten Selbstregulierung erhöht.

Macht- und interessengeleitete Interpretation

Der macht- und interessengeleitete Ansatz fragt dagegen nach den individuellen Präferenzen der beteiligten Akteure und nimmt in den Blick, welche Machtressourcen zur Umsetzung dieser Präferenzen beitragen.

Nachhaltige Kaufentscheidungen werden für Verbraucher*innen zunehmend wichtiger. Dies gilt insbesondere im Hinblick auf die Ressource Holz, die oftmals in Zusammenhang mit Raubbau an Wäldern gebracht wird. In den späten 1980er- und frühen 1990er-Jahren gewann das Thema so sehr an Präsenz im öffentlichen Diskurs, dass Kampagnen zu Boykotten bestimmter Produkte und Firmen aufriefen. Forstwirtschaftliche Unternehmen waren mit möglichen Umsatzeinbußen konfrontiert. Hier setzt eine interessenbasierte Interpretation an, bei der die privaten Eigeninteressen von Unternehmen im Mittelpunkt stehen: Die Schaffung eines anerkannten globalen Zertifizierungsmechanismus war ein geeignetes Mittel für die Forstwirtschaft, ihr Image zu verbessern und ihre Glaubwürdigkeit wiederherzustellen. Die durch eine Zertifizierung anfallenden Kosten werden dabei von den Unternehmen in Kauf genommen, um mögliche Reputationsschäden abzuwenden.

Auch die Schaffung von Parallelstrukturen zum FSC lässt sich mit einer interessengeleiteten Perspektive erklären. Viele Akteure der Forstwirtschaft, gerade kleine und mittlere Forstbetriebe, fürchteten, dass sich ihre individuellen betrieblichen Interessen mit der Governance-Struktur des FSC nicht ausreichend durchsetzen ließen. In der Folge schufen sie mit dem PEFC einen Zertifizierungsmechanismus, in dem die Industrie einen viel bedeutsameren Einfluss hat, während der Einfluss von Umweltschutzorganisationen beschränkt ist. Im Hinblick auf Machtressourcen konnten die Initiatoren des PEFC auf die umfassende Unterstützung europäischer Waldbesitzer*innen zählen, die in großem Umfang dem PEFC und nicht dem FSC beitraten. Beispielsweise ist in Deutschland rund 75 % der Waldfläche PEFC-zertifiziert (PEFC 2024b). Auch der im Vergleich zum FSC wesentlich geringere bürokratische Aufwand und die niedrigeren Kosten für Betriebe im Zertifizierungsprozess zeigen deutlich, dass bei der Gründung des PEFCs Industrieinteressen ausschlaggebend waren. Der interessenbasierte Ansatz kann damit gut erklären, warum sich eine Konkurrenzsituation zwischen FSC und PEFC ausgebildet hat, die nicht notwendigerweise funktional zur Problemlösung beiträgt, aber im Interesse der größtenteils europäischen Stakeholder ist.

6.4 Politikfeld Finanzen

Das Finanzgeschäft wird durch eine Vielzahl rechtlicher Rahmenbedingungen beeinflusst, die sich auf die Herstellung von Transparenz über Geschäftsaktivitäten, die Vermeidung krimineller Finanzgeschäfte oder auch auf die Gewährleistung von Finanzstabilität richten. Wie private Akteure mit Nationalstaaten und internationalen Organisationen zur Vermeidung von Kriminalität und der Herstellung

von Transparenz zusammenarbeiten, wird nachfolgend anhand von zwei empirischen Fällen – der Bekämpfung von Geldwäsche und der Rechnungslegung international tätiger Unternehmen – aufgezeigt.

6.4.1 Geldwäschebekämpfung

Geldwäsche ist eine kriminelle Tätigkeit, bei der private Akteure internationale
Finanztransaktionen nutzen, um den illegalen Ursprung ihrer Ressourcen zu ver-
schleiern (vgl. Flohr 2013, S. 172). Im Zuge der Liberalisierung des internationalen
Zahlungsverkehrs und der Zunahme des Warenverkehrs seit den 1970er-Jahren
haben sich die Möglichkeiten für die Abwicklung illegaler Finanzgeschäfte erweitert. Nicht zufällig begann die internationale Staatengemeinschaft, sich in den
1980er-Jahren daher verstärkt mit dem transnationalen Problem der Geldwäsche
zu beschäftigen.

Maßnahmen zur Bekämpfung der Geldwäsche lassen sich unterscheiden in
einen *strafrechtlichen* und einen *präventiven Ansatz*. Die strafrechtliche Verfolgung
transnationaler Geldwäscheaktivitäten obliegt öffentlichen Behörden, welche sich
zu diesem Zweck zunehmend international vernetzen. Der präventive Ansatz zielt
hingegen darauf, den Zufluss von illegalem Geld in das legale Finanzsystem zu
verhindern und bindet dazu private Finanzmarktakteure ein (Flohr 2013, S. 153;
Pieth und Aiolfi 2003).

Sowohl der strafrechtliche als auch der präventive Ansatz der Geldwäschebekämpfung wurden zunächst von nationalstaatlicher Seite, internationalen Organisationen oder intergouvernementalen Foren entwickelt und vorangetrieben.

Die regulative Bekämpfung der Geldwäsche erfolgte zunächst im strafrechtlichen Kontext und zwar in den USA. Bereits der Bank Secrecy Act aus dem Jahr
1970 forderte von nationalen Finanzinstitutionen der Bankenaufsicht nationale und
ausländische Finanztransaktionen zu melden, wenn diese einen bestimmten Umfang überschritten. Im Zuge der Bekämpfung des grenzüberschreitenden Drogen-
handels wurde Geldwäsche im Jahre 1986 zu einem kriminellen Vergehen, das die
amerikanische Bundesebene ahndete (Aiolfi und Bauer 2012). Der Ansatz einer
strafrechtlichen Verfolgung von Geldwäsche, sofern diese im Zusammenhang mit
Drogenkriminalität stand, wurde nachfolgend von internationalen Organisationen
wie der UN und zwischenstaatlichen Foren übernommen.

So stellte die UN Convention against Illicit Traffic in Narcotic Drugs and Psy-
chotropic Substances aus dem Jahre 1988 einen völkerrechtlichen Vertrag dar, der
die Nationalstaaten zur gesetzgeberischen Kriminalisierung der Geldwäsche verpflichtete. Weitere zwischenstaatliche Aktivitäten zur Bekämpfung der Geldwäsche erfolgten in der Financial Action Task Force (FATF), die unter dem Dach der

OECD auf dem G7-Gipfel in Paris im Jahre 1989 eingerichtet worden war. Bis heute umfasst die FATF 37 Länder und zwei regionale Organisationen wie die EU-Kommission und den Golf-Kooperationsrat. Hinzu kommen noch zahlreiche assoziierte Mitglieder und Organisationen mit Beobachterstatus. Die FATF entwickelte bis 1990 40 Empfehlungen zur Geldwäschebekämpfung, die sich an Staaten und private Banken richten und als zentraler internationaler Standard in diesem Bereich gelten. Die Empfehlungen richten sich u. a. darauf, Risiken für das Finanzsystem frühzeitig zu identifizieren, Geldwäsche und die Finanzierung terroristischer Aktivitäten zu verfolgen, präventive Maßnahmen für den Finanzsektor und andere benachbarte Sektoren zu entwickeln, Kapazitäten und Zuständigkeiten der nationalen Behörden (Aufsichts- und Strafverfolgungsorgane) weiterzuentwickeln, die Transparenz und Verfügbarkeit von Informationen über juristische Personen und die Rechtsgestaltung zu sichern und die internationale Zusammenarbeit zu fördern. Die 40 FATF-Empfehlungen wurden seit ihrer Entwicklung im Jahre 1990 immer wieder überarbeitet und auch über den Bereich der drogenbezogenen Geldwäschebekämpfung hinaus auf die Bekämpfung der Terrorismusfinanzierung ausgedehnt (FATF 2012–2021, S. 7; Aiolfi und Bauer 2012). Obwohl das FATF-Regelwerk eine nicht verbindliche Übereinkunft ohne unmittelbare Bindungswirkung (*soft law*) darstellt, ist es weltweit von über 180 Ländern übernommen worden und in Europa in europäische Richtlinien sowie die nationale Gesetzgebung zur Bekämpfung der Geldwäsche und Terrorismusfinanzierung eingeflossen.

Die Empfehlungen der FATF richteten sich bereits zum Teil an die privaten Banken selbst, denen präventive Maßnahmen zur Geldwäschebekämpfung nahegelegt wurden. Der 1974 gegründete Basler Ausschuss für Bankenaufsicht („Basler Komitee"), ein intergouvernementales Gremium der nationalen Bankenaufsichtsbehörden der wichtigsten Industrieländer, entwickelte im Jahre 1988 eine Reihe von Richtlinien für Banken, die explizierten, was deren „Sorgfaltspflicht" (*Due Diligence*) im Zusammenhang mit Geldwäsche im Einzelnen bedeuten sollte. Die sogenannten Know Your Customer (KYC)-Prinzipien beinhalten Verpflichtungen der Banken, Neu- und Bestandskunden auf Basis geldwäscherechtlicher Anforderungen zu überprüfen, um Scheinfirmen zu identifizieren oder Gelder aus fragwürdigen Quellen aufzudecken (Pieth und Aiolfi 2003; Flohr 2013, S. 153–154). Ähnlich wie im Fall der FATF entwickelte das Basler Komitee die KYC-Prinzipien stetig weiter. Neben UN, FATF und dem Basler Komitee ist schließlich auch die OECD Working Group on Bribery in International Business zu nennen, die sich parallel zum Basler Komitee mit dem Missbrauch von Finanzinstitutionen zu Bestechungszwecken befasste. Mit dem Abschluss der Convention on Combating Bribery of Foreign Public Officials in International Business Transactions im Jahre 1997 verpflichteten sich 44 Staaten zur Korruptionsbekämpfung im öffentlichen Sektor (OECD 2018).

Ende der 1990er-Jahre war somit bereits ein regulativer Rahmen zur Bekämpfung von Geldwäsche im Finanzsektor entstanden, der Maßnahmen auf nationaler, europäischer und globaler Ebene umfasste. Die bestehenden Regulierungen wurden durch Nationalstaaten, zwischenstaatliche Foren oder internationale Organisationen definiert. Aus Sicht der Banken existierte damit ein Flickenteppich unterschiedlicher Standards, die zu implementieren waren. Dadurch bestand die Gefahr, Kunden an konkurrierende Banken zu verlieren, die einem flexibleren regulativen Rahmen unterlagen, der für sie und ihre Kunden geringere Regulierungskosten beinhaltete (Pieth und Aiolfi 2003, S. 360). Für die durch die Regulierung adressierten Banken war dies ein Anlass zur Selbstorganisation, mit dem Ziel, ihre internen Standards der Ausgestaltung von Sorgfaltspflichten und KYC-Regeln für die privaten Kunden einander anzugleichen. Zudem waren Großbanken aus den USA, der Schweiz, Großbritannien und Luxemburg in Geldwäscheskandale wie den Abacha-Fall verwickelt, bei dem es um gestohlene Gelder aus der Staatskasse eines früheren nigerianischen Diktators ging. Zum Reputationsverlust trug außerdem ein Bericht des amerikanischen Unterausschusses des US-Kongresses zum privaten Bankensektor bei, der erhebliche Schwachstellen der internen Bankenorganisation im Umgang mit dem Problem der Geldwäsche kritisierte (Pieth und Aiolfi 2003, S. 360). Sowohl die Schweizer Bankenkommission als auch ein US-Senatsausschuss hatten sich eingehend mit Geldwäscheskandalen befasst und eruierten neue Regulierungsmaßnahmen zur Bekämpfung der Geldwäsche (Flohr 2013, S. 175). Nach den terroristischen Attacken des 11. September 2001 nahmen gesetzgeberische Maßnahmen zur Bekämpfung der Finanzierung des internationalen Terrorismus zudem in den OECD-Ländern neue Fahrt auf (Maggetti 2014, S. 791). Ein weiterer Anstoß zur Selbstorganisation europäischer und US-amerikanischer Banken kam zudem von drei Mitgliedern der OECD- Working Group on Bribery in International Business, bei denen es sich um einen Vertreter von Transparency International, einen Experten für Kriminologie der Universität Basel und einen Finanzberater handelte, welcher früher Direktor von US FinCen gewesen war, einem der amerikanischen Regierung angeschlossenen Netzwerk von Behörden zum Schutz des Finanzsystems gegen kriminelle Aktivitäten. Ziel der OECD-Arbeitsgruppe war es, ein regulatives Instrumentarium zu entwickeln, um den Missbrauch von Finanzzentren für die Verwaltung von Bestechungsgeldern zu verhindern.

Ein erstes Treffen der drei Vermittler fand zusammen mit acht großen amerikanischen und europäischen Banken 1999 auf Schloss Wolfsberg in der Schweiz statt. Bei den Banken handelte es sich um die Finanzinstitute mit dem größten Marktanteil im Privatkundengeschäft. Dadurch sollte sichergestellt werden, dass die vereinbarten Standards ein großes Marktsegment abdeckten (Aiolfi und Bauer

2012, S. 99). Durch die Aufnahme einer großen amerikanischen Investmentbank sowie weiterer Banken aus Japan und Spanien mit großem Kundenstamm in Lateinamerika wurde die geografische Reichweite der Gruppe erhöht. Die Stärke der Wolfsberg-Gruppe liegt darin, dass sich die teilnehmenden Banken verpflichteten, die vereinbarten Standards in allen Filialen und Tochtergesellschaften im In- und Ausland, einschließlich der Offshore-Finanzzentren umzusetzen, welche nur marginaler Regulierung unterliegen. Die Mitglieder der Wolfsberg-Gruppe deckten schätzungsweise 60 % des Weltmarktes im privaten Bankensektor ab und ca. 50 % des Marktes in Offshore-Finanzplätzen. Damit konnten die in der Gruppe vereinbarten Standards weltweite Bedeutung erlangen (Pieth und Aiolfi 2003, S. 362; Maggetti 2014, S. 794).

Die Wolfsberg-Gruppe ist somit eine von privaten Akteuren initiierte, freiwillige Initiative zur Vermeidung von Geldwäsche im Finanzsektor. Sie verkörpert ein Modell der privaten Selbstregulierung; denn ihre Mitglieder verständigen sich autonom über die Art der Umsetzung präventiver Standards zur Geldwäschebekämpfung in ihren Unternehmen. Die Gruppe hat keine Statuten oder formalisierte Regeln. Vielmehr entwickelte sie ihre informellen Praktiken im Zeitablauf weiter. Dazu zählen vierteljährliche Treffen, die rotierend von den Mitgliedern ausgerichtet werden. Jede teilnehmende Bank entsendet zwei Personen zu den Treffen. Dabei handelt es sich um Mitarbeiter*innen der internen Abteilungen zur Bekämpfung von Geldwäsche, Finanzkriminalität oder um Compliance-Manager. Entscheidungen werden nach einer Frist zur Konsultation im Konsens getroffen (Aiolfi und Bauer 2012, S. 99). Allerdings hat die Wolfsberg-Gruppe im Zeitablauf eine zunehmende Institutionalisierung erfahren – so erhielt die Gruppe im Jahr 2021 eine eigene Rechtspersönlichkeit sowie ein Sekretariat mit eigener Geschäftsführung, welches dem Basel Institute on Governance angeschlossen ist.

Die im Jahre 2000 vorgelegten Wolfsberg Anti-Money Laundering Principles for Private Banking wurden bis zum Jahre 2021 noch zweimal überarbeitet. Die mittlerweile auf 13 Banken angewachsene Gruppe entwickelte bis heute eine Vielzahl von *principles* – Standards, die durch Finanzinstitutionen implementiert werden sollten, *guidances* – empfohlene Leitlinien, deren Umsetzung optionale Ansätze enthalten und *statements* – Positionspapiere zu relevanten Themen. Letztlich handelt es sich um Wohlverhaltensregeln (Code of Conduct), deren Einhaltung freiwillig ist und die keinen formalen Mechanismus des enforcement enthalten. Hatte die Initiative zunächst lediglich das Ziel, sich über die Umsetzung der staatlichen Vorgaben zur Geldwäschebekämpfung in den Banken zu verständigen, so erweiterte sich schrittweise ihr Mandat hin zur Formulierung gemeinsamer Dokumente, die Leitlinien für die Umsetzung auch weiterer Standards der Korruptionsbekämpfung enthielten (etwa zu den Themen Terrorismusfinanzierung, Korruption, Handelsfinanzierung oder hinsichtlich eines risikobasierten Ansatzes für das Management geldwäschebezogener Risiken). Ein wichtiger Bestandteil der Arbeit der Wolfsberg-Gruppe ist der Austausch von Daten über die internen Programme von Banken zur Bekämpfung von Finanzkriminalität, welche durch Befragung erhoben und anschließend in einer Datenbank erfasst wurden. Ziel ist es, einen Standard für die „Sorgfaltspflichten" im Austausch zwischen Korrespondenzbanken zu entwickeln, also Banken, die zum Zweck der Abwicklung von Auslandsgeschäften Geschäftsbeziehungen miteinander pflegen (Correspondent Banking Due Diligence) (Wolfsberg Group 2021b, 2022).

Seit 2001 erweiterte die Wolfsberg-Gruppe ihre Reichweite durch regelmäßige Konsultationen mit nationalen und internationalen Regulierungsorganisationen, deren Sicht auf die Wolfsberg-Prinzipien eingeholt wurde. Umgekehrt lassen Regulierer wie die FATF oder das Basler Komitee im Vorfeld geplanter Regulierungsmaßnahmen Konsultationspapiere zirkulieren. An dem seit 2004 stattfindenden Wolfsberg-Forum nehmen Regulierungs- und Strafverfolgungsbehörden, Expert*innen sowie Finanzinstitutionen aus der ganzen Welt teil. Regelmäßige Treffen bestehen mit Industrieverbänden wie der European Banking Federation oder der International Banking Federation. Umgekehrt nehmen Repräsentanten der Gruppe auch an Treffen der Financial Action Task Force (FATF) oder der Egmont Group of Financial Intelligence teil. Seit 2006 findet jährlich die Wolfsberg-Academy statt, in der sich Mitarbeiter der Compliance-Abteilungen von Finanzinstitutionen fortbilden lassen können (Aiolfi und Bauer 2012). Seit 2019 ergänzt ein Asia Pacific Chapter die Arbeit der Gruppe im asiatisch-pazifischen Raum (Wolfsberg Group 2021a). Durch die Ausweitung des Dialogs mit weiteren Stakeholdern und auch staatlichen Regulierungs- und Strafverfolgungsbehörden hat die Wolfsberg-Gruppe die Möglichkeit, eigene Regulierungsvorstellungen in den Prozess der Normdefinition einzubringen und damit die Rolle eines Koregulierers zu übernehmen. In Bezug auf die strafrechtliche Verfolgung von geldwäschebezogenen Vergehen besteht jedoch eine klare Arbeitsteilung zwischen Staat und dem privaten Sektor; denn die Kompetenzen zum enforcement von Regeln und zur strafrechtlichen Ahndung von Regelverstößen liegen auf staatlicher Seite.

Funktionalistische Interpretation

Eine *funktionalistische* Erklärung der Entstehung der Wolfsberg-Gruppe lenkt den Blick auf die Probleme, die der privaten Regulierung bzw. öffentlich-privaten Koregulierung zugrunde gelegen haben. Welche Ressourcen konnten die beteiligten Akteure zur Problemlösung einbringen und worin lag der spezielle Beitrag der privaten Akteure?

Zum Zeitpunkt der Gründung der Wolfsberg-Gruppe bestand bereits ein regulativer Rahmen zur präventiven und strafrechtlichen Bekämpfung der Geldwäsche, welcher durch Nationalstaaten, internationale Organisationen wie die UN, OECD oder zwischenstaatliche Foren wie die FATF oder das Basler Komitee geschaffen worden war. Diese unterschiedlichen Regeln hatten teilweise den Charakter von Richtlinien und Gesetzen, teilweise aber auch von Empfehlungen ohne unmittelbare Bindungswirkung. Der vorhandene Flickenteppich von Regeln erschwerte deren passgenaue Implementation und gefährdete letztlich das Erreichen des eigentlichen Regulierungsziels, die Bekämpfung der Geldwäsche selbst.

Die Selbstorganisation der Wolfsberg-Gruppe und damit der Regulierungsadressaten bot insofern eine funktionale Lösung. Die Expertise der Banken und speziell das Wissen der Mitarbeiter*innen der betroffenen Abteilungen (z. B. Compliance-Management, Bekämpfung von Finanzkriminalität) über die konkrete Umsetzungspraxis versprach, zur besseren Regelimplementierung und damit zum Erreichen des Regulierungszieles beizutragen. Dies galt insbesondere für die konkrete Ausgestaltung der „Sorgfaltspflichten" der Banken im Umgang mit dem Problem der Geldwäsche sowie der Know Your Customer (KYC)-Prinzipien. Im Rahmen der regelmäßigen Konsultationen mit weiteren Stakeholdern, darunter NGOs wie Transparency International, wissenschaftlichen Expert*innen zum Thema Finanzkriminalität und auch Vertreter*innnen von Regulierungs- und Strafverfolgungsbehörden wurde die Expertise zum Thema erweitert und nicht zuletzt auch der Wissensstand zur Praxis der Implementation zwischen öffentlichen und privaten Akteuren angeglichen.

Die Wolfsberg-Gruppe repräsentiert die Finanzinstitutionen mit den größten Marktanteilen im Privatkundengeschäft, welche zudem durch ihr Netz an Filialen und Tochtergesellschaften im Ausland und in offshore-Finanzzentren eine erhebliche geografische Reichweite abbilden. Die überschaubare Zahl von 13 Mitgliedern lässt gleichzeitig erwarten, dass die Gruppe in der Lage ist, die Beteiligten auf die Einhaltung vereinbarter Prinzipien und Leitlinien zu verpflichten.

Nationalstaaten, speziell Regulierungs- und Aufsichtsbehörden, bringen wiederum Ressourcen in die Kooperation mit den privaten Akteuren ein, die eine Bestrafung von Regelverstößen erlauben. Das nationalstaatliche Gewaltmonopol erlaubt die strafrechtliche Verfolgung krimineller Delikte und sichert somit das enforcement der Einhaltung von Regeln.

Zusammengenommen lässt die Kombination unterschiedlicher Ressourcen wie Expertise, die Verpflichtungsfähigkeit auf die Einhaltung von Regeln und die Nutzung des staatlichen Gewaltmonopols zur Ahndung von Regelverstößen das Modell der privaten Selbstregulierung bzw. öffentlich-privaten Koregulierung aus einer funktionalistischen Perspektive sehr problemadäquat erscheinen.

Macht- und interessengeleitete Interpretation

Eine *macht- und interessengeleitete Erklärung* der Entstehung öffentlich-privater Regulierungsarrangements richtet das Augenmerk hingegen auf die Präferenzen der beteiligten Akteure. Welche individuellen Vorteile versprachen sich Unternehmen, Banken sowie Staaten und internationale Organisationen von privater Selbstregulierung bzw. einem Arrangement der Koregulierung?

Zum Zeitpunkt der Gründung der Wolfsberg-Gruppe standen insbesondere in den USA und der Schweiz neue gesetzgeberische Maßnahmen zur Bekämpfung der Finanzkriminalität im Raum. Mit der Initiierung des Wolfsberg-Prozesses war sicherlich die Hoffnung verbunden, staatlicher Regulierung zuvorzukommen bzw. mögliche verbindliche Regulierungsmaßnahmen abwehren zu können (vgl. auch Flohr 2013, S. 175). Der international bestehende regulative Flickenteppich stellte für die Großbanken zudem erhebliche Regulierungskosten dar. Diese lagen zunächst einmal darin, sich samt den eigenen Filialen und Tochtergesellschaften unterschiedlichen nationalen und auch internationalen Standards anzupassen. Zudem beinhaltete die Situation regulativer Diversität die Gefahr individueller Wettbewerbsnachteile, wenn Kunden zu konkurrierenden Banken abwanderten, welche beispielsweise eine flexiblere und „weichere" Ausgestaltung ihrer Sorgfaltspflichten gegenüber den Kunden praktizierten. Demgegenüber versprach eine abgestimmte Implementationspraxis ein level playing field. Letzteres insbesondere, weil die Wolfsberg-Gruppe die Finanzinstitutionen mit dem größten Marktanteil im Privatkundengeschäft und somit zentrale Wettbewerber repräsentierte.

Ein weiterer Anreiz zur privaten Selbstorganisation bestand für die Banken in der Vermeidung weiterer Reputationsverluste, die durch die Verwicklung in Geldwäscheskandale und die Offenlegung organisationsinterner Schwachstellen durch eine Untersuchung des US-Bankenausschusses entstanden waren. Im Finanzsektor stellt Reputation eine wichtige Voraussetzung für den Erhalt von Kundenvertrauen dar. Insofern können selbstregulative Maßnahmen zur Bekämpfung von Finanzkriminalität auch als Marketinginstrument dienen (Verhage 2009, S. 12; Maggetti 2014, S. 790).

Die Gründung der Wolfsberg-Gruppe wurde durch „facilitators" (Aiolfi und Bauer 2012, S. 99) erleichtert, bei denen es sich um einen Vertreter von Transparency International sowie einen Kriminologen und Wissenschaftler des Basel Institute on Governance handelte. Aus Sicht eines NGOs ergab sich die Gelegenheit, eigene Vorstellungen der Herstellung von Transparenz über grenzüberschreitende Finanztransaktionen in den Prozess der privaten Selbstregulierung einzubringen und damit die Einflussnahme auf das Regulierungsgeschehen zur Bekämpfung von Finanzkriminalität zu erhöhen.

Für Staaten und auch die an der Regulierung beteiligten internationalen Organisationen wiederum versprach ein Modell der privaten Selbstregulierung bzw. der Koregulierung mehr Effektivität insbesondere hinsichtlich der Implementierung präventiver Maßnahmen der Geldwäschebekämpfung. Zudem bedeutete die Delegation von Regulierungsverantwortung an private Banken auch eine Entlastung des öffentlichen Sektors.

6.4.2 Internationale Rechnungslegung

Bei der Rechnungslegung eines Unternehmens handelt es sich um die geordnete Zusammenstellung der Einnahmen und Ausgaben, welche auf der Grundlage von Regeln des Rechnungswesens wie der Buchführung erfolgt und in Dokumenten wie dem Jahresabschluss (Bilanz-, Gewinn- und Verlustrechnung) oder dem Lagebericht niedergelegt ist. Ein zentrales Ziel der Rechnungslegung ist es, insbesondere externen Adressaten wie Kund*innen, Anteilseigner*innen, Banken oder Investor*innen Transparenz über die wirtschaftliche Situation eines Unternehmens und die Verwendung finanzieller Mittel wie etwa erwirtschaftete Gewinne zu verschaffen.

Rechnungslegung ist eine alte Praktik, die bereits auf das 15. Jahrhundert zurückgeht. Einen Aufschwung erfuhr sie mit der Industrialisierung und der Entstehung der Aktiengesellschaft. Firmen begannen, Aktien auszugeben, um sich Kapital zu beschaffen. Mit der organisatorischen Trennung zwischen der Geschäftsführung bzw. dem Management und den Eigentümern einer Firma wuchs der Bedarf an einer Finanzberichterstattung, die sich speziell an Externe, einschließlich der Eigentümer und Anleger richtete (Büthe und Mattli 2011, S. 63).

Mit dem Wachstum der Aktiengesellschaft und dem Bedarf an Finanzberichterstattung entstand im 19. Jahrhundert in den USA, Großbritannien und auch in Kontinentaleuropa der Berufstand der Wirtschaftsprüfer und Buchhalter (*accountants*). Letztere gründeten ihre ersten professionellen Vereinigungen Ende des 19. Jahrhunderts in England (Society of Accountants bzw. Institute of Chartered Accountants) und in den USA (American Association of Public Accountants), zu Beginn des 20. Jahrhunderts auch in Kontinentaleuropa. Trotz kultureller Unterschiede in der Praxis der Finanzberichterstattung übernahmen die professionellen Vereinigungen in verschiedenen Ländern doch ähnliche Aufgaben. Zu diesen gehörten die Ausbildung und Zertifizierung von Wirtschaftsprüfern, die Vertretung der Professionsinteressen nach außen und zunehmend auch die Kodifizierung von *best practices* der Buchhaltung in Form von Standards, mit dem Ziel, die Vielfalt professioneller Praktiken zu reduzieren und eine größere Vergleichbarkeit von Unternehmensbilanzen zu erreichen (Büthe und Mattli 2011, S. 63–64).

Die Formierung einer professionellen Vereinigung der Wirtschaftsprüfer auf internationaler Ebene wurde durch eine kleine Gruppe angelsächsischer Akteure vorangetrieben. Die Gründung der Accountants International Study Group (AISG) geht auf Sir Henry Benson, den früheren Vorsitzenden des Institute of Chartered Accountants in England und Wales zurück. 1966 lud er Vertreter*innen der kanadischen und US-amerikanischen Wirtschaftsprüferverbände ein, sich der AISG anzuschließen. Die Kooperation der angelsächsischen Praktiker erfolgte in Diskussionsrunden und gemeinsamen Arbeitsgruppen und gilt als der Beginn transnationaler Standardisierung in diesem Feld (Botzem 2012, S. 48–49). 1972 erweiterte sich die AISG um die Repräsentant*innen nationaler Wirtschaftsprüferorganisationen aus Australien, Mexiko, Japan, den Niederlanden, Frankreich und Deutschland. Ein Jahr später gründeten diese Akteure das International Accounting Standards Committee (IASC) als offizielles Standardisierungsgremium. In den 1970er- und 1980er-Jahren lag der Fokus des IASC auf der Produktion von Standards, bei denen es sich jedoch eher um normative Prinzipien handelte, mit dem Ziel, internationale Vergleichbarkeit herzustellen. Die formulierten International Accounting Standards (IAS) waren jedoch weder kohärent noch präzise. Stattdessen enthielten sie vielfältige optionale Wege der Bilanzierung, welche wiederum divergierende nationale Praktiken widerspiegelten.

Im Zuge von Globalisierung und der zunehmenden Integration von Finanzmärkten seit den 1970er-Jahren erhielt die internationale Vergleichbarkeit nationaler Standards der Finanzberichterstattung zunehmende Relevanz. Unternehmen strebten Börsennotierungen im Ausland an, und Anleger investierten zunehmend in ausländische Aktien. Besonders der britische und der US-amerikanische Kapitalmarkt wurden aufgrund ihrer Marktgröße attraktiv für kapitalsuchende Unternehmen. 1998 lag die Marktkapitalisierung (d. h. der Kurswert der an den Börsen gehandelten Aktiengesellschaften) in den USA bei 157 % des Bruttosozialproduktes, in Großbritannien sogar bei 175 %, in Deutschland hingegen nur bei 51 % (Lütz 2002, S. 158). Mangelnde Vergleichbarkeit von Standards bedeutete für international tätige Unternehmen erhebliche Kosten. Eine Forbes-Studie aus dem Jahr 2002 zeigte, dass die Top 500 internationalen (nicht-amerikanischen) Unternehmen fast 26 verschiedene Standards der Finanzberichterstattung zu beachten hatten. Als Daimler-Benz im Jahre 1993 den Gang an die New Yorker Börse anstrebte, ergab sich bei einer Bilanzierung nach dem amerikanischen Standard US-GAAP ein erheblicher Verlust, während das deutsche Handelsgesetzbuch (HGB) einen deutlichen Gewinn auswies. Die mangelnde Vergleichbarkeit der Unternehmensbilanzen weckte das Misstrauen der Investoren und erhöhte für Unternehmen die Kosten der Kapitalbeschaffung, weil Anleger nun höhere Risikoaufschläge für ihre Investitionen verlangten (Büthe und Mattli 2011, S. 64–65).

Auf Druck der internationalen Vereinigung von Börsen- und Kapitalmarktaufsichtsbehörden begann das IASC, die IAS stärker auf die Belange von Kapitalmärkten abzustimmen, um ihre globale Verbreitung voranzutreiben. Die International Organization of Securities Commissions (IOSCO) organisierte gemeinsame Projekte mit dem IASC, um alternative Wege der Bilanzierung zu reduzieren und Anforderungen an die Offenlegung von Informationen (disclosure) zu erhöhen. Das IASC veränderte somit seine Strategie der Harmonisierung stärker in Richtung der Eliminierung von Bilanzierungsoptionen. Das Ziel bestand darin, die Standards kapitalmarktgerechter zu gestalten und als Standardsetter öffentlich anerkannt zu werden (Büthe und Mattli 2011, S. 70).

Nach außen erweiterte das IASC sein internationales Netzwerk um Kooperationen mit nationalen Börsenaufsichtsbehörden wie etwa der amerikanischen Securities and Exchange Commission (SEC), Zentralbankgouverneuren oder auch internationalen Organisationen wie der OECD. Unter den neu aufgenommenen Mitgliedern waren neben professionellen Vereinigungen der Wirtschaftsprüfer auch andere Interessengruppen, die für die Verbreitung der IAS als relevant erachtet wurden, darunter auch die EU-Kommission (Botzem 2012, S. 51–52). Eine Konsultationsgruppe umfasste neben nationalen Kapitalmarktaufsichtsbehörden auch die Internationale Handelskammer, die Weltbank, internationale Organisationen von Finanzanalysten, Investoren, Regierungen und auch internationale Gewerkschaften. Bis in die 1990er-Jahre hatte das IASC ein Multistakeholder-Netzwerk aufgebaut, mit dem Ziel, von möglichst vielen Organisationen als internationaler Standardsetzer im Bereich der Rechnungslegung anerkannt zu werden.

Ab Mitte der 1990er-Jahre kam das IASC diesem Ziel näher. 1995 schloss das IASC eine Vereinbarung mit der IOSCO als Vereinigung von Kapitalmarktaufsichtsbehörden aus 105 Ländern, welche fast 90 % der weltweiten Kapitalmärkte repräsentierte. Darin verpflichtete IOSCO ihre Mitglieder, einen Bestand an „Kernstandards" der Bilanzierung zu akzeptieren, welche durch das IASC vervollständigt werden sollten. 1996 erklärten die Mitgliedsstaaten der WTO im Rahmen ihres Ministertreffens in Singapur ihre Bereitschaft, dem IASC die Aufgabe der Standardisierung zu übertragen, um das grenzüberschreitende Angebot von Dienstleistungen im Bereich der Wirtschaftsprüfung zu ermöglichen. 1998 forderten die Finanzminister und Zentralbankgouverneure der G7-Staaten das IASC auf, bis 1990 einen Vorschlag für international anzuerkennende Standards der Rechnungslegung vorzulegen. Weitere Unterstützung durch die Weltbank, den IWF und den Basler Ausschuss für Bankenaufsicht bedeutete für das IASC faktisch ein Mandat, globale Regeln der Finanzberichterstattung zu entwickeln. Entsprechend nahm die Zahl von Ländern stetig zu, die es ausländischen Unternehmen erlaubten, ihre konsolidierte Finanzberichterstattung auf der Grundlage von IAS zu erstellen (Büthe und Mattli 2011, S. 70–71).

Im Jahre 2000 erfolgte eine organisatorische Umstrukturierung, welche das IASC von einem Netzwerk nationaler Verbände der Wirtschaftsprüfer und Repräsentant*innen der Wirtschaft in eine bürokratische Organisation transformierte, in der hauptamtliche Mitarbeiterinnen und Mitarbeiter nun die Aufgabe der Standardisierung übernahmen. Das IASC wurde nun offiziell zur Stiftung nach amerikanischem Recht (International Accounting Standards Committee Foundation (IASCF)), welche nach US-amerikanischem Vorbild ein International Accounting Standards Board (IASB) als Standardsetter erhielt (Botzem 2012, S. 95). Dessen zunächst 15 Mitglieder setzten sich aus praktizierenden Wirtschaftsprüfer*innen, Firmenvertreter*innen, Investor*innen, Finanzanalyst*innen sowie wissenschaftlichen Expert*innen im Bereich der Rechnungslegung zusammen. Jedes Mitglied verfügte über eine Stimme. Die Verabschiedung eines neuen Standards erforderte eine Mehrheit von mindestens neun Stimmen (Büthe und Mattli 2011, S. 73–74). Die allgemeine Aufsicht über das IASB lag bei 22 Treuhändern (*Trustees*) der IFRS-Stiftung. Diese ernannten die Mitglieder des IASB, konnten die Entscheidungsregeln verändern und betrieben Fundraising. Bis 2009 wurde das IASB überwiegend durch private Gelder von Unternehmen, den vier großen Wirtschaftsprüfungsgesellschaften Deloitte, Ernst & Young, KPMG sowie PriceWaterhouseCoopers (Big Four), Zentralbanken und Entwicklungsbanken finanziert. Weitere Einnahmen stammten aus dem Verkauf von Standards (Büthe und Mattli 2011, S. 74–75). Formal war das IASB unabhängig von direkter politischer Einflussnahme. Darin unterschied es sich vom US-amerikanischen Standardsetzer FASB (Financial Accounting Standards Board), welcher der amerikanischen Börsenaufsicht SEC untersteht. Diese politische Unabhängigkeit war für die EU jedoch eine Bedingung, der Reorganisation zuzustimmen (Botzem 2012, S. 97, 101).

Im Jahre 2002 erließ die EU eine Verordnung, die alle an einer europäischen Börse notierten Unternehmen verpflichtete, die vom IASB erstellten International Financial Reporting Standards (IFRS) als Grundlage ihres Konzernabschlusses zu verwenden. Bis zum Jahre 2005 galt dies für fast 7000 europäische Unternehmen. Diese „Privatisierung von Autorität" (Büthe und Mattli 2011, S. 72) war nicht zuletzt den europäischen Problemen geschuldet, Standards der Rechnungslegung auf dem Richtlinienweg zu harmonisieren. Zudem hatten 300 europäische Firmen, darunter Daimler-Benz oder die Deutsche Telekom, die eine amerikanische Börsennotierung anstrebten, bereits den amerikanischen Standard US-GAAP (Generally Accepted Accounting Principles) adaptiert. 2007 erlaubte die amerikanische Börsenaufsichtsbehörde SEC ausländischen Unternehmen, die an einer amerikanischen Börse notiert waren, ihre Finanzberichterstattung nach IFRS abzulegen. Bis dato waren die IFRS bereits von 100 Ländern übernommen worden

(Lütz und Eberle 2008, S. 387–388). Im Jahre 2018 hatten bereits 144 Länder, davon 15 der G20-Staaten, IFRS übernommen (IFRS 2018). Mit dem Norwalk Agreement aus dem Jahre 2002 begannen der amerikanische Standardsetter FASB und das IASB ein Konvergenzprojekt mit dem Ziel, US-GAAP den IFRS anzugleichen. Bis 2020 hat dieses jedoch nicht zur Übernahme der internationalen Bilanzierungsstandards durch die USA geführt (Michael 2020).

Im Zuge der globalen Finanzkrise 2007/2008 geriet das durch Nationalstaaten und internationale Organisationen legitimierte Modell privater Selbstregulierung der Bilanzierung unter Druck. Inhaltlich entzündete sich Kritik an dem „prozyklischen" und damit krisenverstärkenden Effekt der Form der Bilanzierung. Nach der durch angelsächsische Bilanzierungspraxis inspirierten Bilanzierungsmethode („Mark to Market") werden der wirtschaftliche Erfolg eines Unternehmens, seine gegenwärtige Situation und seine Zukunftsaussichten auf Basis des aktuellen Marktwertes (*Fair Value*) dokumentiert, um Investor*innen ein „den tatsächlichen Verhältnissen entsprechendes Bild" (*True and Fair View Principle*) des Unternehmens zu vermitteln (Nobes und Parker 2004, S. 22–23). In der amerikanischen Subprime-Krise führte dies dazu, dass Finanzinstitutionen, die nicht mehr rückzahlbare Hypothekendarlehen in ihrer Bilanz offenlegen mussten, große Verluste auswiesen, was den Rückzug von Investor*innen weiter verstärkte (Nölke 2010, S. 39). In der Abschlusserklärung des G20-Gipfels vom November 2008 in Washington wurden globale Standardisierungsorganisationen aufgefordert, Schwächen in der Bilanzierung komplexer, illiquider Finanzprodukte in Krisenzeiten zu bearbeiten, aber auch die Governance-Struktur des IASB einer Prüfung zu unterziehen, um die Transparenz und Verantwortlichkeit des Gremiums zu gewährleisten. Das IASB reagierte darauf mit konstitutionellen Veränderungen wie der Steigerung geografischer Diversität seiner Mitglieder und der Einführung eines öffentlichen Monitoring Board als Aufsichtsgremium. Die Zahl der IASB Mitglieder wurde von 14 auf 16 erhöht. Deren Zusammensetzung sollte die Regionen Asien/Ozeanien, Europa, Nordamerika, Afrika und Südamerika widerspiegeln. Das Monitoring Board umfasste Repräsentant*innen der amerikanischen Börsenaufsichtsbehörde SEC, der EU-Kommission, der japanischen Financial Services Agency, des Emerging Markets and Technical Committee der IOSCO und des Basler Komitees als nicht-stimmberechtigtem Beobachter. Aufgabe des Monitoring Board ist die Aufsicht über die Struktur und Arbeit der IASF einschließlich des IASB und der Trustees. Damit wurde faktisch ein Modell öffentlich-privater Koregulierung etabliert. Größere Änderungen an der Bilanzierungsmethode Fair Value Accounting erfolgten jedoch nicht. Trotz des insgesamt höheren Grades an öffentlicher Aufsicht gelten die nach der Finanzkrise erfolgten Veränderungen als eher inkrementell (Nölke 2010).

Funktionalistische Interpretation

Aus *funktionalistischer* Sicht stellt die Entstehung eines bestimmten Regulierungsarrangements eine Antwort auf ein zugrunde liegendes Problem dar. Im vorliegenden Fall entwickelte sich die professionelle Tätigkeit der Unternehmensbilanzierung im Zusammenhang mit der Industrialisierung, dem wachsenden Bedarf an Kapital, dem Aufstieg des Unternehmensmodells der Aktiengesellschaft
und dem Kapitalmarkt als wesentliche Quelle der Unternehmensfinanzierung.
Zwischen Aktionären, Anlegern und der Geschäftsführung einer Aktiengesellschaft besteht eine Informationsasymmetrie hinsichtlich der finanziellen und
wirtschaftlichen Unternehmenssituation. Die Unternehmensberichterstattung soll
genau diese reduzieren und Investoren durch die Herstellung von Transparenz in
die Lage versetzen, auf anonymen Kapitalmärkten informierte Anlageent-
scheidungen zu treffen. Dadurch werden die Kosten der Kapitalbeschaffung reduziert und die Allokation von verfügbarem Kapital effizient gestaltet. Informationen
über die wirtschaftliche Unternehmenssituation machen es zudem leichter, die Geschäftsführung für schlechte Unternehmenspolitik zur Verantwortung zu ziehen
(siehe auch Botzem 2012, S. 2, 7).

Die Berichterstattung über die finanzielle und wirtschaftliche Situation einer
Aktiengesellschaft setzt eine spezielle Expertise voraus, die am ehesten durch
Praktiker*innen und die Profession der Wirtschaftsprüfer selbst erbracht werden
kann. Nicht zufällig entstand das Modell privater Selbstregulierung zunächst in
angelsächsischen Ländern, in denen sich Unternehmen schwerpunktmäßig durch
Ausgabe von Aktien oder Anleihen auf dem Kapitalmarkt finanzierten.

In dem Maße, wie sich Finanzmärkte zunehmend integrierten, Unternehmen
sich durch Notierung an einer ausländischen Börse Kapital beschaffen und Investoren ihr Geld im Ausland anlegen wollten, internationalisierte sich das Problem der Informationsasymmetrie zwischen Kapitalanbietern und -nehmern. Dadurch rückten die Fragen der Vergleichbarkeit nationaler Standards der Unternehmensbilanzierung und mögliche Wege ihrer Harmonisierung in den Mittelpunkt
des Interesses.

Eine Internationalisierung der Selbstregulierung kann als funktionale Antwort
auf den Bedarf an Harmonisierung von Standards der Rechnungslegung interpretiert werden. Das IASC als angelsächsisch geprägte Praktikerorganisation mit der
längsten Erfahrung und breitesten Expertise in Sachen Bilanzierung trieb den
Harmonisierungsprozess voran. Eine zentrale Bedingung der Verbreitung der IAS
als internationalen Bilanzierungsstandards war die Anerkennung der Regulierungsverantwortung des IASC als internationalem Standardsetzer durch Nationalstaaten
und internationale Organisationen wie IOSCO, WTO, Weltbank, IWF, Basler
Ausschuss für Bankenaufsicht, G7 und der EU. Die Transformation des privaten

Praktikernetzwerkes IASC in die hauptamtliche Standardisierungsorganisation IASB war letztlich nur die Folge dieses Prozesses der „Privatisierung von Autorität" in der internationalen Rechnungslegung und gleichzeitig Voraussetzung der zunehmenden internationalen Akzeptanz der IAS.

Die Finanzkrise 2007/2008 offenbarte offenkundige Schwächen einer durch angelsächsische Traditionen geprägten Bilanzierungsmethode, welche nur schwerlich funktionalistisch interpretiert werden können. Eine Bilanzierungstechnik, die die Darstellung der finanziellen und wirtschaftlichen Situation eines Unternehmens wesentlich an der aktuellen Marktsituation ausrichtet („Mark to Market Accounting") wirkt in Krisenzeiten prozyklisch und damit krisenverstärkend. Offensichtlich besteht hier ein gewisser trade-off zwischen der Herstellung maximaler Transparenz für Anleger und der Sicherung von Finanzstabilität.

Als Reaktion auf die auch von öffentlicher Seite wahrgenommenen Defizite wurde das Modell delegierter privater Selbstregulierung nun in eines der öffentlichprivaten Koregulierung transformiert. Das IASB erhielt ein Monitoring Board als Aufsichtsgremium, besetzt mit Repräsentanten nationaler Börsen- und Bankaufsichtsbehörden, gegenüber denen das IASB jetzt berichtspflichtig ist. Damit übernehmen Staaten nun eine gewisse Überwachungsaufgabe gegenüber der privaten Standardisierungsorganisation IASB. Gleichwohl scheint diese bislang keine Sanktionierung (enforcement) möglichen Fehlverhaltens einzuschließen. Zumindest blieb die Bilanzierungsmethode des IASB auch nach der Finanzkrise weitestgehend unverändert.

Macht- und interessengeleitete Interpretation

Eine interessengeleitete Interpretation fragt, welche Vorteile sich die beteiligten Akteure von bestimmten Regulierungsarrangements versprechen, wie ihre individuelle Kosten-Nutzen-Kalkulation aussieht und welche Machtressourcen zur Umsetzung ihrer Präferenzen beitragen.

Eine auf individuelle Präferenzen ausgerichtete Interpretation würde den Blick vor allem auf den Prozess der Ausbreitung und Internationalisierung des Modells professioneller Selbstregulierung der Rechnungslegung richten. Die Gründung des IASC als internationalem Standardisierungsgremium durch angelsächsische Akteure reflektiert das Interesse der Wirtschaftsprüferorganisationen, die angelsächsische Bilanzierungsmethode zu erhalten, um regulative Anpassungskosten zu minimieren. Dieses Motiv kann auch angelsächsischen Unternehmen und Börsenaufsichtsbehörden unterstellt werden.

Die Entwicklung, aber auch die Ausbreitung des Modells professioneller Selbstregulierung wurde maßgeblich von angelsächsischen Praktikern, aber auch Börsenaufsichtsbehörden vorangetrieben. Deren Machtressourcen bestanden zunächst in professioneller Expertise über die Belange der Rechnungslegung selbst; denn das Geschäft der Unternehmensbilanzierung hat in den angelsächsischen Ländern die längste Tradition. Mit zunehmender Globalisierung des Kapitals wurde die Marktgröße, d. h. die Marktkapitalisierung, zu einer weiteren Machtressource. Die Attraktivität der angelsächsischen Kapitalmärkte konnte als Druckmittel für die Übernahme zunächst US-amerikanischer, dann internationaler Standards der Bilanzierung genutzt werden, welche jedoch stark angelsächsisch geprägt blieben.

Eine Harmonisierung national divergierender Standards der Unternehmensbilanzierung versprach internationalen Wirtschaftsprüfer-Firmen wie den genannten Big Four ebenfalls geringere Kosten durch weniger Aufwand für die Erstellung der Unternehmensbilanzen. Zudem konnten sie sich dadurch ein stetig wachsendes Marktsegment von international börsennotierten Unternehmen als Kunden erschließen.

Für Letztere drohten national divergierende Bilanzierungsstandards sowohl die eigene Reputation als auch die Kapitalbeschaffung zu gefährden. Der Fall von Daimler-Benz demonstriert, dass Reputationsverluste drohen können, wenn in einem Land Verluste, in dem anderen Unternehmensgewinne ausgewiesen werden. Zudem verteuert sich die Kapitalbeschaffung, wenn Investoren aufgrund der Unsicherheit über die finanzielle und wirtschaftliche Unternehmenssituation höhere Risikoprämien verlangen.

Dem IASC und seinen professionellen Mitgliedern kann zudem das Interesse an der Ausweitung seiner geografischen Domäne unterstellt werden. Je mehr Länder und Unternehmen die IAS adaptieren, desto unangefochtener die Position des IASC als globaler Standardsetter. Folgerichtig ist daher auch die Strategie, sich durch den Aufbau eines Multistakeholder-Netzwerkes die Anerkennung von Staaten, intergouvernementalen und supranationalen Organisationen zu verschaffen. Mit dem Umbau des IASC in das hauptamtliche Standardisierungsgremium IASB wurde eine bürokratische Organisation mit eigener Einnahmequelle und politischer Unabhängigkeit geschaffen.

Letztlich entwickelte sich ein Wechselspiel zwischen der Delegation von Autorität an das IASC/IASB und der stetigen Diffusion der IAS, welches wiederum die Position des IASB als globale und alleinige Standardisierungsorganisation in der Unternehmensrechnungslegung festigte. Mit zunehmender Zahl der Börsen und Länder, die IAS adaptierten, stiegen die Kosten für die Abweichler weiter an.

Dass das angelsächsische Bilanzierungsmodell trotz seiner viel diskutierten Defizite auch nach der Finanzkrise nicht angetastet wurde, ist bemerkenswert. Beobachter interpretieren dies als Erfolg der professionellen Vereinigungen der Wirtschaftsprüfer, aber auch der Investorenverbände, jegliche Form politischer Intervention in die Formulierung von Bilanzierungsstandards abzuwehren oder auch als Sieg der Technokratie gegenüber der Politik (Nölke 2010, S. 47).

6.5   Schlussfolgerungen

In diesem Beitrag haben wir uns mit der Entstehung und Funktionsweise der Kooperation öffentlicher und privater Akteure bei der Produktion öffentlicher Güter
befasst. In den Politikfeldern Wohlfahrt und Umwelt geht es bei den ausgewählten
Aktivitäten transnationaler Unternehmen um die Einhaltung von Menschenrechten
(etwa in Form von Arbeitsschutz oder Schutz vor Kinderarbeit) sowie um den
Schutz der Wälder bzw. die Sicherstellung nachhaltiger Holzbewirtschaftung. Im
Politikfeld Finanzen stehen die Gewährleistung von Finanzstabilität, die Herstellung von Transparenz über Bankengeschäfte sowie die Vermeidung krimineller
Finanzgeschäfte im Mittelpunkt der untersuchten Kooperationsformen. Die Entstehung privater Selbstregulierung wurde in den ausgewählten Untersuchungs-
fällen durch vergleichbare Anreizmechanismen begünstigt, die im Folgenden zusammengefasst werden.

Für Unternehmen oder Banken ist ein drohender Reputationsverlust aufgrund
von Skandalen, (Finanz-)Krisen, aber auch NGO-Kampagnen zum Boykott bestimmter Produkte und Firmen oftmals Anlass, sich auf die Einhaltung sozialer oder
ökologischer Standards zu verpflichten. Die durch Zertifizierung oder den Aufbau
betriebsinterner Regulierungskapazitäten wie die Gründung neuer Abteilungen ent-
stehenden Regulierungskosten werden in Kauf genommen, um mögliche Umsatzeinbußen zu vermeiden und die eigene Glaubwürdigkeit wiederherzustellen.

Ein weiteres Motiv für die Entstehung selbstregulativer Lösungen liegt in dem
Bestreben, Wettbewerbsnachteile gegenüber Konkurrenten zu vermeiden. Diese
können durch national sehr unterschiedliche Standards entstehen, welche die Gefahr der Abwanderung von Kund*innen zu solchen Wettbewerbern beinhalten, die
ihre Klienten mit geringeren Informationspflichten belasten. Wahrgenommene
Wettbewerbsnachteile können auch in der personellen Zusammensetzung selbstregulativer Gremien liegen. So befürchteten Waldeigentümer, aufgrund der
Stimmengewichtung in der Wirtschaftskammer des FSC überstimmt zu werden
und gründeten daher den konkurrierenden Holzzertifizierer PEFC.

Für Unternehmen kann die Vereinbarung transnational geltender Standards
auch den Vorteil der Erschließung neuer Märkte bieten. So erlaubte die Internationalisierung privater Regeln der Unternehmensbilanzierung großen Firmen die
Kapitalaufnahme an ausländischen Börsen; Wirtschaftsprüfer*innen hingegen
konnten mit neuen, international tätigen Klienten rechnen.

Das Beispiel der Geldwäscheregulierung demonstriert, dass private Regulierungsmaßnahmen initiiert werden, um eine drohende öffentliche Regulierung zu
vermeiden oder abzumildern. Umgekehrt kann aber auch das Versagen der öffentlichen Hand bei der Initiierung von internationaler Regulierung Anlass für private
Selbstregulierung sein. So beförderten die gescheiterten Verhandlungen zu einem

internationalen Abkommen zur Unterstützung nachhaltiger Forstwirtschaft die Initiative von NGOs und Vertreter*innen der Industrie, selbst Standards für nachhaltige Forstwirtschaft zu entwickeln.

Die Beteiligung an privaten Selbstregulierungsinstitutionen ist für Unternehmen oftmals dann besonders attraktiv, wenn ein Mangel an Kontroll- und Sanktionsmechanismen besteht. Das Beispiel des UN Global Compact illustriert, dass Firmen einen Reputationsgewinn durch ihre Mitgliedschaft erhalten und gleichzeitig Regulierungskosten sparen können, wenn sie Umwelt- und Menschenrechtsvorgaben nur unzureichend umsetzen. Unter diesen Umständen sind selbstregulative Arrangements allenfalls eine symbolische Maßnahme.

Die Organisation privater Selbstregulierung wird oftmals durch die Beteiligung von wissenschaftlichen Expert*innen sowie durch NGOs gefördert, die wie im Fall der Wolfsberg-Gruppe als facilitators auftreten und die Vertrauensbildung zwischen Unternehmen bei der Entwicklung von Standards erleichtern. Zudem fördert eine kleine Zahl von Gruppenmitgliedern, welche gleichzeitig noch relevante Märkte abdecken, den Kartellcharakter und damit auch die Fähigkeit zu privater Selbstorganisation.

Öffentliche Akteure wie Staaten, aber auch intergouvernementale oder supranationale Organisationen wie die UN und die EU verleihen selbstregulativen Arrangements durch ihre Anerkennung größere Autorität und erweitern nicht zuletzt auch die territoriale oder sektorale Reichweite ihrer Regeln. Dies wird am Beispiel des Global Compact deutlich. Während zentrale Finanzorganisationen wie IWF und Weltbank mit einer Legitimitätskrise zu kämpfen hatten, verlieh die Schirmherrschaft der Vereinten Nationen dem Pakt internationales Ansehen und sicherte der Initiative eine globale Reichweite.

Die öffentliche Hand ergreift die Initiative zur Regulierung, wenn Marktprozesse offenkundig negative Externalitäten erzeugen und die Allgemeinheit schädigen, beispielsweise in Form von Finanz- oder Umweltkrisen, Skandalen aufgrund krimineller Aktivitäten oder Verletzungen der Menschenrechte. In solchen Fällen von Marktversagen erlaubt es das staatliche Gewaltmonopol, Regelverstöße wie im Fall der Geldwäsche zu verfolgen und zu bestrafen. Staaten und internationale Organisationen übernehmen nicht selten im Anschluss an Krisen neue Aufsichts- und Überwachungsfunktionen über private Regulierungsaktivitäten.

Ein zentraler Unterschied zwischen den Politikfeldern Umwelt und Wohlfahrt auf der einen und dem der Finanzen auf der anderen Seite liegt in der Konstellation der relevanten Akteure und insbesondere der Rolle der Zivilgesellschaft. Während Organisationen wie Financewatch oder ATTAC allenfalls im Anschluss von Finanzkrisen auf den Plan treten und neue Regulierungsmaßnahmen einfordern, sind NGOs in den Feldern Umwelt und Wohlfahrt oft funktionaler Bestandteil von privater Selbstregulierung oder Arrangements der Koregulierung, indem sie die Einhaltung privater Selbstverpflichtungen überwachen und Verstöße (etwa durch *naming* und *shaming*) öffentlich machen. Der erhebliche Stellenwert von NGOs in diesen Politikfeldern mag der größeren öffentlichen Wahrnehmung von Regulierungsthemen und ihrer weniger technischen Materie geschuldet sein.

Abschließend diskutieren wir die Leistungsfähigkeit der funktionalistischen und der macht- und interessengeleiteten Theorieperspektiven im Vergleich. Die funktionalistische Interpretation erlaubt eine Analyse der Probleme, auf die öffentliche und/oder private Regulierung reagieren. Sie zeigt, welche Leistungen und Ressourcen private und öffentliche Akteure zu Regulierungsarrangements beisteuern und illustriert die Vorteile privater Selbstregulierung bzw. von Koregulierung. In zwei der untersuchten Fälle erscheint die funktionalistische Interpretation recht plausibel, um die Entstehung von Regulierung zu erklären. Der historische Blick auf die Genese privater Selbstregulierung im Bereich der Rechnungslegung zeigt, dass der Bedarf an Abbau von Informationsasymmetrien und der Herstellung von Transparenz durch Berichterstattung über die wirtschaftliche Unternehmenssituation sich zunächst in angelsächsischen Ländern stellte, in denen Kapitalmärkte als Quelle der Unternehmensfinanzierung früher entwickelt waren als in Kontinentaleuropa. Die sehr technische Materie der Bilanzierung setzte eine spezielle Expertise voraus, über die am ehesten die Wirtschaftsprüfer*innen selbst verfügten. Auch die Genese des FSC zeigt, dass private Akteure im Gegensatz zu staatlichen Akteuren die Ressourcen mitbrachten, die notwendig waren, um eine Blockade in öffentlichen internationalen Foren zu umgehen und ein verbindliches Arrangement zu verabschieden. Warum ein vermeintlich funktionales Regulierungsarrangement jedoch im Krisenfall versagt, kann aus dieser Theorieperspektive nicht so leicht erklärt werden. Das Beispiel der Bilanzierung zeigt, dass die Herstellung von Transparenz für Anleger gleichzeitig die Wiederherstellung von Finanzstabilität behindern kann, wenn Investoren in Kenntnis der aktuellen Marktsituation herdenartig ihre Aktien verkaufen oder Einlagen zurückziehen.

Die macht- und interessenorientierte Interpretation zeigt, dass die Entstehung von Regulierung häufig auf private Eigeninteressen zurückgeht und nicht zwangsläufig problemorientiert oder -adäquat sein muss. Die private Selbstorganisation der Wolfsberg-Gruppe wurde nicht zuletzt auch durch das Bestreben gefördert, bevorstehender öffentlicher Regulierung in den USA und der Schweiz zuvorzukommen oder diese abzumildern. Auch die Gründung des PEFC als parallele Zertifizierungsorganisation zum FSC kann letztlich nur interessengeleitet erklärt werden, da hier basierend auf dem Interesse der Forstwirtschaft eine Konkurrenzsituation geschaffen wurde, die nicht notwendigerweise funktional zur Problemlösung beiträgt.

Sowohl im Bereich der Rechnungslegung als auch der Forstwirtschaft scheint die funktionalistische Perspektive jedoch geeignet, um die *Entstehung* eines Regulierungsmodells zu erklären – private Selbstregulierung entsteht, um Informationsasymmetrien abzubauen, als Antwort auf die Zerstörung von Regen- und Urwäldern sowie als Reaktion auf Staatsversagen wie das Scheitern zwischenstaatlicher Verhandlungen. Eine macht- und interessengeleitete Erklärung erscheint jedoch leistungsfähiger, wenn es um die *Weiterentwicklung* eines einmal geschaffenen Regulierungsarrangements geht. Die internationale Diffusion der IAS als akzeptierter Standard der Unternehmensrechnungslegung lässt sich sehr gut durch das Interesse international tätiger Unternehmen an der Senkung von Regulierungskosten und Vermeidung von Wettbewerbsnachteilen erklären. Ähnliche Motive verfolgten die europäischen Waldbesitzer mit der Gründung des PEFC. Letztlich bestätigt sich hier die Einschätzung von Conzelmann (2013, S. 62), dass die beiden Theorieperspektiven nicht zwangsläufig miteinander konkurrieren müssen, sondern durchaus unterschiedliche Aspekte der ausgewählten Fälle beleuchten.

Übungsfragen

1. Welche Anreize bestehen für private Akteure, Institutionen der privaten Selbstregulierung zu gründen?
2. Wie erklärt der Funktionalismus die Entstehung von öffentlich-privaten Institutionen der Koregulierung?
3. Diskutieren Sie den UN Global Compact hinsichtlich der Effektivität der Problembearbeitung!

Literatur

Aiolfi, Gemma/Bauer, Hans-Peter, 2012: The Wolfsberg Group, in: Pieth, Mark (Hrsg.): Collective Action: Innovative Strategies to Prevent Corruption. Zürich/St. Gallen: Dike, 97–113.
Andonova, Liliana B./Levy, Marc A., 2009: Franchising Global Governance: Making Sense of the Johannesburg Type II Partnerships, in: Stokke, Olav Schram/Thommessen, Oystein B. (Hrsg.), Yearbook of International Cooperation on Environment and Development 2003–2004. London: Earthscan Ltd., 19–31.
Annan, Kofi, 1999: Kofi Annan's address to World Economic Forum in Davos. URL: https://www.un.org/sg/en/content/sg/speeches/1999-02-01/kofi-annans-address-world-economic-forum-davos. Zuletzt abgerufen am: 02.01.2022.
Barraclough, Solon L./Ghimire, Krishna B., 2001: Agricultural Expansion and Tropical Deforestation. London: Earthscan.
Beisheim, Marianne/Liese, Andrea (Hrsg.), 2014: Transnational Partnerships. Effectively Providing for Sustainable Development? Series Governance and Limited Statehood. Basingstoke: Palgrave Macmillan.

Bell, Stephen/Hindmoor, Andrew, 2012: Governance without Government? The Case of the Forest Stewardship Council, in: Public Administration 90 (1), 144–159.

Benz, Arthur/Lütz, Susanne/Schimank, Uwe/Simonis, Georg (Hrsg.), 2007: Handbuch Governance. Theoretische Grundlagen und Anwendungsfelder. Wiesbaden: VS-Verlag für Sozialwissenschaften.

Berliner, Daniel/Prakash, Assem, 2015: "Bluewashing" the Firm? Voluntary Regulations, Program Design, and Member Compliance with the United Nations Global Compact, in: Policy Studies Journal 43 (1), 115–138.

Bernstein, Steven/Cashore, Benjamin, 2004: Nonstate Global Governance: Is Forest Certification a Legitimate Alternative to a Global Forest Convention, in: Kirton, John J./Trebilcock, Michael (Hrsg.): Hard Choices, Soft Law: Voluntary Standards in Global Trade, Environment and Social Governance. Aldergate: Ashgate Publishing Limited, 33–63.

Börzel, Tanja/Risse, Thomas, 2005: Public-Private Partnerships. Effective and Legitimate Tools of Transnational Governance?, in: Grande, Edgar/Pauly, Louis W. (Hrsg.): Complex Sovereignty: On the Reconstitution of Political Authority in the Twenty-First Century. Toronto: University of Toronto Press, 195–216.

Botzem, Sebastian, 2012: The Politics of Accounting Regulation. Organizing Transnational Standard Setting in Financial Reporting. Cheltenham: Edward Elgar.

Breitmeier, Helmut/Conzelmann, Thomas/Wolf, Klaus Dieter, 2013: Einleitung, in: Breitmeier, Helmut/Conzelmann, Thomas/Wolf, Klaus Dieter (Hrsg.), 2013: Transnationales Regieren. Studienbrief der FernUniversität in Hagen. Fakultät für Kultur- und Sozialwissenschaften. Lehrgebiet für Internationale Politik, 15–27.

Büthe, Tim/Mattli, Walter, 2011: The New Global Rulers. The Privatization of Regulation in the World Economy. Princeton/Oxford: Princeton University Press.

Coni-Zimmer, Melanie/Flohr, Annegret, 2014: Transnationale Unternehmen: Problemverursacher und Lösungspartner?, in: Aus Politik und Zeitgeschichte 64 (1–3), 34–40.

Conzelmann, Thomas, 2013: Was ist transnationales Regieren und welche Fragen stellen sich?, in: Breitmeier, Helmut/Conzelmann, Thomas/Wolf, Klaus Dieter (Hrsg.): Transnationales Regieren. Studienbrief der FernUniversität in Hagen. Fakultät für Kultur- und Sozialwissenschaften. Lehrgebiet für Internationale Politik, 51–73.

Davies, Michael und Richard Woodward, 2014: International Organizations. A companion. Cheltenham: Edward Elgar.

Dingwerth, Klaus, 2004: Effektivität und Legitimität globaler Politiknetzwerke, in: Brühl, Tanja/Debiel, Tobias/Feldt, Heidi/Hamm, Brigitte/Hummel, Hartwig/Martens, Jens (Hrsg.): Unternehmen in der Weltpolitik. Politiknetzwerke, Unternehmensregeln und die Zukunft des Multilateralismus. Bonn: Dietz, 75–94.

Dingwerth, Klaus, 2008: North-South Parity in Global Governance: The Affirmative Procedures of the Forest Stewardship Council, in: Global Governance 14 (1), 53–71.

Financial Action Task Force (FATF), 2012–2021: International Standards on Combatting Money Laundering and the Financing of Terrorism & Proliferation, FATF: Paris. URL: http://www.fatf-gafi.org/recommendations.html. Zuletzt abgerufen am: 01.12.2021.

Flohr, Anne, 2013: Transnationales Regieren im Finanzsektor, in: Breitmeier, Helmut/Conzelmann, Thomas/Wolf, Klaus Dieter (Hrsg.): Transnationales Regieren. Studienbrief der FernUniversität in Hagen. Fakultät für Kultur- und Sozialwissenschaften. Lehrgebiet für Internationale Politik, 143–180.

FSC, 2020: Update on FSC and PEFC Global Double Certified Area. URL: https://fsc.org/en/newsfeed/update-on-fsc-and-pefc-global-double-certified-area. Zuletzt abgerufen am: 07.05.2024.

FSC, 2024: Facts & Figures. URL: https://connect.fsc.org/impact/facts-figures . Zuletzt abgerufen am: 07.05.2024.

FSC Deutschland, 2024a:10 Regeln für den FSC-Wald. URL: https://www.fsc-deutschland. de/was-ist-fsc/fsc-prinzipien/. Zuletzt abgerufen am: 07.05.2024.

FSC Deutschland, 2024b: FSC-Waldzertifizierung. URL: https://www.fsc-deutschland.de/ de-de/wald/ablauf-einer-zertifizierung-02. Zuletzt abgerufen am: 07.05.2024.

FSC Deutschland, 2024c: FSC-Produktkettenzertifizierung. URL: https://www.fscdeutschland.de/verarbeitung-handel/produktkettenzertifizierung/. Zuletzt abgerufen am: 07.05.2024.

Global Compact Netzwerk Deutschland, 2024: UN Global Compact in Deutschland. URL: https://www.globalcompact.de/ueber-uns/un-global-compact-netzwerk-deutschland. Zuletzt abgerufen am: 07.05.2024.

Greenpeace, 2018: Mängelexemplar Qualitätssiegel. URL: https://www.greenpeace.de/biodiversitaet/waelder/waelder-erde/maengelexemplar-qualitaetssiegel. Zuletzt abgerufen am: 02.01.2022.

Haas, Peter M., 1992: Introduction: Epistemic Communities and International Policy Coordination, in: International Organization 46 (1), 1–35.

Hall, Rodney Bruce/Biersteker, Thomas J. (Hrsg.), 2002: The Emergence of Private Authority in Global Governance. New York, NY: Cambridge University Press.

Herren, Madeleine, 2009: Internationale Organisationen seit 1865. Eine Globalgeschichte der internationalen Ordnung. Darmstadt: Wissenschaftliche Buchgesellschaft.

Humphreys, David, 2008: The Politics of Avoided Deforestation: Historical Context and Contemporary Issues, in: International Forestry Review 10 (3), 433–442.

IFRS Foundation, 2018: Use of IFRS Standards around the world. IFRS: London. URL: https://www.ifrs.org/around-the-world/adoption. Zuletzt abgerufen am: 15.12.2021.

Keck, Margaret E./Sikkink, Kathryn, 1999: Transnational Advocacy Networks in International and Regional Politics, in: International Social Science Journal 51 (159), 89–101.

Kell, Georg/Levin, David, 2017: The Evolution of the Global Compact Network: An Historic Experiment in Learning and Action, in: McIntosh, Malcolm/Waddock, Sandra/Kell, Georg (Hrsg.): Learning to Talk: Corporate Citizenship and the Development of the UN Global Compact. Milton Park/New York, NY: Routledge, 43–64.

Lütz, Susanne, 2002: Der Staat und die Globalisierung von Finanzmärkten. Regulative Politik in Deutschland, Großbritannien und den USA. Frankfurt a.M.: Campus.

Lütz, Susanne/Eberle, Dagmar, 2008: Varieties of Change in German Capitalism: Transforming the Rules of Corporate Control, in: New Political Economy 13 (4), 377–395.

Maggetti, Martino, 2014: Promoting Corporate Responsibility in Private Banking: necessary and Sufficient Conditions for Joining the Wolfsberg Initiative Against Money Laundering, in: Business & Society 53 (6), 787–819.

Mayntz, Renate, 2004: Governance im modernen Staat, in: Benz, Arthur (Hrsg.): Governance – Regieren in komplexen Regelsystemen: Eine Einführung. Reihe Governance. Wiesbaden: Springer, 65–76.

Meidinger, Errol E., 2003: Forest Certification as a Global Civil Society Regulatory Institution, in: Meidinger, Errol E./Elliott, Chris/Oesten, Gerhard (Hrsg.): Social and Political Dimensions of Forest Certification. Remagen-Oberwinter: Springer, 265–289.

Michael, Stephen, 2020: IFRS and GAAP Convergence: Why the US Resist International Reporting Standards. June 13, 2020. https://toughnickel.com/industries/IFRS-

and-GAAP-Convergence-Why-the-US-Resists-International-Reporting-Standards. Zuletzt abgerufen am: 15.12.2021.

Nobes, Christopher/Parker, Robert, 2004: Comparative International Accounting. Harlow: Prentice Hall.

Nölke, Andreas, 2010: The politics of accounting regulation: responses to the subprime crisis, in: Helleiner, Eric/Pagliari, Steffano/Zimmermann, Hubert (Hrsg.): Global Finance in Crisis. The Politics of International Regulatory Change. London/New York: Routledge, 37–55.

Organization for Economic Cooperation and Development (OECD), 2018: Fighting the Crime of Foreign Bribery. The Anti-Bribery Convention and the OECD Working Group on Bribery. Paris: OECD. URL: https://www.oecd.org/daf/anti-bribery/Fighting-the-crime-of-foreign-bribery.pdf. Zuletzt abgerufen am: 01.12.2021.

Orzes, Guido/Moretto, Antonella Maria/Moro, Mattia/Rossi, Matteo/Sartor, Marco/Caniato, Federico/Nassimbeni, Guido, 2020: The Impact of the United Nations Global Compact on Firm Performance: A Longitudinal Analysis, in: International Journal of Production Economics 227, 107664.

Overdevest, Christine, 2010: Comparing Forest Certification Schemes: The Case of Ratcheting Standards in the Forest Sector, in: Socio-economic Review 8 (1), 47–76.

Pattberg, Philipp H., 2005a: The Forest Stewardship Council: Risk and Potential of Private Forest Governance, in: The Journal of Environment & Development 14(3), 356–374.

Pattberg, Philipp H., 2005b: What Role for Private Rule-making in Global Environmental Governance? Analysing the Forest Stewardship Council (FSC), in: International Environmental Agreements: Politics, Law and Economics 5(2), 175–189.

PEFC, 2024a: Facts and Figures. URL: http://www.pefc.org/discover-pefc/facts-and-figures. Zuletzt abgerufen am: 07.05.2024

PEFC, 2024b: PEFC – National. URL: https://pefc.de/uber-pefc/national/. Zuletzt abgerufen am: 07.05.2024.

Pieth, Mark/Aiolfi, Gemma, 2003: The Private Sector becomes Active: The Wolfsberg Process, in: Journal of Financial Crime 10 (4), 359–365.

Rasche, Andreas, 2020: The United Nations Global Compact and the Sustainable Development Goals, in: Laasch, Oliver/Suddaby, Roy/Freeman, R. E./Jamali, Dima (Hrsg.): Research Handbook of Responsible Management. Cheltenham: Edward Elgar Publishing, 228–241.

Reinicke, Wolfgang H./Deng, Francis, 2000: Critical Choices. The United Nations Networks and the Future of Global Governance. Ottawa: IDRC.

Rosenau, James N., 2002: Governance in a New Global Order, in: Held, David/McGrew, Anthony (Hrsg.): Governing Globalization. Power, Authority and Global Governance. Cambridge: Polity Press, 70–86.

Ruggie, John G., 2004: Reconstituting the Global Public Domain. Issues, Actors, and Practices, in: European Journal of International Relations 10 (4), 499–531.

Sauvant, Karl P., 2015: The Negotiations of the United Nations Code of Conduct on Transnational Corporations: Experience and Lessons Learned, in: The Journal of World Investment & Trade 16 (1), 11–87.

Schäferhoff, Marco/Campe, Sabine/Kaan, Christopher, 2007: Transnational Public-Private Partnerships in International Relations. Making Sense of Concepts, Research Frameworks and Results. SFB 700 "Governance in Areas of Limited Statehood". SFB-Governance Working Paper No. 6, August.

Scholte, Jan Aart, 2018: Civil Society and NGOs, in: Weiss, Thomas G./Wilkinson, Rorden (Hrsg.): International Organization and Global Governance. 2. Auflage. London/New York: Routledge, 351–364.
Sethi, S. Prakash/Schepers, Donald H., 2014: United Nations Global Compact: The Promise – Performance Gap, in: Journal of Business Ethics 122 (2), 193–208.
Slaughter, Anne-Marie, 2005: A New World Order. Princeton, NJ: Princeton University Press.
Stephen, Matthew D./Zürn, Michael (Hrsg.), 2019: Contested World Orders. Rising Powers, Non-Governmental Organizations, and the Politics of Authority Beyond the Nation-State. Oxford: Oxford University Press.
Stiglitz, Joseph E., 2002: Globalization and its Discontents. New York City, NY: WW Norton.
Umweltbundesamt, 2022: PEFC-Label (Holzprodukte). URL: https://www.umweltbundesamt.de/umwelttipps-fuer-den-alltag/siegelkunde/pefc-label-holzprodukte. Zuletzt abgerufen am: 02.01.2022.
UN, 2024a: The Ten Principles of the UN Global Compact. URL: https://www.unglobalcompact.org/what-is-gc/mission/principles. Zuletzt abgerufen am: 07.05.2024.
UN, 2024b: Our Participants. URL: https://unglobalcompact.org/what-is-gc/participants. Zuletzt abgerufen am: 07.05.2024.
UN, 2024c: Non-Business Participation. URL: https://www.unglobalcompact.org/participation/join/who-should-join/non-business. Zuletzt abgerufen am: 07.05.2024.
UN, 2024d: Frequently Asked Questions. URL: https://www.unglobalcompact.org/about/faq. Zuletzt abgerufen am: 07.05.2024.
UN, 2024e: The UN Global Compact Board. URL: https://www.unglobalcompact.org/about/governance/board. Zuletzt abgerufen am: 07.05.2024.
UNCTAD, 2010: World Investment Report 2010. New York/Geneva: UNCTAD.
Utting, Peter, 2002: Regulating Business via Multistakeholder Initiatives. A Preliminary Assessment, in: United Nations Research Institute for Social Development (UNRISD/NGLS) (Hrsg.), Voluntary Approaches to Corporate Social Responsibility. Readings and a Resource Guide. Geneva: United Nations, 61–130.
Utz, Britta, 2006: Die OECD-Leitsätze für multinationale Unternehmen: eine erste Bilanz der Wirkungsweise des Vermittlungs- und Schlichtungsverfahrens der Leitsätze anhand der abgeschlossenen Beschwerdefälle bei Nationalen Kontaktstellen 2000 bis 2005, in: artec-paper 134. Bremen: Universität Bremen, Forschungszentrum Nachhaltigkeit (artec).
Verhage, Antoinette, 2009: Between the Hammer and the Anvil? The Anti-money Laundering-Complex and its Interactions with the Compliance Industry, in: Crime Law and Social Change 52 (1), 9–32.
Witte, Jan Martin/Reinicke, Wolfgang, 2005: Business UNusual: Facilitating United Nations Reform through Partnerships. Geneva: United Nations Global Compact Office.
Wolf, Klaus-Dieter, 2013: Transnationales Regieren in historischer Perspektive, in: Breitmeier, Helmut/Conzelmann, Thomas/Wolf, Klaus Dieter (Hrsg.): Transnationales Regieren. Studienbrief der FernUniversität in Hagen. Fakultät für Kultur- und Sozialwissenschaften. Lehrgebiet für Internationale Politik, 29–49.
Wolfsberg Group, 2021a: Mission. Global Banks: Global Standards. URL: https://www.wolfsberg-principles.com/about/mission. Zuletzt abgerufen am 04.12.2021.
Wolfsberg Group 2021b: CBDDQ Capacity Building Materials. URL: https://www.wolfsberg-principles.com/cbddq-capacity-building-materials. Zuletzt abgerufen am 08.12.2021.

Wolfsberg Group, 2022: Transaction Monitoring Request for Information. Best Practice Guidance. August. URL: https://db.wolfsberg-group.org/assets/12043c55-a555-4b0d-abc4-d05c8d94096d. Zuletzt abgerufen am 29.05.2024.

Susanne Lütz ist seit Oktober 2017 Leiterin des Lehrgebietes für Internationale Politik am Institut für Politikwissenschaft an der FernUniversität in Hagen. Von 2008 und 2017 war sie Professorin für Internationale Politische Ökonomie am Otto-Suhr-Institut der Freien Universität Berlin. Von 2003 bis 2008 leitete sie das Lehrgebiet für Politische Regulierung und Steuerung an der FernUniversität in Hagen. Als wissenschaftliche Mitarbeiterin war sie am Max-Planck-Institut für Gesellschaftsforschung in Köln beschäftigt und forschte am Minda de Gunzburg Center for European Studies der Harvard University, als Robert Bosch Fellow am American Institute for Contemporary European Studies der Johns Hopkins University in Washington, D.C. und als Erasmus-Mundus Exchange Fellow am National Centre for Research in Europe (NCRE) an der University of Canterbury, Christchurch, Neuseeland. Susanne Lütz studierte Sozialwissenschaft, Geschichte und Volkswirtschaft an der Universität Duisburg-Essen und promovierte im Rahmen des an der Universität zu Köln angesiedelten Graduiertenkollegs der Volkswagenstiftung „Soziale Netzwerke". 2001 habilitierte sie im Fach Politikwissenschaft an der FernUniversität in Hagen. Zu ihren Forschungsschwerpunkten zählen internationale Organisationen, insbesondere im Bereich Wirtschaft und Finanzen, die europäische Wirtschafts- und Finanzintegration, transnationale Finanzbeziehungen und speziell Finanzmarktmarktregulierung.

Anja Menzel ist Akademische Rätin am Lehrstuhl für Internationale Beziehungen der Otto-Friedrich-Universität Bamberg und Senior Research Fellow am SARCHi Chair: African Diplomacy and Foreign Policy der Universität Johannesburg, Südafrika. Seit 2025 ist sie Fellow der Bayerischen Wissenschaftsallianz für Friedens-, Konflikt- und Sicherheitsforschung (FoKS). Von 2019 bis 2023 war Anja Menzel als wissenschaftliche Mitarbeiterin am Lehrgebiet Internationale Politik der FernUniversität in Hagen tätig. Sie studierte Politikwissenschaft, Verwaltungswissenschaft und Erwachsenenbildung an der Otto-Friedrich-Universität Bamberg, bevor sie 2019 an der Universität Greifswald mit einer Arbeit über zwischenstaatliche Kooperation zur Bekämpfung maritimer Piraterie promovierte. Zu Anja Menzels Forschungsinteressen zählen Regimekomplexität, die politische Regulierung von Ozeanen, nachhaltige Meerespolitik sowie Entwicklungsfinanzierung.

Schlussbetrachtung und Ausblick

7

Susanne Lütz und Anja Menzel

Zusammenfassung

Das Schlusskapitel beleuchtet den Beitrag des rationalistischen und liberalen Institutionalismus zur Analyse von Verhandlungen, Regimen, Regimekomplexen und Formen des transnationalen Regierens und diskutiert die Stärken und Schwächen der beiden Theorieperspektiven. Anschließend werden die aktuellen Herausforderungen diskutiert, denen internationale Institutionen und speziell die im Buch behandelten institutionellen Arrangements angesichts der aktuellen Krise des Multilateralismus gegenüberstehen.

Schlüsselwörter

Multilateralismus · Rationalistischer Institutionalismus · Liberaler Institutionalismus · Liberale Weltordnung · Embedded liberalism

In diesem Lehrbuch haben wir unterschiedliche Formen institutioneller Arrangements auf internationaler Ebene untersucht, in denen Akteure zusammenarbeiten, um grenzüberschreitende Herausforderungen zu bewältigen. Dazu zählen Ver-

S. Lütz (✉)
FernUniversität in Hagen, Hagen, Deutschland
E-Mail: susanne.luetz@fernuni-hagen.de

A. Menzel
Otto-Friedrich-Universität Bamberg, Bamberg, Deutschland

Universität Johannesburg, Johannesburg, Südafrika
E-Mail: anja.menzel@uni-bamberg.de

S. Lütz, A. Menzel (Hrsg.), *Internationale Institutionen*, Grundwissen Politik,
https://doi.org/10.1007/978-3-658-47270-2_7

251

handlungen, internationale Regime, Regimekomplexe sowie Formen transnationalen Regierens. Diese Arrangements variieren in der Formalität ihrer Regeln, der Anzahl und Art der beteiligten Akteure und dem Grad, in dem sie das Handeln ihrer Mitglieder einschränken. Das didaktische Ziel des Lehrbuchs war es, Studierenden der Politikwissenschaft ein konzeptionelles und theoretisches Instrumentarium für die Analyse internationaler Institutionen zur Verfügung zu stellen. Die Autorinnen und Autoren haben die verschiedenen Typen institutioneller Arrangements hinsichtlich ihrer Entstehung, ihrer Funktionsweise und teilweise auch ihrer Auswirkungen auf das kollektive Handeln und die Problembearbeitung beleuchtet. Themenfelder wie Sicherheit, Wirtschaft, Handel, Finanzen, Umwelt und Wohlfahrt boten dabei ein breites Spektrum der internationalen Politik. Statt einer einseitigen theoretischen Sichtweise haben Studierende eine Vielfalt an theoretischen Ansätzen kennengelernt, die in den unterschiedlichen Fallstudien des Lehrbuchs Anwendung fanden.

Im folgenden Unterkapitel (Abschn. 7.1) diskutieren wir anhand der Fallstudien des Lehrbuches noch einmal zwei theoretische Ansätze: den rationalistischen und den liberalen Institutionalismus. Wir beleuchten, welche Erkenntnisse sie zur Erklärung der Entstehung und Funktionsweise von Verhandlungen, Regimen, Regimekomplexen und Formen transnationalen Regierens beitragen. Anschließend vergleichen wir ihre jeweiligen Stärken und Schwächen sowie die Grenzen ihrer Anwendbarkeit (Abschn. 7.2). Schließlich beschäftigen wir uns mit den aktuellen globalen Herausforderungen, denen internationale Institutionen derzeit gegenüberstehen (Abschn. 7.3) und diskutieren deren Implikationen für die in diesem Buch behandelten institutionellen Arrangements (Abschn. 7.4).

7.1 Der rationalistische und der liberale Institutionalismus im Vergleich

Der *rationalistische Institutionalismus* betrachtet die Entstehung oder die Funktionsweise internationaler Institutionen aus der Perspektive unitarischer Akteure, unter denen Staaten als die zentralen angesehen werden. Der Ansatz teilt mit dem Realismus die Annahme eines anarchischen Weltbildes, welches Unsicherheit für die Akteure produziert. Im Unterschied zum Realismus wird jedoch davon ausgegangen, dass sich die negativen Implikationen der Anarchie kontrollieren lassen. Diese positive Weltsicht begründet sich durch die Vorstellung, dass die Beziehungen zwischen Akteuren durch „komplexe Interdependenz" (Keohane und Nye 1977) in ökonomischer oder politischer Hinsicht gekennzeichnet sind, deren Abbruch wiederum Kosten für alle Beteiligten bedeuten. Da durch Globalisierung, so die Annahme, die wechselseitigen Interdependenzen und Verwundbarkeiten im internationalen System zugenommen haben, besteht seitens der Akteure ein Interesse, diese zu koordinieren – durch Kooperation oder durch den Aufbau von Institutionen.

Verhandlungen sind aus rationalistischer Perspektive ein institutionelles Arrangement zur kooperativen Bearbeitung von Meinungsverschiedenheiten und Koordinationsproblemen. Rational agierende Akteure kalkulieren ihre Verhandlungsstrategien, Risiken und Machtressourcen und verfolgen dabei ihren größtmöglichen Nutzen (Odell und Tingley 2013). Daraus ergibt sich ein Spannungsfeld zwischen dem Streben nach individueller Nutzenmaximierung und kollektivem Gewinn. Hubert Zimmermann beschreibt in seinem Beitrag eine Reihe von Dilemmasituationen wie das aus der Spieltheorie bekannte Gefangenendilemma oder das „Chicken"-Spiel, in denen die Verfolgung individueller Rationalität zu Kosten und Verlusten für alle Beteiligten führt. Da es im internationalen System keine hierarchisch legitimierte Sanktionsinstanz gibt, die analog zum Nationalstaat die Einhaltung von Regeln überwachen oder Regelverstöße ahnden könnte, sind Lösungen dieser Dilemmasituationen voraussetzungsvoll. Aus rationalistischer Sicht spielen hier Strategien eine Rolle, die die „zones of possible agreement" (ZOPA) erweitern, etwa Kompensationszahlungen („side payments") in einem nicht direkt zur Verhandlungsmaterie zählenden Bereich. Zudem müssten die Alternativen zu einer kooperativen Lösung unattraktiv erscheinen („best alternatives to a negotiated agreement", BATNA) (Fisher et al. 2011). Prinzipiell spielen auch Vermittler (Bercovitch et al. 1991) eine zentrale Rolle, um Kommunikationswege herzustellen und offen zu halten. Jedoch zeigt der begrenzte Erfolg des Einsatzes von Mediatoren wie der UN oder der EU im Libyen-Konflikt, dass diese über Glaubwürdigkeit verfügen, Anreize zur Kooperation geben oder mangelnde Kooperationsbereitschaft sanktionieren müssten, um Bürgerkriegsparteien dauerhaft zum Einlenken zu bewegen. Wenn all dies nicht gegeben ist, erscheinen militärische Konflikte aus rationalistischer Perspektive erst dann lösbar, wenn keine Seite mehr einen Nutzen in einer militärischen Eskalation sieht (Zartman 2000).

Regime sind „soziale Institutionen zur dauerhaften Koordination staatlicher Zusammenarbeit in einzelnen Politikfeldern" (Hasenclever et al. 1997, S. 9). Sie haben eine vertragliche Grundlage, bestehen aus Prinzipien, Normen, Regeln und Verfahren, welche einen Rahmen für das Handeln von Akteuren konstituieren (Krasner 1982, S. 186). Im Unterschied zu internationalen Organisationen verfügen Regime nicht über Akteursqualität oder autonome Handlungsfähigkeit. Aus rationalistischer Sicht beinhaltet der Aufbau von Regimen immer Souveränitätskosten (Abbott und Faude 2021, S. 404, vgl. den Beitrag von Hasenclever und Messerschmidt). Staaten geben Handlungsautonomie auf und müssen Ressourcen wie Zeit und Expertise investieren, um einen institutionellen Rahmen für ihre Kooperation in einem Politikfeld zu schaffen. Entsprechend werden Staaten Regime aufbauen, wenn die erwarteten Kooperationsgewinne höher sind als die Koordinations- und Souveränitätskosten. Dies ist dann umso wahrscheinlicher, je kleiner die Zahl der beteiligten Akteure ist. Auch externe Schocks wie Krisen oder wissenschaftliche Entdeckungen können die Kosten-Nutzen-Kalkulation von Staaten zugunsten des Aufbaus internationaler Institutionen beeinflussen. Die Einigung auf die Ottawa-Konvention zur Ächtung von Landminen beispielsweise wurde begünstigt durch ein verändertes internationales Umfeld mit sinkenden Rüstungsausgaben und auch einer geringeren Zahl kriegerischer Konflikte, unter denen diejenigen mit Einsatz von Landminen nun größere Beachtung fanden. Hierzu trugen auch Kampagnen von NGOs bei, die Staaten im Fall einer Nicht-Ächtung von Landminen mit Reputationskosten konfrontierten.

Der rationalistische Institutionalismus erlaubt es, auch die Grenzen von Regimen aufzuzeigen: deren Regeln sind nur so umfassend, wie die beteiligten Staaten es zulassen. So enthält die Ottawa-Konvention kein Verursacherprinzip; es müssen diejenigen Staaten die Minen räumen, die sie auf ihrem Territorium vorfinden. Zudem können Schlüsselstaaten wie die USA, Russland oder China nicht gezwungen werden, eine Konvention zu ratifizieren. Auch der Waffenhandelsvertrag, der einen völkerrechtlich verbindlichen Rahmen für internationale Rüstungstransfers setzt, hat Regelungslücken. So sind bestimmte Technologietransfers nicht geregelt, es gibt keine Sanktionen bei Vertragsbruch und auch nur geringe organisatorische Kompetenzen für das Sekretariat.

In *Institutionen des transnationalen Regierens* kooperieren private und öffentliche Akteure bei der Produktion öffentlicher Güter. Private Akteure wie Verbände, Unternehmen oder deren clubartige Zusammenschlüsse sind entweder direkt an der Formulierung und Umsetzung internationaler Regeln und Normen beteiligt (Koregulierung) oder entwickeln und implementieren diese relativ autonom (Selbstregulierung). Der rationalistische Institutionalismus setzt auch hier bei den Anreizen für die Akteure an, diese institutionellen Arrangements aufzubauen oder sich an ihnen zu beteiligen. Konkret können diese etwa in der Vermeidung von Reputationsverlusten bestehen, die typischerweise in der Folge von Umwelt-, Finanzskandalen oder weitergehenden Krisen drohen und durch NGO-Kampagnen verschärft werden. Das Beispiel der Wolfsberg-Gruppe zur Verhinderung der Geldwäsche zeigt, dass Unternehmen bereit sind, sich Selbstverpflichtungen zur Einhaltung bestimmter Standards aufzuerlegen, wenn Staaten oder internationale Organisationen mit eigener Gesetzgebung bzw. Regulierung drohen. Die Beteiligung an Formen privater Selbstregulierung verspricht aber auch die Erschließung neuer Märkte wie die Beispiele der Zertifizierung nachhaltiger Holzbewirtschaftung oder auch die Übernahme eines angelsächsischen Modells der Unternehmensrechnungslegung zeigen. Auf diese Weise können die an selbstregulativen Arrangements beteiligten Unternehmen Wettbewerbsvorteile gegenüber Nichtmitgliedern erlangen.

Liberaler Institutionalismus

Im Unterschied zum rationalistischen Institutionalismus nimmt der liberale Institutionalismus eine Top-Down-Perspektive ein und betrachtet die Effekte internationaler Arrangements auf das Verhalten der beteiligten Akteure. Deren Wahlhandlungen, so die Annahme, werden entscheidend von der institutionellen Struktur geprägt, in die sie eingebettet sind. Dabei kann es sich um formelle und informelle Regeln und Normen oder weitergehende Regelsysteme handeln. Je nachdem, wie dieser institutionelle Rahmen ausgestaltet ist, ergeben sich unterschiedliche Strategieoptionen für die beteiligten Akteure, wie Beispiele internationaler Verhandlungen zeigen.

Putnams Ansatz des *Zwei-Ebenen-Spiels* („Two-Level-Game") beleuchtet die Problematik, dass Verhandlungsführer einmal auf der internationalen Ebene mit ihren Verhandlungspartnern einen Kompromiss aushandeln, welcher auf der nationalen Ebene ratifiziert werden muss (Putnam 1988). Ein Verhandlungsergebnis spiegelt letztlich die Schnittmenge der für beide Seiten akzeptablen Lösungen wider. Das „win-set", also die Menge dieser Kompromisslösungen, wird nicht zuletzt durch den nationalen institutionellen Kontext bestimmt, in dem sich die Verhandlungsführer bewegen. Zimmermann zeigt in seinem Beitrag zu den Verhandlungen über die Aufnahme Chinas in die WTO, dass die Verhandlungsführer der EU und der USA als Hauptverhandlungspartner aufgrund ihrer innenpolitischen Einbindung unterschiedliche Spielräume für Kompromissbildung hatten. Die EU-Kommission verfügte über vergleichsweise größeren Spielraum für die Kompromissbildung und damit über ein größeres win-set, da Einigkeit zwischen Mitgliedsstaaten und europäischer Industrie hinsichtlich zentraler Verhandlungspositionen bestand und das EU-Parlament zu diesem Zeitpunkt noch keine Ratifikationsrechte besaß und somit als möglicher Vetospieler ausfiel. Dieses hat sich mit dem Vertrag von Lissabon geändert. Immer wieder nutzt das EU-Parlament seitdem seine Kompetenz der Ratifikation von Freihandelsabkommen, um auf die Einhaltung weitgehender Umwelt- und Sozialstandards zu drängen. Der US Trade Representative als amerikanischer Verhandlungsführer verfügte von Beginn an über ein kleineres win-set, da der US-Kongress in allen Phasen des internationalen Verhandlungsprozesses über Vetomöglichkeiten verfügt und zudem ein guter Zugang von Wahlkreislobbyisten zu den Kongressabgeordneten besteht.

Spannungsverhältnisse zwischen Unterhändlern und Auftraggebern in internationalen Verhandlungen werden auch im *Prinzipal-Agent-Ansatz* thematisiert. Aus dieser Perspektive hängt die Autonomie des Verhandlungsführers zum einen maßgeblich von seinem Informationsvorsprung gegenüber den Auftraggebern ab, zum anderen von den institutionalisierten Mechanismen der Kontrolle seiner Arbeit in Form von Berichterstattung und Überwachung. Beispiele von Unterhändlern, die im Auftrag der EU-Kommission oder als Sondergesandte der UN in

Verhandlungsprozesse eingebunden sind, zeigen, dass eng überwachte Ver-
handlungsmandate die Kompromissfähigkeit nach außen einschränken können
(Conceição-Heldt 2013). Ein vergleichsweise kleines win-set kann aber auch
durchaus die Durchsetzbarkeit der eigenen Forderungen in internationalen Verhandlungen nach außen begünstigen, da die Drohung mit der Ablehnung eines Ver-
handlungsergebnisses unter diesen Umständen glaubwürdig erscheint (vgl. das
„Paradox der Schwäche", Schelling 1960).

Der liberale Institutionalismus analysiert mit Blick auf *Regimekomplexe* die
überlappenden horizontalen Beziehungen zwischen den beteiligten Institutionen
und ihre Effekte auf internationale Kooperation, die Strategien der beteiligten Akteure und die Bereitstellung öffentlicher Güter (Gehring und Faude 2013). Überlappungen aufgrund von Mitgliedschaften in denselben Organisationen, Tätigkeiten im gleichen Aufgabenbereich oder in benachbarten Politikfeldern können
konkurrierende Regelungsansprüche für Normen und Regeln erzeugen. Die Effekte institutioneller Überlappung werden in zweifacher Hinsicht beleuchtet – zum
einen auf systemischer Ebene und zum anderen auf der Ebene der beteiligten Akteure und ihrer Strategieoptionen.

Das Verhältnis zwischen Elementen des Regimekomplexes kann durch Konkurrenz, Arbeitsteilung oder auch Kooperation gekennzeichnet sein. Entsprechend
können sich Ineffizienzen aufgrund der Duplikation von Aufgaben durch einander
überlappende Institutionen oder aufgrund eines institutionellen Wettlaufes der
Unterbietung von Regeln ergeben. Positive Effekte bestehen in Synergien zwischen verschiedenen Teilelementen eines Regimekomplexes sowie in größerer
Flexibilität und Stabilität bei der Erbringung öffentlicher Güter, da Blockaden und
das Scheitern einzelner Institutionen nicht gleichzeitig den gesamten Regimekomplex betreffen. Auch Pfadabhängigkeiten innerhalb eines Regimekomplexes
können von Vorteil sein, wenn sie die Transaktionskosten der Gründung neuer Institutionen innerhalb eines Regimekomplexes senken.

Akteure verfügen über unterschiedliche Strategieoptionen in fragmentierten
und überlappenden internationalen Institutionen: sie können zwischen verschiedenen Institutionen diskriminieren und ihren Fokus auf das Forum verlagern, welches
den größten Nutzen für sie verspricht (*forum-shopping*). Sie können auch versuchen, Themen in ein anderes Forum zu verlagern (*regime shifting*). Der Beitrag von
Becker/Gehring demonstriert, wie die USA und die EU Kompetenzen zur Regelung geistigen Eigentums von der World Intellectual Property Organization (WIPO)
in die WTO verlagerten, um striktere Regeln des geistigen Eigentums mit Hilfe der
Sanktionsmechanismen der WTO durchzusetzen. Entwicklungsländer und NGOs
wiederum waren bestrebt, Eigentumsregeln bezüglich genetischer Ressourcen,
Arzneimittel und Pflanzensorten in UN-Organisationen wie der Food and Agricul-

ture Organization of the United Nations (FAO) oder der Convention on Biological Diversity (CBD) zu verankern. Und schließlich können Akteure auch neue Institutionen gründen, um Blockaden in etablierten Institutionen zu umgehen (*competitive regime creation*).

7.2 Stärken und Schwächen beider Theorieperspektiven

Bilanziert man die *Stärken* und Schwächen des rationalistischen und des liberalen Institutionalismus, so zeigt sich folgendes Ergebnis: Der rationalistische Institutionalismus verfolgt eine *bottom up-Perspektive* und blickt von den Akteuren und ihren Präferenzen auf die internationalen institutionellen Arrangements. Auf diese Weise kann der Ansatz sowohl Gründe des Erfolgs, aber auch des Misserfolgs von internationalen Institutionen beleuchten. Wenn Regeln nicht so umfassend sind, wie sie sein müssten, um effektiv zu sein oder auch nur begrenzte Umsetzung erfahren, liegt dieses aus Sicht des Ansatzes an den Präferenzen der beteiligten Akteure. So zeigen Beispiele transnationalen Regierens, dass institutionelle Arrangements immer nur so effektiv sind, wie die beteiligten Akteure es zulassen. Trotz ihrer Beteiligung am UN Global Compact setzen Firmen Umwelt- oder Menschenrechtsstandards oftmals nur unzureichend um, betreiben also „strategisches shirking". Ähnliche Diskrepanzen zwischen der Formulierung und der Einhaltung von Regeln zeigen sich auch immer wieder in der Unternehmens- oder Finanzmarktregulierung.

Der liberale Institutionalismus hingegen verfolgt eine *top-down Betrachtung* und beleuchtet die Effekte institutioneller Arrangements auf das Verhalten der beteiligten Akteure, die Entstehung von Kooperation und auch die Bereitstellung von Kollektivgütern. Strukturen wie das Zwei-Ebenen-Spiel, Prinzipal-Agent-Beziehungen oder überlappende Beziehungen in Regimekomplexen setzen Anreize und Restriktionen für die beteiligten Akteure und definieren ihre win-sets, also die Räume denkbarer und für die Beteiligten akzeptablen Kompromisse. Verglichen mit dem rationalistischen Institutionalismus verfügt der liberale Institutionalismus über eine höhere Prognosefähigkeit, da ausgehend von Strukturen auf Akteurstrategien und Effekte der Kooperation geschlossen werden kann.

Beide Ansätze weisen jedoch auch *Grenzen* auf. Die Annahme (begrenzt) rationaler Akteure ignoriert aus konstruktivistischer Sicht die Bedeutung von Identitäten, Normen und Kognitionen für die Präferenzbildung. Das Fallbeispiel der Ottawa-Konvention zur Ächtung von Landminen zeigt, wie wichtig auch moralische Gründe für die Einrichtung und Aufrechterhaltung des Regimes gewesen sind.

In kriegerischen Konflikten etwa spielen religiöse und ethnische Überzeugungen, ebenso wie Geschlechterkonstruktionen und Männlichkeitsideale eine wichtige Rolle für die Bildung von Präferenzen.

Zudem hat bereits die Regimeliteratur demonstriert, dass Institutionen auch eine konstitutive Rolle besitzen und die Präferenzen von Akteuren im Zeitablauf verändern können (Zangl und Zürn 1999). Außerdem finden innerhalb von Regimen oder anderen Institutionen nicht nur Verhandlungen als rationale Form des Interessenabgleiches und der Konfliktregelung statt, sondern es wird argumentativ und problemorientiert nach den besten Lösungen gesucht (Risse 2000).

Die Bildung von Institutionen und auch deren Weiterentwicklung ist schließlich nicht notwendigerweise das Ergebnis intendierter Entscheidungen rationaler Akteure, sondern kann auch die Folge von unbeabsichtigten Konsequenzen, Pfadabhängigkeiten oder endogenem, inkrementellen Wandel sein. Zudem werden Institutionen nicht immer aufgelöst, wenn sie den Beteiligten ineffizient erscheinen. Fälle derartiger „lock ins" oder die „stickiness" von Institutionen werden im historischen Institutionalismus behandelt (vgl. etwa Pierson 2004; Streeck und Thelen 2005; Fioretos 2011).

7.3 Aktuelle Herausforderungen für internationale Institutionen

Internationale Institutionen geraten zunehmend unter Druck: sie werden mit Kritik von Staaten und gesellschaftlichen Gruppen konfrontiert; gleichzeitig steigt das Ausmaß an grenzüberschreitenden Krisen, mit denen sich Institutionen auseinandersetzen müssen (Hirschmann und Kreuder-Sonnen 2025). Das folgende Unterkapitel fasst die aktuellen Herausforderungen für internationale Institutionen und damit multilaterales Regieren zusammen und diskutiert die Auswirkungen dieser Entwicklungen für die in diesem Buch behandelten institutionellen Arrangements.

Seit Mitte der 2000er-Jahre wird in der Literatur verstärkt eine sogenannte „Krise des Multilateralismus" (Krause 2004) konstatiert. Gemeint sind damit Praktiken, mit denen Staaten oder gesellschaftliche Gruppen die liberale Weltordnung infrage stellen. Die liberale Weltordnung lässt sich definieren als die Gesamtheit von institutionalisierten Normen, Regeln und Entscheidungsverfahren, die auf liberalen Prinzipien wie Multilateralismus, Herrschaft des Rechts, Freihandel sowie Demokratie, Menschenrechten und individuellen politischen Freiheiten beruht (Daase 2022, S. 159). Deren Governance-Strukturen werden zunehmend kontestiert, sei es durch diskursive Praktiken oder tatsächliches Verhalten (Zürn 2018; Goddard et al. 2024). Empirisch lassen sich zum einen *interne* Herausforderungen beobachten. In vielen traditionell liberal ausgerichteten westlichen Staaten sehen wir eine deutliche Tendenz zu antiliberalen Bewegungen. Populistische und nationalistische Parteien und Politiken finden immer mehr Zuspruch, was zu Regierungsbeteiligungen von antiliberalen Kräften wie beispielsweise in Italien, den Niederlanden oder den USA führt (Copelovitch und Pevehouse 2019). Zum anderen wird die multilaterale Weltordnung auch *extern* herausgefordert. Nach dem Ende des Kalten Kriegs nahm die Anzahl der autokratisch geführten Staaten zunächst ab. In den letzten beiden Jahrzehnten ließ sich jedoch ein erneuter Wandel von Demokratien zu Autokratien wie im Falle Russlands, der Türkei und Venezuelas sowie ein wachsender globaler Einfluss gefestigter Autokratien wie China, Iran und Saudi-Arabien beobachten. Kennzeichen dieser Autokratien ist eine grundlegende Abneigung gegenüber liberalen politischen Werten wie Demokratie und Menschenrechten; aber auch eine Skepsis gegenüber multilateraler Kooperation wird Autokratien attestiert (Kneuer 2023, S. 98–99).

Wie sehen Praktiken der Kontestation der liberalen Weltordnung nun konkret aus? Die Literatur unterscheidet hier zwischen verschiedenen Strategien, die Akteure nutzen, um die liberale Weltordnung herauszufordern. Erstens können Akteure versuchen, Institutionen durch *Widerstand* von innen heraus zu schwächen und damit gezielt liberale Grundsätze zu unterminieren, ohne dabei die Autorität der gesamten Institution infrage zu stellen (Börzel und Zürn 2021, S. 290). Ein Beispiel hierfür ist die US-Klimapolitik in Trumps erster Amtszeit. Durch einen Rückzug aus dem Pariser Klimaschutzabkommen, das Trump als „total disaster" bezeichnete, wollte die US-Regierung multilaterale Bemühungen zum Klimaschutz sabotieren; die USA nahmen jedoch weiterhin am übergeordneten institutionellen Rahmen teil und forderten das UNFCCC-Klimaregime nicht direkt heraus (Thompson 2024, S. 6). Auch im internationalen Flüchtlingsregime lässt sich diese Strategie beobachten. Westliche Staaten haben in den letzten Jahrzehnten beispielsweise durch die Einrichtung von Auffanglagern oder die Begrenzung des Zugangs zu Rechtsmitteln für potenzielle Asylbewerber dem Regime zugrunde liegende liberale Normen wie das Recht auf Asyl ausgehöhlt, stellen das Regime aber nicht grundsätzlich infrage (Lavenex 2024, S. 11).

Die zweite Strategie zur Herausforderung der liberalen Weltordnung ist die *Blockade* internationaler Institutionen. Wenn Staaten mit Entscheidungen, die innerhalb einer Institution getroffen werden, nicht mehr zufrieden sind, können sie deren Funktion von innen heraus blockieren – dies ist aber nur besonders einflussreichen Staaten möglich, insbesondere dann, wenn sie ein Vetorecht besitzen. Das prominenteste aktuelle Beispiel ist die US-Blockade des Streitschlichtungsverfahrens der WTO. Seit 2007 blockieren die USA immer wieder die Nachbesetzung von Richter*innen des Appellate Bodies der WTO mit der Begründung, diese würden US-Interessen schaden. Seit 2019 ist der Appellate Body deswegen nicht mehr handlungsfähig – die langfristige Kontestation des multilateralen Streitschlichtungsmechanismus durch die USA bedroht damit die liberalen Grundpfeiler der Welthandelsordnung (Heinkel-mann-Wild et al. 2024; Zaccaria 2022). Im UN-Sicherheitsrat sind Vetos gegenüber Resolutionen dagegen nicht ungewöhnlich. Seit Mitte der 2000er-Jahre ist die Zahl der Vetos, die China und Russland eingelegt haben, jedoch disproportional gestiegen, was sich ebenfalls als eine Kontestation liberaler Werte wie beispielsweise der Schutzverantwortung von Staaten („Responsibility to Protect") in der Sicherheits-politik auslegen lässt (Deitelhoff und Zimmermann 2020, S. 63).

Drittens können Herausforderer der multilateralen Ordnung Institutionen ver-lassen, die nicht mehr ihren Zielen entsprechen. Die Strategie des *Rückzugs* wird am Beispiel des Brexit besonders deutlich, als das Vereinigte Königreich sich dazu entschloss, im Jahr 2021 die Europäische Union und damit den EU-Binnenmarkt und die Zollunion zu verlassen. Aber auch das Beispiel des Konflikts zwischen dem Internationalen Strafgerichtshof (ICC) und mehreren afrikanischen Staaten il-lustriert die Strategie des Rückzugs. Nachdem vom ICC immer wieder Verfahren gegen amtierende afrikanische Staatsoberhäupter und Regierungsmitglieder er-öffnet wurden, stellten einige afrikanische Staaten die Zusammenarbeit mit dem Gerichtshof ab 2016 ein. Burundi verließ das Römische Status des ICCs im Jahr 2017 aus Protest sogar komplett, während Staaten wie Sudan und Kenia mit ähn-lichen Konsequenzen drohten. Die Afrikanische Union begann gar Verhandlungen zur Gründung eines weniger liberal ausgerichteten Gerichtshofs (Lesch et al. 2024).

Dies deutet schon auf die vierte und letzte Strategie der *Neugründung* hin, die Akteure verfolgen können, wenn sie die liberale Weltordnung herausfordern wol-len. Durch die Schaffung von Gegeninstitutionen (Kruck und Zangl 2020, S. 8) können Akteure Foren schaffen, durch die sie ihre Ziele multilateral, jedoch ohne expliziten Fokus auf liberale Grundwerte verfolgen können. Als Beispiel für eine solche Neugründung wird oft die 2015 gegründete Asiatische Infrastruktur-investitionsbank (AIIB) genannt, deren Initiator und größter Anteilseigner China ist. Kritiker*innen der AIIB sehen in der Neugründung den Versuch Chinas, eine multilaterale Entwicklungsbank in Konkurrenz zur Weltbank mit laxeren Umwelt-und Sozialstandards bei der Vergabe von Krediten zu schaffen oder zumindest eine Institution, die klassischen liberalen Werten indifferent gegenübersteht (Stephen und Skidmore 2019). Ein Beispiel für eine weitere Neugründung ist die New Development Bank (NDB), die 2014 von den BRICS-Staaten gegründet wurde und bei der China ebenfalls der größte Anteilseigner ist.

Wie lassen sich die empirisch beobachtbaren zunehmenden Kontestationen der liberalen Weltordnung theoretisch erklären? Die konstruktivistische Perspektive nimmt zur Erklärung die über die Zeit zunehmende Autorität und Autonomie inter-nationaler Institutionen in den Blick. Die Argumentation lautet, dass liberale Werte wie Demokratie, Menschenrechte und Herrschaft des Rechts seit Ende der 1990er-

Jahre immer größeren Einfluss auf die Tätigkeit der Institutionen nahmen (Börzel und Zürn 2021, S. 283). Mit einer zunehmenden Autorität jenseits von National-staaten nahm auch die Eingriffstiefe der Institutionen in staatliche Entscheidungen zu – Börzel und Zürn (2021) attestieren hier einen „postnationalen" Liberalismus, bei der die Tätigkeit internationaler Institutionen über das Konsensprinzip zwi-schen Staaten deutlich hinausgeht und somit staatliche Souveränität beschränkt. Gleichzeitig werden durch den Autoritätszuwachs internationaler Institutionen Un-gleichheiten zwischen Staaten (beispielsweise durch eine Bevorzugung westlicher Standards und Perspektiven) institutionalisiert. Die Kombination dieser Ent-wicklungen hat in der konstruktivistischen Perspektive umfassende Legitimitäts-probleme der Institutionen zur Folge, welche schlussendlich zu einem Anstieg der Kontestationspraktiken führen. Darüber hinaus kann eine Delegation von Kompe-tenzen an Institutionen mit ausgeprägten eigenen Bürokratien dazu führen, dass diese von Staaten zunehmend als technokratisch oder ineffizient wahrgenommen und daher abgelehnt werden (Morse und Keohane 2014, S. 409).

Im Gegensatz dazu fokussieren Machtübergangstheorien auf exogene Ver-änderungen in der Machtverteilung zwischen Staaten, um die zunehmende Anfech-tung der liberalen Weltordnung zu erklären. Grundannahme ist, dass eine Macht-verschiebung im internationalen System zu Anpassungsdruck an internationale In-stitutionen führt, diese Verschiebungen zu spiegeln. Mit dem Aufstieg von Mächten wie China und Indien bei gleichzeitigem relativen Machtverlust von traditionell liberal ausgerichteten Staaten wie den USA und Großbritannien wird eine Anpas-sung der bisher liberal geprägten Institutionenlandschaft wahrscheinlich (Kruck und Zangl 2020). Aus realistischer Perspektive strebt insbesondere China ein Machtgleichgewicht mit den USA an und arbeitet daran, die Hegemonialstellung der USA neben wirtschaftlichem Wachstum auch durch Delegitimationsstrategien innerhalb von internationalen Institutionen zu erodieren (Schweller und Pu 2011).

Eine liberale Perspektive fokussiert schließlich auf innerstaatliche Erklärungs-faktoren für zunehmende Kontestationen der liberalen Weltordnung. Erstens werden wachsende ökonomische und soziale Ungleichheiten in den USA und Europa, die sich durch die globale Finanzkrise ab 2008 weiter verschärft haben, als Grund für populis-tische Gegenbewegungen zur Globalisierung und damit klassischen Merkmalen der liberalen internationalen Ordnung gesehen (Broz et al. 2021). Zweitens werden poli-tische Liberalisierungstendenzen, insbesondere im Bereich Migration, zunehmend als Herausforderung für traditionelle Konzepte nationaler Identität verstanden, was natio-nalistisch-populistische Bewegungen stärkt (Goodman und Pepinsky 2021). Drittens werden Desinformationskampagnen und Wahrheitsverdrehungen durch populistische Politiker*innen als ein weiterer innenstaatlicher Faktor ausgemacht, der die liberale Weltordnung unter Druck setzt (Adler und Drieschova 2021).

Neben der Kontestation durch Staaten oder gesellschaftlichen Gruppen stehen internationale Institutionen gleichzeitig vor der Herausforderung, mit zunehmend vielen grenzüberschreitenden *Krisen* konfrontiert zu sein. Gerade von internationalen Organisationen wird erwartet, dass sie durch globales oder regionales Krisenmanagement dazu beitragen sollen, akute Probleme zu lösen oder zumindest zu lindern (Olsson und Verbeek 2018). Erschwert wird die Fähigkeit zur Problemlösung der Institutionen im Krisenfall jedoch durch Zeitdruck und große Unsicherheit bezüglich ihrer Handlungsoptionen. In der Folge geraten Institutionen immer weiter in den Fokus der Kritik von Staaten und nichtstaatlichen Akteuren, wenn ihre Performanz nicht den Erwartungen an einen effizienten Krisenmanager entspricht. Ein Beispiel einer solchen Krise ist der Überfall Russlands auf die Ukraine im Jahr 2022, der die NATO und die EU unter großen Druck setzte, schnell, nachdrücklich und angemessen auf den Völkerrechtsbruch Russlands zu reagieren, gleichzeitig aber eine Eskalation des Konflikts zu vermeiden – eine enorme Herausforderung, bei der vor allem die NATO viel Kritik einstecken musste. Auch die COVID-19-Pandemie gilt als Paradebeispiel einer grenzüberschreitenden Krise, bei der von Institutionen wie der Weltgesundheitsorganisation (WHO) ein umfassendes Krisenmanagement erwartet wurde, dieses aber aufgrund der Komplexität der globalen Pandemielage sowie der zu Beginn fehlenden medizinischen Erkenntnisse massiv erschwert wurde (Hirschmann und Kreuder-Sonnen 2025).

7.4 Implikationen für institutionelle Arrangements

Es ist offensichtlich, dass die genannten Entwicklungen das Regieren durch internationale Institutionen vor große Herausforderungen stellen. Doch was sind die Implikationen für die in diesem Lehrbuch behandelten institutionellen Arrangements konkret?

Verhandlungen werden im Angesicht von Kontestationen der liberalen Weltordnung weiterhin Bedeutung haben – wenn nicht sogar an Bedeutung gewinnen. Zwischenstaatliche Verhandlungen sind gering formalisierte institutionelle Arrangements, die Staaten wenig in ihrer Handlungsfreiheit einschränken. Wenn formalisierte internationale Institutionen und ihre Autorität zunehmend als übergriffig wahrgenommen werden, bieten Verhandlungen eine Alternative für Staaten, die sich aus bestimmten Institutionen zurückziehen wollen, aber weiterhin mit anderen Staaten kooperieren wollen. Diese Entwicklung lässt sich gut am Beispiel der US-Handelspolitik beobachten: Die USA verfolgen zunehmend den Abschluss bilateraler oder plurilateraler Preferential Trade Agreements (Faude 2020). Dies geht zu Lasten der WTO, deren Streitschlichtungsmechanismus durch die Blockade der USA seit 2019 faktisch dysfunktional ist. Auch wenn Staaten das Regieren durch stark formalisierte internationale Institutionen als ineffizient wahrnehmen, können zwischenstaatliche Verhandlungen eine attraktive Alternative darstellen, die einen direkteren und wenig bürokratischen Austausch zwischen Kooperationspartnern ermöglichen.

Regime werden ebenfalls wichtige Grundpfeiler internationaler Kooperation bleiben, selbst wenn die liberale Weltordnung weiter unter Druck gerät. Zwar sind sie im Vergleich zu Verhandlungen stärker formalisiert, doch da ihre Mitglieder auf weitreichende Delegation von Kompetenzen verzichten, besitzen Regime keine Akteursqualität und beschränken damit im Vergleich zu internationalen Organisationen staatliche Souveränität deutlich weniger (Hasenclever et al. 1997, S. 10–11). Dies führt dazu, dass sie auch weniger im Fokus der Kritik am Multilateralismus beziehungsweise der liberalen Weltordnung stehen, welche sich hauptsächlich auf einen als übergriffig wahrgenommenen Autoritätszuwachs von internationalen Organisationen fokussiert.

Für *Regimekomplexe* hat die Kontestation der liberalen Weltordnung große Bedeutung. Zum einen steigt die institutionelle Dichte mit der Schaffung von Gegeninstitutionen. Zum anderen erlaubt die Existenz unterschiedlicher Institutionen, die in ihren Regelungsansprüchen und Mitgliedschaften überlappen, überhaupt erst deren strategische Nutzung durch Staaten, die die liberale Weltordnung herausfordern wollen. Das sogenannte regime shifting, also die Verlagerung von Initiativen von einer Institution zu einer anderen, die den Präferenzen der verlagernden Akteure besser entspricht (Helfer 2009), lässt sich in einer Vielzahl von Politikfeldern beobachten. Statt direkt den Internationalen Währungsfond zu involvieren, sind die USA beispielsweise dazu übergegangen, erst eine Einigung in den G7 oder G20 anzuvisieren (Heinkelmann-Wild et al. 2024, S. 2).

Schließlich haben zunehmende Kontestationen auch potenzielle Folgen für *Transnationales Regieren*. Im Angesicht der Legitimitätskrise, die Regieren durch zwischenstaatliche Organisationen erfährt, besteht für private Akteure wie Unternehmen und zivilgesellschaftliche Gruppen die Möglichkeit, diese Lücke zu füllen. Staaten, die der Eingriffstiefe der liberalen Weltordnung kritisch gegenüberstehen, haben die Option, sich in bestimmten Politikfeldern anstatt für multilaterale Kooperation für die Schaffung von Regelungsstrukturen in Zusammenarbeit mit privaten Akteuren zu entscheiden. Aber auch zwischenstaatliche Organisationen können in Zeiten, in denen ihre Legitimität und Effizienz hinterfragt werden, durch eine Einbindung von privaten Akteuren von deren Ansehen oder Expertise profitieren.

Die institutionellen Arrangements, die in diesem Buch beleuchtet wurden, werden durch die Herausforderungen, mit denen die liberale Weltordnung konfrontiert ist, also nicht obsolet – im Gegenteil. Internationale Institutionen werden weiterhin intensiv genutzt, auch und gerade von Staaten, die autokratisch regiert werden. Beispielsweise spielten die Arabische Liga und der Golf-Kooperationsrat eine bedeutende Rolle bei der Niederschlagung der Proteste in Bahrain im Zuge des Arabischen Frühlings. Und auch populistische Regierungen lehnen multilaterale Kooperation nicht grundsätzlich ab. Zwar versuchen sie oftmals, die liberalen Werte von Institutionen von innen heraus auszuhöhlen, aber wägen den symbolischen Nutzen eines Ausstiegs sorgfältig gegenüber den Nachteilen ab, die für sie entstehen, wenn sie nicht mehr an bestehenden institutionellen Strukturen beteiligt sind (Pacciardi et al. 2024, S. 2043). Der vollständige Rückzug aus internationalen Institutionen durch populistisch geführte Staaten bleibt daher bislang die Ausnahme. Auch China ist bisher fest in multilaterale Strukturen eingebunden, gewichtet liberale Normen in seiner Außenpolitik jedoch unterschiedlich. Während China liberale Werte wie staatliche Souveränität, Gleichheit zwischen Staaten und das Nichteinmischungsprinzip unterstützt, werden individuelle politische Freiheiten und die Entwicklung hin zu Institutionen mit hoher Eingriffstiefe abgelehnt (Weiss und Wallace 2021, S. 637).

Es lässt sich also festhalten, dass internationale Institutionen zwar mit großen Herausforderungen konfrontiert sind, der Multilateralismus aber nicht generell vor einer fundamentalen Krise steht. Der Teilnehmerkreis von institutionellen Arrangements ändert sich ebenso wie ihre Art der Nutzung, nicht aber die multilaterale Institutionenlandschaft an sich. Gleiches lässt sich jedoch nicht unbedingt für die liberale Weltordnung konstatieren – hier hat in den letzten zwei Jahrzehnten eine deutliche Erosion stattgefunden. Die Einschätzung, dass die liberale Weltordnung bereits Geschichte sei (Mearsheimer 2019), geht sicherlich zu weit, schließlich ist sie in einer Vielzahl von internationalen Organisationen, Regimen und Verträgen institutionalisiert. Weil diese zu „stickiness" tendieren, lässt sich in absehbarer Zeit eine gewisse Kontinuität vermuten. Diese wird sich aber vermutlich auf kernliberale Prinzipien wie staatliche Souveränität und wirtschaftliche Freiheiten beschränken, während andere liberale Werte wie Demokratie und Menschenrechte an Bedeutung verlieren werden (Lake et al. 2021, S. 245). Auch eine liberale Gegeninstitutionalisierung lässt sich beobachten (Börzel und Zürn 2021, S. 290), die Kontestationen zumindest teilweise abfedert. Als Antwort auf die Blockade des Appellate Body der WTO hat sich beispielsweise ein Interims-Arrangement gebildet, dem mittlerweile über 50 Staaten angehören, auch China.

Insgesamt wird sich der Druck auf internationale Institutionen in den kommenden Jahren dennoch verschärfen. Der steigende globale Einfluss Chinas, eine zweite Amtszeit Trumps und der Zuspruch populistischer Bewegungen lassen vermuten, dass sich die internationale Ordnung weiter hin zu einem System entwickeln wird, in dem staatliche Souveränität im Vordergrund steht und Nationalismus und Protektionismus eine große Rolle spielen. Welchen Einfluss dies auf die internationale Institutionenlandschaft nehmen wird, bleibt abzuwarten. Mit dem in diesem Buch vermittelten konzeptionellen, theoretischen und empirischen Wissen steht uns jedoch ein geeignetes Handwerkszeug zur Verfügung, um zukünftige Entwicklungen systematisch zu begleiten und erklären.

Übungsfragen

1. Worin unterscheiden sich der rationalistische und liberale Institutionalismus hinsichtlich ihrer Analyseperspektive auf internationale Institutionen?
2. Durch welche Strategien wird die liberale Weltordnung derzeit in Frage gestellt?
3. Sind internationale Institutionen angesichts großer Herausforderungen in Zukunft noch relevant? Diskutieren Sie Pro- und Contra-Argumente!

Literatur

Abbott, Kenneth W./Faude, Benjamin, 2021: Choosing Low-cost Institutions in Global Governance, in: International Theory 13 (3), 397–426.

Adler, Emanuel/Drieschova, Alena, 2021: The Epistemological Challenge of Truth Subversion to the Liberal International Order, in: International Organization 75 (2), 359–386.

Bercovitch, Jacob/Anagnoson, J. Theodore/Wille, Donelle L., 1991: Some Conceptual Issues and Empirical Trends in the Study of Successful Mediation in International Relations, in: Journal of Peace Research 28 (1), 7–17.

Börzel, Tanja A./Zürn, Michael, 2021: Contestations of the Liberal International Order: From Liberal Multilateralism to Postnational Liberalism, in: International Organization 75 (2), 282–305.

Broz, J. Lawrence/Frieden, Jeffry/Weymouth, Stephen, 2021: Populism in Place: the Economic Geography of the Globalization Backlash, in: International Organization 75 (2), 464–494.

Conceição-Heldt, Eugénia da, 2013: Do Agents "Run Amok"? A Comparison of Agency Slack in the EU and US Trade Policy in the Doha Round, in: Journal of Comparative Policy Analysis: Research and Practice 15 (1), 21–36.

Copelovitch, Mark/Pevehouse, Jon C.W., 2019: International Organizations in a New Era of Populist Nationalism, in: The Review of International Organizations 14, 169–186.

Daase, Christopher, 2022: Aufstieg und Fall der liberalen Weltordnung, in: Grotz, Florian (Hrsg.), Neue Welt – andere Politik? Politikwissenschaftliche Vermessungsversuche. Baden-Baden: Nomos Verlagsgesellschaft, 159–177.

Deitelhoff, Nicole/Zimmermann, Lisbeth, 2020: Things we Lost in the Fire: How Different Types of Contestation Affect the Robustness of International Norms, in: International Studies Review 22 (1), 51–76.

Faude, Benjamin, 2020: Breaking Gridlock: How Path Dependent Layering Enhances Resilience in Global Trade Governance, in: Global Policy 11 (4), 448–457.

Fioretos, Orfeo, 2011: Historical Institutionalism in International Relations, in: International Organization 65 (2), 367–399.

Fisher, Roger/Ury, William/Patton, Bruce, 2011: Getting to Yes: Negotiating Agreements Without Giving In. 3. Auflage. New York, NY: Penguin.

Gehring, Thomas/Faude, Benjamin, 2013: The Dynamics of Regime Complexes: Microfoundations and Systemic Effects, in: Global Governance: A Review of Multilateralism and International Organizations 19 (1), 119–130.

Goddard, Stacy E./Krebs, Ronald R./Kreuder-Sonnen, Christian/Rittberger, Berthold, 2024: Contestation in a World of Liberal Orders, in: Global Studies Quarterly 4 (2), ksae026.

Goodman, Sara W./Pepinsky, Thomas P., 2021: The Exclusionary Foundations of Embedded Liberalism, in: International Organization 75 (2), 411–439.

Hasenclever, Andreas/Mayer, Peter/Rittberger, Volker, 1997: Theories of International Regimes, Cambridge: Cambridge University Press.

Heinkelmann, Wild, Tim/Kruck, Andreas/Zangl, Bernhard, 2024: The Cooptation Dilemma: Explaining US Contestation of the Liberal Trade Order, in: Global Studies Quarterly 4 (2), ksae024.

Helfer, Laurence R., 2009: Regime Shifting in the International Intellectual Property System, in: Perspectives on Politics 7 (1), 39–44.

Hirschmann, Gisela/Kreuder-Sonnen, Christian, 2025: Internationale Organisationen unter Druck: Einleitung zum Forum, in: Zeitschrift für Internationale Beziehungen 32 (1).

Keohane, Robert O./Nye, Joseph S., 2012 (1977): Power and Interdependence. World Politics in Transition. Fourth Edition. New York u.a.: Longman

Kneuer, Marianne, 2023: Democratic Erosion and Multilateralism: When Authoritarian Leaders Challenge the Liberal International Order, in: Fontaine-Skronski, Kim/Thool, Valeriane/Eschborn, Norbert (Hrsg.), Does the UN Model Still Work? Challenges and Prospects for the Future of Multilateralism. Leiden: Brill, 87–110.

Krause, Joachim, 2004: Die Krise der westlichen Allianz und die Krise des Multilateralismus, in: Sicherheit und Frieden 22 (4), 179–190.

Krasner, Stephen D., 1982: Structural Causes and Regime Consequences: Regimes as Intervening Variables, in: International Organization 36 (2), 185–205.

Kruck, Andreas/Zangl, Bernhard, 2020: The Adjustment of International Institutions to Global Power Shifts: A Framework for Analysis, in: Global Policy 11 (3), 5–16.

Lake, David. A./Martin, Lisa. L./Risse, Thomas, 2021: Challenges to the Liberal Order: Reflections on International Organization, in: International Organization 75 (2), 225–257.

Lavenex, Sandra, 2024: The International Refugee Regime and the Liberal International Order: Dialectics of Contestation, in: Global Studies Quarterly 4 (2), ksae029.

Lesch, Max/Zimmermann, Lisbeth/Deitelhoff, Nicole, 2024: Norm Contestation from Within and the Crisis of the Liberal International Order: Comparing the International Torture Prohibition and the Duty to Prosecute, in: Global Studies Quarterly 4 (2), ksae022.

Mearsheimer, John J., 2019: Bound to Fail. The Rise and Fall of the Liberal International Order, in: International Security 43 (4), 7–50.

Morse, Julia C./Keohane, Robert O., 2014: Contested Multilateralism, in: The Review of International Organizations 9, 385–412.

Odell, John S./Tingley, Dustin, 2013: Negotiating Agreements in International Relations, in: Mansbridge, Jane/Martin, Cathie J. (Hrsg.): Negotiating Agreement in Politics. Washington DC: American Political Science Association, 144–182.

Olsson, Eva-Karin/Verbeek, Bertjan, 2018: International Organisations and Crisis Management: Do Crises Enable or Constrain IO Autonomy?, in; Journal of International Relations and Development 21 (2), 275–299.

Pacciardi, Agnese, Spandler, Kilian, Söderbaum, Frederik, 2024: Beyond Exit: How Populist Governments Disengage from International Institutions, in: International Affairs 100 (5), 2025-2045.

Pierson, Paul, 2004: Politics in Time. History, Institutions, and Social Analysis. Princeton: Princeton University Press.

Putnam, Robert D., 1988: Diplomacy and Domestic Politics: The Logic of Two-Level Games, in: International Organization 42 (3), 427–460.

Risse, Thomas, 2000: „Let's Argue!" Communicative Action in World Politics, in: International Organization 54 (1), 1–40.

Schelling, Thomas C., 1960: The Strategy of Conflict. Cambridge, MA: Harvard University Press.

Schweller, Randall L./Pu, Xiaoyu, 2011: After Unipolarity: China's Visions of International Order in an Era of U.S. Decline, in: International Security 36 (1), 41–72.

Streeck, Wolfgang/Thelen, Kathleen, 2005: Introduction: institutional change in advanced political economies, in: Streeck, Wolfgang Streeck/Thelen, Kathleen (Hrsg.), Beyond continuity: institutional change in advanced political economies. Oxford: Oxford University Press, 1–39.

Stephen, Matthew D./Skidmore, David, 2019: The AIIB in the Liberal International Order, in: The Chinese Journal of International Politics 12 (1), 61–91.

Thompson, Alexander, 2024: Contestation and Resilience in the Liberal International Order: The Case of Climate Change, in: Global Studies Quarterly 4 (2), ksae011.

Weiss, Jessica C./Wallace, Jeremy L., 2021: Domestic Politics, China's Rise, and the Future of the Liberal International Order, in: International Organization 75 (2), 635–664.

Zaccaria, Giuseppe, 2022: You're Fired! International Courts, Re-contracting, and the WTO Appellate Body during the Trump Presidency, in: Global Policy 13 (3), 322–333.

Zangl, Bernhard/Zürn, Michael, 1999: Interessen in der internationalen Politik. Der akteurszentrierte Institutionalismus, in: Zeitschrift für Politikwissenschaft 99 (3), 923–950.

Zartman, I. William, 2000: Ripeness: The hurting stalemate and beyond. in: Stern, Paul C./Druckman, Daniel (Hrsg.): International Conflict Resolution After the Cold War. Washington, D.C.: National Academy Press, 225–250.

Zürn, Michael, 2018: A Theory of Global Governance: Authority, Legitimacy, and Contestation. Oxford: Oxford University Press.

Susanne Lütz ist seit Oktober 2017 Leiterin des Lehrgebietes für Internationale Politik am Institut für Politikwissenschaft an der FernUniversität in Hagen. Von 2008 und 2017 war sie Professorin für Internationale Politische Ökonomie am Otto-Suhr-Institut der Freien Universität Berlin. Von 2003 bis 2008 leitete sie das Lehrgebiet für Politische Regulierung und Steuerung an der FernUniversität in Hagen. Als wissenschaftliche Mitarbeiterin war sie am Max-Planck-Institut für Gesellschaftsforschung in Köln beschäftigt und forschte am Minda de Gunzburg Center for European Studies der Harvard University, als Robert Bosch Fellow am American Institute for Contemporary European Studies der Johns Hopkins University in Washington, D.C. und als Erasmus-Mundus Exchange Fellow am National Centre for Research in Europe (NCRE) an der University of Canterbury, Christchurch, Neuseeland. Susanne Lütz studierte Sozialwissenschaft, Geschichte und Volkswirtschaft an der Universität Duisburg-Essen und promovierte im Rahmen des an der Universität zu Köln angesiedelten Graduiertenkollegs der Volkswagenstiftung „Soziale Netzwerke". 2001 habilitierte sie im Fach Politikwissenschaft an der FernUniversität in Hagen. Zu ihren Forschungsschwerpunkten zählen internationale Organisationen, insbesondere im Bereich Wirtschaft und Finanzen, die europäische Wirtschafts- und Finanzintegration, transnationale Finanzbeziehungen und speziell Finanzmarktmarktregulierung.

Anja Menzel ist Akademische Rätin am Lehrstuhl für Internationale Beziehungen der Otto-Friedrich-Universität Bamberg und Senior Research Fellow am SARCHi Chair: African Diplomacy and Foreign Policy der Universität Johannesburg, Südafrika. Seit 2025 ist sie Fellow der Bayerischen Wissenschaftsallianz für Friedens-, Konflikt- und Sicherheitsforschung (FoKS). Von 2019 bis 2023 war Anja Menzel als wissenschaftliche Mitarbeiterin am Lehrgebiet Internationale Politik der FernUniversität in Hagen tätig. Sie studierte Politikwissenschaft, Verwaltungswissenschaft und Erwachsenenbildung an der Otto-Friedrich-Universität Bamberg, bevor sie 2019 an der Universität Greifswald mit einer Arbeit über zwischenstaatliche Kooperation zur Bekämpfung maritimer Piraterie promovierte. Zu Anja Menzels Forschungsinteressen zählen Regimekomplexität, die politische Regulierung von Ozeanen, nachhaltige Meerespolitik sowie Entwicklungsfinanzierung.

The manufacturer's authorised representative in the EU is Springer
Nature Customer Service Centre GmbH, Europaplatz 3, 69115 Heidelberg,
Germany. If you have any concerns regarding our products, please
contact ProductSafety@springernature.com

Printed and bound by CPI Group (UK) Ltd, Croydon, CR0 4YY
29/04/2026
02099511-0001